新工科·新商科·新电子商务系列

智慧仓储与配送管理

钟晓燕　欧伟强　主编

電子工業出版社
Publishing House of Electronics Industry
北京·BEIJING

内 容 简 介

本书基于“仓储与配送一体化管理”的思路，设计了基础篇、运作篇、技术篇和专题篇 4 篇，包括智慧仓储概述、智慧配送概述、智慧仓配一体化、智慧仓配规划与管理、智慧仓配模式与管理、智慧仓配生产运作、新兴仓配技术、信息与数字化技术、特色物流技术、智慧云仓、跨境仓配和冷链仓等 12 章内容。在体例上，本书始终注意仓储配送与智慧物流的结合，通过引导案例、知识链接、案例分析、实训项目等栏目，进一步拓展学生的知识面，培养学生创新能力和综合素质。

结合线上线下教学融合的发展态势，本书开发了立体化教学资源。目前，依托本书的课程“仓储与配送管理”已在超星学习通在线开放课程共享平台上线，平台将陆续推出配套课件、习题库、在线测试、视频等资源，使用者可开展线上线下融合教学。

图书在版编目（CIP）数据

智慧仓储与配送管理 / 钟晓燕，欧伟强主编. —北京：电子工业出版社，2024.6

ISBN 978-7-121-48019-5

Ⅰ. ①智… Ⅱ. ①钟… ②欧… Ⅲ. ①智能技术－应用－仓库管理－高等学校－教材②智能技术－应用－物资配送－物资管理－高等学校－教材 Ⅳ. ①F253-39②F252.14-39

中国国家版本馆 CIP 数据核字（2024）第 111907 号

责任编辑：石会敏　　特约编辑：侯学明
印　　刷：河北鑫兆源印刷有限公司
装　　订：河北鑫兆源印刷有限公司
出版发行：电子工业出版社
　　　　　北京市海淀区万寿路 173 信箱　邮编：100036
开　　本：787×1 092　1/16　印张：16.5　字数：422.4 千字
版　　次：2024 年 6 月第 1 版
印　　次：2025 年 8 月第 3 次印刷
定　　价：53.00 元

凡所购买电子工业出版社图书有缺损问题，请向购买书店调换。若书店售缺，请与本社发行部联系，联系及邮购电话：（010）88254888，88258888。

质量投诉请发邮件至 zlts@phei.com.cn，盗版侵权举报请发邮件至 dbqq@phei.com.cn。

本书咨询联系方式：shhm@phei.com.cn。

主 编 简 介

钟晓燕：福建师范大学协和学院副教授，长期从事物流与供应链管理相关教学与研究，主持或参与国家级、省部级、厅级等各类项目 10 余项，主编教材 3 部，在国内外期刊上发表论文 10 余篇，1 门课程获评福建省本科一流线下课程。

欧伟强：博士，副教授，福建师范大学协和学院物流管理教研室主任。长期从事供应链与电子商务管理、创新管理等领域的研究与教学工作。入选福建省“高校杰出青年科研人才培育计划”。主持或参与国家级、省部级、厅级等各类项目 20 余项，出版专著 1 部、教材 2 部，在国内外核心期刊上发表论文 30 余篇，合著成果获福建省社科优秀成果二等奖 1 项、三等奖 1 项。

前　言

随着科技的飞速发展，物流行业正迎来前所未有的变革。传统物流模式正在逐步被更高效、更智能的智慧物流方式所取代。在这种背景下，仓储与配送管理作为物流链条中至关重要的一环，也迎来了全新的发展机遇。

本书不仅是对传统仓储与配送管理理论的梳理和扩展，更重要的是，它深入探讨了智慧物流在仓储与配送管理中的应用和实践，突出了以下三个特点：第一，紧跟全球智慧物流前沿。本书介绍了多种先进技术，例如，“北斗+5G”、无人驾驶等新兴仓配技术，数字孪生、区块链、人工智能技术等信息与数字化技术，以及危化品、大件、医药等特色物流技术在仓储与配送中的应用。第二，强调全流程优化与协同。本书按照智慧仓配“规划设计—模式选择—生产运作”的逻辑梳理智慧仓配全流程，重点展示各个环节如何实现智慧化转型。第三，突出实践性与启发性。本书结合大量的实际案例和行业实践专题，使读者能够更加直观地理解智慧仓储与配送管理的应用和价值，不仅可以为读者提供借鉴和参考，还可以激发读者的创新思维。

全书共 12 章，分为四篇。第一篇，主要介绍智慧仓储、智慧配送以及智慧仓配一体化等理论基础；第二篇，以仓配运作为主线，系统剖析智慧仓配规划与管理、智慧仓配模式与管理以及智慧仓配生产运作；第三篇，把握全球智慧物流技术发展趋势，介绍北斗与新基建、智慧拣选与分拣技术、车联网与无人驾驶技术、数字孪生、区块链、人工智能物联网以及特色物流技术等新技术、新理念在仓储与配送领域的应用；第四篇，以专题形式介绍智慧云仓、跨境仓配、保税仓、冷链仓等智慧仓配的新业态与新模式。

本书始终注意理论和实践相结合，各章通过设置引导案例、知识链接、案例分析、课内实训和课外实训等，进一步拓展学习外延，培养学生创新能力和综合素质，特别适合我国应用型本科院校的物流管理与工程类、工商管理类、电子商务类以及经济与贸易类专业的本科生以及相关企业界实际工作者参考。

在本书编写过程中得到了电子工业出版社的大力支持和帮助，并参阅了大量中外同行专家学者的有关著作、论文、报告以及相关行业标准等，在此对他们表示由衷的感谢。

本书提供丰富的配套教辅资源，如精美的电子课件（800 多页）、电子教案和视频资源等，为使用者带来极大的便利。

尽管编者在本书的内容编写和特色把握方面做了大量的探索和尝试，但是限于时间和水平，书中的缺点和错误在所难免，敬请广大专家、学者、读者批评指正。

目　　录

第一篇　基础篇

第二篇 运作篇

第四篇　专题篇

第一篇　基础篇

第1章　智慧仓储概述

学习目标

知识目标：

1. 了解我国仓储业现状与物流业发展趋势；
2. 熟悉智慧仓储的定义、特点及优劣势；
3. 了解在电商快速发展的大背景下，智慧仓储的现状和不同的分类。

能力目标：

1. 认识仓储业务中的各种货架，提高对货架的掌握和使用能力；
2. 理解仓储业务中心作业的基本流程。

思政目标：

1. 树立正确的价值观，提高学生的团队协作能力；
2. 培养学生遵守企业规章制度的思维，以及精益求精的精神。

导引案例

以智慧仓储撬动供应链服务升级　苏宁物流加码智慧物流园区建设

目前，苏宁物流在全国48个城市投入运营了67个物流基地，以技术与数据为核心驱动力，全面迈向第六代智慧园区，以完善的基础设施配套体系，专业化的“仓运配全链路”物流服务，高效响应各领域客户多元化的供应链服务需求，助力合作伙伴降本增效。

1997年苏宁物流在南京江东门启动第一代物流配送中心建设，正式开启自建物流时代；2005年杭州物流基地落成，苏宁物流进入第二代立体仓库时代；2007年南京雨花物流基地落成，苏宁物流进入第三代机械化仓库时代；2013年上海奉贤物流基地奠基，苏宁易购第四代自动化物流仓揭开面纱；2016年南京雨花二期物流投入使用，苏宁物流进入第五代智慧化“超级云仓”时代；从2019年开始，苏宁物流在“超级云仓”基础上开始探索第六代智慧园区建设，全面推进人、车、货、场全要素全流程的数字化发展。

随着我国居民消费能力与水平不断提升，网络电商的销售规模持续递增，以及近年来国家利好政策不断，在多方因素共同影响下，物流园区市场需求不断增长。大型电商企业在进行物流仓储网络布局时，普遍在寻找成本凹地。目前，一二线城市虽然依旧是物流园区需求的重点区域，但受限于城市规划及土地价格，新增园区有限，常常出现无仓可租的状态，物流仓储布局由一二线城市向周边三四线城市转移的趋势越来越突出。

与此同时，直播带货、社群营销等社交电商方兴未艾，寻找运营成本更低、用户服务体验更优的物流仓储运营服务商已经成为当下各品牌商的首选。在这种市场条件下，物流园区运营服务商必须要不断提升数字化能力，与各品牌方的协同能力，提前做好大数据销售预测，让全国铺货、备货更加理性与及时，同时通过高标准、精细化、数字化的园区管理，尤其是库内运营管理，不断降低商品周转率、提升发货及时率与准时率。

为快速响应客户需求，实现数字化、精益化管理，苏宁物流在全国推行的第六代智慧园区旨在以智慧仓储服务撬动整个供应链服务升级。第六代智慧园区最显著的特点就是以“超级云仓”为核心，辅以智能化园区管理措施，全面实现人、车、货、场全要素全流程的数字化。以南京雨花物流基地“超级云仓”为例，该仓建筑面积 20 多万平方米，拥有自动化分拨中心、高密度存储中心、SCS（Sequence Control System，顺序控制系统）商品拣选系统、高速交叉分拣线等国内最佳智能设施，而“指挥”这座超级云仓高效运作的是苏宁物流自主开发的 IT 系统，主要包括乐高、天眼平台组成的“智能大脑”，形成了全面意识和多点协同，仓库处理能力领先于绝大多数同行业的企业，可存储将近 2000 万件商品，日处理包裹超 181 万件，年处理包裹近 7 亿件。

（资料来源：中国知网，作者根据中国知网相关资料整理。）

思考题：1. 苏宁物流如何快速响应客户需求？

2. “超级云仓”的优势是什么？

1.1 智慧仓储演进历程

2023 年是全面贯彻党的二十大精神的开局之年。回望过去五年，我国提出了新的发展理念，着力推进高质量发展，推动构建新发展格局，实施供给侧结构性改革，制定一系列具有全局性意义的区域重大战略，我国经济实力实现历史性跃升。党中央高度重视物流业的发展，把实施扩大内需战略同深化供给侧结构性改革有机结合起来，加快建设现代化经济体系，着力提高全要素生产率，着力提升产业链、供应链韧性和安全水平。

1.1.1 现代仓储概述

1. 现代仓储的基本内涵

现代物流系统中的仓储，本身是一个动态的概念，是系统要素中的重要构成，它表示一项活动或一个过程，是以满足供应链上下游的需求为目的，在特定的有形或无形的场所，运用现代技术对物品的进出、库存、分拣、包装、配送及信息进行有效计划、执行和控制的物流活动。从这个概念可以发现现代仓储具有以下几个基本内涵。

（1）物流活动。仓储首先是一项集成化的物流活动，或者说物流活动是仓储的本质属性。仓储不是产品生产也不是商品交易，而是为生产与交易服务的物流活动中的一个中间环节。这表明仓储只是物流活动之一，仓储应该融于整个物流系统之中，在与其他物流活动相联系、相配合中实现自身价值，这一点与过去的“仓库管理”是有很大区别的。

（2）仓储活动。仓储活动包括了物品的进出、库存、分拣、包装、配送及其信息处理等六个方面的基本功能，这些功能已经把具有原初含义的配送包含在其中。

① 物品的出入库与在库管理可以说是仓储最基本的活动，也是传统仓储的基本功能。

如今，在信息化技术支持下，其管理手段与管理水平得到了不断的凝练和提升。

② 物品的分拣与包装在传统仓储中也有，只不过在现代仓储中表现得更普遍、更深入、更精细、更精准，甚至已经与物品的出入库及在库管理相结合，共同构成了现代仓储的基本功能。

③ 将“配送”作为仓储活动，以及仓储的基本功能之一，是因为配送不是一般意义上的运输，而是仓储功能的自然延伸，是仓库发展为配送中心乃至仓配中心的内在要求。若没有配送，仓储也依旧是孤立的仓库，就像没有出口的“水库”，只具有蓄水功能。

④ 仓储信息处理已经是现代经济活动的普遍现象，也是仓储活动的内容之一。如果没有现代信息处理技术支持，现代仓储的意义就不存在了。

（3）仓储目标。仓储的目标反映出仓储运营者的经营目标，就是为了满足供应链上下游的需求，对仓储物以及附带的相关服务进行有效的管理并获得预期经济效益。这与传统上仅仅满足“客户”的需求在深度与广度上都有明显区别，即要明确需求者与服务接受者，确定目标客户，以供应链思维经营仓储。客户可能是上游的生产者，也可能是下游的零售业者，还可能是企业内部，仓储要满足供应链中直接客户或间接客户的需求，应该融入供应链上下游之中，根据产业供应链的整体需求确立仓储的角色定位与服务功能。

（4）仓储条件。仓储的条件是由特定的有形或无形的场所与现代技术构成的，是硬件与软件条件的统一。“特定”是指因为各个企业的供应链具有特定性，所以仓储的场所也有特定性。“有形的场所”是指仓库、货场或储罐等。在现代网络经济背景下，仓储有时可以在虚拟仓（即虚拟的空间）进行，如海外仓、前置仓、无人仓等，因此需要许多现代技术的支撑，离开了现代仓储设施设备及信息化技术，现代仓储便无从谈起。

（5）仓储方法。企业仓储的方法与水平主要体现在利用现代技术能力方面，包括有效地实施仓储计划、执行和控制等。计划、执行和控制是现代管理的基本内涵。科学、合理、精细的仓储也应当通过现代技术对传统的仓储方式加以创新改造，形成且有互联网时代特点的仓储方法和模式。

2. 现代仓储在物流和供应链中的角色

现代仓储既是物流整个活动链条中的重要环节，也是物流功能增值的重要方面，它是实现物流时间价值的主要形式。

（1）仓储是物流与供应链中的库存控制中心。库存成本是主要的供应链成本之一，在我国，库存成本约占物流总成本的三分之一。因此，管理库存、减少库存、控制库存成本就成为在供应链框架下，从仓储着眼降低供应链总成本的主要任务。

（2）仓储是物流与供应链中的调度中心。仓储直接关乎供应链的效率和反应速度。人们希望现代仓储处理物品的误差能降低到一个百分点以下，并能够对特殊市场需求做出快速反应。例如，当日配送等形式已经成为许多仓库所采用的一种业务方式，客户和仓库管理人员通过不断提高精确度、及时性、灵活性以及对客户需求的反应程度来实现经营目标。

（3）仓储是物流与供应链中的增值服务中心。现代仓储不仅提供传统的储存服务，还提供与制造业的延迟策略相关的后期服务，包括组装、包装、打码、贴标签、客户服务，甚至融通资金、报关与清关等增值服务，以提高客户满意度，从而提高供应链上的整体服务水平。可以说，物流与供应链中的绝大部分增值服务都体现在仓储环节。

（4）仓储是现代物流设备与技术手段的主要应用中心。供应链一体化管理是通过现代管理技术和科技手段的应用而实现的，实现高效率必然促进了供应链上的一体化运作，而软件技术、互联网技术、自动分拣技术、光导分拣、射频识别（Radio Frequency Identification，RFID）、声控技术等先进的科技手段和设备的应用，则为提高仓储效率提供了技术条件。

中国仓储与配送协会根据发达国家的研究成果与我国现代仓储业发展的趋势，提出了现代仓储的内涵与外延、仓储在供应链中的功能与定位，可以成为行业依据的标准。

1.1.2 从现代仓储走向智慧仓储

1. 现代仓储与传统仓储的区别

（1）功能不同。传统的仓储业功能比较单一，主要是根据货主的委托对商品进行保管。而现代物流的仓储业已向货主（供应商）和采购方两头发展，具有核查验收、分拣、配货、加贴标签、重新包装等流通加工方面的诸多功能，更加人性化。

（2）服务不同。传统仓储业的现代化、社会化、网点化、信息化的程度很低，而且大都区域化，各仓库各司其职，互无往来。而现代物流的仓储业应能面向全社会提供全方位的服务，如为客户选择和提供合理的仓储网点，协助客户选定存货功能和存货策略，为客户实施控制及存货计划，协助客户制订配送需求计划，为客户提供信息服务等。

（3）要求不同。传统的仓储业对仓库的要求不高。而现代仓库根据存储货物种类的不同而分为不同的仓库，如常温食品类仓库、冷藏食品类仓库、普货仓库、危险品仓库等。仓储货架也分得更为细化，如横梁式货架、驶入式货架，悬臂式货架、阁楼货架、重力式货架、模具架、中量型货架及轻量型货架等，不仅使仓库的布局更加合理化地利用了存储空间，还提高了工作的效率，使货物的存取、分拣更加便利，如图 1-1 所示。

图 1-1 仓储货架

2. 从“传统仓储”过渡到“智慧仓储”

从某种意义上讲，仓储管理在物流管理中占据着核心的地位。从物流的发展史可以看出，物流的研究最初是从解决“牛鞭效应”开始的，即在多环节的流通过程中，由于每个环节对于需求的预测存在误差，因此随着流通环节的增加，误差被放大，库存也就越来越偏离实际的最终需求，从而带来了保管成本和市场风险的提高。

解决这个问题的思路，从研究合理的安全库存开始，到改变流程，建立集中的配送中心，以达到改变生产方式，实行订单生产，将静态的库存管理转变为动态的 JIT（Just In Time，准时化生产）配送，实现降低库存数量和周期的目的。在这个过程中，尽管仓库越来越集中，每个仓库覆盖的服务范围越来越大，仓库吞吐的物品越来越多，操作越来越复杂，但是仓储的周期越来越短，成本不断递减的趋势一直没有改变。从发达国家的统计数据来看，现代物流的发展历史就是库存成本在总物流成本中所占比重逐步降低的历史。

从许多微观案例来看，仓储管理已成为供应链管理的核心环节。这是因为仓储总是出现在物流各环节的接合部，如采购与生产之间，生产的初加工与精加工之间，生产与销售之间，批发与零售之间，不同运输方式转换之间，等等。仓储是物流各环节之间存在不均衡性的表现，仓储也正是解决这种不均衡性的手段。

仓储环节集中了上下游流程整合的所有矛盾，仓储管理就是在实现物流流程的整合。如果借用运筹学的语言来描述仓储管理在物流中的地位，可以说仓储管理就是在运输条件为约束力的情况下，寻求最优库存方案作为控制手段，使得物流达到总成本最低的目标。在许多具体的案例中，物流的整合、优化实际上归结为仓储的方案设计与运行控制。这里必须说明一点，传统物流与现代物流的最大差别也是体现在库存环节上。传统的仓储业是以收保管费为商业模式的，希望自己的仓库总是满满的，这种模式与物流的宗旨背道而驰。现代物流以整合流程、协调上下游为目标，静态库存越少越好，其商业模式也建立在物流总成本的考核之上。

由于这两类仓储管理在商业模式上有着本质区别，但是在具体操作上如入库、出库、分拣、理货等又很难区别，所以在分析研究时必须注意它们的异同之处，这些异同也会体现在信息系统的结构上。

3. 从机械化到自动化的仓储

（1）高柔性自动化。在工业 4.0 时代，市场不断向产品定制和个性化服务方向发展，这也要求现代物流系统做出相应的改变。对物流企业来说，仓储物流系统是物流运营的核心系统之一，它有三大指标备受企业关注，分别是作业效率、服务质量和运营成本。

物流企业若能建立一个高效的仓储物流系统，不仅能加快物资流速、降低物流成本，还能保障企业的顺利生产以及对资源的有效控制和管理。

现代仓库管理与传统仓库管理不同。随着经济全球化、供应链一体化的发展，现代仓储要能满足供应链上下游的需求，并能在特定场所运用现代技术有效计划、执行和控制物品进出、库存、分拣、包装、配送等物流活动。物流企业想要建立先进、合理的仓储物流系统，就需要依靠强大的仓储物流技术。

随着工业的进步，仓储物流技术也有了较大的发展，原来的仓储物主要是由人工将快件堆放至平面仓库，而当代仓储物流正在向着自动化刚性立体库、高柔性自动立体库方向发展。

在叉车没有被发明出来之前，仓储物流运作主要依靠手工作业。1917 年，首台叉车问世，仓储系统步入机械化立体库时代。在这一时代，库房空间利用率得到大大提升，并变得越来越柔性。

1962 年，人们利用堆垛机技术发明了世界首座自动化立体库。在此后的半个多世纪，这项技术都处于高速发展阶段。自动化立体库具有高效、高空间利用率、无人操作等优势，凭借这些优势，它逐渐成为各个行业推崇的最佳仓储解决方案。

然而，传统自动化立体库也存在短板，即它的刚性非常高，无法提供灵活多变的物流服务。这一短板也使得第三方物流服务公司很少采用这项自动化仓储技术。实际上，人们在很早以前就开始研发高柔性仓储解决方案了。1980 年，德国启动了高柔性自动化“卫星车”（子母车）项目，但是这一项目受到控制技术和算法的限制，经过针对效率和柔性的多年博弈，最终仍未达到媲美传统自动化立体库的水平。

2003 年，人类成功研发穿梭车技术，世界首台穿梭车面世。这一技术的问世将仓储物流技术真正带入了高柔性自动化时代。自动化刚性立体库的一个巷道内只能有一台堆垛机作业，而穿梭车可以打破这一限制，实现同一巷道内多台穿梭车分层作业，这为自动化仓储提供了柔性解决方案。

随着穿梭车技术的发展，人们又发明了更高级的四向穿梭车。四向穿梭车可以自动完成“前后左右”四个方向的运行，由于其配备了两套轮系，因此可以分别在 X 方向和 Y 方向运动。这就意味着它不仅能在巷道内进出，还能在同一层的不同巷道切换。不仅如此，四向穿梭车还能与换层提升机配合完成在垂直方向（Z 方向）的运动，这意味着四向穿梭车借助换层提升机可实现在立体三维空间内任意货位的存储和拣选。

四向穿梭车系统具备高柔性、自动化等特点。一方面，四向穿梭车系统能根据需要灵活变更作业巷道、货架层面，另一方面也能按照作业量增加或减少穿梭车的数量。另外，四向穿梭车还能在穿梭车出现故障时，及时用正常车辆替换故障车辆，继续完成作业，这一能力极大地弥补了传统堆垛机因故障导致整个巷道作业停滞的短板。

四向穿梭车系统可完成存储与拣选两种工作，它不仅适用于低流量、高密度的存储业务，同时也适用于高流量、高密度的拣选业务。另外，它还能通过增加或减少穿梭车、提升机等设备的数量来调节系统的作业能力。

2010 年，德国弗劳恩霍夫物流研究院研发出世界首辆“魔浮”穿梭车，这是一种可在地面和货架上灵活自主行驶的多功能智能搬运机器人。

“魔浮”穿梭车能使仓储物流系统与生产系统实现联通，将仓储与生产无缝对接起来。传统穿梭车和四向穿梭车只能在仓库的货架上作业，无法在地面上运行，需要经过中间环节才能完成生产线的物料配送。“魔浮”穿梭车与 AGV（Automated Guided Vehicle，自动导引车）相似，可以自主走出货架把仓库中的原材料送到产线，或者将成品从产线送到仓库的货架上。这种作业形式是打造高柔性自动化仓储物流技术的基础。

物流系统面临着低成本、个性化定制带来的巨大挑战，而应对这一挑战的最佳解决方案正是高柔性自动化仓储物流技术。

（2）高密度化存储。随着城市化进程的加快，土地资源越来越稀缺。仓储物流用地是工业、商业和社会不可或缺的重要资源，这种土地资源同样处于紧缺状态。因此，未来的仓储物流技术将向着高密度方向发展。

高密度仓储物流技术的解决方案通常有两个。一是提升货架高度。目前的物流货架正在向着越来越高的方向发展，有些货架的高度甚至超过 40 米，这种做法可以充分利用仓库的占地面积，而这种仓储系统的入库作业通常需要依赖超高堆垛机来完成。二是减少巷道的数量，将货物高密度存放于水平和垂直方向。这种三维密集型货架系统无法实现每件货物的直接出库作业，其出入库方式比较特殊，需要进行计算设计。

下面是几种常见的三维密集型货架系统和出入库方式。

① 贯通式货架和驶入式货架。仓储采用贯通式货架和驶入式货架，可以方便叉车的出入，不仅能减少叉车所需通道，还能尽可能多地放置货架，这样可以极大地提高空间利用率和仓库存储能力。

贯通式货架配备了双向通道，其存储策略是先进先出（First-In First-Out，FIFO）；驶入式货架只配备了单边通道，其存储策略是后进先出（Last-In First-Out，LIFO）。

② 后推式货架。后推式货架通常与载货小车搭配使用。载货小车可将托盘货物依次后

推入货架，在取走第一个货位上的货品后，后一个货位上的货品会自动进行补充。叉车不必驶入这类货架的存储巷道，因此其作业效率较高，主要采用 LIFO 存储策略。

③ 重力式货架。重力式货架的货物存取主要利用了重力原理。重力式货架的存储巷道内安装有无动力滚筒，货品放置与水平面呈向下倾斜角度，货物可以依靠自重自动由高到低滑动到出货端，一旦取走第一个货位上的货物，后一个货位上的货物就会自动进行补充，主要采用 FIFO 存储策略。重力式货架的运用主要有以下三种方式。

- 托盘穿梭板存储系统。该系统与贯通式货架、驶入式货架存在较大区别，叉车在通道上作业，与托盘穿梭板协同，不需要进入货架巷道作业。这种工作机制可降低叉车与货架的撞击事故率，同时也可以通过增加巷道长度进一步提高仓储密度。
- 水平和垂直旋转自动货架。水平旋转式货架又分一台电动机驱动的和多台电动机驱动的两种形式。用一台电动机驱动的方式是把上下各层货物连在一起，实现水平方向旋转的自动旋转货架。另外一种水平方向旋转的自动旋转货架是各层均有一台电动机，可实现各层独立转动。另一种垂直旋转式货架的原理与水平旋转式货架的大致相同，只是旋转方向垂直于水平面，充分利用了上部空间。这是一种节省空间的仓储设备，比一般传统式平置轻型货架节省了 1/2 以上的货架摆放面积。但旋转速度比水平旋转式货架慢，约为 5～10 米/分钟。垂直旋转式货架可以设计成独立式的，根据用户需要可任意组合。由旋转式货架组成的自动旋转货架，单位储存成本低，安装容易，是一种自动化的存储设备，适用于小批量、多品种、高效率的存取。
- AutoStore 系统。AutoStore 系统是一种新型的高密度仓储技术系统，它可以灵活使用场地，不仅能实现自动化存取，还能实现“货到人”拆零拣选。若仓储使用垂直码垛方式，那么其往往会采用 LIFO 存储策略，这就需要通过优化算法减少机器人的倒货作业量，提高货物的出入库效率。

（3）拣选作业无纸化。拣选是一种劳动密集型工作，属于仓储物流中的核心环节，一些电商物流中心的拣选作业成本甚至能占到仓储总成本的一半以上。常见的拣选方式是“人到货”（PTG）拣选，这也是比较传统的拣选方式之一。电商物流中心的产品种类众多，而“人到货”拣选是这种环境中重要的拣选作业组成部分，可以保障客户订单的正常履行。

近年来，人们不断创新拣选方式与技术，以便进一步提高拣选效率和降低仓储成本，这也使得拣选工作持续向着动态化、无纸化和自动化方向发展。

① 手持扫描系统。手持扫描系统在物流领域的应用比较广泛，不管在货品出入库还是拣选作业方面都有使用，它也是实现物流作业无纸化、信息实时化的关键技术之一。其优点在于系统柔性强、设备的投资较低，但缺点也比较明显，就是双手取货受限，拣选效率低。

② 语音拣选系统。工作人员在拣选大件物品时需要利用双手拣选货物，这就会影响手持扫描器的使用，这个时候，就需要利用语音拣选系统辅助拣选，从而解决双手作业的问题。仓库工作人员可以利用语音识别与合成技术直接和仓库管理系统对话交流，在这个过程中，工作人员不需要借助 PDA（Personal Digital Assistant，个人数码助理）手持扫描器的帮助，只需要按照语音指令提示，就能直接找到指定区域库位进行货物拣选，同时能够通过语音对货物进行最终确认。另外，仓库管理系统还可

以识别工作人员的语音，并对语音数据进行相应的分析和处理。

语音拣选系统可以大大提高拣选效率，这是因为它能将多个订单放在一起进行批量处理。例如，工作人员可以利用语音拣选系统在商品周转慢的仓库区域将多个订单批量拣选到小车内，这样做不仅能提高作业效率，还能降低仓库运营成本。

③ 电子标签拣选系统。电子标签拣选系统的应用也非常广泛。该系统的拣选原理是利用电子数字显示牌和指示灯来显示拣选信息，从而帮助工作人员顺利完成拣选作业。正常情况下，电子标签拣选系统会在订单驱动下点亮所需拣选商品货位上的电子标签，工作人员只需根据指示灯提示就能准确走到货位拣取准确数量的商品。与此同时，工作人员还会将拣选信息实时反馈给拣选系统。这种拣选方式不仅方便、高效，更重要的是能够确保商品拣选得准确无误。

电子标签拣选系统通常可以装配在固定货架和拣选小车上，当然，有时也可以将这一系统装配在车载平板电脑和扫描枪上。在运行过程中，该系统可引导工作人员一次性拣选多个订单。每次拣选时，工作人员都能在系统提示下正确选择货架上的货物，然后放在拣选车中的指定容器里。灯光拣选车还可以搭配扬声器系统共同辅助拣选工作，利用灯光和语音一起引导工作人员拣货。

④ 增强视觉拣选系统。增强视觉拣选系统能够与仓库管理系统进行实时无缝交互，其工作主要依赖系统配备的智能数据眼镜和相关控制软件。增强视觉拣选系统会提前制定好拣选列表和行走路径，并将整个拣选策略及信息实时传送到智能数据眼镜上，工作人员只需佩戴好智能数据眼镜就能根据其上的提示进行精准拣选作业。当工作人员根据订单完成一个拣选任务后，增强视觉拣选系统会对拣选信息进行确认，并自动更新拣选列表。

仓储物流技术一直在发展进步，除了“人到货”拣选系统，人们又发明了“货到人”拣选系统，并使其获得了广泛的应用。

“货到人”拣选系统原本是应用于产线原材料供应的系统，主要任务是完成产线原材料的拣选作业，其最开始是与传统自动立体库进行对接使用。该系统的运作过程是：堆垛机从立体仓取出装有货物的托盘或周转箱，然后转移到连续输送机上，由连续传输机将货物传送至拣选站，由操作人员拣选货物，最后再将货物存入自动立体库。

这种拣选方式可以达到“货动，人不动”的效果，从而大幅减少工作人员的行走距离。不仅如此，配合符合人体工程学设计的拣选站，这种拣选方式还能大幅降低工作人员的劳动强度和拣选错误率，实现高于传统“人到货”模式数倍的拣选效率。

目前，基于四向穿梭车的自动立体库在市场上获得了广泛应用，这大大提升了“货到人”拣选系统的效率和灵活性，物流立体库也开始向智能化方向发展。四向穿梭车的速度可超过 4m/s，既能够快速补给拣选站，又能够迅速将周转箱运回系统。“货到人”拣选系统在四向穿梭车的助力下不仅适用于制造企业，还可广泛应用于电商物流中心、商超物流中心等。

（4）数字化和网络化。在工业 4.0 时代，推动物流数字化是企业实现数字化转型的重要抓手。物流是企业业务流程中的重要一环，而仓储物流系统又是物流的核心环节，因此，企业物流系统的数字化是企业数字化建设中的一大重点。

目前，仓储物流数字化建设中广泛应用的核心技术包括智慧物流按钮、智慧物流标签、智能周转箱技术、物联网技术等。

① 智慧物流按钮。智慧物流按钮是一种创新型技术，可以帮助仓储物流系统实现数字

化、网络化转型，主要应用于货架、拣选小车等物流设备上。

例如，在拣选线作业中，只需按下用于补货的智慧物流按钮，就能启动整个供应链流程：自动立体库接收到出库指令后，AGV 小车会将货物从立体库自动配送至拣选线，然后仓库管理系统会将需求变动信息反馈到供应商物流系统，唤醒供应链上游企业的物流和生产。

② 智慧物流标签。智慧物流标签比传统 RFID 标签具有更强的功能，该系统具有自主决策能力，不仅能实现传统 RFID 标签的基本功能，还能实现报警、控制物流流程等其他功能，主要应用于周转箱、托盘、集装箱等物流容器上。

③ 智能周转箱技术。智能周转箱技术是一种将感知和智能控制单元安装在周转箱上，从而使物流单元实现智能化的技术。智能周转箱可以自动进行要货和补货，它不仅能自主管理箱内的货物，还能将智能周转箱的状态实时汇报给上级系统。

物流企业可以基于智能周转箱建立一个输送系统，该输送系统中的智能周转箱将不再是被动的单元，它们能通过分散控制技术反向给输送系统下达命令，而输送系统通过智能周转箱的反向指挥可以自动将箱子送达目的地。

④ 物联网技术。物联网技术可以推动智慧物流网络化的实现，同时也是打造数字化物流全流程的关键技术。利用 Wi-Fi、蓝牙等技术构建的物联网存在一些明显的短板，如传输数据的准确率较低、耗电量较大等。而窄带物联网技术可以为物联网提供窄带射频，这种技术支持的物联网被称为低功率广域网，可以实现低功耗设备的蜂窝数据连接，具备低成本、低功耗、室内覆盖等特点。

窄带物联网可用于海量设备的连接，在该网络支持下，仓储物流系统可以获得更多数字化、网络化的创新应用。通过窄带物联网技术可以实现智慧物流单元和装备之间的联通，支持智能单元和设备的决策，实现仓库内部的密集网状连接，不仅能提高仓储物流信息的交换效率，同时还能提高信息传输的准确率。

我国在 5G 技术研发方面处于世界领先地位。我国提出的 5G 无线空口技术方案是一种以 3GPP（3rd Generation Partnership Project，第三代合作伙伴计划）新空口和窄带物联网技术为基础条件的方案。其中，3GPP 新空口技术可以为增强型移动宽带和低时延高可靠两大场景提供技术支撑；窄带物联网技术能为大规模机器连接场景提供技术支撑。我国想要推动新基建项目落地，也需要加快推进窄带物联网建设。作为新基建项目的一部分，窄带物联网可以为企业在物流领域的数字化和网络化建设提供重要支持。

（5）透明化和可预测性。数字化和网络化建设可促进仓储物流实现可视化管理，而仓储物流下一步的发展目标是实现全流程透明化和精准预测未来业务。

要实现物流全流程透明化，就需要充分了解物流系统正在发生什么和为什么发生这些事情，并能够根据这些信息数据建立系统的行为逻辑和行为规范，实现系统的定时优化和更新。这就意味着实现流程透明化的前提是采集和分析系统的实时数据，并建立系统的数字影像。流程透明化有利于系统和流程的优化，有利于提高物流的效率和质量，同时也有利于降低整个物流的成本。

完整、实时的仓储物流流程数据能够用于“流程挖掘”，即利用数字化挖掘流程优化的潜能。

通过对实际流程的展示、监控和优化可实现“流程挖掘”。这就需要从仓库管理系统等企业信息系统中实时提取数据信息，形成有用的知识，寻找相应的规律。这就意味着要深度挖掘潜藏在流程和系统中的“内部信息”，如什么主体，何时、何地、为什么发生等。这些“内部信息”能够对业务流程的审核、分析和改进提供巨大的帮助。目前，市场上常用的“流程挖掘”软件工具包括 Celonis、Hammacher Datentechnik 以及 Katana 公司的软件。

数字孪生技术能利用传感器数据、物理模型数据和设备运行数据等生成 3D 仿真过程，是一种集合了多学科和多物理量的创新性系统技术。利用数字孪生技术可以实现仓储物流系统和设备在虚拟空间中的数字化表达，并能基于这个数字化物流系统预测实际系统中可能发生的状况，这个研究过程还需要增强现实和虚拟现实等技术的支撑。

利用数字孪生技术可以实现数据模型的双向互联，智能仓储物流系统的状态和参数可以通过赛博物理系统反馈到数字模型，各环节的数字化模型能保持一致，从而实现对物理系统的状态和性能进行实时评估与监控。

物理系统能借助数字孪生模型快速实现仿真优化，且这种方式的优化成本较低，在这个过程中，需要通过改变系统控制策略和规则获得最优控制方案，在目的达成后，可以利用数字孪生技术的逆向反馈功能直接将最优控制方案，甚至包括 PLC（Programmable Logic Controller，可编程逻辑控制器）和机器人控制程序植入物理系统中。最优控制方案是否能适用于现实物理系统，一方面需要靠数字孪生模型的仿真、分析、数据挖掘等来保证，另一方面也需要人工智能技术的应用来保证。

在电子商务时代，仓储物流系统面临巨大挑战，特别是在资源配置方面的任务尤为艰巨，这主要是客户订单随机性较高、物流业务需求波动较大所致。因此，就需要利用数字化手段和新型预测方法对物流业务需求进行预测分析，从而助力仓储物流系统的建设和运营。目前，物流行业对业务需求预测方法的研究主要分为两类：一类是启发式预测方法；另一类是基于数据科学和大数据技术的预测方法。

仓储物流技术未来的发展目标是实现智能化。所谓智能化，就是在实现仓储物流系统数字化、透明化的基础上，赋予系统类似于生物与人那样的智慧，使其获得感知、分析、学习和决策等各种生物性能力，甚至利用“深度学习”技术赋予系统自主思维、推理判断和自行解决复杂物流问题的能力。

近几年，德国弗劳恩霍夫物流研究院一直希望将生物“群智能”应用于物流领域，并对该课题进行了深入的研究。一直以来，人们对鸟群、鱼群、昆虫群等动物群体的行为非常感兴趣，并对其展开了长时间的研究，而生物“群智能”正是这些研究的重要课题。物流中心的“细胞式”搬运机器人协同作业是基于生物“群智能”的一种解决方案。物流中心控制系统需要实时控制数千个机器人进行协同作业，这不仅需要无时延通信技术的支持，同时也需要强大计算能力的支持。这种解决方案的风险在于一旦机器人群发生突发状况就可能使整个中心控制计算机陷入瘫痪。

4. 仓储货架的种类及其相关特点

仓储货架按货架安装方式分类，可分为固定型货架（搁板式、托盘式、贯通式、重力式、压入式、阁楼式、钢结构平台、悬臂式、流动式、抽屉式和牛腿式货架等）、移动型货架（移动式货架和旋转式货架）；按货架整体结构，可分为焊接式货架、组装式货架；按仓库结构可分为库架合一式货架（货架系统和建筑物屋顶等构成一个不可分割的整体，由货架立柱直接支撑屋顶荷载，在两侧的柱子上安装建筑物的墙体结构）、分离结构式货架（货架系统和建筑物为两个单独的系统，互相之间无直接连接）；按货架每层载重量，大致可分为轻型货架（每层载重量不大于 200 千克）、中型货架（每层载重量为 200～500 千克）、重型货架（每层载重量在 500 千克以上）；按货架的高度，分为低位货架（高度 5 米以下）、高位货架（高度 5～12 米）、超高位货架（12 米以上）。

以下是几种目前仓库常见的货架类型的特点。

（1）横梁式货架。横梁式货架安全方便，适合各种仓库，直接存取货物，是最简单也是最广泛使用的货架，可充分地利用空间，采用方便的托盘存取方式，有效配合叉车装卸，极大提高作业效率。机械设备要求：反平衡式叉车或堆高机。堆高机可提高地面空间使用率 30%，操作高度达 16 米多。横梁式货架的特点：流畅的库存周转，可提供百分之百的挑选能力，提高平均取货率，提供优质的产品保护。因为横梁式货架适用于品种多、批量大的货物仓储，为了存取方便，设计的巷道会比较多，所以地面使用率相对偏低，如图 1-2 所示。

（2）悬臂式货架。悬臂式货架适合存放长料货物和不规则货物。前伸的悬臂具有结构轻巧，载重能力好，在存放不规则的或是长度较为特殊的物料时，能大幅提高仓库的利用率和工作效率。悬臂式货架增加搁板后，特别适合空间小、高度低的库房，管理方便，视野宽阔，与普通搁板式货架相比，利用率更高，如图 1-3 所示。

图 1-2　横梁式货架

图 1-3　悬臂式货架

（3）流利式货架。流利式货架采用流利条，将货物放入塑料盒或周转箱中，利用货物自重，实现货物的先进先出，适用于生产线或装配线上物料的存放，物料箱能靠重力沿滚轮下滑，如图 1-4 所示。

图 1-4　流利式货架

（4）穿梭车货架。叉车无须进入巷道，节省了时间，提高人员及货物的安全性，库房内货物存取效率大幅度提高，充分利用库房空间，库房内可以利用约 80%～85%的空间；适合不同种类产品分层灵活存取；相比较驶入架、贯通架，结构更稳固，安全系数高，可实现先进先出和先进后出；可自动整理和盘点，如图 1-5 所示。

（5）通廊式货架。通廊式货架也称贯通式货架、驶入式货架，为储存大量同类的托盘货物而设计，托盘一个接一个按深度方向存放在支撑导轨上，增大了储存密度，提高了空间利用率。这种货架通常用于储存空间昂贵的场合，如冷冻仓库等。通廊式货架有四个基本组成部分：框架、导轨支撑、托盘导轨和斜拉杆。这种货架仓库利用率高，可实现先进先出，或先进后出。适合储存大批量、小品种货物，批量作业。可用最小的空间提供最大的存储量。叉车可直接驶入货道内进行存取货物，作业极其方便。机械设备需求：反平衡式叉车或堆高机。货架的特点：适用于库存流量较低的储存；可提供 20%～30%的可选性；用于取货率较低的仓库；地面使用率 60%，较高，如图 1-6 所示。

图 1-5　穿梭车货架

图 1-6　通廊式货架

（6）阁楼式货架。阁楼式货架为全组合式结构，可采用木板、花纹板、钢板等材料做楼板，可灵活设计成二层及多层，适用于五金工具、电子器材、机械零配件等物品的小包装散件储存，存放多品种，少批量货物，充分利用空间。适用于场地有限、品种繁多、数量少的情况下，它能在现有的场地上增加几倍的利用率，可配合使用升降机操作。全组合式结构，专用轻钢楼板，造价低，施工快，如图 1-7 所示。

（7）重力式货架。重力式货架相对普通托盘货架而言不需要操作通道，故增加 60%的空间利用率；托盘操作遵循先进先出的原则；自动储存回转；储存和拣选两个动作的分开大大提高输出量，由于是自重力使货物滑动，而且没有操作通道，所以减少了运输路线和叉车的数量。在货架每层的通道上，都安装有一定坡度的、带有轨道的导轨，入库的单元货物在重力的作用下，由入库端流向出库端。这样的仓库，在排与排之间没有作业通道，大大提高了仓库面积利用率。但使用时，最好同一排、同一层上的货物，应为相同的货物或一次同时入库和出库的货物。层高可调，配以各种型号叉车或堆垛机，能实现各种托盘的快捷存取，单元货格最大承载可达 5000 千克，是各行各业最常用的存储方式，如图 1-8 所示。

图 1-7　阁楼式货架

图 1-8　重力式货架

（8）模具架。模具架也叫抽屉式货架、模具货架，主要存放各种模具物品，根据承载能力要求分为轻型模具货架和重型模具货架。货架顶部可配置移动葫芦车，以方便模具的起吊，如图 1-9 所示。

（9）钢结构平台。钢结构平台也称工作台。现代钢结构平台结构形式多样，功能也一应俱全。其结构最大的特点是全组装式结构，设计灵活，在现代的存储中较为广泛应用。由钢材制成的工程结构，通常由型钢和钢板等制成的梁、柱、板等构件组成；各部分之间用焊缝、螺丝或铆钉等连接，如图 1-10 所示。

图 1-9　模具架

图 1-10　钢结构平台

1.1.3　典型案例

货架行业：密集存储解决方案趋于成熟

仓储货架作为物流环节中最基本的仓储设备之一，在商业物流、医药化工、机械制造及第三方物流等领域有着广泛应用，在食品饮料、新能源及汽车相关行业也保持了较好的发展。

精星自主研发的柔性四向穿梭车系统和智能高效穿梭车系统，以精星高精度货架系统为基础，结合精星 WCS 多车调度系统，具有多机协同作业，调度作业灵活，柔性扩展性强等特点。其中，柔性四向穿梭车具有：1. 四向行驶，可跨层跨巷道作业；2. 设备间互为备份，多机协同作业，调度作业灵活，柔性扩展性强；3. 强大的路径规划，先进的路径算法；4. 机械结构采用轻量化设计，能耗低、更轻薄、流畅等特点。该系统集存储、搬运、配送于一体，尤其适用于大批量高频次的货物存取作业。

南京音飞储存设备（集团）股份有限公司（以下简称“音飞储存”）的产品分别是阁楼式穿梭车、轻型四向穿梭车和重型四向穿梭车等。其中，阁楼式穿梭车系统是一种针对料箱/纸箱的高效、自动化存储系统，能够快速准确地实现货物的存储作业，占用仓库面积少、所需空间小、储存方式更为灵活。该系统的作业特点是：阁楼式穿梭车悬挂于货架巷道一侧，并沿巷道中货架轨道行驶，利用上下移动的伸缩夹抱式货物存取装置，实现不同货架层的存取作业，主要适用于多品种小件商品的存储、拣选、补货作业，也可用于暂时存放，支持生产线边作业。

主流货架企业为了摆脱单纯销售货架的低门槛竞争，纷纷将目光投向以货架为基础的密集存储系统（主要是货架与穿梭车的各类组合应用）的开发及推广，通过内部研发或外部合作的方式进行该业务的拓展。这在一定程度上对货架企业的生产、安装甚至软件开发能力提出了更高要求。存储技术的多样化需求也值得关注。例如，在租赁仓库或低矮老式仓库等不适于投资大型自动化存储系统的场景中，一些可折叠或可实现堆叠存放的存储设备需求不断涌现。

（资料来源：中国知网，作者根据中国知网相关资料整理。）

思考题：1. 主流货架企业做了哪些突破？

2. 该公司自主研发的设施有什么特点？

1.2 智慧仓储的基本概念

随着科学技术的高速发展，人工智能、大数据、物联网、区块链等高科技技术在很多领域得到应用和推广，极大地提高了社会发展水平。越来越多的仓储配送企业，通过人工智能、大数据、区块链等技术进行融合、创新、应用，以提高仓储配送平台的功能性，降低供应链成本，为物流行业充分赋能，提高现代物流精细化、智能化、科学化管理能力，为物流信息化管理提供新的思路和研究方向。

1.2.1 智慧仓储的定义

智慧仓储是指通过应用物联网、云计算、大数据等信息技术手段，对仓储业务进行数字化管理和运营的一种新模式。目前，国内外都已出台相关政策来促进智慧仓储的发展和应用。在国家层面，我国作为制造业大国和物流大国，也十分重视智慧仓储的发展，一些支持智慧物流、仓储技术创新和数字经济发展的政策陆续出台，如《人工智能产业创新发展行动计划》《关于推进工业互联网发展的实施意见》等，这些政策均为智慧仓储的发展提供了政策上的保障和支持。同时，一些地方政府也在积极探索和推动智慧仓储的发展和应用。例如，北京市发布《物流行业发展“十三五”规划》，建议加快智能化与信息化改造，推广和应用先进的供应链管理技术；广东省“九尾狐”计划的启动，将增强物流安全和效率、提高商品流通质量等。

智慧仓储是智慧物流的重要节点，是指仓储数据接入互联网系统，通过对数据的提取、运算分析、优化、统计，再通过物联网、自动化设备、仓库管理系统（WMS）、仓库控制系统（WCS），实现对仓储系统的智慧管理、计划与控制。

智慧仓储是一种仓储管理理念，是通过信息化、物联网和机电一体化共同实现的智慧物流仓储新业态。它通过合理运用无线射频识别相关的技术及相关网络技术等，对仓储管理过程实现信息化，能够对入库、盘点、出库等过程的相关数据进行采集并加以利用，从而降低仓储成本、提高运营效率、提升仓储管理能力，使仓储管理更加智慧化。智慧仓储是对传统的仓库管理系统进行相应的改造，能够在一定程度上提高仓库的相关流程的工作效率，并能够实现在不接触货物的情况下对其进出仓库进行检查，以及质量检查信息与后台数据库的连接，进而提高库存效率，

因此，智慧仓储是指运用软件技术、互联网技术、自动分拣技术、光导技术、射频识别技术、声控技术等先进的科技手段和设备对物品的进出库、存储、分拣、包装、配送及其信息进行有效的计划、执行和控制的物流活动。简言之，智慧仓储是指通过智能软硬件、物联网、大数据等智能化技术手段，提高仓储系统智能化分析决策和自动化操作执行能力，提升仓储运作效率的现代化物流环节。

1.2.2 智慧仓储的特点

1. 仓储管理信息化

在仓储作业中，会产生大量的货物信息、设备信息、环境信息和人员信息等，如何实现

对信息的智能感知、处理和决策，利用信息对仓储作业的执行和流程进行优化，是智慧仓储研究的重点之一。智慧仓储是在仓储管理业务流程再造的基础上，利用 RFID、网络通信、信息系统应用等信息化技术，以及大数据、人工智能等管理方法，实现入库、出库、盘库、移库管理的信息自动抓取、自动识别、自动预警及智能管理功能，以降低仓储成本、提高仓储效率、提升仓储智慧管理能力。

2. 仓储运行自动化

仓储运行自动化主要是指硬件部分如自动化立体仓库系统、自动分拣设备、分拣机器人以及增强现实（AR）技术的应用。自动化立体仓库系统包括立体存储系统、穿梭车等，分拣机器人主要包括关节机器人、机械手、蜘蛛手等。智慧仓储设备和智能机器人的使用能够提高作业的效率，提高仓储的自动化水平。智能控制是在无人干预的情况下能自主驱动智能机器实现控制目标的自动控制技术。对仓储设备和机器人进行智能控制，使其具有像人一样的感知、决策和执行的能力，设备之间能够进行沟通和协调，设备与人之间也能够更好地交互，可以大大减轻人力劳动的强度，提高操作的效率。自动化与智能控制的研究应用是最终实现智慧仓储系统运作的核心。

3. 仓储决策智慧化

仓储决策智慧化主要是互联网技术如大数据、云计算、深度学习、物联网、机器视觉等的广泛应用。利用这些数据和技术进行商品的销售和预测，以及智能库存的调拨和对个人消费习惯的发掘，能够实现根据个人的消费习惯进行精准的推销。目前技术比较成熟的企业如京东、菜鸟等已运用大数据进行预分拣。在仓储管理过程中，各类仓储单据、报表快速生成，问题货物实时预警，特定条件下货物自动提示，通过信息联网与智能管理，形成统一的信息数据库，为供应链整体运作提供可靠依据。

1.2.3　智慧仓储的优劣势

智慧仓储的应用，保证了仓库管理各个环节数据输入的速度和准确性，确保企业及时、准确地掌握库存的真实数据，合理保持和控制企业库存，通过科学的编码，还可方便地对库存货物的批次、保质期等进行管理。与普通的仓储系统和自动化立体仓库相比，智慧仓储有明显的优缺点。

1. 智慧仓储的优势

智慧仓储系统是智能制造工业 4.0 快速发展的一个重要组成部分，它具有节约用地、减轻劳动强度、避免货物损坏或遗失、消除差错、提高仓储自动化水平和管理水平、提高管理人员和操作人员素质、降低储运损耗、有效减少对流动资金的挤占、提高物流效率等诸多优点。具体来说，智慧仓储的优势体现在以下几个方面。

（1）高架存储，提高利用率。智慧仓储系统可以利用高层货架存储货物，最大限度地利用空间，可大幅降低土地成本。与普通仓库相比，一般可以节省 60%以上的土地面积。

（2）无人化作业，节省人力。智慧仓储系统可以实现无人化作业，不仅能大幅节省人力资源，减少人力成本，还能够更好地适应黑暗、低温、有毒等特殊环境的需求，使智慧仓储系统具有更为广阔的应用前景。

（3）账实同步，节约资金。智慧仓储系统可以做到账实同步，并可以与企业内部网融合，企业只需建立合理的库存，即可保证生产全过程顺畅，从而大大提高公司的现金流，减少不必要的库存，同时也避免了人为因素造成的错账、漏账、呆账、账实不一致等问题。虽然智慧仓储系统初始投入较大，但一次投入长期受益，总体来说能够实现资金的节约。

（4）自动控制，提高效率。智慧仓储系统中物品出入库都是由计算机自动控制的，可迅速、准确地将物品输送到指定位置，减少了车辆待装待卸时间，可大大提高仓库的存储周转效率，降低存储成本。

（5）系统管理，提升形象。智慧仓储系统的建立，不仅能提高企业的系统管理水平，还能提升企业的整体形象以及在客户心目中的地位，为企业赢得更大的市场，进而创造更多的财富。

2. 智慧仓储的劣势

智慧仓储系统虽然具有很多优势，但其劣势也不容忽视，主要体现在以下 5 个方面。

（1）投资大，建设周期长。智慧仓储系统的建设是个系统工程，货架安装精度要求高，需要配套的设备多，设备间的连接和软件管理系统都非常复杂，安装调试难度大，需要投入资金多，建设周期较长。

（2）建设完成后不易更改。智慧仓储系统都是根据各企业的具体需求量身定制的，一旦建设完成，就限定了货架产品或其包装的最大尺寸和重量，超过规定尺寸和重量的货物不能存入货架。相应的，其他配套设备也不能轻易改动，否则很可能会出现牵一发而动全身的被动局面。

（3）事故一旦发生，后果严重。由于智慧仓储系统的操作需要由计算机控制多个设备来协调完成，一旦某个关键环节如计算机控制软件系统出现故障，很有可能导致整个仓库都无法正常工作。

（4）保养维护依赖度大。智慧仓储系统是一个复杂的系统，为了维持这些设备长期稳定地正常运转，必须定期进行保养和维护，同时也要根据需要对部分软件进行升级。特别是对技术含量高的设备和软件，如码垛机器人、自动控制系统等，必须由系统供应商的专业人员进行维护和升级。这就需要客户与系统供应商保持长期联系，以便在系统出现问题时，及时让系统供应商了解情况并解决问题。

（5）业务培训技术性强。智慧仓储系统实行自动控制与管理，投资大、技术性强，一旦出现较大操作失误，将会造成严重后果。因此，所有智慧仓储系统建成后，都需要对相关工作人员进行专门的业务培训，使他们能胜任工作，这也给企业的管理带来一定的难度。

1.2.4 典型案例

智慧仓储推动行业创新

2024 年 1 月 24 日，水发集团智慧无人仓正式启用，这是苏宁易采云与山东省属国企水发集团联合打造的采购仓储一体化系统。该系统基于物联网、云计算、大数据等技术，能够同时满足 B 端、C 端无人便利采购场景，推动行业创新。未来，苏宁易采云将持续助力水发集团采购数字化转型，实现提质增效。

1. B 端、C 端场景同时适用，快捷进入、无感出仓

据了解，该智慧无人仓的运营模式，是在无人便利店的基础上，增加 B 端采购及仓储场景，实现一仓两用，按场景结算。无人仓设置在水发集团内部，商品覆盖行政办公、快消日用等品类。在 B 端采购场景，采购人员申请领用卡后，刷卡进入无人仓，根据领用需求选购商品，选购完成后无感出仓，领用的商品自动挂账，月度结算，采购人员可以在领用结算系统确认订单。在 C 端采购场景，员工通过支付账号刷脸进仓，选购商品后，也可以无感出仓，自动结算，员工可以在出口屏幕上看到订单展示，确认订单信息。

水发集团是山东省属一级国有独资企业，业务涵盖水利开发、现代农业、环境保护、清洁能源四大板块，旗下拥有 30 多个子公司。为提高办公用品等物资的采购效率，水发集团发起智慧无人仓项目。此前苏宁已有成熟的无人便利系统，易采云中标后快速响应，联合碧英科技，组建了一支数十人的团队参与研发及现场施工改造，只用了不到一个月的时间，就完成了项目上线及启用。

2. 创新驱动，四个方面助力企业提质增效

水发集团在采购数字化转型方面不断探索及尝试，智慧无人仓的启用，能够在四个方面助力水发集团采购提质增效。首先是减少库存，智慧无人仓能够有效减少水发集团各权属公司拥有的独立仓库面积，并通过后台数据，实时监控库存，设定补货下限，自动发起补货。其次是增强便利性，智慧无人仓 7×24 小时运行，实现无人化、无纸化管理，员工快捷进入、即领即走，省去登记流程，减少重复劳动。再次是降低成本，智慧无人仓能够帮助企业降低用人成本、分散仓库成本、无效库存成本以及物流成本。最后是提高效率，智慧无人仓能帮助企业提高审批、取货、补货、对账效率。

苏宁易采云拥有丰富的政企采购经验，致力于为企业级消费者提供专业的全流程、全场景、全品类的数字化采购服务。此次智慧无人仓的启动，是水发集团与苏宁易采云在数字化采购方面的有效尝试。未来，双方将加强合作，将智慧无人仓打造成国企数字化采购的典型案例。

（资料来源：搜狐网，作者根据搜狐网相关资料整理。）

思考题： 1. 智慧仓储从哪些方面为企业提质增效？

2. 你认为智慧仓储还能从哪些方面进行创新？

1.3 智慧仓储类型

随着我国居民消费能力与水平的不断提升，网络电商的销售规模持续递增，为更快速响应客户需求，衍生出了不同类型的仓储。

1.3.1 电子商务与电商仓配物流

电子商务就是借助互联网从事的商品流通和生产经营活动，不仅是指网上的各种交易活动，同时还包括了利用电子信息技术所进行的宣传活动、寻找商机、增加产品价值等各类商务活动。电子商务的快速发展使得仓储物流模式产生了新的变化，仓储物流配送表现出了一些新的特点。

电商仓配物流是“互联网+物流”的一种整合形式，主要是借助互联网平台，与客户进行互动交流，完成网上商务交易和线下物流服务提供，同时利用库房、场地、设备进行货物

的保管和配送，其延伸功能包括融通仓与海外仓。

电商仓配物流与传统仓配物流有着比较大的差别。电商企业实施仓配选择物流模式时一般考虑两个关键要素：首先是成本优势，其次是企业自身对于仓配物流的驾驭能力。

造成电商仓配物流与传统仓配物流存在较大差异的关键因素主要是客户需求、客户的订单量、订单行数、订单实时性、订单精准性、订单波动性、退换货等，这些关键因素将影响电商仓配物流的规划和操作。

1.3.2 数字仓与云仓储

在“互联网+”的带动下，电商企业正在摒弃之前“自建物流仓储”与“第三方物流”之间的竞争模式，把竞争焦点集中在物流智能化上。这也给仓配一体化带来了前所未有的创新发展机遇。从整个物流服务市场看，物流智能化布局已久，已经是电商企业的下一个“蓝海”。现在，优秀的电商企业将物流战略核心纷纷瞄准智能化的推动，从智能仓储到无人机送货，仓配物流处处浸透着智慧气息。在我国电商加速发展进程中，企业纷纷将信息化手段运用到仓配物流之中，而这都离不开“互联网+智慧”在其中发挥的作用。

数字仓的核心是数字仓管。数字仓发端于企业对自身在同行中排名的关注。作为第三方物流仓配服务公司，由于对公司在网上的排名特别重视，通过数字仓管实现网上品牌推广，成为仓配企业品牌战略的又一个举措。但是在仓库租赁关键词搜索排名方面，大多数仓配服务商往往没有充足的营销推广资金与技术。这一问题解决的方式就是采用更加简单、经济、高效的在线数字仓管策略。

“云”技术主要是指云计算。云计算由分布式计算、并行处理和网格计算发展而来，是利用大量计算机构成的资源，来共同处理计算任务，并为各种应用系统提供计算能力、存储空间以及服务的新兴商业计算模型。云仓储是一种全新的仓配体系模式，它主要是依托科技信息平台充分运用全社会的资源，做到迅速、快捷、经济地选择理想的仓储服务。而云仓储平台是集仓储管理、货物监管为一体的现代仓储平台，通过条码监管、视频监管、互联监管、联盟监管这四大功能，对货物的入库、出库、移库、加工等环节进行规范化、可视化管理，可为客户提供可视稽查、实时监控、信息归集、全局控制、信息智能推送等系统化、全方位服务。

例如，云仓储“网仓一号”，就是将机器人、堆垛机、RFID 标签识别系统、指环穿戴式条码采集器、全自动高层货架、数字化 PDA 无纸化理货、全自动高速分拣机与分拣系统等设备功能整合在一起，通过参数化控制和最优路径，来保证机器人安全地将货物运输到下一处理区，以全自动运输的方式提升拣货效率，打造先进的数字化、智能化、自动化的电商订单云处理中心。另外，“网仓一号”还将采用“网仓科技”自主研发的动态储位货架管理技术，使仓库的容积率达到最大化，即容积率在 85%以上。“云仓储”实施的关键在于预测消费者的需求分布特征。只有把握了需求分布，才能确定最佳仓库规模，并进行合理的库存决策，从而有效降低物流成本，获得良好的效益，达到较高的服务水平。

1.3.3 海外仓与保税仓

海外仓是指建立在海外的仓储服务设施，也是仓配一体化模式在跨境物流中的表现形式。跨境电商企业按照一般贸易方式，将商品批量出口到境外仓库，电商平台完成销售后，再将商品送达境外的消费者。在跨境电商物流中，邮政快递、海外快递、海外专线、海外仓等四种物流模式占有重要地位。在跨境贸易电子商务中，国内企业将商品通过大宗运输的形式运往目标市场国家，在当地建立仓库、储存商品，然后再根据销售订单，第一时间做出响应，及时从当地仓库直接进行分拣、包装和配送，这是海外仓给跨境电商带来的物流价值。

海外仓模式的建立需要参与的物流企业之间互相信任，能够及时地开展国际信息的沟通和交流，另外在开展合作的过程中应该确定合作的原则和利润的分配理由，这是物流海外仓能够长期存在和发展的基础。设置海外仓可以提高单件商品的利润率。作为拓展国际市场的新型外贸基础设施，近年来海外仓逐渐成为跨境电商竞争的焦点。目前，青岛西海岸新区已有 16 家企业的 50 个海外仓加入青岛西海岸新区全球海外仓资源共享联盟，初步构建了覆盖六大洲、26 个国家、44 座主要城市的海外仓网络。西海岸新区全球海外仓资源共享联盟以数字化平台为依托，具有高度可视化、数智化的线上海外仓服务平台、串联资源和服务，提供跨境物流、智能分仓备货、头程/尾程透明报价服务，助力联盟成员提高仓库使用率。未来，该联盟将进一步实现海外仓数据、服务、标准、体系、平台等资源整合，增强物流组织调动能力，助力中国好货“走出去”，海外好货“走进来”。另外，海外仓运输模式突破了传统商品重量、体积以及价格的限制，对扩大销售品类的帮助非常大。

在传统意义上，海外仓就是一个多功能仓库，重要的区别在于仓库在国外，可帮助企业处理国外集货、仓储、发货、物流等业务。商品可以很快地从仓库直接到消费者手中，避免了国家间物流时效过长的问题。以往没有海外仓的时候，国外客户下单后，需要从国内发货，交货周期长，中间还容易出现不可控的因素。有了海外仓，企业可以先批量备货到自己的海外仓库，当用户下单后，从海外仓直接发货，提高了客户产品的远程控制能力。伴随跨境电商的快速发展，海外仓不但具有仓储的功能，而且具有综合仓配服务功能，是一个海外服务的集合体，可以帮助卖家处理仓储、物流、发货、退换货，以及清关、报验、订舱等多项需求。

保税仓库，是指由海关批准设立的供进口货物储存而不受关税法和进口管制条例管理的仓库。储存于保税仓库内的进口货物经批准可在仓库内进行改装、分级、抽样、混合和再加工等，这些货物如再出口则免缴关税，如进入国内市场则须缴纳关税。各国对保税仓库货物的堆存期限均有明确规定。设立保税仓库除为贸易商提供便利外，还可促进转口贸易。

保税仓是一个存放未缴关税货物的仓库，就如境外仓库一样。货物存放在保税仓可以节省一大笔租金费用，尤其是时间较长时，这项优势更加明显。保税仓的仓租较便宜，而且可在申报时直接在保税仓运走报关。保税仓顾名思义，重在“保税”，税费一般由进口商缴纳，等商品出售时再转嫁给消费者，商品入关后存放在公司仓库或各零售店。

保税仓实际上是一个享有国家特殊政策，受国家特殊监管的区域，与通常预缴关税的流程不同，进口商品在获得海关批准后进入特定仓区存放，此时可先不缴税，当商品出售后再缴税，也就是说保税仓起到了“暂缓缴税”的作用。

1.3.4　融通仓与冷链仓

融通仓是一种物流和金融的集成式创新服务，是仓配一体化服务的衍生品，也是仓配业务拓展的高级阶段。其核心思想是在各种流的整合与互补互动关系中寻找机会和时机，其目的是提升客户服务质量，提高经营效率，降低运营资本，拓宽服务内容，减少风险，优化资源使用，协调多方行为，提升供应链整体绩效，增加整个供应链竞争力等。

“融”指金融，“通”指物资的流通，“仓”指物流的仓储。融通仓是融、通、仓三者的集成、统一管理和综合协调。融通仓既是仓配一体化的升级版，也是仓配服务未来发展的趋势，所以融通仓是一种对物流、信息流和资金流进行综合管理的创新，其内容包括物流服务、金融服务、中介服务、风险管理服务以及这些服务间的组合点互动。

融通仓业务中的物流服务可代理银行监管流动资产的物流“表外”服务，金融服务则为企业提供融资及其他配套服务。融通仓服务不仅可以为企业提供高水平的物流服务，而且可以为中小型企业解决融资问题，解决企业运营中现金流的资金缺口。

构建融通仓的目的是用资金流盘活物流，用物流拉动资金流，使现金流满足企业经营需要。物流、生产、中介和金融企业都可以通过融通仓模式实现多方共赢。融通仓的产生将为我国中小企业的融资困境提供新的解决办法。这一业务的运作，也将提高商业银行的竞争优势，调整商业银行信贷结构，有效化解结构性风险，促进我国第三方物流的进一步发展。

与普通的仓配企业相比，融通仓的价值链得到了实质性拓展，企业自身的资源得到了有效利用。同时，融通仓（仓储物流企业供应链金融）并非某一单一的业务或产品，它改变了过去银行等金融机构对单一企业主体的授信模式，围绕某“一”家核心企业，从原材料采购，到制成中间及最终产品，最后由销售网络把产品送到消费者手中这一供应链链条，将供应商、制造商、分销商、零售商直到最终用户连成一个整体，全方位地为链条上的“N”个企业提供融资服务，通过相关企业的职能分工与合作，实现整个供应链的不断增值。

目前，伴随人们生活质量的提高和对食品营养要求的提高，生鲜食品仓配成为物流业乃至新零售竞争的新领域，其中冷链物流对生鲜品仓配质量起到关键性作用。冷链物流大多是从生产端结合市场的情况进行生产和配送的。电商企业信息获取的及时性不足、准确性低，以及成本高、生产和配送无法达到最优化，使得生产和用户之间存在着大量的库存，货损率提高，也造成生产厂家的资金积压，影响其资金的流动周期。因此，在冷链物流中运用互联网技术、物联网技术，能够以较低的成本控制从生产到销售以及到用户的全部信息，在销售端也能够迅速地把销售的情况反馈给厂家或商家，厂家或商家获得信息后，能够根据市场的具体变化来安排生产或库存及配送，在减少库存的同时也减少企业生产经营风险，降低货损率，使从生产到销售的全过程变得更加智能化、更加可控。

冷链物流泛指冷藏冷冻类食品在生产、贮藏、运输、销售到消费者的各个环节中始终处于规定的低温环境下，以保证商品质量，减少商品损耗的一项系统工程。它是随着科学技术的进步、制冷技术的发展而建立起来的，是以冷冻工艺学为基础，以制冷技术为手段的低温物流过程。

目前，国内的线上与线下商家虽然希望提高冷链的可靠性，但他们普遍认同应由供应商负责将产品运送到零售点或消费者，可是大多数供应商出于成本考虑和实力原因很难在产品安全以及物流设备上投入更多。同时，由于电商背景下多数的实体店密度不足、布点分散、扩张较快，加上更加分散的个体消费者，配送成本的增加难以估算。大多数供应商基本处于独立运营状态，由此使冷链物流难以实现规模效应。

冷链物流要发展就要从冷链市场上下游的整体规划和整合这个关键问题着手，努力建立一个能满足消费者、供应商和零售商三方面需求的、一体化的冷链物流模式。

整合冷链物流必须着手于建立一个基于整合冷链市场现有资源，为冷链市场提供一体化服务的平台。这个平台可以通过现代化信息技术、网络技术以及先进的全温层配送解决方案，为冷链市场的发展开创一种全新模式，从而在节约社会资源、降低物流成本、提高效率、减少社会环境污染的同时，创造企业效益。这个公共服务平台分为三个层次：网络平台、信息化服务中心、实体冷链物流网络。

1.3.5 新零售与前置仓

新零售是在互联网、物联网以及计算机技术日益普及，行业融合度逐渐提高，市场利润空间逐渐压缩的背景下产生的。

新零售是指以个人、企业以互联网为依托，通过运用大数据、人工智能等先进技术手段，并利用心理学相关知识，对商品的生产、流通与销售过程进行升级改造，进而重塑业态结构与生态圈，并对线上服务、线下体验以及现代物流进行深度融合的一种零售新模式。新零售的思想就是将经济关联活动的终极目标揭示出来，将涉及的所有因素整合起来，为疏通流通渠道，完成经济活动的终极目标赋能。

新零售的核心意义在于推动线上与线下的一体化进程，推动电商仓配与零售的业态融合，其关键在于使线上的互联网力量和线下的实体店终端形成真正意义上的合力，从而完成电商平台和实体零售店面在商业维度上的优化升级，由此也催生物流、金融等服务业态的升级与创新。同时，新零售促成价格消费时代向价值消费时代的全面转型。此外，业内也提出新零售就是“将零售数据化”，将新零售总结为“线上+线下+物流”，其核心是以消费者为中心的会员、支付、库存、服务等方面数据的全面打通。

前置仓就是把仓库设在离消费者更近的地方，可能是某个办公楼，可能是某个社区，也可能是直接把零售门店辅以仓库功能，用户下单后，尽可能在最短的距离和时间内送货上门。前置仓模式最早发端于北京，随后主要把一、二线发达城市作为其主推广方向，消费群体以生活节奏较快、时效性要求高的年轻人群体为主，以每日优鲜为例，其用户中 24 岁以下的占比为 40%，30 岁以下的累计占比超过 70%。

前置仓模式是随着生活水平的提高以及大城市生活节奏加快而出现的，现在人们既希望生活“既快又好”，又希望能够在采购的时间成本和商品性价比之间找到最佳结合点。所以前置仓追求的就是大店的规模化和小店的便利性的结合，是大和小之外折中的第三条道路，那就是近而且全，并且有品质，这也是新零售的终极目标。

前置仓模式的典型特征是区域密集建仓。目前成熟的案例较多，不论是每日优鲜、朴朴超市还是叮咚买菜，都选择先在区域市场发展，建立竞争优势后再逐步拓展新的城市。从城市定位来看，一线城市和部分发达的二线城市是前置仓的主要布局区域。以每日优鲜为例，其用户主要分布在北上广、天津、江苏等经济发达地区。而叮咚买菜目前仅在上海布局，说明前置仓模式更加适合对于便利性要求较高、生活节奏较快的消费群体。

前置仓模式最主要的优势是，可以实现云平台、云市场、即时营销和全域营销在商业流通领域全方位实现仓配的空间与时间价值，保证终端门店低成本运营和持续盈利。

在现代零售环境当中，仓库的前置变得越来越重要。它可以较好地利用社会商业资源，将分散的资源进行有效整合，在原有的功能基础上扩展或增加功能，以终端消费者的需求为行为导向，用户下单后，能够尽可能在最短的距离和时间内送货上门。

新零售带动新物流，这是新零售模式下，线上线下物流融合最重要的一大突破，前置仓也正是在这种经济环境下产生的。消费者购买的商品不仅可以由专属的电商仓库发出，还可以灵活地从附近门店发货，商家位于线下的门店将成为一个个放在消费者身边的“前置仓”，既能满足消费者极速、精准的配送需求，又能帮助商家降低仓储成本，更智能地运营销售供应链。

1.3.6 典型案例

纵腾集团入选商务部“首批优秀海外仓实践案例”

福建纵腾网络有限公司（以下简称“纵腾集团”）作为“为跨境电商卖家提供第三方服务的海外仓”，代表集团海外仓发展模式获行业高度认可，是具有代表性、可参考的典型案例。海外仓成为支撑跨境电商发展、拓展国际市场的新型外贸基础设施。近年来，随着跨境电商的快速发展，一批优秀海外仓脱颖而出，在信息化建设、智能化发展、多元化服务、本地化经营等方面大胆探索，先行先试，形成一批好经验好做法。

纵腾集团精准洞察卖家需求，于 2008 年在美国设立了海外仓，经多年发展，旗下品牌“谷仓海外仓”在美国、英国、捷克、法国、意大利、西班牙、日本、澳大利亚等主要发达国家均建有仓储设施，总面积超 70 万平方米。2020 年海外仓增速明显，2020 年 11 月商务部对外贸易司司长李兴乾在国务院新闻办公室举行的政策例行吹风会上表示，跨境电商等新业态正在为我国外贸发展提供新空间、新动能，海外仓是跨境电商企业在境外实现本土化运营的重要依托。纵腾集团始终提倡以技术助力跨境电商发展，满足客户经营所需的各项产品创新，帮助客户降低经营成本、提升运营效率。此次入选商务部“首批优秀海外仓实践案例”，证实了纵腾集团海外仓发展模式对行业而言颇具参考价值。未来纵腾集团也将持续优化海外仓服务，为品牌出海提供强有力的保障。

2020 年 11 月，国务院发布的《关于推进对外贸易创新发展的实施意见》，明确指出要促进跨境电商等新业态发展，提及 7 个方面的内容，有 5 个均聚焦在跨境电商领域，其中就包括“支持建设一批海外仓”。作为海外仓布局的先行者，纵腾集团积极参与行业标准的制定。2020 年 10 月，中国仓储与配送协会（2020 年第 48 号）批准发布团体标准《公共海外仓设施技术要求与运营管理规范》（T/WD107—2020）。纵腾集团作为标准起草制定单位之一，根据自身发展经验提供了建设性意见，助推行业规范化发展。该标准是我国首个海外仓团体标准，首次定义了“公共海外仓”名词术语，明确了其分类及适用范围，旨在为我国的海外仓建设提出标准化的指导，对我国境内企业到境外建设海外仓具有实质性的指导与参考作用，为下一步对其他海外仓类相关标准及规范性文件的制定，提供了统一的标准化基础，并助力跨境贸易体系建设及创新应用发展。

助力跨境电商卖家在竞争日益的电商市场中抢占先机，海外仓优势明显，但因基础建设薄弱，运力“抗压能力”不足，海外仓发展任重而道远。纵腾集团坚持“全球跨境电商基础设施服务商”定位，聚焦“升级、开放、跨越”三大战略部署，为卖家提供海外仓储、专线物流服务及商品分销、供应链金融服务等一体化物流解决方案。未来纵腾集团将继续发挥自身优势，提升经营管理专业化、规范化、信息化建设水平，实现物流体系从“China-Global”到“Global To Global”的跨越式发展。

朴朴超市前置仓模式案例分析

朴朴超市创立于 2016 年，专注于打造移动端 30 分钟即时配送一站式购物平台。朴朴超市的创立并没有依托于电商巨头的支持，而是“白手起家”，无论是资本实力还是体量规模都远远不及其他同类竞争对手。但是朴朴超市对自身的定位认知很清晰，它知道既然自身不占据资金流量优势，就要保证平台本身资金链不受影响，否则平台会很难运营。因此，朴朴超市并没有参考传统超市的运营策略，也没有走生鲜电商的老路，而是选择在居民小区附近开设前置仓，保证每个前置仓可以覆盖周边 1.5 公里的配送范围，覆盖密度广，形成了特许的选址模型和商业闭环，使得前置仓的覆盖密度远远高于其他同类的生鲜配送平台。

前置仓快送模式，最大的优势在于品类选择与配送速度。可供选择的品类越多，配送的时间越短，赢得客户的机会越大。鉴于先发优势，朴朴超市相比其他竞争对手拥有更加密集的前置仓，可将配送范围控制在方圆 1.5 公里的半径之内，大大优于竞争对手。在运营模式上，朴朴超市选取纯线上运营+前置仓配送模式，平台主打生鲜产品，但也兼顾其他品类的运营，保持平台上线产品 SKU（Stock Keeping Unit，最小存货单位）在 3000 左右。如此丰富的品类和高时效的配送模式满足了客户高品质多元化的消费需求，朴朴超市的口碑效应也不断上涨。朴朴超市主打生鲜产品的即时配送，供应链稳定完善，主要通过大中型农业公司直供及产地直采两种途径供货，基本采用气调盒等标品包装形式售卖，保障了生鲜产品的安全性和高品质。由于采购量大，成本价低，线上平台产品定价基本与其他平台持平，甚至有较大的优惠补贴。

思考题： 1. 海外仓的现实意义是什么？

2. 前置仓如何提升电商企业的竞争力？

知识链接

政策解读：补齐冷链物流短板，助力高质量发展

冷链物流的发展涉及政府和市场两股力量，政府方面有中央和地方两级政府，涉及多个部门，市场方面涉及大量不同专业的运营主体。在冷链物流运行体系方面，《“十四五”冷链物流发展规划》（以下简称《规划》）提出打造“三级节点、两大系统、一体化网络”融合联动的“321”冷链物流运行体系，衔接农业农村部、财政部、交通运输部、供销合作总社等部门相关规划，提出建设国家骨干冷链物流基地、产销冷链集配中心和两端冷链物流设施补短板工程。在冷链物流骨干通道方面，结合我国农产品产销分布情况，衔接相关农业生产、综合交通等规划，第一次提出了“四横四纵”的国家冷链物流骨干通道网络布局方案。在冷链物流服务体系方面，重点针对肉类、水果、蔬菜、水产品、乳品、速冻食品和疫苗等医药产品，提出了分类优化冷链物流服务的具体内容。在冷链物流保障体系方面，提出冷链物流企业、冷链物流技术、冷链物流统计、冷链物流标准、冷链物流教育、冷链物流人才等方面的内容。在冷链物流监管体系方面，衔接国家卫生健康委、市场监管总局等部门相关工作部署，提出了监管平台、监管机制、监管过程、监管手段等方面的具体工作内容。

《规划》由总到分，按照“体系→布局→网络（产地网络→干线运输→销地网络）”的逻辑顺序开展冷链物流网络规划，不断深化冷链物流体系和布局规划，回答了怎么建设冷链物流体系问题。在干线运输方面，我国农产品干线运输中冷藏运输比例平均不到 50%，净菜运输比例更低，过度依赖公路运输，综合运输优势没有充分发挥，冷链运输专业化、规模化程度与发达国家有较大差距，导致冷链运输资源浪费，运费高。《规划》提出要强化冷链运输一体化运作，提升冷链运输设施设备技术水平，发展冷链多式联运，并提出了冷链运输提质增效降本的具体工程项目。

在销地网络方面，由于农产品在产地和干线运输中没有冷链支撑，严重影响产品品质，到达销地售卖时保鲜保质期大大缩短，腐损率大大增加，质量大大降低，如果销地也没有配套的冷链设施，则上述问题会加重，我国农产品冷链物流普遍存在这种现象。《规划》从加快城市冷链物流设施建设、健全销地冷链分拨配送体系和创新销地冷链服务模式等方面进行了具体部署，规划了销地冷链物流提升工程。

（资料来源：国家发展和改革委员会，作者根据国家发展和改革委员会相关资料整理。）

本章小结

本章主要介绍了智慧仓储的发展背景、演进历程、基本内涵，分析了智慧仓储的现状，简单介绍了在不同环节中的不同类型的仓储。智慧仓储是一种基于新兴技术的供应链管理系统，旨在提高供应链的效率和透明度。智慧仓储技术在管理仓库和提高物流效率方面都发挥着重要作用。智慧仓储系统应用在优化库存控制、定位物料和装运管理等方面。智慧仓储还可以提高供应链的可视化程度。通过将整个供应链系统中的每个环节信息全面记录在案，智慧仓储系统可以帮助企业更好地了解物流运营状况，并快速找到问题所在并加以解决。随着科技的发展，智慧仓储技术还需要不断的升级改进，智慧仓储利用近年来发展起来的各项新技术，能够更好地满足消费者的需求，并且更准确地预测需求趋势。智慧仓储可以带来巨大的商业价值。通过提高物流过程的效率，企业可以节省时间、降低成本，在市场上更好地竞争。此外，智慧仓储系统的实施还可以改善客户体验，方便消费者的使用和选择，从而增加销售收入。综上所述，智慧仓储的概念及其重要性无疑都是企业在跟上时代步伐并且不断向高效低成本迈进的体现。

复习思考题

1. 智慧仓储的演进过程是怎样的？
2. 智慧仓储的特点有哪些？
3. 智慧仓储有何优劣势？
4. 不同类型的智慧仓储的区别是什么？

阅读案例

后疫情时代果蔬无接触配送模式研究

在后疫情时代下，社会的各行各业都受到了巨大的影响，而果蔬物流作为物流重要组成部分受到的影响尤为深刻。在疫情的影响下，传统的果蔬配送模式难以为继，已不能满足疫情下人们对果蔬数量和安全的需求，迫使果蔬配送向社区渗透并发展出了初级阶段的果蔬无接触配送模式。

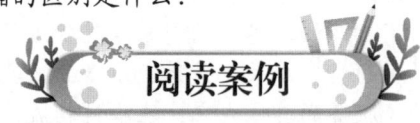

无接触配送模式现在仍存在的问题如下。

1. 配送延迟

无接触配送仍然不能即买即送，无法像外卖一样做到迅速配送，即顾客下单后平台及时将果蔬配送到顾客手中。在平台下了单后，平台会将订单交给商家，商家再进行调货，然后送到取货点，最后团长通知顾客取货，大量的时间被浪费在了商家和团长环节，导致顾客第二天才能取货，而顾客基本上都是希望能快速拿到果蔬，保证果蔬的新鲜度。

2. 货损率高

无接触配送的货损问题较为严重。由于路线规划和设施设备的问题，加上采用人力来完成“最后一公里”的配送，产生了很多不可预测的风险，商家忽视了果蔬的分类包装，造成了无接触配送的货损率呈现出两极分化，苹果、雪梨、土豆、胡萝卜等硬度高、易保存的果蔬货损率较低，一般在 5%以下；而葡萄、樱桃、番茄、辣椒等硬度低、不易保存的果蔬货损率大多在 10%以上。两极分化的货损率不仅增加了物流成本，也降低了平台在顾客中的口碑。

3. 信息流通不足

在无接触配送过程中，信息完全处于“失灵”状态。在整个配送过程中，没有信息流通，没有信息反馈。无接触配送更像简单的运输方式，信息流没有与配送融为一体，顾客的反馈没有随着配送的完成一起返回配送中心，而且配送中心处理信息的功能被极大地削弱了，顾客的反馈要五天后才回复，甚至对顾客的反馈实行“冷处理”。

4. 激励制度不合理

平台为了激励骑手高效率地完成配送任务设置了打赏功能，顾客根据骑手的表现来对骑手进行打赏。骑手认为自己高质量地完成配送任务顾客就应该打赏，而顾客认为完成配送本身就是骑手的职责，不愿打赏。打赏功能变相地激化了骑手与顾客之间的矛盾，对骑手和顾客都不利，对平台的长期发展存在隐患。

5. 资金缺乏

无接触配送的使用看起来前景很美好，但是在经济发展深度放缓时期，企业对于资金的投入更加谨慎。企业必须在保证自身收益的前提下投入资金，而资金短缺在短时间内又无法解决。另外，新生事物的投入具有风险大、收益不确定的风险，在开发初期，国家可能需要投入大量资金和政策予以支持，仅靠企业难以维持无接触配送的转型发展。

6. 运用领域受限

智能机器人和无接触物流设施的运用，是基于激光雷达、视觉传感器等多传感器融合进行定位、导航的技术模式。这种模式对道路设施的要求比较高，需要专用的道路，无台阶、坑洼、积水等，这就决定了只能在城市路况较好的区域实施。因此，即便是在先进发达城市，无接触物流的设备运用范围也有很大限制。

（资料来源：《现代商业》杂志社，作者根据《现代商业》杂志社相关资料整理。）

思考题： 1. 该研究的背景和目的是什么？

2. 结论有哪些？对于其优势与劣势，你怎么看？

实训项目

1. 课内实训

小组搜集实际企业中提高仓库运营效率、降低人工成本的方式方法，进行课堂汇报分享。

2. 课外实训

调研周边的配送点的布局规划、配送方式、货架类型，阐述改进措施。

第 2 章　智慧配送概述

学习目标

知识目标：

1. 了解智慧配送的背景与意义，熟悉相关的技术和工具；
2. 了解智慧配送的原理和技术，掌握运输路线的规划与优化；
3. 了解在末端配送货物的入库、出库、盘点等操作方法。

能力目标：

1. 能够对仓储配送企业进行分类；
2. 能够熟悉配送中心的作业流程以及配送中心的岗位等。

思政目标：

1. 熟悉并了解现代仓储与配送运作模式，为进一步推动中国现代化强国梦打下良好基础；
2. 培养物流人员的职业道德和社会责任感。

导引案例

百世供应链“订单不掉线”

百世物流作为供应链物流服务企业，发挥了供应链物流领域数据链服务企业的集成、引导、辐射和一体化管理作用，推动了供应链物流各环节的数据对接、资源协同共享，实现了供应链物流降本增效。目前，百世物流已发展成为中国领先的智慧供应链物流综合服务提供商，服务网络包括快运、百世云仓、百世云配，仓储配送网络覆盖全国，并延伸至县、乡级区域，是国内网络最全、覆盖面最广、覆盖渠道最深的供应链物流领域数据链服务企业，在国内供应链物流行业名列前茅。

2018 年，百世物流在供应链运输业务过程中发现，司机在提货、签收、凭证上传的运作过程中，线下的动作和线上的信息实时同步性差，移动端实时上报活动比例低、上报信息不准确；与承运商对接流程管理效率低，各环节规范化难，运营质量不稳定；百世方和货主方都不能实时有效跟进订单在途信息，很多异常订单无法第一时间处理，客诉与赔付情况时有发生……物流与信息流脱节的现象亟待改善。

为提高司机移动端上报比例，规范承运商过程管理，提高运营质量，高效协同三方间的信息流，百世供应链提出了“订单不掉线”的全程信息可视化解决方案（以下简称“订单不掉线”），打造了运输全流程信息线上线下同步、节点可视可控的透明数据链。“订单不掉线”主要通过信息系统组织贯穿运力资源，形成了“TMS 系统平台+司机 App&微信小程序+承运商管理看板+运输云眼”一整套在线运输管理系统平台，结合业务流程，管理订单全过程，并通过运用移动互联网技术和云计算，让货主方、百世方及承运商三方都可以实时在线查看所有通过 App/微信小程序回传的一手信息，从而实现实时过程管理，有效降低运输成本，并为打造数字化，建设智慧供应链服务网络和管理平台打下基础。

1. TMS 智慧运输管理系统

TMS 智慧运输管理系统是百世物流自主研发的运输业务执行系统，涵盖接单、调度、过程监控、系统自动计费等运输全流程监控管理。系统打通了供应链上下游的单据、物流与结算信息，高效便捷地管理整体运输业务。

2. 司机 App 或者微信小程序

承运商司机承接百世业务可以通过 App 或者微信小程序接单、联系发货人收货人、导航到发货地址和门店地址，进行揽收、上报揽收异常、签收、上报签收异常等作业环节，与 TMS 智慧运输管理系统打通。

3. 承运商管理看板

承运商管理看板是百世物流自主研发的一套针对承运商运输业务的全流程管理系统，涵盖了从业务委托到订单完成的整个运输环节。承运商可以通过手机移动端和网页端查看所承接项目运作的整体情况，如运输订单的（提货、在途、签收、异常、电子凭证上传、纸质回单审核、结算、索赔等）实时状态信息，帮助承运商管理司机及订单状态，掌控实时的订单处理进度和结算进度并导出可视化报表。

4. 运输云眼

运输云眼是百世物流专为货主方提供的一个移动端可视化看板，为客户展示真实、实时的物流详情及在途情况，让客户非标准的业务需求同样享受标准化的服务体验。

“订单不掉线”为百世物流带来的增益主要有以下几个方面：①“订单不掉线”全程信息可视化项目在实施过程中，纸质单据管理从线下变为线上，对供应链运输全链路涉及的客户下单、系统录单、提货、运输在途、签收、回单返回等流程建立了线上标准流程。百世物流通过对业务流程的改造，结合系统数字化的工具，实现运输单据全流程的有效管理。②“订单不掉线”全程信息可视化解决方案实现了数字化管理运输订单全过程，数据透明清晰，节点可视可控，在简化运输管理线下作业复杂度的同时提高了运输作业的准确度，规范了运输作业标准，同时大大提高了百世方、承运商方以及货主方三方间的线上线下的协同效率，减少了异常订单，降低了索赔风险，节约了运输成本，也提升了运营质量。③“订单不掉线”实施后，百世供应链各运输团队平均减少客服人数 40 人，总共可节省人力成本 200 万元；运输业务的索赔金额降低了近 400 万元；同时凭借数字化管理看板让百世物流为客户提供了数字化、差异化服务，切实满足客户需求，让百世供应链在同行业中更具有市场竞争力。

（案例来源：中国物流与采购联合会官网，作者根据中国物流与采购联合会官网相关资料整理。）

思考题：1. 百世物流怎么达到“订单不掉线”目的的？

2. “订单不掉线”带来的增益有哪些？

3. “订单不掉线”在实施过程中可能会出现哪些问题？

2.1 配送概述

近几年的快递业务量及其增速如图 2-1 所示，末端配送在其中起着越来越重要的作用。

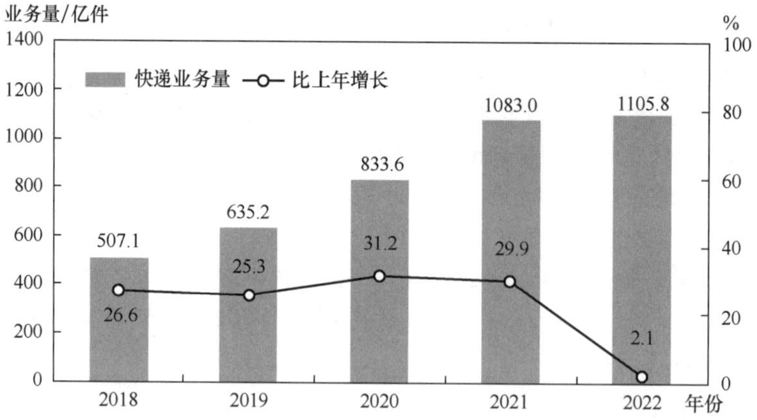

图 2-1　2018—2022 年快递业务量及其增长速度

（图片来源：国家统计局）

2.1.1　配送的定义

中国《物流术语》国家标准对配送的定义是："在经济合理区域范围内，根据用户要求，对物品进行拣选、加工、包装、分割、组配等作业，并按时送达指定地点的物流活动。"

配送是按用户订货的要求，以合理的送货形式，在配送中心或其他物流据点进行货物配备，以合理的方式送交用户，从而实现物品最终配置的经济活动。配送是物流系统的末端环节，提高配送效率、缩短配送时间对企业的意义重大。配送作为一种现代流通组织形式，是集商流、物流、信息流于一身，具有独特的运作模式的物流活动。

配送是物流的缩影或在某小范围中物流全部活动的体现。一般的物流指的是运输及保管，而配送则是分拣配货及运输，侧重按照待运输货物的目的地来区分，以便物流操作。物流配送的主要工作有：备货、储存、加工、分拣及配货、配装、配送运输、送达服务。配送模式有两种，如图 2-2 所示。

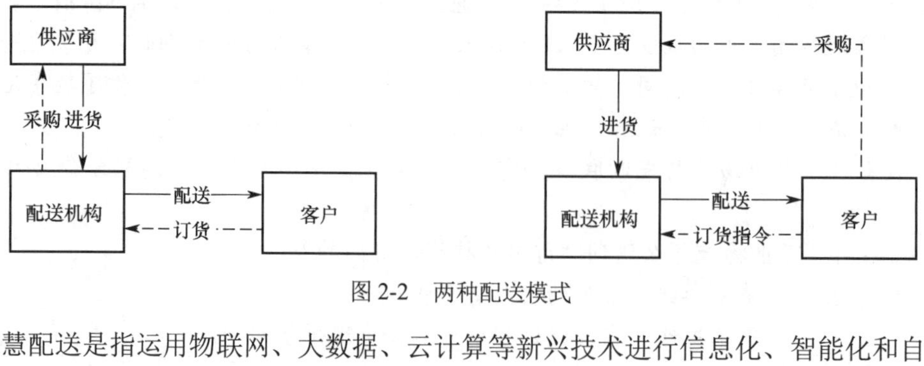

图 2-2　两种配送模式

智慧配送是指运用物联网、大数据、云计算等新兴技术进行信息化、智能化和自动化的物流管理方式。以下是与智慧配送相关的政策。

1.《物流业发展规划》

国家发展和改革委员会于 2020 年发布了《物流业发展规划》，提出加快推进物流数字化转型，积极推广智慧物流，鼓励物流企业采用物联网、大数据、人工智能等先进技术，推进可视化、远程控制和自动化作业。

2.《关于加快推进物流领域“互联网+”行动的意见》

工信部、交通运输部于 2015 年共同发布了《关于加快推进物流领域“互联网+”行动的意见》，其中提到要推广智慧物流应用，建设智慧配送中心、智慧物流园区等。

3.《京津冀长三角珠三角地区物流发展规划》

2018 年，全国物流与采购联合会发布了《京津冀长三角珠三角地区物流发展规划》，提出要逐步实现智慧物流技术在配送中心、仓库等方面的应用。

4.《“十四五”现代物流发展规划》

2022 年，国务院下发了《“十四五”现代物流发展规划》，提出稳步发展网络货运、共享物流、无人配送、智慧航运等新业态。

2.1.2　配送的内涵

首先，配送提供的是物流服务，因此满足顾客对物流服务的需求是配送的前提。由于在买方市场条件下，顾客的需求是灵活多变的，消费特点是多品种、小批量的，因此从这个意义上说，配送活动绝不是简单的送货活动，而应该是建立在市场营销策划基础上的企业经营活动。

其次，配送是“配”与“送”的有机结合。所谓“合理地配”是指在送货活动之前必须依据顾客需求对其进行合理的组织与计划。只有“有组织有计划”的“配”才能实现现代物流管理中所谓的“低成本、快速度”的“送”，进而有效满足顾客的需求。

最后，配送是在积极合理区域范围内的送货。配送不宜在大范围内实施，通常仅局限在一个城市或地区范围内进行。

2.1.3　配送的意义和作用

1. 完善输送及整个物流系统

由于大吨位、高效率运输力量的出现，使干线运输无论在铁路、海运抑或公路方面都达到了较高水平，长距离、大批量的运输实现了低成本化。但是，在所有的干线运输后，往往都要辅以支线运输或小搬运，这种支线运输及小搬运成了物流过程的一个薄弱环节，这个环节有许多与干线运输不同的特点，如要求灵活性、适应性、服务性，致使运力的利用不合理、成本过高等问题难以解决。采用配送方式，从范围来讲将支线运输及小搬运统一起来，加上上述的各种优点使输送过程得以优化和完善。

2. 提高了末端物流的效益

采用配送方式，通过增大批量来达到经济进货，又通过将各种商品用户集中一起进行一次发货，代替分别向不同用户小批量发货来达到经济发货使末端物流经济效益提高。

3. 通过集中库存使企业实现低库存或零库存

实现了高水平的配送之后，尤其是采取准时配送方式之后，生产企业可以完全依靠配送中心的准时配送而不需保持自己的库存。或者，生产企业只需保持少量保险储备而不必留有经常储备，这就可以实现生产企业多年追求的“零库存”，将企业从库存的包袱中解脱出来，同时解放出大量储备资金，从而改善企业的财务状况。

实行集中库存使集中库存的总量远低于不实行集中库存时各企业分散库存之总量，同时增加了调节能力，也提高了社会经济效益。此外，实行集中库存可利用规模经济的优势，使单位存货成本下降。

4. 简化事务，方便用户

采用配送方式，用户只需向一处订购，或和一个进货单位联系就可订购到以往需去许多地方才能订到的货物，只需组织对一个配送单位的接货便可代替现有的高频率接货，因而大大减轻了用户工作量和负担，也节省了事务开支。

5. 提高供应保证程度

生产企业自己保持库存，维持生产，供应保证程度很难提高（受到库存费用的制约），采取配送方式，配送中心可以比任何单位企业的储备量更大，因而对每个企业而言，中断供应、影响生产的风险便相对缩小，为用户免去短缺之忧。

2.1.4 典型案例

即时零售下无人车配送的成本优化研究

随着人们对高品质、高效率生活的追求，即时零售发展迅猛，即时配送订单量和用户规模激增，在这种模式下，高效率、低成本的末端配送的重要性凸显。无人车配送凭借其灵活性、及时性的特点成为零售企业缓解末端配送压力的新选择。

不同场景下的人流量、活动范围、交通状况和道路条件等因素会对无人车行驶产生一定的影响。在校园场景下，收货位置多为学生宿舍，人流量高峰期时段固定，校园内道路条件较为单一，较适合无人车通行。在社区场景下需求多为生活物资，收货地点和收货时间不固定，无人车配送可以满足社区内不间断、不定时的配送需求。在商圈场景下，人流密度大，交通状况复杂，配送需求人群多为写字楼内上班族，无人车配送在复杂的交通环境下对时效性的履行程度较低。在大型商超场景下，配送范围较广，收货位置也较为分散，在传统配送模式运力不足的情况下用无人车完成部分订单可有效节省运力和往返时间。根据不同配送模式的特点以及不同场景的配送需求可得出不同模式的适用性。在校园场景下，无人车配送模式较为适用；在商圈场景下，传统配送模式较为适用；在大型商超场景下，组合配送模式较为适用；在社区等其他场景下，两种配送模式均适用。

研究结果表明：无人车配送模式在订单数量、配送范围适中的情形下，配送成本低，订单数量密度对总配送成本影响较大；当订单量或配送范围超过企业配送能力时，将会产生较高的配送费用。据此，提出以下几点建议。

1. 准确评估无人车配送能力，合理确定订单参数。企业根据经营规模的大小合理评估配送能力，根据经营类型和客户下单商品的特点，在保证订单送达的及时性前提下，适当增加可用配送车辆或者适当缩小配送范围，优化无人车配送成本和时效性，提高客户满意度。通过合理调整订单参数可有效利用配送资源，避免出现在订单高峰期因配送运力不足造成大量订单超时，或者在订单较少的时间段少量、多次往返配送造成资源的浪费现象。

2. 灵活选择配送模式。在校园、社区、商圈等不同场景下，订单的分布位置和要求送达时间差别较大；不同场景下的订单需求不一，采用相同的配送模式会影响订单送达的时效性。针对不同场景下的配送需求，企业可根据具体情况调整配送模式，节省运力。

3. 完善无人配送车上路相关法规，加快技术创新。为进一步推动无人车配送模式的发展，需要继续加强完善相关法规，规范保障无人车上路的安全条例，明确无人车行驶区域或行驶时间，设立区域责任人确保车辆行驶安全和交通安全，在必要情景下可单独设立无人车行驶专用道路，尽可能减少无人车行驶道路的障碍物，缩短车辆行驶过程中的避障时间，保障无人车能将订单安全送达。加快推动无人车制造技术的进一步创新，降低整车制造的成本，推动无人车的普及。

（资料来源：中国知网，作者根据中国知网相关资料整理。）

思考题：1. 无人车配送的适用范围？

2. 如何选择无人车的使用？

2.2　智慧配送的基本概念

2.2.1　智慧配送的定义

智慧配送是一种利用先进技术和智能系统来优化和管理物流配送过程的方式。它借助物联网、大数据、人工智能、机器学习等技术，实现物流流程的自动化、优化路径规划、实时监控、智能预测和智能决策等功能。智慧配送强调信息流在配送过程中的作用，通过信息化、自动化、协同化、敏捷化、集成化等手段，使配送活动更加便捷、高效和宜人。这种配送方式不仅提高了货物的配送效率和准确性，还能降低成本、提升客户满意度，并减少对环境的影响。智慧配送的内涵主要体现在以下几个方面。

（1）多元化的交通工具。智能快递柜、电动车、小型无人机等多种交通工具相结合，通过智慧化组合优化路线，以提高运营效率。

（2）物流可视化。通过物流追踪系统，实时跟踪货物位置、运力情况和订单处理状态等，使用户随时随地掌握物流进程。

（3）优化调度。采用智能调度算法，根据实时路况、订单量分布等因素智能分配订单给合适的配送员，减少拥堵和重复配送。

（4）高效益。将自动化装备与智能决策系统相结合，简化物流环节，缩短物流周期，提高运输效率。

（5）增强安全性。通过不断完善物流管理体系和风险应对机制，规范各个节点操作及沟通流程，确保物品安全无误配送。

（6）环保节能。采用低碳环保交通工具，控制车辆排放，推广包装可降解材料等措施，减少对环境的污染。

2.2.2　智慧配送的特点

1. 物流可视化、互动化与智能化

人工智能技术的快速发展以及人工智能产品的广泛应用将推动人们的生产生活发生翻天覆地的改变，一些简单的、重复性的劳动将被人工智能产品取代。在这种趋势下，很多行业都将发生巨大变革，物流行业就是其中之一。随着电子商务的快速发展，物流行业已经成为一种新兴服务业。随着物流设备逐渐实现智能化、无人化，物流行业的运作效率在不断提升，物流成本也在不断下降。

人工智能的应用价值能够体现在现代物流运作的多个环节中，具体包括自动运输设备、人工智能机器人、人机会话交互界面、计算机可视系统等先进工具的应用。无疑，人工智能的应用能够带动整个行业的发展。

在物流行业中，所有的快递运营商都要对流通中的包裹实施分拣操作。中外运-敦豪国际航空快件有限公司（DHL）基于图像识别技术研发的“小型高效自动分拣装置”不仅能够完成快件的分拣操作，还能在运作过程中进行高效的数据统计，并将其发布到公司的资源系统中，目前该产品已经通过了专利认证。

在技术水平有限的情况下，物流企业在货品分拣环节只能使用人工处理设备、传送设备及扫描仪器对快件进行处理，当技术发展到一定程度，则能够实现人机协作机器人的应用。企业利用人工智能引擎配备的传感设备与摄像工具，能够快速进行数据获取，在此基础上凭借物品的标签、立体形态等信息完成识别工作，在分拣环节实现人与自动化设备的协作，加速完成对可回收物品的处理。

基于人工智能的可视化监测技术也能够在物流运作过程中发挥重要价值。货物在运输途中出现磨损问题是比较常见的。针对这种情况，国际商业机器公司（IBM）的 Watson 部门运用追踪拍摄技术来记录货运列车行进过程中的图像信息，在准确识别货物磨损情况的基础上，进行针对性的修复操作。

在具体应用过程中，技术人员会在货车轨道上安装专用图像摄取工具，用于拍摄货运列车的图片，再将这些图片信息发布到 Watson 的图像数据库中，利用人工智能技术对收集到的信息进行高效处理，找出存在问题的货车组件。

在新一代物流行业的体系架构中，物联网、大数据、人工智能等技术属于底盘技术。其中，物联网、大数据是人工智能技术实现的重要基础。只有在人工智能技术的支持下，物流行业才能实现自动化、智慧化升级，物流作业流程才能实现可视化、互动化和智能化。

数据底盘技术和智慧作业共同构成了新一代物流的基础，可以让物流服务商、商家和消费者实现无缝对接，改变物流行业的运作方式、决策方式，推动它们向着智能化的方向发展，打造更加便捷、高效的物流方式，切实提高物流行业的运转速度与效率，带给用户更极致的物流体验。

2. “最后一公里”的自动化革命

物流自诞生以来便是一个人力密集型行业，而其进行智能化升级的最终目的便是转变为科技密集型行业。在物流从销售端经仓储分拣到货物运输最后到达消费者的整个环节中，要实现科技转型、提高物流效率的重要途径便是自动驾驶。由于人工智能、视觉计算等技术的注入，自动驾驶技术具有明显的安全性、便捷性，成为物流行业转型的必经之路。

“最后一公里”已经成为制约物流行业发展的主要痛点。物流派送的特殊性使得“最后一公里”往往需要配备大量的车辆和人员才能够完成，而这样的配置方式一方面效率不高，另一方面也会占据高额的成本。无论从物流企业，还是消费者的角度来看，物流的效率都是重要的衡量因素，因此，物流企业在从出库到快递点的运输阶段会尽可能追求规模化和自动化，而“最后一公里”自动化的实现则具有比较高的难度。

由于对车辆和人工的需求极大，因此物流行业的成本也居高不下。随着电子商务等行业的发展，这一数据也会逐年增加。“最后一公里”的成本在物流运输全过程成本当中所占的比重颇高，如果“最后一公里”能够实现自动化，不仅可以大大降低物流行业的成本消耗，还可以提高物流运输的效率，实现物流行业的智能化升级。

“最后一公里”的成本之所以居高不下，主要在于其对车辆和人员的高需求，而自动驾驶技术的运用可以比较好地解决这一问题。例如，应用自动送货机器人来送货不仅能够节约成本，还有助于提高消费者对物流的满意度。目前，很多物流和电子商务企业已经意识到了无人送货机器人领域的巨大市场潜力，而且开始探索适用于物流行业的自动驾驶机器人。

作为智慧物流的有效解决方案，无人送货机器人的外观和运输方式具有一定的差异。目前，各个公司研发的无人送货机器人主要有无人机、自动机器人、无人地面车辆等。

如果无人送货机器人可以广泛投入使用，不但可以有效地降低物流成本、提高物流运输效率，而且可以改变客户的使用体验，对电子零售商以及物流企业而言都大有裨益。因此，国内外一些企业不惜花费巨大的成本和精力进行自动驾驶技术的研发，尤其是能够应用于“最后一公里”的无人送货机器人更成为研发的热点。

随着人工智能、5G 网络等技术的应用，近年来物流行业在智能化转型方面取得了巨大的突破。虽然均是应用于物流领域，但无人送货机器人与仓储机器人有所不同：

首先，仓储机器人有固定的工作环境，且较少受到干扰，而无人送货机器人的工作特性决定了其没有固定的工作场所，需要在马路和人行道等场所进行活动；

其次，仓储机器人的工作环境是有规则、有组织的，而无人送货机器人的工作环境没有一定的规则和组织。

这些不同也就决定了无人送货机器人所采用的技术与仓储机器人有一定的差别。就目前无人送货机器人所采用的技术而言，其综合借鉴了自动驾驶汽车和移动仓储机器人的相关技术。由于采用先进的技术，无人送货机器人具有人工送货难以企及的一些优势。例如，在配备安全登录系统后，无人送货机器人可以授予收件人访问权限，由收件人自主选择适宜的配送时间。

除了自动送货机器人，无人机也可以应用于“最后一公里”。由于没有统一的标准，市面上的无人机也具有比较大的差异。例如，谷歌公司研发的 Wing 无人机外形酷似飞机，而亚马逊 Prime Air 无人机则跟外星飞船有些相像。

地面机器人与无人机相比，由于运行环境为地面，因此其使用规划的路线运行即可；而无人机虽然运行环境不太固定，但相比地面运行环境不易受到干扰。另外，在实际的物流运输过程中，无人机可以搭配自动驾驶汽车协同作业，发挥各自的优势。

同时，无人送货机器人也可以与自动驾驶汽车一起应用于“最后一公里”的自动化革命中。随着无人驾驶汽车相关技术的发展以及商用规模的扩大，其也将发挥出巨大的优势。而且由于其内置空间更大，因此在配送包裹方面也能承担重要的角色。

3. 基于 5G 的全自动化物流运输

5G 在车联网与自动驾驶领域也有良好的应用。在 5G 技术的支撑下，传统的交通系统将转变成拥有更高运行速率、更低能量损耗、更安全与更便捷运输过程的智能交通系统。5G 网络凭借低时延、高速率等特性可以助力实现远程驾驶。例如，中国移动曾多次对外展示 5G 远程驾驶研究成果，研究者可在几千里之外利用 5G 网络实时获取智能汽车的驾驶信息，控制汽车完成启动、加减速、转向等多种动作。

以自动驾驶技术为依托，物流运输可以实现全自动化。在全自动化物流运输环境下，车辆内置中央处理器，可以脱离人类驾驶员自动执行加减速、转弯、临时制动等操作，通过数据计算借助网络对物流车辆进行远程操控驾驶行为。

物流运输实现全自动化控制的主要目的在于解放驾驶员、快递派送员以及外卖派送员的双手，利用计算机对运输路径进行规划，通过智能计算对周边的环境进行分析，切实提升整个物流过程的效率与安全性。相较于传统的物流运输方式来说，全自动化控制下的物流运输更加智能，运输效率也更高。

自动驾驶卡车是物流行业的刚需，将自动驾驶技术应用于物流运输具有以下好处：一是能提升行车安全性；二是能提升物流运输效率；三是能减少驾驶员与车辆的交互频次；四是能提升驾驶舒适度。目前，已有部分汽车厂商研发出可实现障碍物自动避让、自动刹车等功能的单车智能版自动驾驶卡车。

不过，这种自动驾驶汽车在 4G 网络环境下容易受到感知距离、决策时间等因素的影响，因此，其行驶速度普遍较低，而 5G 网络的应用将能大大促进其速度提升。利用 5G 技术，相关技术研发人员可以实时采集车辆信息、交通控制信息、车载感知设备信息、路侧感知设备信息等各种行驶信息，并对这些信息进行深度融合分析，构建出自动驾驶决策模型。

自动驾驶决策模型可以让汽车基于对安全行驶区域信息、周围障碍物信息、道路行驶条件等信息的感知和分析，构建出强大的行车地图自主演化系统。此外，还要构建 5G 车路协同系统，以促进自动驾驶的落地。

在 5G 环境下，物流运输车辆可以突破非视距感知、数据信息即时共享等技术的瓶颈，推动物流运输过程实现全自动化。

对于全自动化物流运输来说，基于 V2X（Vehicle to X，车用无线通信技术）构建的自动驾驶体系是最佳选择。起初，V2X 是在 4G 网络环境下开发的，即 LTE-V2X。进入 5G 网络时代之后，V2X 将在 LTE 技术的基础上持续优化。

因此，在 5G 网络环境下，自动驾驶、车联网将在新一代物流行业实现广泛应用，用来解决物流运输过程中车辆之间的共享传感问题，可以将自动驾驶车辆上的雷达等设备的探测距离从几十米扩展到上百米。同时，在 5G 网络环境下，物流车辆载入人工智能系统的效能可以大幅提升，可以更灵活地应对复杂的运输环境，让物流运输环节实现自动化、智能化升级。

5G 网络主要在物流运输的终端通信环节使用，帮助运输车辆与远程云控制中心以及物流应用服务中心进行数据交换，各终端负责对数据进行采集，接受指令并发送信息。应用服务与云控制中心可以使用有线以太网进行通信。之所以采用 5G 通信网络，主要是因为在 5G 网络环境下可以实现网络自组织与构建，对数据进行实时共享、海量传输等，满足车联网对网络的各种性能要求。

2.2.3 智慧配送新模式

智慧配送利用物联网传感技术、5G 技术、GPS 跟踪、人工智能等技术，发展出的新模式包括：无人配送模式、即时配送模式、无接触配送服务。

1. 无人配送模式

阿里、京东、苏宁、百度、美团、顺丰等企业融合 5G 技术，积极探索无人机、无人车等在即时配送领域的应用。如今，无人配送车已经基本满足在楼宇、园区、公开道路等场景下进行配送服务，并且无论在功能性、安全性，还是可维护性上，都在不断升级。京东无人配送车在公开道路上的运行场景，如图 2-3 所示。

图 2-3　京东无人配送车
（资料来源：易车）

2. 即时配送模式

即时配送是指用户通过线上的网络平台下单、平台安排线下配送的一种新型物流形式，无须经过仓储、搬运、中转、分拨等物流环节，以 O2O（Online To Offline，线上到线下）模式实现从商家端到消费者端的点对点直接配送。其本质是及时性，能够在 30～60 分钟满足消费者的订单需求。这种订单需求更多样化和本地化，其中大部分是离散的、突发的、社会性的库存。中国网上实物消费规模持续扩大，推动了即时配送行业的发展。移动互联网的普及、消费升级、懒人经济等使中国网购规模迅速扩大，快递、即时配送也得到了快速发展。

即时配送可以提供端到端服务。即时配送不同于传统快递，即时配送是点到点、人到人的服务，直接从商家到用户手中，时效性要求较高。即时配送的订单大部分都不是提前预订的，而是消费者发出订单后要求商家在 30～60 分钟送达，对配送要求较高。即时配送受距离限制较大，由于配送时间要求较短，所以配送范围一般都在 5 公里以内。即时配送客户分散度较高，配送对象主要为小型多量的订单，订单具有多样性和分散性等特点。

3. 无接触配送服务

目前，大数据、物联网等技术在物流行业的应用已经比较成熟，应用场景主要包括车货匹配平台、综合运输管理服务提供商以及电商平台企业。虽然物流企业也在尝试引入人工智能，但除图像识别、语音识别等技术外，其他技术的应用仍处在探索阶段，未来将成为各企业的研究重点。

新冠疫情暴发后，人们对无人配送、无接触配送的需求也随之爆发，为服务机器人行业的发展起到了积极的推动作用，同时也让很多用户养成了享受无人配送服务的习惯。

在疫情期间，为了将医疗物资尽快送往前线，顺丰派出了多架顺丰方舟无人机承担配送任务。一架顺丰方舟无人机可以承载 10 千克的物资，航行 18 公里。无人机承担物资配送任务，可以在最短的时间内将紧急物资送到指定地点，减少了时间消耗，而在疫情防控期间，时间就是生命。同时，无人机配送减少了配送人员与医护人员的正面接触，有效防止了交叉感染的发生。最重要的是，无人机可以突破道路限行与小区封闭等障碍，将物资送到因为交通不便导致物资缺乏的居民手中。

为了防止疫情扩散，很多小区实行封闭式管理，禁止外来人员入内，包括快递员、外卖配送员等。为了方便居民收取包裹，顺丰全面发力丰巢快递柜建设。快递员将包裹放入快递柜，系统会自动给收件人发送短信，收件人只需凭短信验证码在规定时间内前往快递柜收取货物即可。在整个过程中，快递员与收件人不会发生任何正面接触，只通过线上沟通就能完成包裹配送任务。

近年来，顺丰积极探索大数据、区块链等技术在物流行业的应用，利用大数据技术形成了非常强大的数据分析能力，可以对万亿运单进行实时计算。顺丰在物流运输过程中形成了海量数据，包括运单、温控、车辆位置、操作行为数据等，数据量可以达到 PB 级。以这些数据为基础，顺丰为全网万亿运单实时查询提供了有效的解决方案，并且支持系统横向扩展，不断引入新的数据源与字段，使系统的伸缩能力大大增强，有效解决了万亿在途运单超百亿数据实时存储与查询问题，支持客户随时随地对订单状态进行查询。

在新冠疫情期间，顺丰利用大数据技术对海量数据进行高效处理，根据物资方的需求为其提供重点信息运营分析服务，如获取物资滞留情况、送达地区物资催派等。同时，在物资送达后，顺丰还可以利用大数据技术对营运问题进行分析，从整个快递网络协同角度切入，对各个物流环节存在的问题进行分析，并制定相应的解决方案，使物流配送体系不断优化。

除大数据技术之外，为了更好地应对疫情带来的复杂配送需求，顺丰还引入了区块链技术，积极推动区块链技术在疫情防控预警、物资溯源等领域的深入应用。

2.2.4 末端配送

1. 末端配送的痛点

末端成本占到快递公司总成本的 50%以上，在降本增效的巨大压力之下，提升末端收派的智能化、信息化水平是大势所趋。随着以智能箱、驿站为代表的新业态崛起，“入柜、入站、入点”开始被更多的消费者视为完成配送服务。

尽管行业升级、科技进步和配送新模式的推陈出新，在一定程度上缓解了现有末端配送环节的部分压力，但末端配送仍有六大痛点待解决。

（1）末端网点安家难、盈利难。①安家难：以北京为例，北京三环内的快递网点越来越少，很多往外搬迁，快递员从原先的在两三公里范围内送件，变成在十几公里甚至几十公里范围内派送。网点安家难的原因之一是老百姓不喜欢网点安在自己家门口，觉得太嘈杂，很多快递网点被投诉扰民，基本半年搬迁一次。②盈利难：基于成本压力，2022 年“双 11”，末端配送持续“无接触化”。阿里达摩院联合菜鸟驿站，为全国 400 多所高校配备了“小蛮驴”无人车。截至 2022 年 11 月 11 日，天猫“双 11”前半程，“小蛮驴”配送包裹近 200 万件，较 2021 年同期翻番。整个“双 11”周期，无人车配送总量是 2021 年的两倍。近年来，持续的低价竞争和成本上涨，特别是用地、房屋、设施设备成本和人力成本持续上涨，使末端网点的盈利水平持续压缩甚至亏损，这对末端配送服务质量造成很大影响。

（2）社区、校园、农村等场景化投递难。①社区投递难：大型居住区、商业区、校区、机关企事业单位综合办公区等不断涌现，对快递末端投递服务能力提出了新的要求。这些区域人员密集、交通繁忙、管理各异，快递使用需求旺盛、服务需求个性化突出；但同时，在部分居住区、校区、写字楼机关办公区中，快递服务与用户使用需求、生活习惯不匹配，造成服务满意度降低。②校园投递难：有调查结果显示，可以收到上门快递的在校生仅占 6.74%，大多数学生只能去快递分发点或校外领取。如何打通校园快递流通的“最后一公里”，是高校学生群体和快递行业共同关心的问题。③农村投递难：传统快递行业在农村区域的配送，以在镇级政府所在地设驻点为主要形式，要求用户自行解决从驻点到村的交通运输，以规避更下一级物流下沉的成本问题，但这就会使农村用户耗费额外的时间，严重影响农村用户的体验。对于能够覆盖村级别区域的物流企业，农村消费场景中诸如配送地址模糊、人员流动性强、消费习惯问题和信任度低等痛点也影响着用户配送服务的体验。此外，农村网购用户习惯货到付款，需要与配送员面对面收货，诸如此类的新特点也要求物流展现出更多的灵活性。④快递三轮车游走于灰色地带、上路难：尽管在快递企业眼中，电动三轮车是降低企业成本、提高末端配送运营效率最有效的交通工具之一，但由于国家目前没有统一的管理标准，各地对电动三轮车的管理办法并不一致，很多城市的快递三轮车游走在灰色地带。尤其近几年，多地“禁摩限电”的整治，一度导致当地快递业面临瘫痪，成为困扰快递“最后一公里”的老大难问题。⑤末端配送效率低下，成本高：首先是末端配送服务对象分布分散，消费者的取货习惯各不相同，经常出现重复配送现象，浪费时间。其次是末端配送高频次、小批量的配送本质是以高成本换高时效。以顺丰为例，其每车装载率仅为50%～60%，低装载率增加了总运输成本。最后是广分布、低效率的末端配送既增加快递员数量，又增加快递员工作负荷，近25%的快递员每天工作时长超过12小时，使得末端配送的人力成本也居高不下。⑥消费者体验满意度不高、规范管理难：根据中国消费者协会公布的《快递服务体验式调查报告》，就投诉反馈情况看，快递物破损投诉占比近六成。此外，包装破损、延误、未联系发件人便直接退件、未通知取件等都是投诉的原因。

2. 最有代表性的三种末端配送共享模式

（1）第三方代收平台共享模式。该模式将不同快递企业或电商公司投送的物品集中配送至固定的收货站点，由该平台化的站点统一进行物品的二次分发。该模式主要面向社区、高校等团体，由具有一定资质和能力的第三方平台负责代收用户包裹，并提供其他相关服务。典型企业如菜鸟驿站、熊猫快收等平台。

（2）智能快递柜共享模式。随着电商的高速发展，消费者服务升级诉求日益明确，而在国内劳动力资源大幅减少、作业效率逼近瓶颈的大背景下，物流末端自动化、智能化升级迫在眉睫，原有的劳动力驱动模式将被迫转型为技术驱动模式。未来3～5年将是末端物流转型自动化的窗口期。在这种背景下，智能快递柜被认为是最有时效的末端配送替代方案。通过智能快递柜，配送人员可以不必等待用户取件，也无须二次派件，从而节省了时间，有效提高了配送效率。同时，智能快递柜还能全天候作业，用户可以任意时间收发快件，有助于提升消费者物流服务满意度。典型企业如丰巢科技、速递易等。

（3）共同配送模式。尽管业内十分看好智能快递柜的发展，但“最后一公里”配送也不可能完全依靠用户自提，特别是针对有特殊要求需要送货上门的商品，如高价值、生鲜等商品，对配送服务质量与时效性有更高的要求。由此产生了针对“最后一公里”的共同配送模式，如城市100共同配送。

城市100是以开放式门店为平台，以C2C快递和B2C配送为基础，整合上下游供应商、服务商，打造面向公众的末端物流配送及社会服务平台。城市100在北京拥有170个形态灵活的网点，其中既有标准门店，也有与社区超市等合作的门店，同时还有自助快递柜网点，实现了快递人员、网点等末端资源的高效整合。

3. 末端配送共享模式发展难点及趋势

末端配送共享模式尽管对于参与各方都具有显著的价值，在互联网、智能感知、物联网等技术的发展下实现了快速的发展，但是在具体实践过程中仍然存在不少问题。安得智联认为有以下四个问题。

（1）以第三方代收平台共享模式来说，由于不是当面交付，当出现货品遗失、破损等情况时，常常因责任划分不清而产生纠纷。

（2）对于智能快递柜来说，除了同样面临上述问题外，由于部分快递员在不告知消费者的情况下直接将货品放入智能快递柜，也会导致物流服务满意度降低。

（3）智能快递柜的投放密度及位置，甚至箱体大小如何设置以适应更多规格的物品等都是需要思考的问题，对于末端共同配送模式而言，同样存在利益博弈。例如，快递公司把快件交给共同配送企业来完成，也意味着把终端数据交出去，同时当共同配送企业控制市场后，快递企业有可能丧失议价能力。

（4）共享模式下的网店建设与运营成本如何分担，收益如何分配，盈利模式又将如何等，都是目前面临的问题。

不过，末端配送共享模式面临的难题虽然不少，但是从其发展态势以及受到资本追捧角度来看，市场前景广阔，特别是智能化程度更高的智能快递柜共享模式，因为破除了传统末端物流的绝大部分瓶颈，同时还有助于搜集数据信息，促进新的系统创新，因此其发展更加受到市场的关注，甚至将其作为末端配送最有效的替代方案，行业人士透露以智能快递柜作为“最后一公里”的基础服务设施，需要加大网点的投放密度、提高网点投放的有效性，才能进一步提升末端配送效率，在此过程中需要有更多的社会化的资源、扶持政策来共同促进基础服务设施的建设。虽然未来哪种末端配送共享模式将占据主流尚不得而知，但可以肯定的是，末端配送必然会以协同共享的模式发展，共享物流将是未来末端配送的主旋律。

4. 末端配送的发展趋势

末端配送的未来形态受到国家政策、电子商务交易增速、科技进步、商业零售变革消费者需求变化等多方面影响，将以降本增效和用户体验为核心，呈现智能化、多元化、绿色化、脸谱化、品质化五大趋势。

（1）持续智能化升级。随着技术发展的日新月异，快递行业纷纷加速向智慧物流转型，智能化已经成为全行业转型升级、降本增效的基础。一系列智能算法、自动分拨流水线、机器人分拨相继投入使用，使得分拣等环节的效率显著提升。但由于末端配送仍需消耗大量人力，尤其迎战“双 11”这样的行业高峰，整体智能化水平还有待持续升级。以京东物流为例，未来，随着各项无人化产品的常态化运用，京东物流将打造出一个仓储、分拣、运输、配送、客服全供应链环节无人化的智慧物流体系。在末端配送环节不仅无人机的应用场景将更加丰富、常态化，无人配送车在智能化升级中也将得到更广泛、更深入的应用。

（2）多元化配送将成常态。每年的“双 11”物流大考，没有任何一家企业可以独立承担天量包裹的配送，而是需要全行业通力合作、社会化协同的多元化解决方案。同时，每年“双 11”由于货物积压较多，社区、学校、农村等场景化“配送难”问题往往成倍放大。随着天量包裹的常态化，以及不同场景愈加个性化的需求，多元化配送、多元场景解决方案将成为未来末端配送的常态。

（3）绿色化全面提速。随着快递行业从野蛮增长到规模化稳定增长的转变，越来越多的物流企业正在将绿色物流的意识纳入运营过程中，这背后有用技术发展降低成本的动力，也有企业自我发展感知到社会责任的驱动。这一切都让整个行业在开放的环境下连接和聚变成为可能。

（4）脸谱化将成为必然。未来末端配送的脸谱化就是以用户体验为核心，通过大数据、人工智能等技术手段，形成一套消费者专属的个性化服务体系，满足消费者不同场景下的个性化服务需求。这就好比脸谱在传统戏剧里是一套完整的符号系统，不同色彩施于脸谱，赋予的性格、意义完全不同。消费者基于时间、安全等因素考虑，对末端配送有越来越多个性化的需求，如极速达、限时达、个人信息保护等。用户体验越来越成为企业竞争力的表现。

（5）品质化升级迫在眉睫。无论从宏观环境、行业升级，还是消费者需求来看，末端配送作为提升物流服务质量的关键之一，又是零售体验的关键环节，品质升级迫在眉睫。但是，由于目前占据市场 70%以上份额的末端配送都是加盟模式，这给品质化带来较大难度。

作为快递服务的关键一环，传统的投递方式越来越难以满足人民日益增长的美好生活需要。尤其每年“双 11”的天量包裹派送以及天量包裹的常态化，给末端配送服务能力持续带来高压考验，配送延误、破损、丢件、信息泄露等问题频发。

与此同时，随着消费和产业的持续升级、技术的不断突破性发展和应用，零售业从线下时代走入电商时代，进一步向无界时代迈进，物流逐渐围绕用户体验设计，对末端配送服务持续提出更高要求。

在此基础上，整个行业末端配送不仅呈现智能化、多元化、绿色化、脸谱化、品质化五大趋势，也将朝着新一代物流短链、智慧、共生的方向发展；通过打通物流平台、服务场景、消费需求等多维度的界限，围绕降本增效和用户体验，深度融合，共建末端配送价值网络；最终推动零售、物流行业共同的成本、效率优化，实现随时随处随需的价值体验升级，满足人民日益增长的美好生活需要。

2.2.5　典型案例

快递末端存难题——菜鸟驿站推广多元快递服务

快递已成为人们日常生活离不开的一部分，也是商业服务重要的基础设施，跻身新经济的代表产业之一。快递行业改变了人们的生活方式，也成为传统电子商务和直播电商、社交电商等新型业态快速壮大的重要支撑力量。快递行业在高速发展的同时，也面临着巨大的末端压力。一边是不断攀升的快递派送量，另一边是辛苦奔波但人手短缺的快递小哥，曾经的挨家挨户上门服务难以完全保障，快递最后 100 米难题亟待破解。

面对更加多元化、个性化的需求，自提柜、专业代收点由此产生。为解决快递员通知难、上门难等末端难题，在行业内，菜鸟驿站率先推出免费存放包裹、派送前“知心选”、消费者在线设置是否放驿站等方式，探索推广消费者快递选择权，带来更高效、更便捷的服务体验。

快递行业的飞速发展，让行业对快递从业者产生了庞大的需求，但快递员数量却一直处于短缺状态。人力资源和社会保障部发布的《2020 年第二季度全国招聘求职 100 个短缺职业排行》显示，营销员、快递员、餐厅服务员成为最短缺职位。

快递员之所以遇到短缺的难题，和快递员的职位特点分不开。这种与百姓生活息息相关的服务性工作需求量大，但由于工作时间长，配送压力大，快递员已然成为高压职业。调查显示，我国快递从业人员每天工作 8 至 10 小时的占 46.85%，每天工作 10 至 12 小时的占 33.69%，快递员工作已处于较为饱和状态。

从目前快递员的工作强度来看，一般每天的派件量在200件左右，即便是不吃不喝连续14个小时不间断派送，平均不到5分钟就要送出一个快件，这还不包括派送途中的交通时间。不仅时间不够用，快递员的派费收入也不容乐观。随着快递价格战愈演愈烈，包邮已成为一种普惠服务，在美国9美元一单的现状下，中国商家普遍实现了“9块9包邮”，其中很大的原因是中国的物流成本降到了极致。消费者感受到了极致性价比，但在这背后，是派件端利润空间的日益萎缩。

随着快递数量增多、单件派送费用不断被挤压，将包裹一趟趟送货上门成为快递员面对的巨大挑战。由于快递员经常遇到消费者不在家、不方便开门等情况，快递“摆地摊”、直接扔门口、消防栓“代收”等各种末端现象普遍存在。在快递员短缺和人均派送包裹翻倍的情况下，一对一上门派送服务面临巨大挑战，快递最后100米难题急需一种更高效规范的方式来破解。

随着自提柜、代收点的普及，快递“快”而难“递”的困难正在被逐渐破解。据统计，在北京，目前已经有700多家菜鸟驿站，为居民提供日常免费保管快递服务，并为有特殊需求的居民提供上门服务。

不过，由于消费者对于代收的需求随时都可能发生变化，代收点也需要提供更多个性化的服务，满足消费者在不同时间不同场景的需求。

为让消费者有知情选择权，在全行业，菜鸟驿站率先推出四大举措，为消费者提供多种自主可选服务。据悉，这四大举措包括消费者可在线设置是否放驿站、快递包裹试行派送前“知心选”、包裹首次进入驿站前电话征求许可和智能柜自主设置等。

首先，消费者通过菜鸟App、菜鸟手淘官方号、支付宝小程序、菜鸟客服等，可自主选择是使用驿站，还是电话通知、上门等服务方式。目前，全国2.8万个菜鸟驿站已提供送货上门服务。其中，北京、上海、杭州等城市的站点基本都开通了这一服务，全国范围内的服务也在持续加大覆盖中。在全国，遍布社区和校园的菜鸟驿站也在充分准备，通过数字化升级、推广知情可选服务，持续为消费者的包裹“保驾护航”。

（资料来源：新华网，作者根据新华网相关资料整理。）

思考题： 1. 你觉得多元快递服务对消费者来说有哪些优势？

2. 如果你是菜鸟驿站的经理，你会如何制定推广计划，吸引更多的消费者来使用菜鸟驿站的多元快递服务？

本章小结

本章主要介绍了智慧配送的概念和意义，以及在智慧配送的过程中用到的新兴技术，如无人机、自动驾驶、智能机器人等。还介绍了智慧配送的相关知识，包括智慧配送的发展历程、应用场景等。总体而言，智慧配送是指通过互联网、物联网、人工智能等技术手段实现配送过程的数字化、智能化和自动化，为用户提供更便捷、安全、高效的配送服务。了解了智慧配送的新模式，对末端配送的趋势与问题有所思考，熟知配送中心的业务流程。在智慧配送的特点方面，智慧配送具有网络化、信息化、智能化、人性化等特点。得益于这些特点，智慧配送能够大幅度提升配送速度和准确性，同时也能够节约成本，改善服务体验。此外，本文还介绍了智慧配送的发展历程，从传统的快递配送到集装箱运输配送再到如今的无人机配送、车联网配送等。随着人工智能、大数据、边缘计算等新技术的不断推广和深入应用，智慧配送领域的发展前景十分广阔，可以预见未来智慧配送将会越来越普及。

复习思考题

1．智慧配送的优势有哪些?
2．末端配送发展的趋势?
3．配送中心运营岗位的主要职责是什么?
4．现代仓储管理人员应该具备什么素质和技能?
5．新兴技术在配送过程中是怎样应用的?

阅读案例

基于一站式后勤管理平台“智慧配送”模式的探讨（以H疗养院为例）

H疗养院的仓库管理分为“后勤物资管理”和“膳食物资管理”两大部分。后勤物资管理的对象主要是办公用品（计算机耗材、纸制品等）、工作服、应急保障物品、清洁用品、小家电、五金用品等；膳食物资管理主要指膳食物资储备管理。

现在后勤仓库管理存在的不足主要有以下两点。

（1）库存管理中的问题。

因H疗养院后勤仓库离行政办公楼及各临床科室较远，常规的物资领用模式由行政管理员或临床科室医生填写物资请购单，待科室负责人审批后，自行前往后勤仓库领料。因此，行政工作人员和医护人员频繁穿梭于仓库和科室，效率较低，严重占用行政人员和医护人员的工作时间，同时物资的名称、规格和型号与标准化名称、规格等有差别，影响使用部门申领的准确性。

（2）应急物资储备的问题。

非医用类应急物资的储备承担着保障院内环境及疗养员生命安全的重任，当出现一些突发应急情况如台风、洪涝等自然灾害时，能否及时有效配送防汛物资，关系着防汛抢险救灾工作能否顺利开展。但目前H疗养院的应急物资如防汛沙袋、铁铲等由后勤物资总库管理，没有建立独立的应急物资储备仓库。

基于H疗养院一站式后勤管理平台建立的物资申请、采购、供货商配送、盘点、入库、出库、院内配送、配送评价回馈闭环流程，该院采用了“智慧配送”管理模块。由于所需物资的部门、物资性质、所处位置不同，考虑到院内物资配送的数量、体积、重量、时效性问题，统一根据物资申请单由院内物资配送员于第二天完成配送任务——但如有急需物资时，由请购部门联系后勤仓库自行领用。

自H疗养院“智慧配送”模块运行以来，后勤管理，特别是仓储配送管理日趋规范化、专业化。

（1）“智慧配送”模块中后勤物资存储量的精确显示，有助于后勤部门提升对物资存量把控的能力。首先可以保障行政部门、医务部门正常领用的需求，其次可以避免整体资金的过度占用和库存积压，为掌握后勤保障运行状况提供详细的数据支撑，为后勤部门乃至全院制定长、中、短期发展规划提供有效的决策支持。

（2）提升相关财务管理水平。“智慧配送”管理系统的运用，对物资配送流程的全程跟踪、监督管理全面、详细，以最迅捷、最精确、最经济的方式形成相应财务报表，并在平台上智能展现后勤管理实绩，有效提升了物资财务管理质量。

（3）提升工作质量、效率与满意度。“智慧配送”信息化建设，极大降低了 H 疗养院行政科室管理人员和临床科室医生的工作量。一是还时间于一线，物资申请人员以可视化的方式在计算机或移动端自行选择科室所需物资，以订单形式提交，避免往返，节约了时间；二是还时间于内控，解放后勤仓库管理人员劳动，为库存及配送管理提供系统支撑。自投入使用以来，配送管理表现优秀，达到“零错误”，使行政和临床科室对后勤物资配送的满意度平均提高了约 20 个百分点，间接带动了疗养员对 H 疗养院的满意度提升了约 5 个百分点。

尽管 H 疗养院在上线“智慧配送”模块后，后勤管理的能力有了较大的提升，但距离现代化的“信息”“效率”“专业”的要求还有相当的进步空间。“智慧配送”的下阶段发展方向将体现在以下几方面。

（1）实现物资存储智能预警。H 疗养院后勤部门应积极利用“智慧配送”，整合仓库布局、优化仓储结构，提升保障能力，同时兼顾基础设施配套建设，通过手持终端或自动化扫描物资条码入库方式，提高管理质效，避免无谓的损失浪费。

（2）优化物资配送方式。目前 H 疗养院采用的是独立配送方式，今后在“配送流程再延伸”的基础上构建配送合力，探索通过平台自动分配至物资对应的供货商，在物资合理备货和可视化货柜安装的前提下由供货商完成“无接触”式配送或无人配送，进而有效把控物资存量，减少资金占用，降低人力成本，保证物资配送质量和时效。

（3）建立健全应急物资储备体系。基于新冠疫情对物资调度环节造成的挑战，应加强针对突发事件的应急物资储备体系建设，完善后勤应急物资指挥协调与反应机制建设，加强应急风险研判评估和科学决策机制建设，更好地为应急突发情况提供各类应急物资保障。

（4）完善供应商遴选及管理流程。进一步完善供应商管理，一是供应商分类管理，二是供应商基本信息管理，三是供应商评价信息管理。今后可结合“智慧配送”体系建立供应商管理数据库，加强对供应商送货、售后以及不良事件的信息统计，由 H 疗养院招标委员会委托负责科室进行具体操作，确定供应商，由纪检监察部门全程监督，招投标在后勤物资招投标管理中予以运用，提高供应商遴选的公平性。

（5）加快人才梯队体系建设。5G 来临后，对人才的储备提出了新的要求。H 疗养院应结合现有仓库采购、运输人员，建立一支专业的后勤物资智慧管理团队，需加强物流人才的引进，并对已有工作人员进行全过程动态管理，从业技能与物资智慧配送发展相融合，进行规范性、系统性培训，提高工作人员信息意识，提高其整合数据，建立数据库，运用并管理数据的能力，以创新型物流人才带动物流的智慧配送向智能型方向发展。

（资料来源：运输经理世界，作者根据相关资料进行了整理。）

思考题： 1. 该疗养院的仓储存在哪些不足？

2. 该疗养院未来将会朝着什么方向发展？

实训项目

1. 课内实训

学习对物品进行分类、标识、存储，熟悉订单的处理流程。

2. 课外实训

了解配送的路线规划和仓储配送业务，模拟收到订单直至送到消费者手中的流程，并做分享。

第3章　智慧仓配一体化

学习目标

知识目标：

1. 了解智慧仓配一体化的概念，了解智慧仓配一体化的特点；
2. 熟悉智慧仓配一体化组织的主要特点，熟知智慧仓配一体化组织的基本流程；
3. 熟悉智慧仓配一体化服务的含义、特点与标准；
4. 了解智慧仓配一体化的发展趋势。

能力目标：

1. 掌握智慧仓配一体化体系框架，了解 ERP 模型、SCM 模型、CRM 模型的基本原理以及运营条件，培养规划意识；
2. 熟悉智慧仓配一体化服务的含义、特点与标准，具有灵活运用知识的能力。

思政目标：

1. 智慧仓库配送系统是当前立足于数字化转型升级的重要产物，创新是实现科技领域突破的关键，要大力弘扬并传递创新精神；
2. 智慧仓配一体化对从业者提出较高的道德要求，要树立正确的价值观念，尊重知识、尊重劳动。

导引案例

一体化、标准化、智能化——高标准推动“三网一平台”冷链物流

冷链物流是利用温控、保鲜等技术工艺和冷库、冷藏车、冷藏箱等设施设备，确保冷链产品始终处于规定温度环境下的专业物流。起步晚、环节多、加价多，使得冷链物流在我国一直以来都呈现成本高、利润低的发展特点，冷链流通率还无法与发达国家相比。

国务院印发的《“十四五”冷链物流发展规划》，剖析了我国冷链物流发展存在的问题，提出了推动“三网一平台”建设、补齐我国冷链物流短板的对策。

目前，我国已初步形成了产地与销地衔接、运输与仓配一体、物流与产业融合的农产品冷链物流服务体系。冷链物流设施服务功能不断拓展，全链条温控、全流程追溯能力持续提升。冷链甩挂运输、多式联运加快发展。冷链物流口岸通关效率大幅提高，国际冷链物流组织能力显著增强。但是，由于发展起步较晚、基础薄弱，我国冷链物流与发达国家相比还有较大差距，特别是发展不平衡、不充分问题突出。从运行体系看，缺少集约化、规模化运作的冷链物流枢纽设施，覆盖全国的骨干冷链物流网络尚未形成。从行业链条看，产地预冷、冷藏和配套分拣加工等设施建设滞后，冷链运输设施设备和作业专业化水平有待提升，大中城市冷链物流体系不健全。

为解决我国农产品生产、消费相对分散与冷链物流规模化发展之间的矛盾，《“十四五”冷链物流发展规划》提出按照政府支持、市场运作、资源整合、开放共享的原则，采取改造与新建相结合、自建与合作相补充等方式，着力打造以“三网一平台”为主架构的供销合作社公共农产品冷链物流服务网络。

创新冷链运输服务模式。引导冷链物流企业加强与果蔬、水产、肉类等生产加工企业的联盟合作。在产地鼓励各类农业经营主体和冷链物流企业加强合作，提高“最先一公里”冷链物流服务能力，满足源头基点网络储运需求。培育一批产地移动冷库和冷藏车社会化服务主体，发展设施巡回租赁、“移动冷库+集配中心（物流园区）”等模式，构建产地移动冷链物流设施运营网络，提高从田间地头向产地冷藏保鲜设施、移动冷库等的集货效率，缩短农产品采后进入冷链物流环节的时间。

在销地，发展城市冷链配送专线、“生鲜电商+冷链宅配”和“中央厨房+食材冷链配送”等模式。抓终端零售网络“冷环境”建设，增强冷链配送能力。支持升级改造连锁超市、农贸市场、菜市场等零售网点，完善终端销售冷链配套设施。引导农产品流通企业加强供应链建设，完善产地仓、中心仓、前置仓等冷链设施，线上线下相结合促进冷链流通。鼓励第三方社会化冷链物流企业发展，推动冷链云仓、共同配送、零担物流等模式的推广应用，提高冷链资源综合利用率。鼓励企业加快传统冷库等设施智慧化改造升级，推广自动立体货架、智能分拣、物流机器人、温度监控等设备应用，打造自动化无人冷链仓。推动冷库“上云用数赋智”，加强冷链智慧仓储管理、运输调度管理等信息系统开发应用，优化冷链运输配送路径，提高冷库、冷藏车利用效率。推动自动消杀、蓄冷周转箱、末端冷链无人配送装备等的研发应用。

（资料来源：中国物流与采购网，作者根据中国物流与采购网相关资料整理。）

思考题：1. 物流企业如何通过一体化管理和服务来提升自身在行业内的地位和竞争力？

2. 冷链物流如何解决产品类型、存储温度、运输环境等问题，以提高物流效率和质量？

3. 人工智能技术如何应用在实际生产中？

3.1　智慧仓配一体化概述

3.1.1　智慧仓配一体化的内涵

1. 智慧仓配一体化的概念

智慧仓配一体化是一种先进的物流管理模式，它将智慧仓储和智慧配送相结合，通过技术手段实现仓储和配送的无缝对接和高效协同。这种模式旨在为企业提供一站式、高效、精准的仓储和配送服务，以满足现代电商和物流行业的需求。

在智慧仓配一体化中，仓储和配送两个环节通过信息化、自动化和智能化技术实现紧密集成。仓储环节利用物联网、大数据和人工智能等技术，实现货物的快速入库、准确存储和高效出库。配送环节则通过智能路径规划、实时监控和智能决策等手段，确保货物能够准时、准确地送达目的地。

智慧仓配一体化的优势在于实现了仓储和配送的协同优化，提高了物流效率和准确性。通过数据共享和智能分析，企业可以实时掌握货物的库存情况和配送进度，从而做出更加明智的决策。此外，智慧仓配一体化还能够降低物流成本、减少库存积压、提高客户满意度，并为企业创造更大的价值。

总之，智慧仓配一体化是现代物流行业的重要发展方向之一，它将仓储和配送两个环节紧密结合起来，通过技术手段实现高效协同和优化管理，为企业提供更加精准、高效和可持续的物流服务。

2. 智慧仓配一体化的表现

（1）内部一体化。主要表现在：① 流程自动化。通过引入自动化设备，如机器人、自动化货架等，实现货物的快速、准确存取，减少人工操作，提高作业效率。② 信息共享。构建统一的信息管理系统，实现仓储、配送等各个环节的数据共享，确保信息的实时性和准确性，为决策提供支持。③ 决策智能化。利用大数据和人工智能技术，对仓配数据进行深度分析，实现智能决策，如库存优化、路径规划等，提高运营效率。

（2）外部一体化。主要表现在：① 供应链协同。与上下游企业建立紧密的合作关系，实现供应链信息的共享和协同作业，提高整体供应链的响应速度和竞争力。② 客户服务优化。通过精准的数据分析和预测，为客户提供个性化的配送服务，如定时配送、逆向物流等，提升客户满意度。③ 绿色可持续发展。注重环保和可持续发展，采用环保包装、节能设备等，减少对环境的影响。

3. 智慧仓配一体化的特点

智慧仓配一体化是指将传统的仓储和配送两个环节进行整合，通过应用信息技术、物联网技术以及人工智能等技术手段，实现对仓库内货物的精准管理与自动化控制，使得物流配送效率大幅提升的一种物流模式，其特点如下：

（1）提高仓库运营效率：通过智能化手段帮助仓库实现自动化管理、快速分拣、智能存放等功能，大幅度提高了仓库的运营效率，降低了人工成本。

（2）优化物流配送效率：配合无人机、AGV 等配送机器人的应用，可以实现全天候自动化的优化配送。

（3）增强仓储安全性：应用智慧仓储安全技术，如视频监控等监测手段可以监测到异常情况，保证仓储环境的安全性。

（4）实现去中心化操作：智慧仓配一体化让仓库“智能化”，仓库可以独立进行物流业务操作，无须依赖其他业务部门，实现真正去中心化操作管理。

（5）强化数据信息处理能力：利用云计算技术，可以对大量的仓储、配送数据实现快速处理和分析，提供精细化运营决策依据。

（6）优化客户体验：智慧仓配一体化不仅可以提高物流效率，还可以为客户提供实时的物流信息跟踪，让客户获得良好的体验感。

3.1.2 智慧仓配一体化的发展趋势

在国内，阿里巴巴、京东等大型电商企业已经建设了遍布全国的仓库和物流配送网络，实现了从仓库出库到末端配送的全过程管理和监控。此外，大型物流企业如顺丰、圆通、中通等公司也联手投资建设了多个高标准的物流园区，集物流、仓储、加工、贸易、金融等功能于一体。在国际上，美国亚马逊等公司也大力推进自动化仓储及配送系统的开发应用，借助机器人和无人机等新技术实现“仓库到门店”的全程无人化操作。总体而言，智慧仓配一体化已成为物流业发展的必然趋势。随着科技发展和市场需求的不断延伸，仓配一体化模式也将推陈出新，更好地满足客户对物流服务的多元化需求。智慧仓配一体化的发展趋势主要体现在以下几个方面。

（1）高柔性。企业通过引入自动化和智能化技术，如机器人和人工智能，仓储系统能够更高效地处理货物，提高存储密度和作业效率。配送的柔性化主要体现在配送网络的优化和配送方式的多样化。随着物联网、大数据和云计算等技术的应用，仓储与配送的柔性化趋势进一步加强。这些技术使得仓储和配送过程中的信息能够实时共享和协同，提高了物流作业的透明度和可追溯性。

（2）高密度。随着城市化进程的深入，土地资源日益稀缺，高密度仓储配送物流技术成为发展趋势。企业将越来越多采用多层货架、自动化立体仓库等技术，充分利用仓库的垂直空间，提高单位面积的存储量。在此趋势下，企业可通过引入机器人、自动分拣系统、智能调度系统等技术手段，实现仓库作业的高效、精准和快速。

（3）无纸化。随着技术的不断进步和应用范围的扩大，智慧仓配的无纸化趋势将会更加明显和深入。订单信息可以通过电子数据交换（EDI）或 API 接口实现自动传输和处理，无须纸质单据。通过采用 RFID、条码识别等自动识别技术，货物的入库、出库、盘点等作业无须纸质单据进行记录和核对。通过智能拣选系统和电子标签技术，拣选人员可以准确、快速地找到所需货物，并实时更新拣选状态，无须纸质单据进行记录和跟踪。

（4）数字化。基于 WMS 的仓配管理系统是企业数字化建设的重要内容。通过数字化手段，实现对仓库内各类数据的实时监控和分析；通过大数据分析，实现精细化管理与决策支持；通过数字化技术，智慧仓配可以与供应商、生产商、分销商等实现信息的实时共享和协同作业，提高整个供应链的响应速度和效率。

（5）可视化。通过部署物联网设备，如传感器和摄像头，仓库管理人员可以实时获取货物状态、位置、温度、湿度等信息，以及设备的运行状况和性能数据。通过 GPS 定位、电子地图等技术，可以实时追踪货物的运输位置和状态，包括车辆位置、运输路线、预计到达时间等。这些信息可以实时更新在可视化平台上，使得客户和相关人员能够随时了解货物的配送进度和情况。随着人工智能、机器学习等技术的深入应用，智慧仓配的可视化趋势将更加显著。

（6）智能化。智能化是指通过模仿人的智能赋予仓配系统感知、分析、学习和决策能力，甚至实现系统的思维、推理判断和自行解决复杂问题的能力。例如，机器人、自动分拣系统、无人搬运车等自动化设备可以通过与物联网、大数据等技术的结合，实现自我优化和智能调度，进一步提高作业效率。此外，通过应用人工智能和机器学习技术，系统可以自动学习和优化仓储布局、库存管理、路径规划等方面，使仓储与配送过程更加智能化。

3.1.3 典型案例

河南省烟草公司驻马店市公司卷烟物流智能调度实时配送系统

河南省烟草公司驻马店市公司将新兴技术与实际业务需求相结合，研发出一套卷烟物流智能调度实时配送系统，推进了卷烟物流信息化建设，进一步降低了成本、提升了物流运行效率与管理水平，实现了物流服务的提档升级。

卷烟物流智能调度实时配送系统是一套结合 GIS 电子地图、线路优化算法及智能配送 App 的综合智能化卷烟物流信息监控系统。系统通过 GIS 与商户坐标信息结合对配送区域进行可视化展示、规划、分析，对配送区域进行整体规划全面管理；运用线路优化算法对配送订单数据及商户坐标信息进行实时优化，生成最优配送任务；智能配送 App 则通过下载每日配送任务进行配送，配送中实时查看任务及烟包信息，通过坐标位置进行智能导航及多种模式的烟包签收。卷烟物流智能调度实时配送系统实施的步骤如下。

第一步，开展门头拍照定位工作，为线路优化提供数据基础保障。

送货人员每天通过现有订单配送顺序对商户门头图像信息、坐标信息进行采集整理，为线路优化工作提供基础的坐标信息数据。同时，通过采取跟车包线路、每天对各分部定位描点情况进行统计通报等一系列措施，使描点工作圆满完成，为线路优化工作的开展提供了基础保障。

第二步，以大数据分析为决策服务，规划配送区域实行集中区域配送。

以历史订单数据为依据，通过数据分析统计提供区域规划所需的关键数据。以准确数据为依据，以平台线路规划工具为辅助，两者结合对配送区域进行规划调整，明确区域、线路、订单销量、配送能力及装载情况。改变以往小片区分散送货模式，采取单个送货日集中区域配送模式。将城区送货分部作为试点，率先开始集中区域送货。将城区的零售客户划分为若干送货区域，根据当天访销量以及地图显示的商户分布情况对线路进行归并，灵活机动地调派车辆，有效降低了出车次数和行驶里程。

第三步，“首尾相连”，实现按订单弹性配送。

针对城区零售客户网状分布特点，结合实际运行中遇到的一些亟待解决的问题，如定位不准、导航偏差以及主干道逆行等，制定优化模式。通过建立商户组、调整大周期商户排序、改变系统优化算法（把当日卷烟销量以及订单户数与客户地理位置、道路状况等信息结合在一起）等措施，最终计算出最优行驶路径和车辆装载率，尽量减少规定线路，实现车辆弹性调度。

第四步，合车并线，实现弹性送货最终目的。

线路的实时优化，并非按照单一模式一刀切。在系统上线初期，为确保线路优化的准确性、合理性、科学性，对线路进行耐心打磨；在管理方式上，先调工作量、工作时间，均衡后再考虑减车辆，给送货员提升系统操作能力和适应线路的时间。在系统运行顺畅后，根据配送线路实际情况，在严格按照车辆装载量安排配送任务的基础上，通过调整部分销量小且配送线路同向的返销频次，实施合并配送，最终实现送货线路的优化整合。

驻马店卷烟物流配送中心以卷烟物流智能调度实时配送系统为契机，积极探索“跨区域配送+以送定访”新模式，通过精准坐标采集，完善配送网络，为调整优化配送业务奠定基础。以历史订单数据为支撑，通过大数据分析手段验证跨区域配送方案。

运用线路优化算法，深入资源整合。实现弹性配送，进一步提高配送装载率和配送效率。突破“以销定送”传统工作模式，采用“以送定访”新模式。依托线路优化结果，积极转变工作理念和方法，紧跟物流配送信息化改革新趋势，变“以销定送”为“以送定访”，调整部分零售客户的订货时间和访销安排，以更合理的方式划分区域客户，最大限度地减少可能存在的销售盲点，同时节约物流成本，更高效地服务零售客户，有效提升服务品质。

（资料来源：中国物流与采购联合会官网，作者根据中国物流与采购联合会官网相关资料整理。）

思考题： 1. 卷烟物流智能调度实时配送系统是如何运行的？

2. 卷烟物流智能调度实时配送系统带来的好处是什么？

3.2　智慧仓配一体化体系框架

3.2.1　智慧仓配一体化组织

基于信息技术下的智慧仓配一体化组织，无论从组织内容到形式、从内部到外部、从构架到运作，都呈现出现代组织的特点和优势。与传统的仓储配送组织相比，仓配一体化组织设置的背景和条件不同，智慧仓配一体化组织是在信息技术和互联网技术背景下建立起来的，这是现代仓配一体化构建的技术基础。伴随电商的迅速发展、互联网技术的普及及高端智能仓配设备的运用，仓配业务也不断扩大，不仅涉及物流公司原有的服务，还拓展到其他业务，且都与降本增效紧密相关。

1. 企业倾向实施业务外包

把仓配的部分业务外包给第三方，企业可以更专注于产品与通道及增值业务的拓展，同时也节省费用。传统的仓库可能是货物所有权归属明晰，智慧仓配可能是一个仓库内有多家的货品，以实现弹性库位配比，再扩展一些就是通过委托第三方仓储服务商，实现多地分仓管理。尤其在电商背景下配送时，有些企业为了提升物流服务，缩短配送时间，进行多地的配仓，也是仓配一体化的一种延展。这些都是未来仓配组织架构调整的外部动因。

智慧仓配服务基本上都是由第三方物流企业来负责客户的货品入库仓储、品检处理、贴标换标、发货上架、订单处理、拣货配货、打包发送、快递配送等全部流程。

2. 智慧仓配设备使用

智慧仓配不同于传统仓配，现代仓配物流由于其发货的特点是多批次、小批量，因此为了保证其整体的正确率，需要通过软件系统和硬件装备来共同完成，如软件方面的仓配管理系统以及 RFID 的条码信息化处理，硬件方面包括自动分拣机、巷道堆垛起重机等一系列自动化定制的现代仓配设备。这些都是传统仓配不完全具备的，也是主要的差异所在。设备组织成为现代仓配企业的关注重点。

3. 仓配物品类和配货方式

智慧仓配利用大数据实现就近仓配下订单、拣选配送，节省物流费用，提高配送效率。传统仓配的货物品类单一存放，配送也是单一制集中配送式。传统仓配储存的货物大多品类单一，一般只有几种，而现代仓配则可以根据客户订单到不同仓库取货，也可以异地就近匹配，并且自动化、智能化设备提高了货物拣选效率，也进一步提高了物流效率和服务的宽度。现代仓配改变了传统仓配方式，使货品组织模式转化为集中式与跨地组配式相结合。

总之，在数字经济背景下，智慧仓配一体化模式中的人员、设备、物品的组织形式都发生了较大变化。

3.2.2 智慧仓配一体化服务

1. 智慧仓配一体化服务概述

智慧仓配一体化服务旨在为客户提供一站式、全程化服务，也就是提供订单后阶段的一体化服务的综合解决方案。原来传统简单的进、销、存管理服务已经满足不了智慧仓配物流服务的需求，单点（店）、单仓模式也无法满足现代物流的下一步发展。因此，传统的仓储和传统的第三方物流公司都在向智慧仓配一体化的物流服务运作模式快速转型。

传统意义上的仓储与配送，作为众多物流企业和电商企业的后端服务，主要是解决厂家、商家的货物配备问题，包括集货、加工、分货、拣选、配货、包装和组织对客户的送货。智慧仓配一体化服务是一种综合性的物流服务，旨在为企业提供一站式、高效、精准的仓储和配送解决方案。这种服务模式将先进的仓储管理与智能配送相结合，利用物联网、大数据、人工智能等技术手段，实现仓储与配送的无缝对接和高效协同。

2. 智慧仓配一体化服务特点

（1）技术创新。引入物联网、大数据、人工智能等先进技术，实现仓储和配送的自动化、智能化和高效化。通过技术手段提高作业效率、减少人工干预，并优化配送路径、实现精准配送。

（2）流程优化。对仓储和配送流程进行深度优化，实现快速入库、准确存储、高效出库和准时配送。通过标准化、规范化的操作流程，提高服务质量和效率。

（3）信息共享。构建统一的信息管理系统，实现仓储、配送等各个环节的数据共享。通过实时更新和同步数据，确保信息的准确性和时效性，为决策提供支持。

（4）供应链协同。与上下游企业建立紧密的合作关系，实现供应链信息的共享和协同作业。通过协同合作，提高供应链的响应速度和整体竞争力。

（5）客户服务个性化。根据客户需求，提供个性化的仓储和配送服务。通过精准的数据分析和预测，满足客户的多样化需求，提升客户满意度。

（6）绿色可持续发展。注重环保和可持续发展，采用环保包装、节能设备等措施，减少对环境的影响。同时，优化配送路线、减少空驶率等，降低物流成本。

总的来说，智慧仓配一体化服务是一种综合性的物流服务，通过技术创新、流程优化、信息共享、供应链协同、客户服务个性化和绿色可持续发展等手段，为企业提供高效、精准、可持续的仓储和配送解决方案。

3. 智慧仓配一体化标准

智慧仓配一体化标准是指运用各种先进技术将仓储和配送环节进行整合，形成一个无缝衔接的供应链系统，提高物流效率、降低成本、提升客户满意度。智慧仓配一体化标准包括以下几个方面。①库存管理标准：对物流企业的仓储环节实行先进的库存管理方法，确保货物安全、清晰地掌握库存状况，并通过资讯技术及时更新货物信息。②货物配送标准：利用物流信息平台优化送货路线，提高配送效率，同时保证货物到达目的地的时效性与完好性。③信息化管理标准：实施业务流程再造、条码识别等 IT 技术，建立第三方全球服务平台

（Global Service Platform）等，简化运转程序、紧缩配货周期、提升价值链和供给链的效益。④服务质量标准：依据用户需求与满意度，制定相应的服务标准，并建立客服体系、投诉处理机制等，不断提升服务质量。

综上所述，智慧仓配一体化标准是一个综合性的标准体系，旨在提高物流管理效率，降低企业成本，提升终端客户满意度，从而推动整个物流行业的可持续发展。

3.2.3 智慧仓配一体化信息系统

1. 智慧仓配 ERP 系统

智慧仓配 ERP 系统旨在对仓储货物的收发、结存等活动进行有效控制，其目的是保证仓储货物的完好无损，确保生产经营活动的正常进行，并在此基础上对各类货物的活动状况进行分类记录，以明确的图表方式表达仓储货物在数量、品质方面的状况，以及目前所在的地理位置、部门、订单归属和仓储分散程度等情况。

采用智慧仓配 ERP 系统的目的在于解决仓库管理中的常见问题。例如，未对物料或品类进行分类管理；账物不符，管理混乱，经常找不到货；有漏发、错发现象；不遵守先进先出原则，产生废料；终端送货不及时，货损严重，配送成本过高。

智慧仓配 ERP 系统作为仓储管理的技术手段，就是为了解决传统仓管手工操作、滞后管理的弊端，实施超前计划，前馈管理，通过信息导入、数据分析，实施过程预测，提高仓储系统的反应速度和纠错能力，使仓储与配送无障碍衔接，真正实现仓配一体化管理。

2. 智慧仓配 SCM 系统

智慧仓配 SCM 系统是对供应需求、原材料采购、市场、生产、库存、订单分销发货以及延伸服务等的综合管理，包括了从生产到发货、从供应商到客户的每个环节。它把公司的制造过程、库存系统和供应商产生的数据合并在一起，从一个统一的视角展示产品设计、制造，一直到消费过程的各种影响因素。供应链是企业赖以生存的商业循环生态系统，也是企业在互联网经济、共享经济背景下所面临的管理革命。统计数据表明，企业供应链可以耗费企业高达 25%的运营成本。

供应链管理的现实表现主要是一种整合整个供应链信息处理及规划决策，并且建立自动化和最佳化信息基础架构的方案，目标在于达到整个供应链的最佳化，在现有资源下实现最高客户价值的满足。

3. 智慧仓配 CRM 系统

智慧仓配 CRM 系统是一种集成了仓储、配送和客户服务功能的综合性管理系统。该系统通过集中管理客户信息、订单数据、配送跟踪等关键业务信息，帮助企业实现客户关系的有效维护和管理，提升客户满意度和忠诚度。随着互联网的迅猛发展、市场的不断成熟，世界经济进入电子商务物流时代，以生产为中心、以销售产品为目的的市场战略逐渐被以客户为中心、以服务为目的的市场战略所取代，作为仓储配送物流企业，尽管经营环境以及经营手段发生了变化，但是以客户为中心的客户关系管理仍然是仓储配送活动成功的关键。

基于互联网的智慧仓配 CRM 系统是一个完整的收集、分析、开发和利用各种客户资源的系统，可以帮助企业实现客户关系的全面管理和优化，提升客户满意度和忠诚度，增强企业的市场竞争力。同时，该系统还可以与其他仓储、配送系统等进行集成，实现业务协同和信息共享，提高企业的整体运营效率和服务水平。

3.2.4 典型案例

基于宝象智慧供应链云平台的仓配一体化服务

宝象仓配一体化服务主要基于宝象智慧供应链云平台的宝象云仓和宝象运网两大板块提供仓配协同服务，同时，通过宝象物流大数据、宝象金融、宝象商城等板块提供供应链相关配套及延伸服务，以下重点介绍宝象智慧云仓。

为保障仓配一体化服务仓储资源配置，宝象物流打造了宝象智慧云仓。宝象智慧云仓平台是一个基于物联网、云计算等技术应用的平台体系，主要包含云仓在线、云仓管理、客户协同、云仓监管、云仓智助等方面内容。为用户提供仓储资源搜索配置、库存数字化管理、库内业务管理、物联网监管、智能辅助应用等智慧化、体系化仓储管理应用。

1. 云仓在线

云仓在线实现仓储资源高效配置，汇聚了海量仓库租赁、代管、仓配和运配等需求，通过云仓在线网站精准、高效地展示优质仓储需求，为仓储需求方提供便捷优质的仓储资源，实现仓库网点的快速覆盖布局。宝象智慧云仓提供仓储资源在线交易、仓储出入库管理、查询及后续供应链金融等服务，使仓储供需商、物流运输商、金融服务商、其他配套资源服务商精准高效地实现资源、服务的匹配。

（1）需求方。重服务体验，让用仓像网购一样简单，好找能租，降本增效。需求方不必费劲地翻找各大租仓渠道，仅需登录宝象智慧云仓平台，通过多维度条件筛选自己需要的仓库下单即可，并根据自身业务变化，调整用仓时间、面积和位置变化。从实际操作来说，用仓极为方便简单：需求方仅需参与“在线订仓、送货入库、在线发货”三个步骤，后端运营均由宝象智慧云仓一站式服务完成。

需求方按月、按单元支付仓储费，按实际发生业务支付发货服务费即可。弹性计费方式能有效为需求方降低租仓费用，成本高度可控。同时，需求方可实时查看用仓容量、库存情况，监管订单交付流程。

（2）供给方。盘活闲置资源，提升服务质量。反观仓库出租方，加盟宝象智慧云仓项目，可快速导入宝象物流的海量客户资源及配套服务，进而盘活闲置资源，降低仓储闲置率，提高盈利水平。另外，需求方直接与宝象智慧云仓交易，不与仓库出租方直接接触，减轻了仓库方的客户服务负担。而从另外一个维度来说，仓库方通过全方面引入宝象智慧云仓系统与仓配运营标准，仓储运营效率得以提高，进而可以拉升议价能力，提高市场竞争力。

2. 云仓管理

宝象智慧云仓致力于打造数字化仓储物流管理系统，提供高标准、高质量的数字化仓储服务。通过智慧云仓业务平台、客户远程协同两大平台，为货主方、仓储方提供合同管理、库内管理、出入库管理、过户管理、结算、报表结算等全流程服务，实现数据共享、动态跟踪、实时对比、及时纠错，形成货权管理和实物管理系统平行运行，相辅相成，共同服务于宝象智慧云仓管理体系，同时结合科学的生产调度系统、多层次的物资监控功能、先进的现代条码识别技术，提高实物管理过程的可控制性和可查性，使仓储管理更专业。

（1）货权管理与实物管理的分离管理。宝象智慧云仓专注于物流行业仓储全面解决方案，关注到仓储企业货权管理与实物管理之间在彼此关联的同时又存在着许多的差异，将仓储管理工作做出了进一步专业化细分，实现货权与实物分离管理模式，形成货权管理系统和实物管理系统平行运行，相辅相成，服务于一个仓储管理体系，使仓储管理更专业、更科学。

（2）全面的信息采集与统计分析。宝象智慧云仓将生产过程中产生的各类信息进行全面的采集、分类、汇总，为企业管理决策积累大量真实的、细节化的、全面化的企业生产活动的一手数据。

（3）严防伪功能。宝象智慧云仓将客户系统、短信、电子签章等验证手段，与电子提单以及二代身份证识别相结合的技术手段作为保证货主货物安全的第一道屏障，再结合对提货车辆的跟踪和管理，将客户和仓库货物安全水平提高到一个全新的高度。

3. 客户协同

客户协同是一个客户自助管理平台，为客户提供高效、便捷的客户服务和体验，客户可以在此平台上实现运输仓储业务查询、网上开单、出入库、过户预报、库存报表、对账等自助操作，有效提高业务安全性、便利性、数据的及时性，同时提高企业作业效率，降低差错率。

（1）收货预报。客户通过协同系统将收货预报指令发送至仓储管理方，便于仓储方提前知晓、准备，提高入库效率和准确性。

（2）出库预报。客户通过协同系统将发货预报指令发送至仓储管理方，实现准确、高效的出库操作。

（3）过户预报。客户通过协同系统将过户预报指令发送至仓储管理方，通过线上核对、确认，实现货物安全、便捷的过户操作。

（4）监管指令。客户通过协同系统将监管指令发送至仓储管理方，实现库存的及时锁定、实时监管。

（5）盘点指令。客户通过协同系统将盘点指令发送至仓储管理方，实现实时库存核对，实时掌控质押货物情况。

（6）运输查询。客户通过云仓系统实现货物出入库、库存情况管理，同时实现客户通过宝象运网进行的出入库等运输业务的在途运输情况实时追踪管理。

4. 云仓监管

宝象智慧云仓致力于为客户提供高标准、高质量服务，基于云仓管理系统，结合视频监控、自动监控预警等手段，实现仓储物资动态、静态全流程可视化监管。

（1）可视化监控。通过摄像头、RFID（自动传输货物出入库数据）、智能锁（控制货物进出）等物联网设备实现货物实时的可视化监管。

（2）库存监控。通过物联网设备对物资实现实时影像信息采集，同时自动匹配云仓系统库存数据，实现数据与影像的双重管理，实现库存安全、精准监控。

（3）BI 展示。实现对宝象智慧云平台运营情况实时报表统计和分析，灵活实用的查询过滤条件、简洁的数据表单和图表相结合的直观展示方式，为决策分析提供支持。

5. 云仓智助

物流设施与设备是物流系统的物质技术基础。宝象物流根据自身业务形态（大宗物资、快消品、快递），积极开发、引进物流设施设备，实现数字化仓储现代化、科学化、自动化，同时实现物流各个环节之间的相互衔接及设备之间的通用性，促进相关产业高效、协调发展，提高经济运行质量。

（1）自动化立体仓库。宝象物流的自动化立体仓库，出入库区分离，后端与入库区连接，前端与出库区相连接，库区主要存放快消品，出入库采用联机自动。按照入库—存储—配送要求，经方案模拟仿真优化，最终将库区划分为入库区、储存区、托盘（外调）回流区、出库区、维修区和计算机管理控制室。入库区由输送机、双工位高速梭车组成。输送机负责将生产线码垛区完成的整盘货物转入各入库口。双工位穿梭车则负责生产线端输送机输出的货物。

（2）AGV 智能叉车。AGV 智能叉车是一种无线导航自动导航车，结合了条形码技术、无线局域网技术和数据采集技术，并使用电磁感应作为导航方法来协助路径复杂的多个站点进行 RFID 识别。宝象物流根据自身仓储区域及功能不同，利用 AGV 智能叉车定位精度高，具有可靠性、稳定性、灵活性、环境适应性、成本优越性等特点，通过中央控制系统进行数据分析和远程控制，合理利用仓库地板空间，改善仓库物流管理，减少货物损坏，最终实现流程的优化、成本的控制。

（3）自动分拣设备。为实现货物的精准分拣及快速配送，宝象物流应用自动分拣设备，实现连续、高效、精准、大批量地分拣货物，加快物流分拣及配送效率，同时减少人员的使用，减轻员工的劳动强度，提高人员的使用效率，实现成本和安全的控制，最后分拣作业基本实现无人化。

（4）宝象云仓智助终端设备。宝象云仓智助终端设备以云仓管理系统为基础，进行应用延伸或集成，以实现仓储管理智能化、便捷化的多个应用子系统。

① PDA 理货：提供仓库货场人员现场入库作业、出库作业、移库作业（翻堆）、库存盘点功能；主要实现现场快速找货、快速物资采集数据、避免发货错误，辅助业务主系统账务处理，实现账物相符。

② App、微信应用：提供客户移动化查询服务，如库存情况、今日收发情况、未完业务情况等；提供关键业务节点业务实时通知服务，如发货换单、物资出库，定时推送每日物资进出存情况。

③ 自助换单：客户提前预录提单，司机到达结算大厅后，在终端打印机上只需要刷相应证件就可以查询、打印当前的提货单；主要解决业务繁忙期开单人员的压力，同时也提高了开单效率，规避单证员和司机之间的矛盾冲突。

④ 二维码应用：单据快速识别，提货人到仓库换单时，打印出来的发货通知单或者收货通知单上印制二维条码，此条码与单据号对应，方便理货员手持移动终端快速扫描定位通知单的信息。

⑤ 排队叫号：客户提前预录提单后通过电子大屏显示，提货司机到达业务换单大厅领取业务号，换单大厅工作人员根据业务号对提货司机排队换单；主要解决排队拥堵的现象，使整个换单过程合理、有序。

⑥ 智能道闸：提供高清摄像头拍摄车辆车牌，利用 OCR（Optical Character Recognition，光学字符识别）图像识别技术智能识别车牌号，结合门禁系统和车辆作业情况自动放行。

⑦ 电子秤对接：移动工作平台的 PC 机与电子秤等计量仪器互联，通过互联，移动工作平台 PC 机直接自动、同步、精确地获取计量仪器的计量数据，从而免去了人工转录数据的差错风险，确保了数据的准确性。

（5）数字化监管仓。宝象物流通过物联网、大数据、人工智能和信用画像等技术手段，打造“数字化+可视化+合规化+智能化”特点的仓储监管体系，解决传统货押监管风险难题，加强货物监管与管理规范，提升对大宗商品的货押监管风险管控能力，为监管方、资金方及货主方提供安全有效的监管服务。

宝象云仓于 2019 年 9 月正式上线运营，注册会员 217 家，服务于昆明、安宁、大理等多地 25 个仓库，服务京东、沃尔玛、益海嘉里等企业，覆盖大宗物资、快消品、快递等业务形态，包含 750 多种产品，实现货物吞吐量 168.85 吨。

阅读案例

南京钢铁股份有限公司智慧仓配一体化管理

南京钢铁股份有限公司（以下简称“南钢”）通过顶层设计、系统推进，以满足南钢内外部发展需求，提质增效，构建全新的创新体系、智造体系、产业链生态体系为目的，以南钢智慧供应链体系深度重构及创新实践为基础，以创新协调、开放共享为理念，以信息化、标准化、信用体系建设和智慧仓配体系为支撑，以钢铁工业智慧供应链与互联网、物联网深度融合为路径，创新发展钢铁工业智慧供应链新理念、新技术、新模式，高效整合各类资源要素，构建了一个基于用户个性化需求，以客户为中心，协同、智能、可视、可持续发展的智慧仓配一体化管理体系。

1. 谋划顶层设计，构建智慧仓配体系

（1）科学调研论证项目可行性。

2018 年年底，南钢确定了智慧仓配一体化管理体系建设道路，本着边建边用、以用促建、不断完善、逐步推广的原则，聚焦核心业务领域，突出重点，逐步开始智慧仓配一体化的建设。

（2）明确智慧仓配体系建设目标。

南钢积极响应数字经济战略，以客户需求为核心，探索利用互联网、大数据、人工智能等新一代信息技术提高钢铁物流业务的效能，并结合公司“JIT+C2M”智能制造新模式，积极布局具备仓储、定制加工、分段配送等能力的现代化物流体系，实现满足客户个性化需求、无缝衔接客户生产的 JIT 精准供应链物流服务目标。

（3）明确智慧仓配一体化建设布局。

一是依托南钢物流核心管理体系基础，以高端智能设备赋能智慧物流建设，支撑个性化配送需求；二是利用新一代信息手段加速扩展应用场景，以配送环节为核心，优化配置企业资源，形成相对成熟的商业化运作模式；三是通过内部物流资产整合及平台化管理体系的建立，实现南钢内部仓配物流管理体系的颠覆式优化提升。

2. 优化组织结构，完善管理协调机制

（1）优化组织结构支撑项目推进。

成员由各职能部门主管领导专家构成，负责体系相关建设工作的协调，审核体系建设实施方案、工作计划、具体执行，在项目推进过程中实行周例会制，汇报项目推进进度和需要协调的问题，季度、半年度、年度进行总结评价项目建设效果。

（2）建章立制实现项目战略保障。

2018 年，南钢制定了“以两纵四横矩阵式管理模式为基础，以智能配送模式、智慧物流服务平台建设为条线，打造精细化、专业化管理”的工作目标。构建了项目整体管控机制，将智慧仓配一体化管理项目的推进要求与实施要求联结为一个整体，实现战略目标的纵向分解与落实，职能之间横向业务流转高效协同。通过责任梳理和分解，明晰体系建设协调机制，促进建设责任的落实。引进物流、供应链管理、信息化等方面专业人才，划拨专项资金，同时，配套相应的激励和考核办法，针对项目推进良好的团队进行奖励，进度迟缓或效果不明显的进行处罚，以此促进项目又好又快地推进。

（3）流程优化实现项目规范管理。

结合南钢“JIT+C2M”新模式，全流程优化以客户精确需求、精确制造、精确配送为导向，优化内部信息系统和制造流程，实现采购、生产、质量、能源、仓储、销售等信息一体化管理和高效运行，全面满足用户个性化需求。以高水平的质量跟踪管理和高度的信息化支持为支撑，在明确业务流程运作情况以及可改进的方向的情况下，考虑和现有业务的承接和延续性，对现有智慧仓配体系建设的工作流程进行梳理、完善和改进，包括客户注册与管理、产品信息公示、生产、销售、合同、支付、仓储、配送、运输、质量异议处理等。在项目建设过程中将分散的资源集中。

3. 夯实智慧仓配基础建设，支撑个性化需求

（1）智慧港口建设打造核心竞争力。

通过智慧港口打造南钢进出厂物流管理过程的智能化、自动化、可视化，将调度计划与船舶运行轨迹有机结合，实现货物运输过程的全面监管。以物联网技术、云计算技术为基础，建立高集成度、高安全性的数据共享和交互平台。推进以港口为核心的物流链上下游延展服务功能等，从而构建全程物流服务体系，提高智慧港口全程物流服务核心竞争力。

（2）智慧物流装备助力高效便捷物流。

先进物流技术和装备在相关领域的应用大大提高了南钢物流的效率。南钢在钢材仓库推行 PDA 终端、钢材信息吊牌、喷码，通过吊牌、喷涂识别码的扫描，快速完成钢材产品盘点、入库采集、出库采集、产品查询、产品倒垛等一系列工作，有效简化仓储管理流程和工作内容。

（3）智慧仓配管理系统支撑客户多样化需求。

为了更好地满足钢材的销售、生产、仓储、物流等业务管理要求，南钢建立起以智慧仓配为核心的一体化仓库运营管理系统，建立以客户为主轴的贯穿业务运营全过程的应用体系，以支撑全业务运营；具备灵活、可配置的架构，以快速、主动地适应多层次业务融合的需要，实现资源优化配置，促进精益管理，运营支撑系统着重提升数据的横向整合与纵向贯通，提高信息的及时性、准确性，实现对人、货物、仓库、车辆的精益管理。

4. 创新仓配服务模式，深化共享服务理念

（1）个性化定制仓配模式。

结合南钢 JIT+C2M 智能制造新模式推出“JIT+C2M 仓储配送”一站式客户服务模式，结合 C2M 电子提单，满足对不同船号、分段号的合同产品有效跟踪，提升定制配送钢材的

仓储物流管理水平，提高定制配送船板入库、倒垛、转库、发货的作业效率，提高定制配送船舶的现场管理水平，实现与用户零距离、门对门、点到点的准时化物流服务。

（2）出租车式智慧循环配送模式。

为有效改造和完善现有钢材配送系统，南钢针对改善螺纹钢、板材原有的发货、配送模式，建立一个完善的面向南钢钢材的出租车式智能循环仓储配送模式。

5. 构建多源协同平台，提升仓配服务效率

（1）南钢大数据中心建设。

建立南钢物流大数据中心，实现不同企业、不同业务领域之间信息和数据的交互、共享。对库存状态、作业进度、车船位置和监控等信息进行大数据分析，形成预警管理机制，实现物流信息的一体化、可视化和智能化管理。将南钢物流关键数据可视化呈现，对于成品库数据图表化管理，进行数据分析，展示当天的入库实绩、出库实绩，当月的入库实绩、出库实绩，帮助企业实时掌控库存，为企业提供实时洞察和分析，降低成本并提升盈利，缩短计划周期，提高仓储计划的准确性。

（2）仓储配送云台控制建设。

建设南钢仓储配送云台控制体系，在南钢仓库、港口、道路全面安装监控摄像头，通过监控体系实现仓库实时监控、行车监控、车辆管控以及船舶的智能指泊；掌握待装、在途、待卸船舶状态，货物吨位，预计装卸时间，预计在途时间等信息；掌握仓车装车作业进度、码头装卸船舱进度、货场堆存等情况：对接调度室，在遇突发事件时，现场实时回传，语音集群对讲指挥，实现现场与后方应急指挥中心实时同步传输，实现可视化快速应急的精准调度与各级高效协同，实现南钢仓储配送的视频监控和云台控制。

（3）打造多式联运服务平台。

统筹公路、铁路、水路及港口资源，以提升综合运输服务水平为切入点，创新运输组织模式，促进多种运输方式的“高效、无缝”衔接，打造多式联运服务平台。

（资料来源：《冶金管理》杂志，作者根据《冶金管理》杂志相关资料整理。）

思考题： 1. 智慧仓储在仓配一体化管理中有哪些应用场景？

2. 用户个性化需求如何被智慧仓储所满足？

3. 智慧仓储和传统仓储相比有哪些优势和劣势？

本章小结

本章主要讲述了智慧仓配一体化的概念和发展趋势，分析了其在物流行业中的应用和优势，指出了面临的挑战并给出了解决方案。智慧仓配一体化是现代物流发展的必然趋势，它将仓储和配送有机结合起来，形成更加高效、智能、可持续的供应链体系。智慧仓配一体化通过整合信息技术、物流设施和物流服务，实现对货物的集中管理、高效流转、精细配送，提升了物流运作的质量、速度和可靠性，为消费者提供更好的服务体验和价值。智慧仓配一体化的应用范围涉及多个层面，包括仓库管理、物流流程优化、数据处理和分析等方面。其中，仓库管理方面的应用主要涉及仓储系统的智能化、自动化和信息化开发，以及物流设备的升级和完善。物流流程优化方面的应用则包括路径规划、车辆调度、订单跟踪等，通过信息化的手段来达到更加科学、准确、高效的物流管理。数据处理和分析方面的应用，则利用

大数据、人工智能等技术，对供应链数据进行深入挖掘和分析，为客户提供更加个性化、精准、高品质的物流服务。

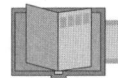

复习思考题

1. 仓储与配送的区别是什么？
2. 智慧仓配一体化有哪些优点？
3. 智慧仓配一体化的未来发展趋势是什么？
4. 智慧仓配设备有哪些？
5. 解决智慧仓配一体化问题的措施有哪些？

实训项目

1. 课内实训

了解仓库布局、仓储设备的选择和使用方法，以及货物进出库的管理。

2. 课外实训

学习收集、处理和分析数据，实现企业的决策优化和业务增长。

第二篇　运作篇

第 4 章　智慧仓配规划与管理

学习目标

知识目标：

1. 熟悉智慧仓配规划的目标、内容以及技术；
2. 了解智慧仓配网络结构的因素与规划方法；
3. 熟悉典型的智慧仓配设施设备。

能力目标：

1. 熟悉智慧仓配的运作流程，了解仓配规划在物流运作流程中的重要性，培养规划意识；
2. 熟悉智慧仓配设备的选择，具有灵活运用知识的能力。

思政目标：

1. 了解我国智慧仓配现状以及改进的措施与趋势，熟悉智慧仓配运作模式的选择，体现创新协调发展；
2. 熟悉智慧仓配设施设备，体会科技发展，展现大国风采。

导引案例

中国式仓配现代化

由中国仓储与配送协会主办、以“高质量建设中国式仓配现代化”为主题的“第十七届中国仓储配送大会”，于 2022 年 12 月 7 日以线上直播方式成功召开。中国仓储与配送协会沈绍基会长为大会致辞；商务部流通业发展司副司长张祥、中国仓储与配送协会副会长王继祥、CDI 物流与供应链管理研究所所长王国文、普洛斯高级副总裁邱宝军、准时达仓储技术委员会总干事谢世恩、四川物联亿达科技有限公司科技事业部总经理钟乐、湖北普罗格科技股份有限公司董事长周志刚、纵腾集团副总裁李聪等十余位专家与企业家发表主旨演讲。

全国仓储配送、生产制造、商贸流通企业代表，物流设施技术企业代表，咨询研究机构与大专院校代表，部分省市商务主管部门领导，地方行业协会负责人等 6 万多人在线观看了直播。

张祥副司长就商贸物流领域如何贯彻落实党的二十大精神谈了学习体会，介绍了近年来商务部流通业发展司推动商贸物流高质量发展的有关举措。他指出，物流是畅通国民经济循环和构建新发展格局的重要基础性支撑。党的二十大报告明确提出：“加快发展物联网，建设高效顺畅的流通体系，降低物流成本。”“加快发展数字经济，促进数字经济和实体经济深度融合，打造具有国际竞争力的数字产业集群。”“加快推动产业结构、能源结构、交通运输结构等调整优化。”“加快节能降碳先进技术研发和推广应用，倡导绿色消费，推动形成绿色低碳的生产方式和生活方式。”推动商贸物流高质量发展，必须坚持以党的二十大精神为指引，完整、准确、全面贯彻新发展理念；要坚持问题导向，着力补短板、强弱项；要将商贸物流高质量发展与全面推进乡村振兴、促进区域协调发展相结合；要坚持高水平对外开放，加快完善国际物流供应链体系。

中国仓储与配送协会会长沈绍基在致辞中提出，仓储配送是现代物流的重要组成部分，是现代经济体系与流通体系中不可或缺的基础性要素，仓储配送现代化是中国式现代化的重要内容。中国仓储与配送协会将以仓储标准化、数字化、智能化建设为主线，持续组织实施绿色伙伴计划，持续推动关系国计民生全局与物流产业长远发展的十大运营体系建设；希望全国仓储配送企业与生产、流通企业在加速自身标准化、数字化、智能化建设的同时，积极参加协会组织推动的绿色伙伴计划与十大运营体系建设计划，共同促进与提高全国仓储现代化的整体水平。

中国仓储与配送协会副会长王继祥以“中国仓储与配送现代化发展的重点与对策”为题发表演讲，指出了中国仓储与配送现代化建设的指导思想、基本原则、总体目标与重点要求，并就“仓库设施标准化立体化”等十大建设重点进行了详细阐述。

（资料来源：中国仓储与配送协会官网，作者根据中国仓储与配送协会官网相关资料整理。）

思考题：1. 中国式仓配现代化从何处体现？

2. 如何促进仓配现代化发展？

4.1 智慧仓配规划概述

4.1.1 规划目标与内容

1. 规划目标

（1）高度智能化。智能化是大数据时代下智慧仓配的显著特征。智慧仓储不只是自动化，更不局限于存储、输送、分拣等作业环节而是仓配全流程的智能化，包括应用大量的机器人（AGV）、RFID 标签、MES、WMS 等智能化设备与软件，以及物联网、人工智能、云计算等技术。

（2）完全数字化。智慧物流时代的一个突出特征是海量的个性化需求，想要对这些需求进行快速响应，就需要实现完全的数字化管理，将仓储与采购、制造、销售等供应链环节结合，在智慧供应链的框架体系下，实现仓配网络全透明的实时控制。

（3）仓配信息化。无论智能化还是数字化，其基础都是仓配信息化的实现，而这也离不开强大的信息系统的支持。第一，互联互通。想要信息系统有效运作，就要将它与更多的物流设备、系统互联互通，以实现各环节信息的无缝对接，尤其是 WMS、WCS 等，从而确保供应链的流畅运作。第二，安全准确。在网络全透明和实时控制的仓配环节中想要推动仓配信息化的发展，就要依托信息物理系统（CPS）、大数据等技术，解决数据的安全性和准确性问题

（4）布局网络化。在仓配信息化与智能化的过程中，任何设备或系统都不再孤立地运

行，而是通过物联网、互联网技术智能地连接在一起，在全方位、全局化的连接下，形成一个覆盖整个仓配环境的网络，并能够与外部网络无缝对接。基于这样的网络化布局，仓配系统可以与整个供应链快速地进行信息交换，并实现自主决策，从而确保整个系统的高效率运转。

（5）仓配柔性化。在“大规模定制”的新零售时代，柔性化构成了制造企业的核心竞争力。只有依靠更强的柔性能力，企业才能应对高度个性化的需求，并缩短产品创新周期、加快生产制造节奏。企业想要将这一竞争力传导至市场终端，同样需要仓配环节的柔性能力作为支撑。仓配管理必须根据上下游的个性化需求进行灵活调整，扮演好“商品配送服务中心”的角色。

2. 规划内容

为了便于理解，下面从不同的角度来分析智慧仓配规划的内容。

（1）从整个物流系统的角度划分。①物流系统发展规划。这是物流系统规划的基础与前提，包括物流系统的发展方向、性质和规模。②物流系统布局规划。这是物流系统规划的核心部分，包括物流系统中各种物流节点的空间分布，如布局形式、用地结构和功能。③物流系统工程规划。这是物流系统规划的重要组成部分，为物流系统的投资提供依据，包括设施布置设计、物流设备规划设计和作业方法设计等。

（2）按功能划分。如图 4-1 所示，从仓库与配送中心物流系统功能构成的角度划分，主要包括客户服务目标、物流系统规划、运营系统规划和信息系统规划。

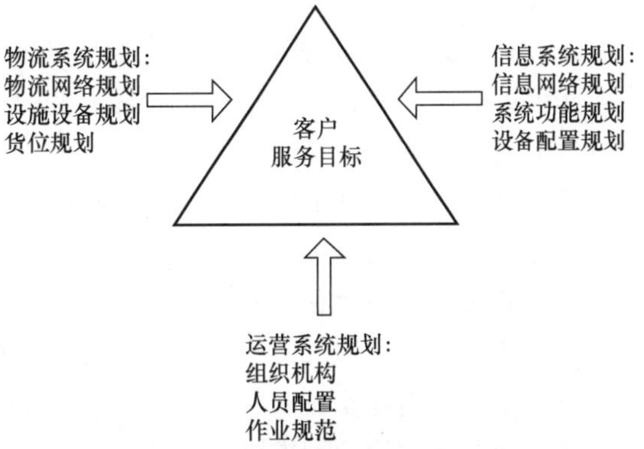

图 4-1　智慧仓配规划决策三角形

① 客户服务目标。三个系统的战略决策和运营管理都是围绕客户服务目标展开的。因此，对仓库和配送中心进行规划和设计之前，首先要确定适当的客户服务水平，以作为客户服务目标。

② 物流系统规划，主要包括物流网络规划、设施设备规划及货位规划。

③ 运营系统规划，主要包括组织机构、人员配置、作业规范等内容。

④ 信息系统规划，主要包括信息网络规划、系统功能规划、设备配置规划。

4.1.2　规划原则与程序

1. 规划原则

（1）系统性原则。智慧仓配规划需要从整体出发，考虑仓储、配送、信息管理等各个环节，确保各个部分之间的协调性和整体性。通过系统性规划，实现仓储和配送的高效协同和一体化管理。

（2）先进性原则。引入先进的仓储技术、配送技术、信息技术等，确保智慧仓配系统具备较高的技术水平和创新能力。同时，根据市场需求和技术发展趋势，不断更新和升级系统，保持技术的先进性和竞争力。

（3）可扩展性原则。智慧仓配规划需要考虑到企业的未来发展和业务扩张需求，确保系统具备可扩展性。通过模块化设计、接口标准化等措施，方便未来系统的扩展和升级，满足企业不断增长的业务需求。

（4）安全性原则。在智慧仓配规划中，需要重视系统的安全性问题，包括数据安全、设备安全、网络安全等方面。通过采取一系列安全措施和加密技术，确保系统数据的保密性、完整性和可用性，防止数据泄露和系统被攻击。

（5）成本效益原则。智慧仓配规划需要综合考虑投入和产出的关系，确保系统建设和运行的成本效益。通过合理的投资和资源配置，实现系统的最大化效益，为企业创造更多的价值。

（6）灵活性原则。智慧仓配规划需要考虑到市场的变化和不确定性因素，确保系统具备灵活性和适应性。通过引入柔性化的设计和管理模式，快速响应市场变化和客户需求，提高系统的灵活性和竞争力。

2. 规划程序

（1）需求分析与目标设定。对企业的仓储和配送需求进行深入分析，了解现有的业务流程、仓储设施、配送网络等情况。设定智慧仓配规划的目标，如提高仓储效率、降低配送成本、提升客户满意度等。

（2）环境评估与资源分析。对企业所处的市场环境、竞争态势进行评估，了解行业发展趋势和市场需求。分析企业的内部资源，包括人力、物力、财力等，确保有足够的资源支持智慧仓配规划的实施。

（3）技术选型与系统集成。根据需求分析和目标设定，选择适合的仓储技术、配送技术、信息技术等。确保各个系统之间的兼容性，实现信息的无缝传输和共享。

（4）流程设计与优化。对仓储和配送流程进行重新设计，实现流程的自动化、智能化和高效化。通过优化流程，减少不必要的环节和操作，提高作业效率。

（5）方案制定与实施。根据前面的分析和设计，制定详细的智慧仓配规划方案。组织实施团队，确保方案的顺利推进和实施。

（6）测试与评估。在方案实施前进行充分的测试，确保系统的稳定性和可靠性。对实施后的效果进行评估，了解是否达到了预期的目标和效果。

（7）持续改进与升级。根据评估结果和市场需求的变化，对智慧仓配系统进行持续改进和升级。引入新的技术和理念，不断提升系统的性能和功能。

4.1.3 典型案例

看未来的仓储配送如何“技高一筹”

在仓储配送领域，霍尼韦尔公司一直做的是，通过智能一站式的解决方案和专业的服务支持，为仓库与配送中心行业客户提供切实有效的帮助。

而这也在霍尼韦尔《零售供应链智能仓储解决方案》上得以体现。作为被全球数百个成功交付的项目“验证有效”的解决方案之一，零售供应链智能仓储解决方案有利于提高仓储的灵活性、效率以及准确性，优化配送和提高效率，助力合作伙伴在市场中取得优势并提高运营绩效。

霍尼韦尔零售供应链智能仓储解决方案凭借先进的自动化设备和控制系统，可以做到：可靠的一站式系统集成和定制化服务；凭借本地化生产和完善的供应链网络，保障快速交付；在系统生命周期中提供完善的服务和支持。

针对物流，柔性可视的透明管理软硬结合的解决方案可以整合供应链上下游各环节，实现供应链整体运营优化，增强供应链至销售终端的整体柔性和容错性的同时，降低管理和运输成本。针对配送中心，实时可靠的设备互联通过自动化的输送分拣、订单拣选、立体库等设备，结合先进的仓储管理、执行系统，可实现配送中心各环节的精细化管理，增强操作灵活性，全面提升运营效率。针对派件，快速准确、交付稳定可靠的移动终端和打印设备，可在户外复杂的环境下，帮助配送员更快更准确地交付订单，提高配送效率，轻松应对节日订单高峰。

霍尼韦尔公司认为零售供应链智能仓储解决方案可以为零售、制造和物流服务等行业合作伙伴优化运营绩效，提高生产率，在市场中赢取竞争优势。霍尼韦尔也将继续凭借前沿科技的力量，为企业指明一条切实可行的道路。

（资料来源：霍尼韦尔官网，作者根据霍尼韦尔官网相关资料整理。）

思考题： 1. 科技的发展对未来仓储配送有什么影响？

2. 你认为还能从哪些方面促进仓储配送的发展？

4.2　智慧仓配网络规划

4.2.1　智慧仓配网络概述

1. 智慧仓配网络的内涵

智慧仓配网络是一种集仓储和配送功能于一体的网络化系统，利用先进的物联网、大数据、人工智能等技术手段，实现仓储和配送过程的高效协同和智能化管理。智慧仓配网络的内涵包括以下几个方面。

（1）网络结构与布局。智慧仓配网络通过合理的网络结构和布局，连接起各个仓储节点和配送节点，形成一个高效、灵活、可扩展的网络体系。网络中的节点可以是仓库、配送中心、转运站等，它们通过高效的物流通道连接起来，确保货物能够快速、准确地流动。

（2）仓储管理智能化。在智慧仓配网络中，仓储管理实现了高度的智能化。通过引入智能仓储硬件和仓储管理系统，实现对仓库内部作业流程的自动化、智能化管理。同时，利用大数据和人工智能技术，对仓储数据进行实时分析和预测，优化库存控制和作业调度，提高仓储效率。

（3）配送路径优化。智慧仓配网络利用大数据和人工智能技术，对配送路径进行优化。通过对历史配送数据、交通状况、客户需求等信息的综合分析，制定出最优的配送路线和配送策略。这不仅可以降低配送成本，还能提高配送时效和客户满意度。

（4）实时信息共享与协同。智慧仓配网络通过构建统一的信息管理系统，实现仓储和配送环节的信息实时共享和协同。各个节点之间的信息流通畅通无阻，才能确保各个环节之间的协同作业和高效运转。同时，通过信息透明化，客户也可以实时了解订单状态和配送进度。

（5）可持续发展与环保。智慧仓配网络还注重可持续发展和环保。通过优化配送路线、减少空驶率、使用环保包装等措施，降低物流活动对环境的影响。同时，推动绿色供应链建设，促进企业与社会的和谐发展。

2. 智慧仓配网络结构

智慧仓配网络是一种高效、智能、可持续发展的网络化系统，通过集成仓储和配送功能，实现物流过程的高效协同和智能化管理。它有助于提高物流效率、降低成本、提升客户满意度，并推动企业的数字化转型和智能化升级。通过对智慧仓配系统的抽象，形成节点与链连成的网络，如图 4-2 所示。网络中的链代表不同储存点之间货物的移动，这些储存点如配送中心、物流中心、工厂等就是节点，规划的重点是配送网络。

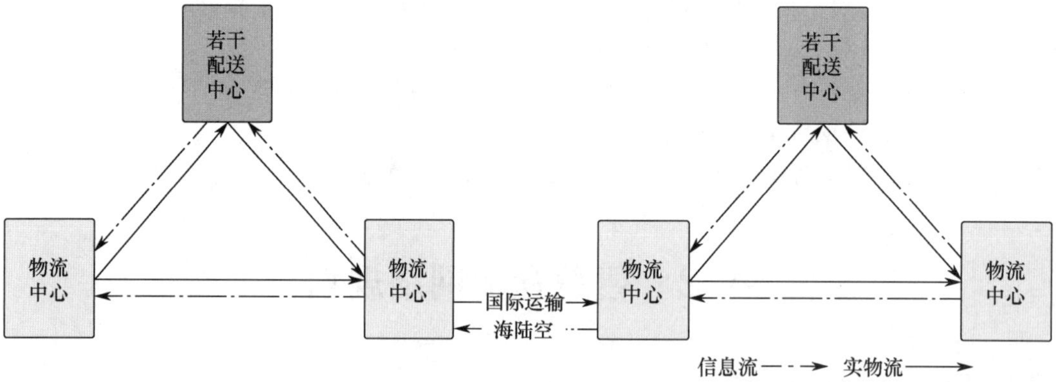

图 4-2　智慧仓配网络结构

任意一对节点之间可能有多条链相连，代表不同的运输形式、不同的路线、不同的产品。节点也代表那些库存流动过程中的临时经停点，如货物运达零售店或最终消费者之前短暂停留的物流中心等。

库存流动中的这些储运活动只是整体物流系统的一部分。此外，还有信息网络，其中包括销售收入、产品成本、库存水平、仓库利用率、预测、运输费率及其他方面的信息。信息网络中的链由从一地到另一地传输信息的邮件或电子方法构成。信息网络中的节点则是不同的数据采集点和处理点，如进行订单处理、准备提单的职员或更新库存记录的计算机。

从抽象概念来看，信息网络与产品流动网络非常相似，都可以视为节点和链的集合。然而两者最主要的区别在于产品大多是沿分销渠道顺流而“下”（流向最终消费者），而信息则多数是沿分销渠道逆流而“上”（流向原料产地）。

产品流动网络与信息网络结合在一起就形成了物流系统，这样可以避免分别设计可能导致的整个系统设计的不完善。因此，各个网络并不是相互独立的。例如，信息网络的设计将会影响系统的订货周期，进而影响产品网络各节点保有的库存水平；库存的可得率会影响客户服务水平，进而影响订货周期和信息网络的设计。同样，其他各因素之间的相互依赖也要求从整体的角度看待配送系统，不能将其分开考虑。

4.2.2　智慧仓配网络规划方法

1. 网络优化模型的建立

例如，某企业有 40 个需求城市，主要分布在亚洲，该企业准备设立配送中心，配送中心候选城市有 8 个，其配送网络结构模型如图 4-3 所示。

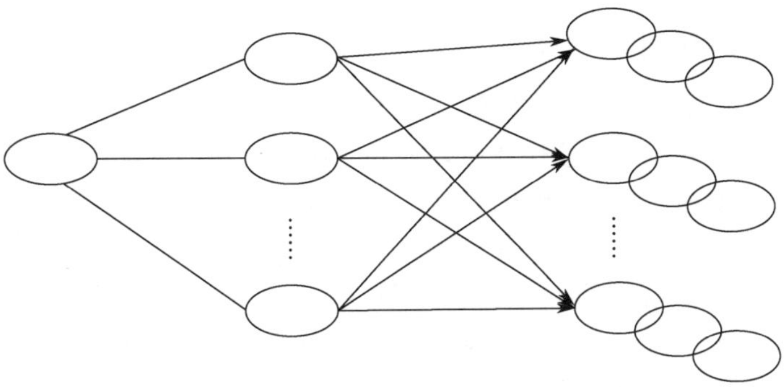

图 4-3　配送网络结构模型图

为完善智慧仓配网络，我们研究建立网络优化模型，从 1 个物流中心经过若干个配送中心向若干个需求城市配送货品。物流中心已定，配送中心候选城市有 8 个，从中选择若干个配送中心，使总的配送成本最低。

（1）基本思路。应根据通过配送中心的货品数量的多少来评价和选择。因此，通过求解使总费用最低的运输方案来确定每个配送中心的通过量，由此决定配送中心的取舍。

（2）优化目标。优化目标是使整个网络的配送成本最低。

2. 智慧仓配网络规划考虑因素

（1）业务需求与规模。首先要明确企业的业务需求，包括订单量、货物种类、数量等。这将直接影响仓库和配送中心的数量、规模以及物流路径的设计。

（2）地理分布与客户位置。了解企业的客户分布和地理位置，以便在合适的地方设置仓库和配送中心，以缩短配送时间和提高客户满意度。

（3）运输成本与效率。分析不同运输方式的成本和效率，选择最适合的运输组合，以优化物流成本和提高运输效率。

（4）库存管理与控制。制定合理的库存管理策略，包括安全库存水平、库存周转率等，以确保库存的准确性和满足客户需求。

（5）信息技术应用。考虑引入先进的信息技术，如物联网、大数据分析、人工智能等，以提升智慧仓配网络的智能化水平和效率。

（6）环境可持续性与法规要求。在规划过程中，要充分考虑环保法规、可持续发展要求以及绿色物流的理念，确保智慧仓配网络符合环保标准。

（7）供应链合作伙伴。与供应链中的其他合作伙伴，如供应商、第三方物流服务提供商等建立良好的合作关系，共同优化物流流程和提高效率。

（8）技术投资与成本。评估企业的技术投资能力和预算限制，以确保智慧仓配网络的建设和维护能够顺利进行。

（9）可扩展性与灵活性。规划时要考虑智慧仓配网络的可扩展性和灵活性，以便在业务需求发生变化时能够迅速调整和优化网络结构。

（10）数据安全与隐私保护。在智慧仓配网络中，涉及大量的数据交换和存储，需要确保数据的安全性和隐私保护，避免数据泄露和滥用。

4.2.3 新兴技术手段在智慧仓配中的应用

1. 无人机在智慧仓配中的应用

无人机在智慧仓配中的应用非常广泛，以下是一些例子。

（1）快递配送。无人机通过空中飞行，避免了路上交通拥堵和停车问题，提高了快递配送的效率，特别是在偏远或地形崎岖的区域，无人机配送更为方便。

（2）食品配送。餐饮业采用无人机配送不仅可以缩短交货时间，还可以保证食品的新鲜度和安全性。因此，在某些需要即时送达的场合，无人机配送比传统的配送方式更有优势。

（3）医疗救援。无人机在医疗救援中的作用越来越重要。无人机可以及时运送药品、医疗器械和急救人员到灾区或远离医院的地区，并进行紧急救治。这种方式不但可以提高医疗救援效率，而且可以将医学服务扩展到离城市较远和资源匮乏的地区。

总之，随着技术的不断发展和成本的降低，无人机配送已经成为物流行业的一个重要趋势。未来，无人机的应用将越来越广泛，将为智慧仓配提供更多的创新解决方案。

2. 自动驾驶在智慧仓配中的应用

自动驾驶技术可以应用于智慧仓配中，提高物流效率、降低成本、加速交付等。以下是一些自动驾驶在智慧仓配中的应用。

（1）自动驾驶送货车。自动驾驶送货车可以避免人力疲劳和不必要的停留，同时可以通过实时交通信息自主选择最优路线，并规划分配货物。因此，可通过更高效的运输方式，来提升配送速度和准确性。

（2）无人机物流。将无人机嵌入智能仓库和货车链条中，致力于快递送达问题的解决，如小件、紧急医疗、特殊行业的服务，如江苏丹阳就探索了鱼苗配送、挂号包等服务；而在国外，利用无人机测试成功的分布式计算智能交通系统和实时识别航空器安全飞行区域的算法解决了无人机物流的飞行安全问题。

（3）利用小型自动化 AGV 机器人/机器人进行互联网物流中的指令分拣、单品处理、追溯等，极大地提高了效率。

通过自动驾驶技术与物流行业相结合，有望进一步提高智能仓配的效率，并为消费者提供更快速、准确及安全的快递服务。

3. 智能机器人在智慧仓配中的应用

智能机器人在智慧仓配中有着广泛的应用，以下是一些例子。

（1）送餐服务。可以用智能机器人送餐。饭店或外卖平台将食物放在机器人内部的储存箱中，然后机器人将自动导航到目的地，并将食物交给客户。

（2）快递服务。快递公司可以使用智能机器人派件。智能机器人可以在一个社区或小区内进行行驶，将包裹交给居民，从而提高快递的效率。

（3）仓库管理。智能机器人可以帮助仓库管理人员完成一些工作，如将货物从货架上拿下来，然后运送到指定的地点。

（4）机场服务。机场可以使用智能机器人来为乘客提供行李撤离服务，这可以提高机场的效率。

智能机器人拥有自动导航、视觉识别等功能，可以实现无人化操作，因此在智慧仓配领域具有很大的应用前景。

4.2.4　典型案例

智慧仓储配送网络平台

云仓配供应链管理（厦门）有限公司（以下简称“云仓配”）成立于 2006 年，主要聚焦与民生息息相关的快消品的物流、仓储和配送。云仓配是国家 4A 级物流企业，商务部第三批物流标准化重点推进企业以及厦门市重点物流企业，厦门市龙头骨干民营企业，同时也是网络货运试点企业。云仓配作为民生快消品区域配送网络运营和第三方物流解决方案提供商，坚持通过以数字科技为驱动，以金融赋能为手段，以物流管理为链接，聚力打造民生消费升级领域新基建，来赋能民生消费产业实现“短链”升级，助力民生消费品产业“供应链数字化”变革。

公司依托于线下多年沉淀形成的全国性、多层次的智慧仓储配送网络平台，借助产业互联网的工具，实现了线下和线上的完美融合。

线上，公司打造“科技+金融+区块链”的平台。公司通过搭建货友互联网平台，利用网络货运资质，以“科技+金融+区块链”为支撑，实现线上车货匹配、结算支付、轨迹跟踪、代收货款、车后市场服务、保险集采等一站式流程，为生产商、批发商、仓储中心、物流公司和广大运输司机等搭建交流交易平台，形成线上物流金融生态体系。

线下，公司深耕快消品供应链，形成了一个全国性的物流网络体系。目前公司设有 17 个片区中心，78 个自建实体物流网点，管控仓储面积超 30 万平方米，自有及可调用运力车辆逾 30000 辆，覆盖全国除港澳台外的 95%以上县级市。云仓配服务链接 75 万零售终端，是可口可乐、百威英博、中粮、雀巢、海天集团、华润怡宝、中顺洁柔等快消领域龙头企业紧密的全国性战略伙伴，也是京东 B2B 领域唯一合作的第三方物流公司。目前云仓配已经是快消品领域 B2B 的领军企业。

（资料来源：物联网技术与应用官网，作者根据物联网技术与应用官网相关资料整理。）

思考题： 1. 云仓配公司如何运用网络平台推动仓储配送发展？

2. 运用网络平台有什么好处？

4.3　智慧仓配设施设备

4.3.1　智慧仓库

1. 概念

智慧仓库是一种仓储管理理念，它利用先进的物联网、大数据、人工智能等技术手段，对传统的仓储管理进行升级和改进，实现仓储业务的数字化、智能化、高效化和优化。智慧仓库注重仓储过程核心数据的积累和运用，以降低仓储环节人的参与度，并通过新技术促进仓储各个环节以及仓储和供应链其他环节产品流和信息流的流畅运转。这样不仅可以降低仓储成本，提高运营效率，还能提升仓储管理能力。

从组成部分来看，智慧仓库主要由仓储管理系统和智能仓储硬件两部分构成。仓储管理系统通过软件实现对仓库内部作业流程的自动化、智能化管理，而智能仓储硬件则包括各种自动化设备、机器人等，用于代替人工操作，提高作业效率。

智慧仓库并不等同于无人仓储。虽然无人化仓储是智慧仓库的一种实现方式，但智慧仓库的概念更为广泛，它包含了无人化仓储在内的多种技术和管理理念的应用。

2. 分类

（1）按货物存取形式分类。①拣选货架式：其核心部分是分拣机构，分为巷道内分拣和巷道外分拣两种方式。拣选货架式有“人到货前拣选”和“货到人处拣选”两种模式。②单元货架式：是常见的仓库形式。货物先放在托盘或集装箱内，再装入单元货架的货位上。③移动货架式：由电动货架组成，货架可以在轨道上行走，由控制装置控制货架合拢和分离。作业时货架分开，在巷道中可进行作业；不作业时可将货架合拢，只留一条作业巷道，从而提高空间的利用率。

（2）按仓库的职能不同分类。①口岸仓库：大都集中在沿海港口城市，主要储存待运出口和进口待分拨的商品。②中转仓库：大都设在商品生产集中的地区和出运港口之间，以收储转运的商品。③流通加工仓库：这种仓库将加工业务与仓储业务相结合，以方便对某些商品进行挑选、整理、分装、改装。④存储仓库：主要存放待销的出口商品、援外物资和进口后待分拨的物资。

（3）按存储商品的性能及技术设备不同分类。①通用仓库：存储没有特殊要求的工业品和农用品的仓库。②专用仓库：专门用于存放某一类商品的仓库，以确保该类商品的质量安全，相应地增加一些设施，如密封、防虫、防霉、防火及监测等方面的设备和器材。③特种仓库：主要用于存放化工产品、危险品、易腐蚀品、石油及药品等，这类仓库主要有冷藏库、保温库、危险品仓库等。

实际上，智慧仓库的分类可能因不同的标准或角度而有所差异。因此，在具体实践中，可以根据实际情况和需求对智慧仓库进行分类。

3. 功能

传统仓库主要具有储存与保管功能，智慧仓库则增加了许多新的功能。

（1）仓储信息自动抓取与识别功能。智慧仓库通过引入 RFID 读写器、手持 PDA 等设备，能够自动抓取和识别有电子标签的货物、库位、库架信息，包括货物的属性、库存以及库架的分类等信息。同时，通过与后台服务器的连接，实现信息的自动识别，快速验证出入库货物信息、库内货物正确堆放信息等。

（2）仓储信息自动预警功能。智慧仓库具备信息自动预警功能，它可以通过信息系统程序设定，对问题货物进行自动预警，如过期、损坏、丢失等，提前应对，减少损失。

（3）仓储信息智能管理功能。智慧仓库能够自动生成各类单据，为供应链决策提供实时信息。同时，系统可以自动计算库存量、生成库存报表等，提高仓储自动化水平和管理水平。

（4）物流运输自动化功能。借助物联网技术，智慧仓库可以对运输车辆进行实时追踪和监控，提高运输路径规划和配送效率，实现物流运输的自动化和智能化。

（5）库存管理精准化功能。通过实时的库存监控，智慧仓库可以对库存情况进行全面监测，并通过 AI 算法进行库存预测和优化，实现库存的精准管理。

（6）数据分析智慧化功能。智慧仓库利用大数据技术，对仓储过程所产生的数据进行统计、分析和转化，为管理者提供数据决策参考，实现运营的科学化和智慧化。

综上所述，智慧仓库的特殊功能使其能够实现仓储管理的高效协同和智能化，提高运营效率、降低仓储成本并提升仓储管理能力。同时，智慧仓库还具备物流运输自动化、库存管理精准化和数据分析智慧化等特殊功能，为企业提供更加全面和高效的仓储管理解决方案。

4.3.2 智慧仓配设备

智慧仓配设备种类繁多，这些设备利用先进的技术，如物联网、人工智能、大数据分析等，提高仓储和配送的效率和准确性。

1. 自动存取系统

自动存取系统，也称为自动化仓储系统，主要由高层立体货架、堆垛机、输送系统、信息识别系统、计算机控制系统、通信系统、监控系统以及管理系统等组成（如图 4-4 所示）。该系统通过计算机实现设备的联机控制，以“先入先出”为原则，迅速准确地处理物品，并合理地进行库存管理和数据处理。这种系统特别适合在生产线或发货部门使用，以提高作业效率。

图 4-4　自动存取系统

自动存取系统的主要功能包括：第一，自动检查过期或查找库存的产品，防止不良库存，提高管理水平；第二，充分利用存储空间，通过计算机实现设备的联机控制，迅速准确地处理物品；第三，合理进行库存管理和数据处理，提高仓储和配送的效率和准确性；第四，根据承载单元的特点和操作需求进行变更，配备不同的拣取工具，提高拣取效率。

随着科技的发展，自动存取系统也在不断升级和改进。例如，深低温全自动生物样本存取系统，作为生物样本存储质量管控的最佳解决方案，能有效解决样本在操作中的活性丧失问题，为科研人员提供样本全周期的存储状态数据，支持生命科学研究。

总的来说，自动存取系统是智慧仓配领域的重要设备之一，它的应用可以大大提高仓储和配送的效率和准确性，降低运营成本，提升客户满意度。

2. 智能拣选系统

智能拣选系统，即“货到人”智能拣选系统（Goods to Person或Goods to Man, GTP或GTM），是指在物流拣选过程，系统通过自动搬运设备或自动输送设备将货物输送到分拣人员面前，再通过人或设备完成拣选作业的拣选方式。“货到人”智能拣选系统通常包含了智能货架、输送设备、智能拣选工作站、机器人系统（AGV 等）以及信息系统等，这些设备通过智能控制和协同作业，实现了货物的快速、准确拣选和运输，提高了仓储和物流的效率和服务质量。同时，“货到人”智能拣选系统还可以根据企业的实际需求和场景进行定制和扩展，以满足不同的应用需求。“货到人”智能拣选的主要目的是提高效率、降低成本，形成专业性强的物流配送中心，这也是智慧仓配的重点技术和发展方向，如图4-5所示。

图4-5 “货到人”智能拣选系统

“货到人”智能拣选系统根据存储和搬运设备形态，主要分为自动存取系统、箱式自动化立体仓库、多层穿梭车系统、密集存储系统、智能搬运机器人系统等，如表4-1所示。

表4-1 “货到人”智能拣选系统分类

类　型	特　点
自动存取系统（Automatic Storage and Retrieval System，AS/RS）	自动存取系统是最传统的“货到人”拣选方式，主要以托盘存储为主，搬运设备主要以堆垛重机为主，由于堆垛起重机的存取能力有限，该种拣选方式主要针对整件拣选，很少用于拆零拣选
箱式自动化立体仓库（Mini-load）	Mini-load 是在 AS/RS 的基础上发展而来的以料箱为存储单元的自动化立体仓库，是“货到人”拆零拣选的重要存取形式，主要以货叉和载货台车的形式出现
多层穿梭车系统	多层穿梭车系统是在 Mini-load 的基础上发展而来的，它将搬运设备从堆垛起重机转变为穿梭车，穿梭车具有体积小、速度快、精度高等优势，极大地提升了系统的空间利用率和运行效率
密集存储系统	密集存储系统是集 Mini-load、穿梭车、提升机等多种系统于一体的新型存储系统，可分为托盘和料箱两种方式
智能搬运机器人系统	料箱拣选智能搬运机器人系统是由亚马逊提出的一种新型“货到人”拣选方式，打破原有的货架固定位置模式，提出采用智能搬运机器人配合可搬运移动货架实现“货到人”拣选的动态拣选方式，该方式下的货物不受料箱尺寸限制，由于移动货架和智能搬运机器人具有通用性，因此拣选作业更为灵活可靠，是“货到人”拣选历史上的一大革新

3. 智能搬运系统

智能搬运系统是一种集成了自动化、机器人技术和人工智能的高效物流解决方案。这个系统的主要目标是实现货物在仓库、生产线或其他物流环境中快速、准确和安全地搬运。智能搬运系统通常包括以下几个关键组成部分。

（1）智能搬运设备（见图 4-6）。这些设备通常配备先进的导航系统和传感器，可以自主规划路径、避障并准确地将货物从一个位置搬运到另一个位置。它们可以在繁忙的生产线上或者仓库中全天候工作，大大提高了搬运效率。常见的智能搬运设备除了穿梭车、提升机、AGV 机器人、输送机等搬运设备之外，还包括带式输送机、搬运机械臂、巷道堆垛起重机等。

图 4-6　智能搬运设备

（2）自动化立体仓库或智能货架。智能搬运系统可以与自动化立体仓库和智能货架无缝对接，实现货物的快速存取和库存管理。这些货架通常配备有 RFID 或条形码识别技术，可以实时追踪货物的位置和状态。

（3）控制系统或调度中心。智能搬运系统的核心是一个先进的控制系统或调度中心，它可以实时监控和调度所有搬运机器人的工作，确保它们能够按照最优的路径和顺序完成任务。这个系统还可以与企业的其他信息化系统（如 ERP、WMS 等）进行集成，实现数据的共享和协同作业。

（4）传感器和视觉系统。智能搬运机器人通常配备多种传感器和视觉系统，用于精确识别货物的位置、形状和大小，以确保搬运过程中的准确性和安全性。

智能搬运系统的应用可以带来多种好处，如提高搬运效率、降低人力成本、减少错误率、提高库存周转率等。随着技术的不断发展和应用场景的不断扩展，智能搬运系统将在未来发挥更加重要的作用，成为现代仓储和物流领域的重要发展趋势之一。

4. 智能分拣系统

智能分拣系统是一种基于人工智能、机器学习、物联网等先进技术的自动化分拣设备，旨在提高分拣作业的效率、准确性和安全性。它通过识别货物上的信息（如条形码、二维码、RFID 标签等），自动将货物分拣到指定的位置或运输工具上，从而实现快速、准确地分拣。智能分拣系统一般由控制装置、分类装置、输送装置及分拣道口组成，如图 4-7 所示。

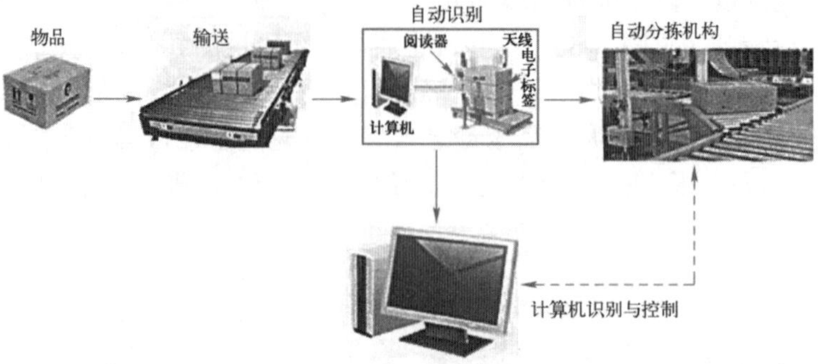

图 4-7　智能分拣系统的基本构成

（1）控制装置。控制装置的作用是识别、接收和处理分拣信号，根据分拣信号的要求指示分类装置，按照商品品种、送达地点或按货主的类别对商品进行自动分类。这些分拣需求可以通过如图 4-7 所示的不同方式输入分拣控制系统中，根据对这些分拣信号的判断来决定某一种商品该进入哪一个分拣道口。

（2）分类装置。分类装置的作用是根据控制装置发出的分拣指示，当具有相同分拣信号的商品经过该装置时，该装置动作，使商品改变在输送装置上的运行方向，进入其他输送机或分拣道口。分类装置的种类很多，一般有推出式、浮出式、倾斜式和分支式几种，不同的装置对分拣货物的包装材料、包装重量、包装物底面的平滑度等有不完全相同的要求。

（3）输送装置。输送装置的主要组成部分是传送带或输送机，其主要作用是使待分拣商品通过控制装置、分类装置，并且输送装置的两侧一般要连接若干分拣道口，使分好类的商品滑下主输送机，以便进行后续作业。

（4）分拣道口。分拣道口是已分拣商品脱离主输送机进入集货区域的通道，一般由钢带、传动带、滚筒等组成滑道，使商品从主输送装置滑向集货站台，在那里由工作人员将该道口的所有商品集中后或入库存储，或组配装车并进行配送作业。

4.3.3　典型案例

烟草物流配送中心智能仓储探索

在新形势下，我国通过“十三五”国家科技创新专项规划，以创新型国家建设引领和支撑升级发展，部署推进“互联网+物流”，要求提升仓储智能化水平，降低物流成本。烟草行业卷烟物流配送中心经过多年信息化建设，成效显著，作业模式已从人抬肩扛、账本统计过渡到依靠信息系统、机械设备进行卷烟仓储作业。但是，从智慧物流角度来看，诸多方面还有待提高。因此，落实新发展理念，完善内在短板，成为企业高质量发展的关键因素，智慧物流应运而生。接下来向大家介绍烟草智能仓储。

1. 库区高度自动化

（1）件烟卸货。卸货作为仓储的第一个环节，为提高效率，可将互联网+自动化技术引入件烟卸货中。具体来说：一是信息协同。在车辆到达物流中心前，营销中心采购数据同步到物流中心，建立卸货预约，决策系统根据已有库存和最短路径原则计算来烟储位信息，生成卸货站台信息，指导货车停靠在指定卸货站台。二是使用机器人和 AGV。当前烟草物流常用的卸货有两种方式：一种是通过人将件烟搬卸至伸缩链板机上运至库区；另一种是整托盘搬运，利用叉车进入车厢进行搬运。在智慧仓储中，这两种方式都可以采用自动化设备完成。第一种卸货方式，采用可伸缩式直角坐标机器人配合伸缩链板机完成；第二种卸货方式，采用 AGV 进入车厢自动卸车。

（2）组盘环节。组盘是将托盘与件烟进行关联，可利用图像识别技术、RFID 技术实现无人化。具体来说：当件烟进入库区时，通过图像识别（一维码、二维码、拍照对比）识别当前入库的件烟品牌，机器人对该品牌件烟自动码垛后，将件烟信息直接通过 RFID 读写器写入 RFID 芯片，完成组盘。

（3）存储环节。托盘的存储有多种方式，如三层货架、立库、密集库等。自动化的存储需要一些关键设备配合，三层货架采用高层自动导引叉车，自动规划路径、保证先进先出，从而避免人工存取的随意性及低效率；立库、密集库的关键设备有堆垛机、高速穿梭车等，通过仓储调度系统实现高效率自动化存取。

2. 数字化管理

以物联网技术为基础（射频、图像识别、红外通信、激光测距及导引等），采集设备数据。以自动化技术为依托，收集生产过程数据。海量数据是实现智慧物流的前提，它为决策系统提供了大量的模型训练数据。在智能仓储中，数字化管理的展现形式为看板管理和调度管理。看板管理关注的是仓库作业情况，如进度、品牌、库存、设备使用等，可展示当前或者历史情况；调度管理根据仓储作业情况，对人员、设备进行调度。其中人员调度包括人员出勤、作业时间、位置信息、运动轨迹等，以此作为人员考评依据；设备调度包括点检、巡检、故障应急处理等。

3. 智能决策

智能决策是智能仓储的终极目标，其基础在于大数据的收集、加工，辅之人工智能算法，深入挖掘数据价值，构建数据可视化平台，为决策系统提供模拟分析，结合历史值、环境因素等约束条件，为管理层提供决策辅助。在智能仓储中，智能决策的两个指向性目标分别是对外辅助营销采购决策和对内人员设备管理调度。

（资料来源：物流技术与应用公众号，作者根据物流技术与应用公众号相关资料整理。）

思考题： 1. 烟草物流配送中心智能仓储的设施设备有哪些？

2. 设施设备的改善可能带来什么影响？

4.4　智慧仓配货位规划

4.4.1　货位规划的概念与原则

1. 货位规划的概念

仓库货位是仓库内具体存放货物的位置。库场除了通道、机动作业场地，就剩下存货的货位。货位可大可小，有大至几千平方米的散货货位，有小至仅零点几平方米的橱架货位，根据所存货物的情况确定。货位分为场地货位、货架货位，有的相邻货位可以串通合并使用，有的预先已安装地坪，无须垫垛。

为了使仓库管理有序、操作规范，存货位置能准确表示，需要根据仓库的结构、功能、货位的性质等因素按照最近、最捷、最廉、最适的“四最”原则将仓库存货进行分块分位以形成货位，这就是通常所说的货位规划。

2. 货位规划的原则

选择确定货位须按照“四最”原则，结合货物的性质和储存现场的布局进行。“四最”原则的含义是：①最近：使搬运距离最短；②最捷：存取最快捷、最方便，没有无效过程；③最廉：确保最少的投入、最大的收获；④最适：最适合各种类别的货物“居住”。

在实际存储货物的选择中，要把上述“四最”原则拓展并具体化。一般的拓展包括以下内容。

（1）根据货物的尺寸、数量、特性、保管要求选择货位。货位的通风、光照、温度、排水等条件要满足货物保管的需要；货位尺寸与货物尺寸匹配，特别是大件、长件货物要能存入所选货位；货位的容量与数量接近；选择货位时要考虑相近货物的情况，防止与相近货物互相影响；需要经常检查的货物存放在方便检查的货位。

（2）保证先进先出。先进先出即指先入库的商品先安排出库，这一原则对于生命周期短的商品尤其重要，如食品、化学品等。在运用这一原则时，必须注意在产品形式变化少、产品生命周期长、质量稳定不易变质等情况下，要综合考虑先进先出引起的管理费用的增加。对于食品、化学品等易变质的商品，应考虑的原则是“先到期的先出货”。在货位安排时要避免后进货物围堵先进货物、存期长的货物围堵存期短的货物。

（3）出入库频率高、使用方便作业的货位。对于持续入库或者持续出库的货物，应安排在离出入口最近的货位，方便出入。流动性差的货物，可以离出入口较远。同样，存期短的货物安排在出入口附近。使用方便作业的货位主要注意以下几点。①小票集中、大不围小、重近轻远。多种小批量货物应合用一个货位或者集中在一个货位区，避免夹在大批量货物的货位中，以便查找。重货应离装卸作业区最近，以减少搬运作业量或者可以直接用装卸设备进行堆垛作业。使用货架时，重货放在货架下层，需要人力搬运的重货存放在腰部高度的货位。②方便操作。所安排的货位能保证搬运、堆垛、上架等作业方便，有足够的机动作业场地，能使用机械进行直达作业。③作业分布均匀。尽可能避免仓库内或者同条作业线路上多项作业同时进行，相互妨碍。

4.4.2 影响货位规划的关键因素

进行货位规划时，要考虑商品、设备、人工成本以及存储目标、存储策略等其他因素。限于篇幅，以下仅对商品及其存储策略予以说明。

1. 商品

在进行货位规划时应充分考虑商品的特性、轻重、形状及周转率等情况，根据一定的分配原则确定商品在仓库中具体存放的位置。

（1）根据商品周转率确定货位。计算商品的周转率，对库存商品周转率进行排序，然后将排序结果分段或分列。将周转率大、出入库频繁的商品存储在接近出入口或专用线的位置，以加快作业速度、缩短搬运距离。将周转率小的商品存放在远离出入口处，在同一段或同一列内的商品则可以按照定位或分类存储法存放。

（2）根据商品相关性确定货位。有些库存商品具有很强的相关性，相关性大的商品通常同时采购或同时出仓，对于这类商品应尽可能规划在同一储区或相近储区，以缩短搬运路径和拣货时间。

（3）根据商品特性确定货位。为了避免商品在存储过程中相互影响，性质相同或保管条件相近的商品应集中存放，并安排在条件适宜的库房或货场。即将同种货物存在同一保管位置，产品性能类似或互补的商品放在相邻位置；将相容性低，特别是互相影响质量的商品分开存放。这样既提高作业效率，又防止商品在保管期间受损。

有些特殊商品，在进行货位规划时还应特别注意：①易燃物品必须存放在具有高度防护的独立空间内，必须安装适当的防火设备；②易腐物品必须存储在冷冻、冷藏或其特殊的设备内；③易污损物品需与其他物品隔离；④易失窃物品必须隔离封闭管理。

（4）根据商品体积、重量特性确定货位。在仓库布局时，必须同时考虑商品体积、形状、重量的大小，以确定商品所需堆码的空间。通常，重量大的物品保管在地面上或货架的下层位置。为了适应货架的安全并方便人工搬运，人的腰部以下的高度通常储放重物或大型商品。

2. 存储策略

（1）定位存储。定位存储是指每项商品都有固定的货位，商品在存储时不可互相串位，采用这一存储方法时，要注意每项货物的货位容量必须大于其可能的最大在库量。定位存储通常适用于以下一些情况：不同物理、化学性质的货物需控制不同的保管存储条件，或防止不同性质的货物互相影响；重要物品需重点保管。

采用定位存储方式便于对在库商品的管理，提高作业效率，减少搬运次数，但需要较多的存储空间。

（2）随机存储。随机存储是根据库存货物及货位使用情况随机安排和使用货位，各种商品的货位是随机产生的。通过模拟实验，随机存储系统比定位存储节约 35%的移动库存时间，增加 30%的存储空间。随机存储适用于存储空间有限以及商品品种少而体积较大的情况。随机存储的优点是由于共同使用货位，可以提高储区空间的利用率。随机存储的缺点是增加货物出入库管理及盘点工作的难度；周转率高的货物可能被储放在离出口较远的位置，可能增加出入库搬运的工作量；产生物理、化学影响的货物有可能相邻存放，造成货物的损坏或发生危险。

（3）分类存储。分类存储是指所有商品按一定的特性加以分类，每类商品固定存储位置，同类商品不同品种按一定的法则来安排货位。通常按以下几个因素分类：商品体积、重量、特性（通常指商品的物理或化学、力学性能）、相关性大小（即商品的配套性或由同一顾客订购等）以及周转率高低。

分类存储主要适用于以下情况：商品相关性大，进出货比较集中；临时性商品周转率差别大；商品体积相差大。

分类存储的优点：一是便于按周转率高低来安排存取，具有定位存储的各项优点；二是分类后各存储区域再根据货物的特性选择存储方式，有助于货物的存储管理。

分类存储的缺点：货位必须按各类货物的最大在库量设计，因此储区空间的平均使用率低于随机存储。

（4）分类随机存储。分类随机存储是指每类商品有固定的储区，但各储区内，每个货位的指定是随机的。它具有分类存储的部分优点，又可节省货位数量，提高储区利用率。缺点是货物出入库管理、盘点工作较困难。

（5）共同存储。共同存储是指在确定各货物进出仓库时间的前提下，不同货物共用相同的货位。这种存储方式在管理上较复杂，但可节省存储空间及搬运时间。

4.4.3 货位规划程序

1. 收集所需的基础信息

仓库内货物的规格、存储位置、包装定额等信息一般可从企业资源规划（Enterprise Source Planning，ERP）系统的仓储模块获得，货物的流动性也可以从 ERP 系统中间接获得，通过统计货物每月的销售量或出库量来计算货物每季度或每年度的流动频率。

2. 确定货位使用方式

（1）固定货物的货位。固定货物是指货位只用于存放确定的货物，使用时要严格区分，不能混用、串用。长期货源的计划库存、配送中心等大多采用固定方式。固定货位便于拣选、查找货物，但是仓容利用率较低。由于货物固定，所以可以对货位进行有针对性的装备，有利于提高货物保管质量。

（2）不固定货物的货位。不固定货物是指货物任意存放在有空的货位，不加分类。不固定货物货位有利于提高仓容利用率，但是仓库内显得混乱，不便于查找和管理。周转极快的专业流通仓库，货物保管时间极短，大多采用不固定方式。在计算机配合管理下，不固定货位能实现充分利用仓容、方便查找目标。采用不固定货位的方式，要遵循仓储的分类安全原则。

（3）分类固定货物的货位。对货位进行分区、分片，同一区内只存放一类货物，但同一区内的货位采用不固定使用的方式。这种方式有利于货物保管，也方便查找货物，仓容利用率可以提高。大多数仓库都是采用这种方式。

3. 确定货位规划目标和约束

货位规划的目标不是单一的，可以是最大化仓储空间，也可以是降低仓储运作成本，还可以是提高仓储作业效率，等等。因此，企业需根据自身的实际情况，分析当前仓库存在的最紧要问题，选择合适的优化目标，可以是单目标或多目标。同时，还需分析仓库当前的客观条件对优化目标的约束，如仓储区域的最大容量、货架可以容纳货物体积的大小、货架的最大承重量，等等。确定优化的目标以及存在的约束，是实施货位规划的前提条件。

4. 构建货位规划模型并求解

配送中心仓储区货位规划主要目标有两个：一是在指定时间内出入库作业总时间最短；二是货架重心最低。

可以通过将周转率高的货物放在离出入口近的位置和将重货放在低层来实现这两个目标。现在根据货位规划的两个主要目标建立货位规划模型。

设配送中心仓储区采用高货架储存货物，出入库作业在同侧。共有货架 n 排，每排货架有货位 p 列 q 层。每个货位的长和高分别为 a、b。靠近出入口的列为第 1 列，最下面的一层为第 1 层。采用叉车作业。

（1）以搬运时间最短为目标函数 F_1。为了缩短出入库搬运时间，提高作业效率，可以将周转率高的货物放在离出入口近的货位上，使得

$$F_1=\min\sum_{x=1}^{p}\sum_{s=1}^{q}(f_{xs}t_{xs})$$

式中：f_{xs}——第 x 列、s 层上的货物的周转率（单元/月）；

t_{xs}——第 x 列、s 层上的货物运到出入口所用的时间（秒）；

p——每排货架的货位列数；

q——每排货架的货位层数。

上述公式表达的是在指定时间（月）内出入库作业总时间的最小值，主要取决于货物的货位安排。货物周转率可根据配送中心历史数据统计得出。对于新建的配送中心，可以参考同类企业或根据业务预测数据确定。货物搬运时间取决于仓储区出入口位置、设备性能和操作人员技术水平。

（2）以货架重心最低为目标函数 F_2。为了使货架受力均匀，保证货架整体结构的稳定性，应该遵循下重上轻的原则，使货架的整体重心最低。货架重心最低的目标函数为：

$$F_2=\min\left[\sum_{x=1}^{p}\frac{\sum_{s=1}^{q}M_{xs}\times s}{\sum_{s=1}^{q}M_{xs}}\right.$$

式中：M_{xs}——存储于第 x 列、s 层货位上货物的重量。其他字母同上式中的意义。

对于货位规划数学模型求解问题，目前常用的方法有 LINGO 工具求解、遗传算法求解、贪婪算法求解等。至于选择哪种算法，应考虑该数学模型是单目标的还是多目标的，以及企业现有的人力、财力条件。

5. 确定货位规划方案

通过上述步骤计算出货位规划的理论值后，应综合考虑仓库的实际情况，判定是否实施以及实施的时间，对仓储区域内的货位进行实际的调整。

6. 货位编号

在根据一定的规则完成货位规划之后，接下来的任务就是对货位进行编号。货位编号就是将商品存放场所按照位置的排列编上顺序号码，并做出统一的明显标记。货位编号在保管的过程中有重要作用。在商品收发作业过程中，按照货位编号可以迅速、方便地查找，提高作业效率，减少差错。

货位编号应按一定的规则和方法进行。首先，确定编号的先后顺序规则，规定好库区、编排方向及排列顺序。其次，采用统一的方法进行编排，编排过程中所用的代号、连接符号必须一致，每种代号的先后顺序必须固定，每个代号必须代表特定的位置。

常见的编号方法包括以下几种。

（1）区段式编号。把存储区分成几个区段，再对每个区段编号。这种方式是以区段为单位，每个号码代表的储区较大。区段式编号适用于单位化且保管期短的商品。区域大小根据

物流大小而定。

（2）品项群式编号。把一些相关性强的商品集合后分成几个品项群进行编号。这种方式适用于容易按商品群保管和品牌差异大的商品，如服饰群、五金群。

（3）地址式编号。利用保管区仓库、区段、排行、层、格等进行编码。

在商业仓库中，一种既简单又实用的储位编号方法是采取四组数字来表示商品存放位置。通常，在采用货架存放商品的仓库里，四组数字依次代表库房的编号、货架的编号、货架层数的编号和每层中各格的编号。例如，四组数字 2-11-3-5 表示第 2 号库第 11 个货架第 3 层中的第 5 格。根据货位编号就可以迅速地确定某种商品的具体存放位置。此外，为了方便管理，货位编号和货位规划可以绘制成平面布置图，可以全面反映库房和货场的商品存储分布情况，可以及时掌握商品存储动态，便于仓库结合实际情况安排。

4.4.4 典型案例

广州医药智慧物流中心规划

广州医药作为全国医药龙头企业，以高质量物流发展为理念，建设了目前国内规模最大、自动化最高、数字化建设最领先、新技术应用最多的现代医药物流分拨枢纽——广州医药智慧物流中心。

1. 主要布局

该项目占地面积 4.57 万平方米，建筑面积 5.75 万平方米，投资规模达 5.27 亿元，分别由立体仓库和多层仓库两座主体建筑组成，主要布局及设备技术应用如下介绍。

（1）立体仓库由单层立体高架库（建筑面积约 7000 平方米）及其前端五层楼库（面积：1937 平方米/层）组成，主要配备了多种形式的 AS/RS 自动存取设备系统，用于原件商品存储与分拣处理。

（2）多层仓库为五层楼库（建筑面积约 7782 平方米/层），主要配备了 AGV 系统、电子标签拣选系统、多层穿梭车系统用于拆零散件拣选、出库包装和备发货，以及配备 AS/RS 自动存取系统和箱式立体库等设备，用于冷链商品订单的处理。

（3）立体仓库和多层仓库之间搭建设备连廊，通过多条输送线实现两栋建筑之间货物的联通和分流。

2. 设备规划

项目总共包含 22 套堆垛机，是国内医药物流中心屈指可数的大规模应用。其中：高架库托盘堆垛机 8 套，侧面拣选区托盘堆垛机 3 套，在线拣选区托盘堆垛机 5 套，冷链托盘库堆垛机 5 套，冷链库箱式堆垛机 1 套。大量堆垛机的使用，提高了立体库面积和空间利用率，以及仓储系统作业效率；自动化程度高，稳定性好，减少了人工干预。

考虑该物流中心支撑的业务规模大，并且药品品规庞大、批次多、日吞吐作业量大、药品出入库作业环节较多等因素，项目规划了总长度达 10 公里的输送线，为各环节预留足够的缓冲时间和区域；并且该项目创新性地集成了两套输送线体系，较好满足了客户高标准和低成本的双重需求。

3. 智能软件系统

该项目核心软件系统主要包括 iWCS 智能仓储控制系统、DPS 智能拣选系统、WCS 仓储控制系统。

（1）iWCS 智能仓储控制系统：该系统分别与 WMS 系统、WCS 系统、多穿系统、DPS 系统等集成，使得客户可以在一个系统中进行任务和设备监控，大幅提高了工作效率。

（2）DPS 智能拣选系统：DPS 拣选系统建立了链表式调度，支持无限扩展缓存区，6 种拣选模式，且缓存容量和拣选模式可配置，在该项目中支持 10000 多个电子标签的拣选，处于业内领先水平。

（3）WCS 仓储控制系统：系统支持通信协议可配置、业务条件可配置，支持跨平台部署，标准化模块化的优势使得该系统可以快速匹配客户需求，且达到稳定运行。

（资料来源：搜狐网，作者根据搜狐网相关资料整理。）

思考题：1. 该物流中心规划的依据是什么？

本章小结

智慧仓配规划与管理在智慧物流中起到关键性的作用，是企业为了充分利用所具有的仓储资源提供高效的仓储服务所进行的计划、组织、控制和协调过程。它作为连接生产者和消费者的纽带，在整个物流和经济活动中起着至关重要的作用。

本章从智慧仓配的基本概念、网络规划、设施设备、货位规划等方面详细地介绍了什么是智能仓配，体现了合理配置仓库资源、优化仓库布局、提高仓库作业水平、提高仓储服务质量的重要性。

复习思考题

1. 智慧仓配规划程序是什么？
2. 影响配送网络结构的因素有哪些？
3. 智慧仓库有哪些功能？
4. 简述智慧仓配常用的设备设施。
5. 货位规划的原则有哪些？

实训项目

1. 课内实训

介绍多种物流企业，分析其仓储规划内容及流程特点，并进行对照，让学生体会到智慧仓配的具体流程，并指出企业仓配流程所存在的问题。

2. 课外实训

带领学生参观企业仓储配送的设施设备，根据实物体会其设施设备的作用，深入体会课本知识。

第 5 章　智慧仓配模式与管理

学习目标

知识目标：

1. 熟悉智慧仓配模式选择依据，了解自营型与外包型智慧仓配的优劣势；
2. 掌握智慧仓配服务商选择流程和注意点；
3. 掌握智慧仓配库存管理的概念及库存控制方法。

能力目标：

1. 熟悉智慧仓配计划制订流程，具备管理意识、全局意识，合理规划；
2. 了解智慧仓配库存控制与安全管理，具备减少企业成本、提高效益的能力。

思政目标：

1. 合理计划与库存管理，减少成本，合理节约资源，促进绿色发展；
2. 掌握智慧仓配绩效评价的方法，公平公正，具有诚信守法的品质。

导引案例

德马泰克构建中东智慧仓储配送新标杆

作为中东和印度最大的零售集团之一的蓝马特集团（Landmark），在全球拥有超过 2200 家门店。不仅如此，在数字经济和实体经济相互融合的新格局下，蓝马特集团总能稳抓流量密钥，在潮流与时尚、传统与现代交汇间，为每位客户的生活创造更多非凡价值。

为保持集团的行业引领地位，蓝马特集团决定对现有的物流运营模式进行优化整合：在总部迪拜建造一座占地 26.5 万平方米，可处理 220 万个纸箱以及 200 万挂装纺织品的标志性新智慧配送中心。

德马泰克依托 200 余年完整的智慧物流集成系统积累和全球丰富的智慧物流集成经验，成为蓝马特集团首选合作伙伴，并以 43 米超高智能立体库、15000 件/小时超高拣选率、400 万存储容量等斐然成绩，将蓝马特智慧物流配送中心打造为中东地区标杆性项目。

新配送中心位于世界最大集装箱港口之一的迪拜杰贝阿里自由贸易区，为商店和终端客户提供海量服装、家具、玩具和小型商品，因此蓝马特集团高度重视存储类多、存储量巨大的智慧物流体系建设。

货品从集装箱拆卸后，由输送系统自动识别输送至不同的仓库：急需周转的货品输送至 35 层高、拥有 726 台德马泰克多层穿梭车的缓存系统；近期无须周转的货品自动分拨至智能托盘立体库。

值得一提的是，拥有 IAT 跨巷道专利技术的德马泰克多层穿梭车系统可实现跨巷道高效存储，充分满足客户在订单高峰期的海量配送需求。穿梭车可处理 37 万件货品/天，并以 1.5 万个包裹/小时的拣选效率 7×24 小时持续稳定地将货品传送至货到人拣选站，这套多层穿梭车系统是德马泰克迄今为止规模最大、周转率最高的智能存储系统。

针对需要悬挂的纺织类衣物，德马泰克匠心设计适用于服装行业的挂装存储及拣选系统。德马泰克挂装存储及拣选系统不仅能够有效存储各类成人、婴幼儿等共 200 万件衣物，还能与挂烫蒸汽机无缝连接，确保衣物出入库平整无褶皱。在德马泰克智能 IQ 软件控制系统的全程监控和管理下，系统 24 小时智能运行，每天可将 25 万件衣物根据订单需求自动归类，并准确送达目标出口。

对于配送中心近期不需要周转的箱装货品，德马泰克充分释放智慧物流系统省空间、高智能的优势，成功创建 3.6 万个存储货位、43 米高的智能托盘立体库，从根本上解决蓝马特集团存储品类多、数量大的仓储需求。引人注目的是，配送中心库架一体的结构设计，为蓝马特集团节省大量仓库空间与运营成本。

蔚为壮观的新配送中心，俨然成为蓝马特集团夯实行业地位的中坚力量。在未来，德马泰克新配送中心将与蓝马特集团共同前行，坚持以诚信为行事准则，用智慧的方式继续做正确的事情，为更多客户创造非凡价值。

（资料来源：物流技术与应用公众号，作者根据物流技术与应用公众号相关资料整理。）

思考题：1. 德马泰克中东智能仓储配送涉及哪些方面？

2. 德马泰克多层穿梭车系统对企业有什么影响？

5.1　智慧仓配运作模式选择

5.1.1　智慧仓配模式分析

1. 自营型智慧仓配的利弊

（1）优势。①高度集成和协同。自营型智慧仓配能够实现仓库、配送、信息系统等各个环节的高度集成和协同，确保物流运作的高效性和准确性。②控制权。自营型模式使得企业对物流运作拥有更高的控制权，可以更好地根据自身业务需求进行优化和调整。③数据掌控。自营型智慧仓配能够实时收集和分析物流数据，为企业决策提供有力支持，同时也有助于提升客户体验和个性化服务。④品牌塑造：通过自营型智慧仓配，企业可以展示其先进的物流能力和服务水平，从而提升品牌形象和竞争力。

（2）劣势。①投资成本。自营型智慧仓配需要企业投入大量资金用于建设仓库、购置设备、开发信息系统等，这对于一些规模较小或资金紧张的企业来说可能构成较大压力。②管理难度。自营型模式需要企业自行负责物流运作的各个环节，包括人员招聘、培训、管理等，这对于企业的管理能力提出了更高的要求。③灵活性。自营型智慧仓配可能限制企业在物流方面的灵活性，例如当市场需求发生变化时，企业可能需要投入更多资源进行仓库扩建或设备升级等。④技术依赖。智慧仓配依赖于先进的信息技术和设备，如果企业无法保持技术的更新和维护，可能会导致物流运作受阻。

综上所述，自营型智慧仓配模式具有高度的集成性、协同性和控制权等优势，但同时也面临投资成本、管理难度、灵活性和技术依赖等挑战。企业在选择是否采用自营型智慧仓配模式时，需要综合考虑自身业务需求、资金实力和管理能力等因素。

2. 外包型智慧仓配的利弊

（1）优势。①降低成本。企业通过将仓储和配送业务外包给专业的第三方服务提供商，可以降低自建仓库和配备相关设备的成本，以及减少在人员招聘、培训和管理上的开销。②专业化和效率。第三方服务提供商通常具备丰富的物流管理经验和专业的仓储与配送设施，能够提供高效、精确的服务，增强物流操作的专业性，同时提高整体运作效率。③灵活性。外包型智慧仓配可以根据企业的需求和市场变化进行灵活调整，快速适应各种情况，降低运营风险。④资源集中。通过外包，企业可以将更多精力集中在核心业务上，无须分散精力于仓储和配送的日常管理。

（2）劣势。①安全性与风险管理。将仓配业务外包给第三方可能引入安全风险，如数据泄露、货物损坏或丢失等。企业需要对第三方的物流能力、信誉和风险管理能力进行评估和监控。②控制力减弱。外包意味着企业对物流环节的控制权降低，需要与第三方建立良好的沟通和合作关系，保持信息和流程的透明性。③信息共享与数据安全。外包可能涉及与第三方共享敏感信息和数据，企业需要建立合适的信息安全措施和机制，以确保数据安全和保护。④依赖性问题。外包型智慧仓配依赖于第三方服务提供商的资源和能力，对合作关系的稳定性和信任度有一定的要求。

综上所述，外包型智慧仓配在降低成本、提高专业化和效率方面具有优势，但同时也面临安全性、控制力、数据安全和依赖性等方面的挑战。企业在选择外包型智慧仓配时，需要谨慎评估第三方的能力和信誉，并建立有效的合作机制，以确保物流运作的稳定性和安全性。

5.1.2 智慧仓配模式选择的决策过程

1. 需求分析与市场研究

首先，企业需要对自身的仓储和配送需求进行深入分析，包括货物类型、数量、存储周期、配送范围、时效要求等。同时，要对市场环境进行研究，了解行业趋势、竞争对手情况以及客户需求变化等。

2. 技术评估与创新驱动

评估企业现有的技术能力和创新潜力，考虑如何将这些技术应用于仓储和配送过程中。例如，物联网、大数据、云计算等技术在仓储管理、货物追踪、路径规划等方面的应用，可以提高效率和准确性。

3. 成本效益与资源优化

分析不同智慧仓配模式的成本效益，包括初期投资、运营成本、维护费用等。同时，考虑如何优化资源配置，实现仓储和配送的协同和高效运作。

4. 风险评估与安全管理

评估不同模式下可能面临的风险，如数据安全、货物损失、配送延误等，并制定相应的风险管理措施。同时，加强安全管理，确保仓储和配送过程中的货物安全和隐私保护。

5. 合作伙伴与供应链协同

考虑与供应商、第三方服务提供商等合作伙伴的协同和整合，实现供应链的透明化和高效运作。选择合适的合作伙伴，建立长期稳定的合作关系，共同推动智慧仓配的发展。

6. 实施计划与持续改进

制订详细的实施计划，包括技术选型、人员培训、流程优化等。在实施过程中，持续监控和评估运营效果，及时发现问题并进行改进，确保智慧仓配模式的顺利运行和持续优化。

5.1.3 智慧仓配服务商的选择

1. 明确需求

明确企业的智慧仓配需求，包括仓储管理、配送服务、技术支持等方面的具体要求。这将有助于企业在后续选择过程中更加准确地评估服务商的能力和适应性。

2. 市场调研

进行市场调研，了解当前智慧仓配市场的竞争格局、服务商类型和服务水平。收集相关信息，包括服务商的规模、技术实力、服务案例等，以便进行后续的对比分析。

3. 初步筛选

根据企业的需求和市场调研结果，初步筛选出符合要求的智慧仓配服务商。筛选过程中可以考虑服务商的行业经验、客户评价、服务质量等因素。

4. 深入评估

对初步筛选出的服务商进行深入评估。可以通过邀请服务商提供定制化的解决方案、参观服务商的仓库和设施、与服务商的技术和服务团队进行交流等方式，全面了解服务商的能力和服务水平。

5. 商务谈判

在深入评估的基础上，与潜在的服务商进行商务谈判。讨论服务范围、价格、合作期限等具体细节，并确保双方的合作意愿和期望达成一致。

6. 签订合同

商务谈判成功后，与选定的智慧仓配服务商签订正式的服务合同。合同中应明确双方的权利和义务、服务标准、价格等关键条款。

7. 持续监控与评估

在服务合作过程中，持续监控和评估服务商的表现。建立有效的沟通机制，及时解决合作中出现的问题，并根据实际情况调整合作策略。

5.1.4 典型案例

构建仓配一体智慧运营新模式

2022 年 8 月 5 日上午，来自政府、商家客户、快递公司及合作伙伴方代表与湖北普罗格科技股份有限公司（以下简称“普罗格”）相关负责人相聚一堂，共同见证了普罗格数智集包共享中心开业庆典的圆满举行。

普罗格数智集包共享中心位于湖北省孝感市孝南区东山头工业园内，区位优势显著。普罗格数智集包共享中心物流产业园拥有 4 个独立标准仓库，其中物流中心仓库每日可生产二十万级以上订单包裹，集包工厂集包量达40万以上。

区别于其他快递转运中心，普罗格数智集包共享中心打造的是一个依托供应链科技的仓配一体化智能运营节点物流服务基地，可同时满足商家代运营和配送端的集包需求。因此，普罗格数智集包共享中心将为商家提供高效、高质的仓配一体化解决方案，同时也将为快递网点、快递转运中心实现集包产量赋能，提高市场占有率。

普罗格一直致力于用物流科技打造科技物流，旨在通过技术方式来解决集包中心的产能、效率、重量差异等问题，采用了单层交叉带分拣线四个供包分区的方式来解决交叉带分拣机产能问题；用一分四的设备解决临时工作业效率低的问题；通过四段供包线解决了重量差异的问题，并基于物流运营大数据与普罗格的 UPSeek 的技术方案，为集包中心实现了全流程数字化管理，提升了集包中心的智能运营成熟度。

未来，普罗格数智集包共享中心将成为快递公司的产能互备中心，帮助更多入驻商家在供应链仓配端实现更低成本投入，通过缩短配送周期，提升发货效率及准确率，减少包裹周转，降低包裹破损率，提升终端客户体验，构建智慧物流运营新格局。

（资料来源：普罗格公众号，作者根据普罗格公众号相关资料整理。）

思考题：1. 普罗格如何提高其配送效率？

2. 建立数智集包共享中心的优势是什么？

5.2 智慧仓配计划与执行

5.2.1 智慧仓配计划概述

1. 智慧仓配计划的概念

智慧仓配计划指的是通过应用先进的物联网技术、数据分析及自动化设备等手段，对仓库和配送环节进行智能化管理，实现货物的高效存储、精准配送以及供应链的优化。这种模式不仅提高了仓储和配送的效率，降低了运营成本，还有助于提升服务质量，推动传统物流业的转型升级。

2. 智慧仓配计划的类型

智慧仓配计划可以根据不同的标准进行划分。例如，根据应用范围，可以分为智慧仓储计划和智慧配送计划。智慧仓储计划主要关注仓库内部的货物管理，包括入库、存储、出库等环节；而智慧配送计划则更侧重于货物的运输和配送过程，包括路径规划、配送时间优化等。此外，根据技术实现方式，智慧仓配计划还可以分为基于物联网技术的智慧仓配计划和基于大数据技术的智慧仓配计划。前者主要利用物联网设备对货物进行实时追踪和监控，提高仓储和配送的透明度；后者则通过收集和分析大量的数据，预测货物需求和配送趋势，为决策提供支持。

5.2.2 制订智慧仓配计划的步骤

1. 需求分析

详细分析企业的仓储和配送需求，包括货物类型、数量、存储周期、配送范围、时效要求等。识别现有仓储和配送体系中的问题和挑战，明确改进方向。收集客户反馈，了解他们对仓储和配送服务的期望和需求。

2. 目标设定

根据需求分析结果，设定明确的智慧仓配计划目标，如提高仓储效率、缩短配送时间、降低物流成本等。确保目标具有可衡量性，以便后续对实施效果进行评估。

3. 技术选型与评估

研究并评估各种智能仓储和配送技术，如物联网设备、大数据分析平台、自动化设备等。根据企业实际需求和未来发展方向，选择最适合的技术解决方案，考虑技术的可行性、成本效益以及长期影响。

4. 流程设计与优化

设计或优化仓储和配送流程，确保流程高效、简洁且易于执行。利用选定的智能技术来改进流程，如通过大数据分析优化库存管理和配送路线；考虑引入自动化设备来辅助人工操作，提高作业效率。

5. 资源配置与预算

根据智慧仓配计划的需求，评估并配置必要的资源，如仓库设施、配送车辆、人员等。制订详细的预算计划，包括技术投资、运营成本、人力资源等。

6. 实施方案制定

制定详细的智慧仓配计划实施方案，包括时间表、责任分配、关键里程碑等。确保实施方案具有可操作性和灵活性，能够适应变化的需求和情况。

7. 风险评估与应对

分析智慧仓配计划实施过程中可能面临的风险和挑战。制定相应的风险管理措施和应急预案，确保计划的顺利推进。

8. 监控与评估机制建立

建立有效的监控机制，对智慧仓配计划的实施过程进行持续跟踪和评估。设定关键绩效指标（KPI），定期评估计划的实施效果，以便及时调整和优化。

9. 持续改进与优化

在智慧仓配计划实施过程中，不断收集反馈和数据，进行持续改进。鼓励创新和持续改进的文化氛围，以适应不断变化的市场需求和技术进步。

5.2.3　智慧仓配计划的调整

1. 智慧仓配计划调整的含义与种类

智慧仓配计划调整是指在智慧仓配计划实施过程中，由于各种原因导致原计划无法按预期进行，需要对计划进行相应的修改和优化，以确保计划的顺利推进和目标的实现。调整的含义可能涉及对原计划中的某些环节进行修改、优化或重新安排，以适应变化的需求、资源状况或市场环境。根据智慧仓配计划调整的性质不同，可分为预防性调整和应变性调整。预防性调整是指尚未脱离作业计划，但已经预见到计划将遭到破坏而预先主动进行调整。这种调整的目的是避免计划遭到破坏或尽可能降低计划破坏的影响程度。应变性调整是指作业计划已经遭到破坏，采取积极有效的措施使之恢复，并尽可能减少损失和消除计划破坏带来的不良影响。

2. 智慧仓配计划调整的原因

影响智慧仓配计划执行的因素很多，归纳起来主要包括以下几个方面。

（1）需求变化。由于市场需求的变化，如货物类型的调整、数量的增减、配送范围的变化等，需要对智慧仓配计划进行调整，以满足新的市场需求。

（2）资源状况。在实施过程中，由于资源状况的变化，如仓库设施的故障、配送车辆的损坏、人力资源的变动等，可能导致原计划无法按预期执行。此时需要对计划进行调整，以适应新的资源状况。

（3）技术实施。在智慧仓配计划实施过程中，由于技术的实施难度、成本效益或其他技术因素的变化，可能需要对原计划中的技术方案进行调整或优化。

（4）风险应对。在实施过程中，可能会遇到一些未预见的风险或挑战，如供应链中断、自然灾害等。为了应对这些风险，需要对智慧仓配计划进行调整，以确保计划的顺利实施和目标的实现。

（5）政策与法规。国家和地方政府关于仓储和配送的政策和法规可能会发生变化，导致原计划无法合规执行。此时需要对智慧仓配计划进行调整，以符合新的政策和法规要求。

3. 智慧仓配计划调整的原则

智慧仓配计划调整的原则是指在调整过程中应遵循的基本准则和指导思想。以下是智慧仓配计划调整的一些原则：

（1）目标导向原则。调整计划时应始终以实现整体目标为导向，确保调整后的计划仍符合企业的战略目标和业务发展需求。

（2）灵活性原则。面对不可预见的变化，智慧仓配计划应具备足够的灵活性，以便及时进行调整和优化。灵活性原则要求企业能够迅速响应市场变化，适应新的需求和条件。

（3）成本效益原则。在调整智慧仓配计划时，应考虑成本效益，避免过度投入或资源浪费。企业应评估不同调整方案的成本和效益，选择最经济合理的方案。

（4）风险可控原则。调整计划时应充分考虑风险因素，确保调整后的计划能够降低或规避潜在风险。同时，应建立相应的风险管理机制，对调整后的计划进行持续监控和评估。

（5）客户满意原则。智慧仓配计划的调整应以满足客户需求为核心，确保调整后的计划能够提供更高质量、更高效的仓储和配送服务，提升客户满意度。

（6）协同合作原则。智慧仓配计划的调整涉及多个部门和团队，需要各部门之间的协同合作。企业应建立有效的沟通机制，确保各部门之间的信息共享和协作，共同推动计划的顺利实施。

（7）持续改进原则。智慧仓配计划的调整是一个持续改进的过程。企业应根据调整后的计划实施情况，不断收集反馈和数据，对计划进行持续优化和改进，以适应市场的不断变化和企业的持续发展需求。

5.2.4 典型案例

东航物流引入无人仓配技术

东航物流货运站的危险品仓库一直采用按品类分区平铺的方式存放货物。但这一方式受限于仓储空间，特别是对高度的利用，且人工入库、人工叉车搬运的操作过程相对烦琐。为解决上述问题，东航物流在仓储面积不变的情况下，创新引入智慧化无人仓配技术，将仓储的使用空间增至原来的 2.5 倍，仓库运行的安全与效率得以显著提升。

有了探索方向后，东航物流无人仓配系统项目团队选定了技术路径：使用动力更强的举升堆垛式 AGV 自动叉车机器人进行搬运，利用 SLAM（同步定位与建图）激光导航系统，对物流仓库进行自动路径规划，实现智慧仓储的全程无人化操作。而与精准的激光导航定位、高效的 AGV 自动叉车相呼应的危险品仓储空间布局，也不再为了减少翻找而局限于地面，而是可以依靠货架向上要空间。东航物流这一项目的仓库布局由此确定为包括 3 台 AGV 自动叉车机器人、24 排货架、600 个库位的仓库设计方案。

在软件层面，东航物流研发团队完成了无人仓储与东航物流所属货站上位系统的数据对接，实现了危险品出入库信息交互，并利用光电感应技术感应货物实际是否入库；而路线规划算法软件和智能避障算法软件则能与 SLAM 导航设备相结合，为 AGV 自动叉车设计和确定仓库里的最优运行路线与摆放危险品的最优库位。

值得一提的是，围绕民航对安全的特殊要求，东航物流还对 AGV 自动叉车的供电方案有针对性地做了调整，由铅酸蓄电池改为安全裕度更高的磷酸锂电池；充电模式也从低电量时自动充电改为电量低于一定阈值后系统自动通知 AGV 自动叉车驶出库房到达指定位置，并安排工作人员更换电池，以达到航空物流库房高安全标准，同时避免了电池充电起火情况的发生。

随着无人仓配系统在东航物流浦东机场西货运区危险品仓库的建成启用，依托货架存储，将仓储空间增至原来的 2.5 倍。原本需要 10 多名叉车司机、工作人员的操作流程变为智慧化无人运行，避免了个人疲劳、疏忽可能导致的安全风险，同时使入库、出库模式发生了根本性变化，仓库运行安全与效率得到显著提升。

在入库环节，到港货物完成通关、驳运到待入库区域，操作人员扫码并确认货物信息后，无须呼叫叉车司机，而是通过操作系统向 AGV 自动叉车发布指令。通过数据接口读取货物信息后，系统会自动分析出该货物最适合放置的库位，AGV 自动叉车会前来自动叉取货物，按照系统设计的路线运输、摆放，完成入库作业。

在出库环节，代理人前往仓库现场或者通过移动端小程序提交提货申请后，无人仓配系统按照收到的运单号，根据入库时系统自动登记的信息，找到所要提取货物的库位，调度 AGV 自动叉车前去取货，完成出库作业。

（资料来源：中国民航报，作者根据中国民航报相关资料整理。）

思考题： 1. 简述东航物流无人仓配路径。

2. 危险品仓储配送的特殊要求有哪些？

5.3 智慧仓配库存控制与安全管理

5.3.1 智慧库存管理概述

1. 智慧库存管理的概念

智慧库存管理是一种利用先进的信息技术和智能化设备，对库存的货物、设备、人员等要素进行全面、实时、智能化的管理方法和过程。它通过物联网、大数据、人工智能等技术手段，实现库存信息的实时采集、传输和处理，提高库存管理的效率和精度，降低仓储成本，提升企业竞争力。

2. 智慧库存管理的特点

（1）实时性。智慧库存管理能够实时采集、传输和处理库存信息，确保企业及时准确地掌握库存情况，为企业的决策提供支持。

（2）智能化。智慧库存管理通过应用人工智能、机器学习等技术，实现库存的智能化预测、决策和优化，提高库存管理的自动化水平。

（3）全面性。智慧库存管理涵盖库存的各个方面，包括货物的入库、存储、出库等环节，以及设备、人员的管理，确保库存管理的全面性和系统性。

（4）可视化。智慧库存管理通过可视化技术，将库存信息以图表、报表等形式展示给企业管理者，帮助他们直观地了解库存情况，提高决策效率。

（5）网络化。智慧库存管理利用互联网技术，实现库存信息的远程监控和管理，方便企业随时随地对库存进行查看和管理。

3. 智慧库存管理的功能

（1）实时库存监控。通过物联网技术，智慧库存管理系统可以实时监控库存状态，包括货物数量、位置、状态等信息，确保库存数据的准确性和实时性。

（2）自动化数据采集。利用 RFID（无线射频识别）、条形码、二维码等技术，实现库存数据的自动采集和录入，减少人工操作，提高数据采集的效率和准确性。

（3）智能库存预警。系统可以根据设定的库存阈值，自动进行库存预警，及时提醒企业进行库存补充或调整，避免库存积压或缺货现象的发生。

（4）库存优化建议。通过大数据分析，系统可以根据历史销售数据、市场需求等信息，为企业提供库存优化建议，如调整库存结构、优化库存周转等，帮助企业实现库存的最优化管理。

（5）库存追溯与查询。智慧库存管理系统可以记录货物的入库、出库、移库等操作历史，实现库存的全程追溯和查询，确保库存管理的透明度和可追溯性。

（6）库存分析与报告。系统可以通过数据分析工具，对库存数据进行深入挖掘和分析，生成各种库存分析报告，帮助企业了解库存状况，制定更为合理的库存管理策略。

（7）集成与协同。智慧库存管理系统可以与其他企业信息系统（如 ERP、SCM 等）进行集成和协同，实现库存数据的共享和交换，提高企业整体的信息化水平。

5.3.2 智慧仓配库存控制方法

1. 利用RFID技术进行库存管理

RFID 技术通过无线射频识别标签和读写器，实现库存货物的自动识别和跟踪。RFID（无线射频识别）标签被附着在每个货物或托盘上，包含唯一标识符和货物信息。在仓库的出入口和货架上安装 RFID 读写器，当带有 RFID 标签的货物经过时，读写器会自动读取标签信息，并将数据传输到仓库管理系统中。系统实时更新货物位置和库存信息，管理人员可以通过系统随时查询货物的库存状态、位置及移动轨迹。例如，在服装鞋帽行业，秦丝进销存软件利用 RFID 技术，帮助商家实时同步数据，实现多个员工、多个门店同时操作，简化采购管理、销售管理、库存管理等流程。这样，商家可以便捷地了解库存情况，减少库存积压，提高库存周转率。

2. 应用智慧仓储系统

利用自动化仓库管理系统（WMS）对整个仓库进行智能管理。系统可以自动分配货物的存储位置，优化仓库空间利用。通过使用自动化搬运设备，如自动化叉车、堆垛机等，实现货物的快速、准确搬运，减少人为错误。WMS 系统可以与企业的其他信息系统（如ERP、SCM 等）集成，实现数据共享和业务协同。智慧仓储系统通过物联网技术和传感器，实时监控库存状态和环境，提供库存预警和自动调整等功能。例如，智慧记是为个体工商户量身定制的仓库管理系统，具备商品价格搜索、库存管理、统一管理报价等功能。它可以帮助商户更好地掌握库存情况，实现库存的智能化管理。

3. 利用数据分析与预测算法

收集并分析历史销售数据、市场需求、供应链情况等多维度信息，利用机器学习算法构建需求预测模型。根据预测结果，系统可以自动调整库存水平，优化库存结构，确保库存满足销售需求的同时，避免库存积压和缺货现象。通过实时监控库存状态和市场变化，系统可以动态调整库存策略，实现库存的动态优化。通过对历史销售数据和趋势的分析，可以预测未来的需求，并制定相应的库存策略。例如，用友 YonSuite 提供库存管理模块，包括库存预警、采购管理、销售管理等功能。通过分析库存数据，如库存量、周转率、季节性需求变化等，企业可以确定最佳的库存管理策略，实现库存的优化管理。

4. 设置智能预警功能

根据设定的库存阈值和安全库存水平，当库存量低于安全库存时，系统自动触发预警通知，提醒管理人员进行补货操作。通过与供应商建立协同补货机制，系统可以自动向供应商发送补货请求，实现库存的自动补充。针对库存积压、产品保质期等问题，可以设置智能预警功能，及时提醒企业进行处理。例如，当库存量低于安全库存时，系统可以自动发出预警，提醒企业进行补货。同时，对于生鲜产品等保质期较短的商品，可以设置保质期预警，及时提醒企业进行促销或处理，避免库存损失。

5.3.3 智慧仓配库存安全管理

1. 智慧仓配库存安全管理概述

仓库安全管理是指针对物品在仓储环节对仓库建筑要求、照明要求、物品摆放要求、消防要求、收发要求、事故应急救援要求等的综合性管理措施。

仓库安全管理，就是作为一个系统，为实现仓库安全目标而进行的有关决策、计划、组织、实施、控制等方面的活动。其意义包括，保护仓库人员的人身安全，减免仓库货物的损失，间接提高仓库运转效率，保障仓库运转效率，保障仓库基础设施等。

2. 智慧仓配库存安全标准

（1）物理安全。①仓库设施。仓库应具备良好的结构，能够承受自然灾害（如地震、风暴）的影响，并保持适当的通风和照明。②门禁控制。应实施严格的门禁控制，只有授权人员才能进入仓库区域。同时，应记录所有进出仓库的人员和车辆。③监控系统。仓库应安装高清监控摄像头，实现全面覆盖，并配备智能分析功能，以识别异常行为。

（2）货物安全。①货物标识。所有货物应清晰标识，并附有唯一的识别码，以便追踪和管理。②防盗措施。应采用先进的防盗技术，如 RFID 标签和读写器，以确保货物的完整性和数量。③货物存放。货物应按照规定的存储要求存放，避免损坏或过期。同时，应定期盘点库存，确保数量准确。

（3）数据安全。①数据加密。所有敏感数据（如客户信息、库存数据等）应进行加密处理，以防止数据泄露。②备份与恢复。应定期备份数据，并制订数据恢复计划，以确保在数据丢失或损坏时能够及时恢复。③访问控制。应实施严格的访问控制策略，确保只有授权人员能够访问敏感数据。

（4）应急处理。①应急预案。应制定详细的应急预案，包括火灾、水灾、盗窃等突发事件的应对措施。②应急设备。应配备必要的应急设备，如灭火器、应急照明等，并定期进行检查和维护。③员工培训。应定期对员工进行应急处理培训，提高员工的应急处理能力和危机意识。

（5）合规与标准。①遵守法规。应遵守相关的法律法规和标准要求，如《仓库防火安全管理规则》等。②定期审计。应定期进行安全审计和风险评估，以确保仓库的安全管理符合相关标准和要求。

3. 智慧仓配库存安全控制

（1）物理安全监控。在仓库的四周和关键区域安装高清监控摄像头，实现 360 度无死角监控。这些摄像头可以实时传输视频流，管理人员可以通过监控中心或移动设备随时查看仓库的实时情况。结合智能分析技术，系统可以自动识别异常行为，如人员闯入禁区、货物异常移动等，并自动发送报警通知给管理人员。这样，管理人员可以及时采取措施，防止潜在的安全风险。

（2）货物防盗与防损技术。使用 RFID 技术为每个货物或托盘贴上标签，并在仓库出入口设置 RFID 读写器。当货物出入时，系统会自动读取标签信息，并记录货物的进出时间和数量。如果发现货物数量与实际记录不符，系统会立即触发报警，提醒管理人员进行调查。在仓库内部的关键区域安装震动传感器和红外线探测器，这些传感器可以检测到货物的异常移动和人员的非法入侵，并及时发送报警通知。这样，即使在没有监控摄像头的情况下，也能及时发现并处理货物盗窃或损坏事件。

（3）数据安全与隐私保护措施。仓库管理系统采用先进的加密技术，确保存储和传输的数据安全。同时，定期对数据进行备份，以防止数据丢失或损坏。对于敏感数据，如客户信息、供应商信息等，实施严格的访问控制。只有经过授权的人员才能访问这些数据，并且需要记录访问日志，以便日后审计和追溯。遵守相关法律法规，对于涉及个人隐私的数据，如员工个人信息、客户联系方式等，进行脱敏处理或加密存储。确保在合法合规的前提下，保护个人隐私不被泄露。

（4）应急处理与危机管理方案。制定详细的应急处理预案，包括火灾、水灾、盗窃等突发事件的应对措施。这些预案需要明确各部门的职责和协作流程，确保在紧急情况下能够迅速响应。定期进行应急演练和培训，提高员工的应急处理能力和危机意识。通过模拟真实场景，让员工熟悉应急流程和操作方法，以便在真实事件发生时能够冷静应对。与当地公安、消防等部门建立合作关系，确保在紧急情况下能够及时获得支持和援助。与这些部门保持密切沟通，共享资源信息，提高协同处置效率。

（5）智能监控与预警系统。在仓库内部安装温湿度传感器、烟雾报警器等设备，实时监测仓库的环境参数。这些设备可以与仓库管理系统集成，实现数据的自动采集和传输。通过设置合理的阈值和报警规则，系统可以自动判断环境参数是否异常，并在异常情况发生时及时发送预警通知给管理人员。例如，当仓库内温度超过一定范围时，系统可以自动启动空调或通风设备，确保货物存储环境的安全。

5.3.4 典型案例

中通云仓科技全国智能仓配中心

中通云仓科技已在北京、上海、广州、成都、武汉等 56 个核心城市建立起一张拥有 200 多个智能仓配中心，仓储面积超 200 万平方米的智慧仓网。在自研的景天系列物流管理系统的赋能下，中通云仓科技不断为客户降本增效助力。中通云仓科技持续加强仓网能力建设，不断提升服务水平。目前，在仓配网络、信息系统、品质服务等方面优势越来越明显。

中通云仓科技依托自身密集分布在全国的 200 多个仓库群和中通快递集团全国发达的配送网络能够满足客户就近入仓，全国多区域同时入仓的需求，提升发货时效及客户体验，有效降低客户成本。

此外，中通云仓科技在快递转运中心内设仓，打造独特的“上仓下配”模式，将仓储与配送无缝连接，减少调拨和装卸环节，物流时效平均可缩短 12～24 小时。同时，截单时间更晚，包裹出库即揽收，有利于客户 DSR（Detail Seller Rating，卖家服务评级系统）评分和销售业绩提升。大促期间，在分拨中心设有绿色揽收通道，可优先完成快递包裹交件，保证物流时效。

自成立以来，中通云仓科技就坚持自主研发，现已开发出 OMS、WMS、TMS、BMS、CSP、OMP、BI、FDMS 等 30 多条产品线。

目前，中通快递集团及中通云仓科技在全国 200 多个地级城市均有仓库，其中 90 多个为快递分拨中心仓库，总仓储面积达 400 多万平方米。全国各大区可向广大客户提供仓配一体等物流供应链服务。

（资料来源：中通云仓科技公众号，作者根据中通云仓科技公众号相关资料整理。）

思考题：1. 中通云仓科技“上仓下配”模式的优势有哪些？

5.4 智慧仓配绩效管理

5.4.1 智慧仓配绩效管理概述

1. 智慧仓配绩效管理的定义

智慧仓配绩效管理是指利用先进的信息化和智能化技术，对仓配环节中的各项工作进行全面的监控、分析和评价，以提高运营效率、降低成本、优化资源配置并确保库存安全的过程。它涉及对仓库和配送过程中的人员、设备、流程、数据等各个方面进行综合管理，以实现仓配业务的高效、准确和可持续发展。智慧仓配绩效管理的目标是确保仓库和配送系统能够适应市场需求和业务变化，为企业创造更大的价值。

具体来说，智慧仓配绩效管理包括以下几个方面：

（1）对仓库和配送设施设备的性能进行监控和评价，确保其正常运行和高效利用。

（2）对货物进出、存储、配送等各个环节进行全程追踪和管理，确保货物的安全、准确和及时送达。

（3）通过数据分析和挖掘，发现运营过程中的问题和瓶颈，提出改进措施和优化建议。

（4）对仓配人员的工作绩效进行评价和激励，提高他们的工作效率和服务质量。

（5）制定合理的绩效指标和评价体系，对整体运营效果进行量化评估，为决策提供有力支持。

2. 智慧仓配绩效管理的意义

（1）提高效率。通过对仓配流程的监控和分析，能够发现流程中的瓶颈和问题，从而进行优化，提高整体运营效率。例如，通过智能调度系统，可以合理安排配送路线和车辆，减少运输时间和成本。

（2）降低成本。通过智慧仓配绩效管理，可以实现库存的最优控制和管理，避免库存积压和浪费，减少不必要的仓储和物流成本。同时，通过精准的需求预测和计划调度，可以降低库存成本，提高库存周转率。

（3）优化资源配置。通过对仓库和配送资源的实时监控和分析，可以合理调整资源配置，避免资源浪费和短缺。例如，根据货物特性和市场需求，可以合理配置仓库的存储空间和设备，提高仓库的利用率。

（4）提高客户满意度。通过智慧仓配绩效管理，可以优化配送计划和物流跟踪，确保货物准时送达，提高客户满意度。同时，通过客户反馈和数据分析，可以不断改进服务质量和提升客户满意度。

（5）支持决策制定。智慧仓配绩效管理提供了丰富的数据和分析结果，为企业决策提供了有力支持。例如，通过销售数据预测和市场分析，可以制定合理的库存策略和价格策略，提高市场竞争力。

3. 智慧仓配绩效管理的特点

（1）数据驱动。智慧仓配绩效管理高度依赖数据。通过采集、整合和分析仓库和配送环节中的大量数据，管理者可以深入了解运营状况，发现潜在问题，并作出科学决策。

（2）实时性。借助物联网、大数据和人工智能等先进技术，智慧仓配绩效管理能够实现实时监控和即时反馈。管理者可以随时掌握仓库和配送的最新动态，及时作出调整。

（3）多维度评价。智慧仓配绩效管理不仅关注传统的财务指标，如成本、效率等，还注重非财务指标，如客户满意度、员工满意度等。这种多维度的评价方式可以更全面地反映仓配业务的运营状况。

（4）预测性。通过数据分析和挖掘，智慧仓配绩效管理可以预测未来的市场需求和运营趋势。这有助于企业提前做好准备，应对可能的挑战和机遇。

（5）智能化。智慧仓配绩效管理借助人工智能等先进技术，可以实现自动化决策和智能优化。这大大提高了决策的效率和准确性，降低了人为错误的可能性。

（6）灵活性。智慧仓配绩效管理可以根据企业的实际需求和业务变化进行调整和优化。无论是仓库布局、设备配置还是人员配置，都可以根据绩效管理的结果进行灵活调整。

4. 智慧仓配绩效管理的步骤

（1）设定绩效目标。企业需要明确仓配绩效管理的目标。这些目标应该与企业的整体战略和业务需求相一致，如提高仓库作业效率、降低库存成本、提升客户满意度等。设定明确、可衡量的目标有助于确保绩效管理的针对性和有效性。

（2）数据收集与分析。为了实现绩效目标，企业需要收集和分析仓配过程中的各种数据。这些数据可以来自 WMS（仓库管理系统）、TMS（运输管理系统）以及其他相关系统。通过收集数据，企业可以了解仓库和配送的运作情况，包括作业效率、库存周转率、运输成本等。同时，通过数据分析，企业可以发现流程中的瓶颈和问题，为后续的改进提供依据。

（3）制定改进措施。在数据分析的基础上，企业需要制定具体的改进措施。这些措施包括优化仓库布局、引入自动化设备、改进作业流程、加强员工培训等。制定改进措施时，企业需要考虑可行性、成本效益以及实施难度等因素，确保措施能够在实际操作中得到有效执行。

（4）实施改进措施。改进措施制定完成后，企业需要将其付诸实践。这包括组织实施团队、分配资源、制订实施计划等。在实施过程中，企业需要确保各项措施得到有效执行，并及时解决可能出现的问题。同时，企业还需要关注员工对新措施的接受程度和反馈，以便进行必要的调整。

（5）持续监控与评估。改进措施实施后，企业需要持续监控和评估其效果。这可以通过定期收集和分析数据、评估作业效率、客户满意度等指标来实现。通过持续监控和评估，企业可以了解改进措施的实际效果，以便进行必要的调整和优化。

（6）调整策略与再次实施。在持续监控和评估的基础上，企业可能需要根据实际情况调整绩效管理的策略。例如，如果发现某项改进措施效果不佳，企业可以考虑更换其他方法或进行进一步优化。调整策略后，企业需要再次实施改进措施，以确保绩效目标的顺利实现。

（7）定期回顾与持续改进。最后，企业需要定期回顾整个绩效管理的过程，总结经验和教训，以便进行持续改进。这可以通过组织内部会议、分享成功案例、制订改进措施计划等方式来实现。通过定期回顾与持续改进，企业可以不断完善仓配绩效管理体系，提高仓库和配送的效率和服务质量。

5.4.2 智慧仓配绩效管理的内容

1. 智慧仓配绩效管理的范畴

（1）仓库作业管理。仓库作业管理是智慧仓配绩效管理的核心内容之一。它涉及货物的入库、存储、出库等各个环节。通过优化仓库布局、引入自动化设备和智能化系统，可以提高仓库作业效率，减少人力成本，并降低错误率。同时，通过实时监控和分析仓库作业数据，可以发现作业过程中的瓶颈和问题，及时进行改进。例如，某电商公司引入了自动化货架系统和智能拣选机器人，实现了货物的快速、准确存取。通过优化仓库布局和作业流程，减少了人工搬运和错误率，提高了仓库作业效率。例如，某公司在“双 11”大促期间，通过智能设备的辅助，仓库作业效率提升了 30%，确保了大量订单的及时处理和发货。

（2）库存管理。库存管理是智慧仓配绩效管理的另一个重要内容。它涉及货物的库存控制、库存周转率、库存成本等方面。通过引入先进的库存管理技术，如实时库存更新、库存预警等，可以提高库存管理的准确性和及时性，避免库存积压和浪费。同时，通过优化库存结构，可以降低库存成本，提高企业的经济效益。例如，某公司采用了先进的库存管理技术，如实时库存更新、库存预警等。通过引入 RFID 技术，实现了对库存货物的实时追踪和准确计数。这不仅提高了库存的准确性，还降低了库存成本。又如，通过对库存数据的分析，公司发现某款商品的库存量过高，及时调整了采购策略，避免了库存积压和资金占用。

（3）配送管理。配送管理是智慧仓配绩效管理中不可忽视的一部分。它涉及订单的处理、货物的分拣、配送路线的规划等方面。通过引入智能化配送管理系统，可以实现订单的自动处理、货物的快速分拣和配送路线的优化，提高配送效率和服务质量。同时，通过实时监控和分析配送数据，可以及时发现配送过程中的问题，并进行改进。例如，某快递公司利用大数据和人工智能技术优化了配送路线，实现了配送效率的提升和成本的降低。同时，引入的智能调度系统可以根据订单量和配送距离动态调整车辆和人员资源。例如，在节假日或特殊天气情况下，系统会自动调整配送路线和车辆数量，确保订单能够准时送达客户手中。

（4）人员绩效管理。人员绩效管理是智慧仓配绩效管理中非常重要的一环。它涉及仓库和配送人员的绩效考核、培训和发展等方面。通过制定合理的绩效考核标准和方法，可以激励员工积极工作，提高工作效率和质量。同时，通过提供培训和发展机会，可以提升员工的专业技能和综合素质，为企业的长期发展提供有力支持。例如，某跨境电商公司制定了一套详细的人员绩效考核体系，包括工作效率、准确率、工作态度等多个方面的指标。每月末，上级会对下属员工的工作表现进行打分和评价，并根据得分情况给予相应的奖励或惩罚。这激励了员工积极工作、追求卓越的表现。某位员工在连续几个月的考核中表现优秀，被提拔为仓库主管，负责管理整个仓库的运营。

（5）数据分析与优化。数据分析与优化是智慧仓配绩效管理的关键环节。通过对仓库和配送过程中产生的海量数据进行分析和挖掘，可以发现潜在的问题和改进空间。利用先进的数据分析工具和技术，可以对作业流程、库存结构、配送路线等进行优化和改进，提高企业的运营效率和竞争力。例如，某品牌公司定期对其仓配数据进行深入分析，包括订单量、退货率、客户满意度等。通过分析发现某个地区的退货率较高，公司针对性地优化了该地区的库存结构和配送路线，降低了退货率并提高了客户满意度。又如，通过对退货数据的分析，发现某款商品的退货率较高是由于包装问题导致的，公司及时改进了包装设计并加强了质量检测，有效降低了退货率。

（6）安全与质量管理。安全与质量管理是智慧仓配绩效管理中不可忽视的一部分。它涉及仓库和配送过程中的安全风险防范、货物质量保障等方面。通过建立完善的安全与质量管理体系，可以确保仓库和配送过程的安全性和稳定性，避免安全事故和质量问题的发生。同时，通过定期的安全检查和质量评估，可以及时发现和纠正存在的问题，确保企业的正常运营和客户满意度。例如，某物流公司高度重视仓库和配送过程中的安全与质量保障工作。通过引入安全监控系统和质量检测设备，确保仓库和配送过程的安全性和稳定性。该公司在仓库内安装了高清摄像头和烟雾报警器，实时监测仓库的安全状况；在配送过程中，对每件货物进行质量检测并附上合格证明，确保客户收到的商品质量可靠。

2. 智慧仓配绩效管理的目标

（1）提高运营效率。通过优化仓库作业流程、引入自动化设备和智能化管理系统，减少人工操作和错误率，提高货物存储、分拣和配送的速度和准确性，从而提升仓配运营效率。

（2）降低运营成本。通过精确的库存管理和数据分析，减少库存积压和浪费，降低库存成本；同时，优化配送路线和车辆调度，减少运输和人力成本，实现整体运营成本的降低。

（3）提升客户满意度。通过优化配送流程、提高配送准时率和准确性，以及加强客户服务质量管理，提升客户满意度和忠诚度，为企业赢得良好的口碑和市场竞争力。

（4）促进员工发展。通过制定合理的绩效考核体系，激励员工积极工作、提高工作质量和效率；同时，为员工提供培训和发展机会，促进员工的职业成长和个人发展。

（5）支持企业战略实现。智慧仓配绩效管理应与企业战略紧密结合，通过优化仓配运营流程和提高运营效率，支持企业实现战略目标，如提高市场份额、拓展销售渠道、提升品牌形象等。

5.4.3 智慧仓配绩效评价与方法

1. 智慧仓配绩效评价的概念

智慧仓配绩效评价是对智慧仓配系统运营效果进行的评估。它主要利用一系列的评价指标和方法，对智慧仓配系统在仓储、配送等环节的绩效进行客观、全面的衡量。评价的内容通常包括仓库作业效率、库存管理水平、配送服务质量、员工绩效以及整体运营效益等方面。通过绩效评价，企业可以了解智慧仓配系统的运营状况，发现存在的问题和不足，进而制定改进措施和优化方案，以提升仓配运营效率和服务质量。同时，绩效评价还可以为企业的战略决策和资源配置提供重要依据，帮助企业实现可持续发展和市场竞争力的提升。

2. 智慧仓配绩效评价的原则

（1）目标导向原则。绩效评价应以实现仓配系统的整体目标为导向，确保评价过程与企业的战略目标保持一致。通过明确评价目标，可以引导员工朝着正确的方向努力，从而实现企业的长远发展。

（2）科学性原则。绩效评价应基于科学的方法和理论，确保评价结果的客观性和准确性。这要求评价过程中要遵循科学的评价流程，采用合适的评价工具和方法，确保评价数据真实可靠。

（3）全面性原则。绩效评价应涵盖智慧仓配系统的各个方面，包括仓库作业、库存管理、配送服务、员工绩效等。通过全面评价，可以整体了解系统的运营状况，发现存在的问题和不足，为改进和优化提供依据。

（4）可比性原则。绩效评价应确保评价结果的可比性，即在不同时期或不同部门之间能够进行比较。这要求评价标准和方法应保持一致，同时确保评价数据的可获取性和可比性。

（5）激励性原则。绩效评价应能够激励员工积极参与仓配系统的运营和管理，提高工作质量和效率。通过合理的评价和奖惩机制，可以激发员工的积极性和创造力，促进企业的持续发展。

（6）持续改进原则。绩效评价应作为一个持续改进的过程，通过不断评价和反馈，发现存在的问题和不足，制定改进措施和优化方案。这要求企业建立完善的绩效评价体系和反馈机制，确保评价结果的及时性和有效性。

3. 智慧仓配绩效评价指标

（1）仓库资源利用程度指标

① 地产利用率。用来评价每仓库单位面积的营业收入。

地产利用率=仓库建筑面积/地产面积×100%

② 仓库面积利用率。用来评价仓库面积的利用是否恰当。

仓库面积利用率=仓库可利用面积/仓库建筑面积×100%

③ 仓容利用率。用来评价仓库货位及面积的利用率情况。

仓容利用率=库存商品实际数量或容积/仓库实际可存商品数量或容积×100%

单位面积保管量=平均库存量/可保管面积×100%

④ 有效范围。用来评价库存量是否保持在合理的水平。

有效范围=库存量/平均每天需求量×100%

⑤ 设备利用率。用来评价物流中心设施装备的配置是否合理。

设备利用率=全部设备实际工作时数/设备工作总能力×100%

⑥ 设备完好率。用来评价设备管理的水平。

设备完好率=期内设备完好台数/同期设备总数×100%

（2）仓储服务水平评价指标

① 缺货率。反映存货控制决策是否适宜，是否需要调整订购点与订购量的基准。

缺货率=缺货次数/顾客订货次数×100%

② 顾客满意程度。用来评价仓储服务的顾客满意程度。

顾客满意程度=满足顾客要求数量/顾客要求数量×100%

③ 准时交货率。用来评价发货的及时性。

准时交货率=准时交货次数/总交货次数×100%

④ 货损货差赔偿费率。反映出货作业的精确度。

货损货差赔偿费率=货损货差赔偿费总额/同期业务收入总额×100%

（3）商品储存效率指标

① 商品储存效率。库存效率主要通过库存周转率来表示。

库存周转率=使用数量/库存数量×100%

库存周转率=使用金额/库存金额×100%

当规定用某个期限来研究时，需用下列算式：

库存周转率=该期间的出库总金额/该期间的平均库存金额×100%

=该期间出库总金额×2/（期初库存金额+期末库存金额）×100%

② 周转期间。周转期间可以直接由库存周转率求得。周转期间与周转率的关系为：

周转期间（以月数表示）=12/年周转率

（4）商品储存能力与质量指标

只有考虑仓租费、维护费、保管费、损失费、资金占用、利息支出等，才能根据实际费用判断仓储合理与否。

① 仓库吞吐能力实现率。作为设定产品标准库存的比率依据，以供存货管理参考。

仓库吞吐能力实现率=期内实际吞吐量/仓库设计吞吐量×100%

② 仓储吨成本。衡量公司每单位存货的库存管理费用。

仓储吨成本=仓储费用/库存量×100%

③ 进、发货准确率。衡量仓储作业的品质，以评估仓储工作人员的细心程度，或是自动化设备的准确性。

进、发货准确率=（期内吞吐量−出现差错总量）/期内吞吐量×100%

④ 商品缺损率。用来评价储存的安全性。

商品缺损率=期内商品缺损量/期内商品总数×100%

⑤ 呆滞料处理率。用来测定物料耗损如何影响资金积压状况。

呆滞料处理率=处理呆滞料数量/全部呆滞料数量×100%

（5）库存经济性指标

① 平均储存费用。用来衡量仓库效益。

平均储存费用=每月（年）储存费用/月（年）平均储存量

② 利润总额。反映仓库在一定期间的收益情况。

利润总额=期间仓库总收入−同期仓库总支出

=仓库营业收入−储存成本和费用−税金+其他业务利润+营业外收支净额

③ 资金利用率。反映仓库资金利用情况。

资金利用率=利润总额/（固定资产平均占用+流动资金平均占用）×100%

④ 收入利润率。反映仓库的获利程度。

收入利润率=利润总额/仓库营业收入×100%

⑤ 每吨货物保管利润率。反映仓库在每吨货物上的获利情况。

每吨货物保管利润率=期间仓库利润总额/同期间货物的储存总量×100%

（6）进出货作业绩效评价指标

① 作业人员工作效率及工作时间指标，它分为两种情况。

A．若进出货人员分开管理：

每人每小时处理进货量：

每人每小时处理进货量=进货量/（进货人员数×每日进货时间×工作天数）

每人每小时处理出货量：

每人每小时处理出货量=出货量/（出货人员数×每日出货时间×工作天数）

进货时间率：

进货时间率=每日进货时间/每日工作时间×100%

出货时间率：

出货时间率=每日出货时间/每日工作时间×100%

B．若进出货人员共用：

每人每小时进出货量：

每人每小时进出货量=进出货量/（进出货人员数×每日进出货时间×工作天数）

进出货时间率：

进出货时间率=每日进出货时间/每日工作时间×100%

② 进出货工作的质量指标。

进货数量误差率：

进货数量误差率=进货误差量/进货总量×100%

进货品合格率：

进货品合格率=进货品合格的数量/进货总量×100%

进货时间延迟率：

进货时间延迟率=延迟进货的货品总量/进货总量×100%

出货数量误差率：

出货数量误差率=出货误差量/出货总量×100%

出货时间延迟率：

出货时间延迟率=延迟出货的货品总量/出货总量×100%

③ 作业设施设备利用指标。

站台利用率：

站台利用率=进出货车次装卸停留总时间/（站台泊位数×工作天数×每天工作时数）×100%

站台高峰率：

站台高峰率=高峰期车辆数/站台泊位数×100%

装卸搬运设备利用率：

装卸搬运设备利用率=设备的实际装卸搬运量/设备的额定装卸搬运量×100%

装卸搬运设备时间利用率=设备的实际工作时间/设备的额定工作时间×100%

（7）储存作业绩效评价指标

储存作业绩效评价指标与仓储绩效评价指标相同。

（8）盘点作业绩效评价指标

① 盘点数量误差：

盘点数量误差=实际库存数−账面库存数

② 盘点数量误差率：

盘点数量误差率=盘点数量误差/实际库存数×100%

③ 盘点品项误差率：

盘点品项误差率=盘点误差品项数/盘点实际品项数×100%

④ 批量每件盘差商品的金额：

批量每件盘差商品的金额=盘点误差金额/盘点误差量

（9）拣选作业绩效评价指标

① 拣选人员作业效率指标。

人均每小时拣货品项数：

人均每小时拣货品项数=拣货单笔数/（拣货人数×每日拣货时数×工作天数）

批量拣货时间：

批量拣货时间=拣货人数×每日拣货时数×工作天数/拣货分批次数

② 拣货数量指标。

单位时间处理订单数：

单位时间处理订单数=订单数量/（每日拣货时数×工作天数）

单位时间拣取品项数：

单位时间拣取品项数=订单数量×每个订单平均品项数/（每日拣货时数×工作天数）

单位时间拣取体积数：

单位时间拣取体积数=发货品体积数/（每日拣货时数×工作天数）

③ 拣货质量指标。

拣货质量主要表现为拣误率，计算公式为：

拣误率=拣取错误笔数/订单总笔数

④ 拣货成本指标。

每订单投入的拣货成本：

每订单投入的拣货成本=拣货投入成本/订单总量

单位商品投入的拣货成本：

单位商品投入的拣货成本=拣货投入成本/拣货商品累计总件数

单位体积投入的拣货成本：

单位体积投入的拣货成本=拣货投入成本/发货商品体积数

（10）配送作业绩效评价指标

① 人员负担指标。

平均每人的配送量：

平均每人的配送量=出货总量/配送人员数

平均每人的配送距离：

平均每人的配送距离=配送总距离/配送人员数

平均每人的配送重量：

平均每人的配送重量=配送总重量/配送人员数

平均每人的配送车次：

平均每人的配送车次=配送总车次/配送人员数

② 车辆负荷指标。

平均每台车配送吨公里数：

平均每台车配送吨公里数=配送总距离×配送总量/配送总车次

平均每台车配送重量：

平均每台车配送重量=配送总重量/（自有车重+外车重）

空车率：

空车率=空车行驶总距离/配送总距离×100%

③ 配送时间效率指标。

配送平均速度：

配送平均速度=配送总距离/配送总时间

单位时间生产力：

单位时间生产力=配送营业额/配送总时间

④ 配送成本指标。

每吨重配送成本：

每吨重配送成本=（自车配送成本+外车配送成本）/配送总重量

每容积货物配送成本：

每容积货物配送成本=（自车配送成本+外车配送成本）/配送总容积

每车次配送成本：

每车次配送成本=（自车配送成本+外车配送成本）/配送总车次

每公里配送成本：

每公里配送成本=（自车配送成本+外车配送成本）/配送总距离

（11）配送服务质量指标

配送服务质量指标可用配送延迟率来分析，其计算公式如下：

配送延迟率=延迟车次/配送总车次

4. 智慧仓配绩效评价的方法

（1）关键绩效指标（KPI）评价法。根据智慧仓配系统的关键业务目标，选取若干个关键绩效指标进行评价。这些指标应能够全面反映仓配系统的运营效率和服务质量，如订单处理速度、库存周转率、准时配送率等。通过对这些指标的量化分析，可以对系统的绩效进行客观评价。

（2）平衡计分卡（BSC）评价法。将智慧仓配系统的战略目标分解为可操作的具体目标，并为每个目标制定相应的评价指标。这些指标不仅包括财务指标，如成本、收入等，还包括非财务指标，如客户满意度、员工满意度等。通过平衡计分卡的方式，可以综合评价系统的绩效，并确保评价结果与企业的战略目标保持一致。

（3）标杆管理评价法。选取行业内或其他优秀企业的仓配系统作为标杆，将智慧仓配系统的绩效与标杆进行比较分析。通过对比找出存在的差距和不足，进而制定改进措施和优化方案。标杆管理评价法可以帮助企业明确自身在行业中的位置和水平，为提升绩效提供有力支持。

（4）360 度反馈评价法。通过上级、下级、同事、客户等多个角度对智慧仓配系统的绩效进行评价。这种评价方式可以获得更全面、更客观的评价结果，并帮助员工了解自己在工作中的优点和不足。同时，360 度反馈评价法还可以促进员工之间的沟通和协作，提高团队的整体绩效。

5.4.4 典型案例

如意仓：打造智慧物流新生态，成为智慧物流引领者

2015 年，杭州如意仓电子商务有限公司（以下简称“如意仓”）率先在行业提出以商品为中心的全渠道物流服务理念，打破了线上线下相互分离的物流结构，实现 B2B/B2C/B2B2C/C2B

同仓管理、共享库存，提供一站式全渠道仓配服务。根据客户区域订单数据和物流组织形态，如意仓为客户动向设计 CDC+RDC（CDC：Central Distribution Center，中央配送中心；RDC：Regional Distribution Center，区域配送中心。）的全国市场分仓方案，根据季节配置合适库存量，极大优化了客户的库存结构和物流动向。

以快速机动灵活的服务特点，个性化服务能力强的优势，如意仓在物流硬件基础、软件基础和运营团队服务能力基础扎实的情况下，给客户提供相对更个性化和定制化服务，满足不同客户的不同服务类型的需求。

通过自主研发的 OMS、WMS、TMS 等六套覆盖全国的全链路仓储物流网络系统，如意仓将供应链过程中的厂家、销售渠道商、平台商、物流服务商、消费者等节点有机连接在一起，形成完整、高效的供应链闭环。同时，如意仓的智能装备以单元标准化为核心，在机器人拣选、智能中转箱、语音图像识别、无人设备、多 SKU 密集存储、智能识别理货等领域进行精益应用，结合数据分析，在提升效率、降低成本、节能环保等方面取得了显著成效。

入库环节采用的“三位一体”人工智能称重工作台，通过摄像头识别包裹的体积、重量等信息，处理一个包裹平均耗时不到 2 秒，差错率保持在 0.01%以内。借助图像识别技术+自动化流水线，能够快速准确地读取产品的二维码，将产品的原产地、成分、生产日期、数量规格等信息自动录入系统，省去了人工录入的烦琐工作，避免了人工录入的差错，也大大提升了产品入库效率。

“货到人”取代“人找货”。通过采用二维码视觉识别技术，惯性导航技术，AGV 潜入式顶升技术，配合电子标签系统和 Wi-Fi 通信技术，实现系统自动对接、订单分析、最优任务指派、路径规划等功能。24 小时无间断作业的拣选机器人，精准有效地对数以百万计的商品进行自动拣选，降低了劳动强度和人力成本。

这些系统如同仓库的大脑和神经，推动供应链流程一体化，大大提升了物流的时效性和准确性，系统运营过程中不断沉淀的数据更是仓配结构优化的持续动力，不断为服务提质增效。

秉持“打造智慧物流新生态，成为智慧物流引领者”的愿景，如意仓闪耀着日益壮大的数字化仓配运营服务能力的光芒，不断向前奔跑着。

（资料来源：富春控股官网，作者根据富春控股官网相关资料整理。）

思考题：建立全链路仓储物流网络系统的优势有哪些？

本章小结

智能仓配模式与管理有利于企业提高效率，减少人力，节省成本，精益管理，帮助企业从市场中脱颖而出，带来更为可观的经济收益。仓储的有效运行直接影响物资采购的准确性和生产进度能否有序开展，是物资采购和生产环节的重要结合点。库存物资管理的准确性直接影响订货需求平衡利库即物资订货的准确性，影响物资是否能够及时准确地提供给生产线，影响采购成本控制和库存指标的控制。

通过本章的学习，使我们清楚了解了仓储与配送的计划内容与流程，库存控制以及绩效评价，培养了一定的规划意识和整体意识。

复习思考题

1. 仓储与配送服务商选择的依据是什么?
2. 智慧仓配计划的内容有哪些?
3. 智慧仓配计划调整的原因有哪些?
4. 库存产生的原因有哪些?
5. 智慧仓配库存控制的方法有哪些?
6. 智慧仓配绩效评价的标准是什么?

实训项目

1. 课内实训

将学生分为各小组，模拟仓库经营，计算库存成本，掌握库存成本的控制能力。

2. 课外实训

将学生分为各小组，开展对各类型物流企业仓储配送的调查研究，并利用仓储配送绩效评价的知识进行分析。

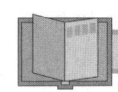

第6章　智慧仓配生产运作

学习目标

知识目标：

1. 熟悉智慧仓配生产运作的要求以及合理化的标志与途径；
2. 熟悉智慧仓配的业务流程；
3. 掌握智慧仓配库内作业流程与要点。

能力目标：

1. 熟悉智慧仓配合理化的标志与途径，具有合理规划、分析选择的能力；
2. 根据智慧仓配合理化的标准，恰当选择作业方式，具有灵活利用知识的能力。

思政目标：

1. 熟悉库内作业管理流程，培养各环节的团队合作能力；
2. 通过对智慧仓配业务流程的了解，培养诚实守信品德。

导引案例

休恩科技WMS智慧仓储管理系统赋能仓储精细化管理

北京休恩博得科技股份有限公司（以下简称“休恩科技”）推出的WMS智慧仓储管理系统（以下简称“WMS系统”）是一款专业的精细化仓储管理软件，具有货品管理、货位管理、收货管理、库存管理、预警管理等功能，可提供上架策略、拣货策略，具有报表展示、库存周转率分析、可视化展示等功能，帮助企业解决仓储环节中的各种问题、痛点。

1. 库存精细化管理

WMS系统赋予每个库存货品或同一批次的库存一个专属的条码标签，条码标签中包括了货品名称、规格、数量、入库时间、效期等信息，库房操作人员使用扫描枪扫描条码标签，完成对库存货品的信息采集、记录。通过扫码，将货品信息记录到WMS系统中，库房管理人员登录WMS系统，可以查看到库存数据，通过WMS系统进行相关的仓储作业操作，实现对库存的精细化管理。

2. 库位精细化管理

仓储中心要做好库位管理，提升仓库使用效率，帮助企业降低仓储成本。休恩科技WMS系统可实现对库位的多层级管理，通过WMS系统赋予库房内每个库位特定的条码标签，这些条码标签由库区号、通道号、货架号、货位号等信息组成，通过WMS系统将库位的条码标签和库存货品的条码标签进行绑定，还可以将库房操作人员与库房内特定的区域进行绑定，实现对库位的全方位精细化管理。

3. 作业精细化管理

库房管理人员可以通过WMS系统创建库内作业任务，按照WMS系统发出的指令，完成库内的货品领用、调拨、盘点等操作。在入库时，WMS 系统会提供上架策略，提供适合的上架库位，库房操作人员找到对应的库位，扫描货品标签，完成上架操作。在出库时，WMS 系统会优化拣货路径，发出拣货库位指令，库房操作人员找到对应的库位，完成拣货下架任务，避免出入库的错误，提高仓储作业效率。

WMS 系统可对仓储物资进行全流程追踪，呈现多维度的数据展示效果，实现对仓储业务的全过程精细化管理。WMS 系统还可与企业的 SAP 系统、ERP 系统、财务系统等对接，实现仓储部门与采购、生产、销售、财务等部门的协同办公、数据共享，提高企业供应链执行效率，为仓储精细化管理赋能。

（资料来源：SHOOIN 休恩科技，作者根据 SHOOIN 休恩科技官网相关资料整理。）

思考题： 1. 智慧仓储精细化管理的优势是什么？

2. 智慧仓储精细化设计有哪些内容？

6.1 智慧仓配生产运作概述

6.1.1 智慧仓配生产运作的概念与要求

1. 智慧仓配生产运作的概念

智慧仓配生产运作是智慧物流中的一个核心环节，主要是利用先进的互联网技术，如物联网技术、AI 技术、大数据技术等，对仓储和配送过程中的数据进行集合、计算、分析和统筹，实现仓储和配送的自动化、智能化和高效化，以满足用户的需求，并提高整个供应链的运作效率和竞争力。智慧仓配生产运作强调以用户需求为中心，通过重构和优化仓储和配送流程，实现产品流和信息流的顺畅运转。同时，智慧仓配生产运作还注重仓储和配送过程中核心数据的积累和运用，以便更好地了解仓储和配送情况，发现潜在问题，并制定相应的改进措施。

在智慧仓配生产运作中，物联网技术、AI 技术、大数据技术等被广泛应用，以实现仓储和配送的自动化、智能化和高效化。例如，通过应用物联网技术，可以实现对仓库内货物信息的实时监控和追踪，提高仓储和配送的准确性和及时性；通过应用 AI 技术，可以实现仓储和配送过程中问题的自动识别和解决，提高仓储和配送的智能化水平；通过应用大数据技术，可以实现对仓储和配送数据的深度挖掘和分析，为供应链的优化提供有力支持。

2. 智慧仓配生产运作的要求

在智慧仓配生产运作中，有以下几个关键的要求：

（1）以用户需求为中心重构仓储流程。这要求仓储系统能够根据用户的需求，灵活调整和优化仓储流程，以满足用户的个性化需求。

（2）重视仓储过程核心数据的积累和运用。通过收集和分析仓储过程中的核心数据，可以更好地理解仓储运作的情况，发现潜在的问题，并制定相应的改进措施。

（3）降低仓储环节人的参与度。通过应用新技术，如物联网技术、AI 技术等，可以减少人在仓储环节中的参与度，提高仓储的自动化和智能化水平，从而降低成本、提高效率。

（4）促进仓储各个环节以及仓储和供应链其他环节产品流和信息流的流畅运转。这要求仓储系统能够与其他环节，如采购、生产、销售等，实现无缝对接，确保产品流和信息流的顺畅运转。

6.1.2　智慧仓配合理化

1. 智慧仓配合理化的判断标志

通过集成和应用先进的互联网技术，如物联网技术、大数据技术、人工智能技术等，对传统的仓储和配送流程进行优化和改造，实现仓储和配送过程的自动化、智能化和高效化，以提高整体运作效率、降低成本、提升服务质量，并注重环保和可持续性发展。对智慧仓配合理化的判断，是智慧仓配决策系统的重要内容，一般可从以下若干标志进行判断。

（1）成本效益。智慧仓配系统应能够实现成本的最小化，同时实现效益的最大化。例如，通过引入自动化设备和智能化管理系统，可以降低人力成本、减少库存成本、提高仓储和配送效率，从而实现成本效益的优化。具体指标如下：

① 人力成本。评估引入智慧仓配系统后人力需求的变化，如员工数量的减少或工作效率的提高。

② 库存成本。评估库存周转率、库存持有成本、库存过时或损坏的成本等。

③ 运营成本。包括设备折旧、维护成本、能源消耗等。

④ 投资回报率。评估智慧仓配系统的投资与其带来的收益之间的比率。

（2）服务质量。智慧仓配系统应能够提高服务质量，满足用户的个性化需求。例如，通过实现实时监控和追踪，确保货物能够按时、准确地送达客户手中，提高客户满意度。具体指标如下：

① 配送准时率。评估货物按时送达客户的比例。

② 订单准确性。评估配送过程中订单错误、遗漏或损坏的比例。

③ 客户满意度。通过调查或反馈评估客户对智慧仓配服务的满意度。

④ 个性化服务满足度。评估系统满足客户个性化需求（如特定时间、地点）的能力。

（3）运营效率。智慧仓配系统应能够提高仓储和配送的运营效率，减少冗余环节和流程。例如，通过优化布局和路线，减少转运时间和距离，提高仓配效率。具体指标如下：

① 分拣效率。评估货物分拣的速度和准确性。

② 仓储空间利用率。评估仓储空间的有效利用程度。

③ 订单处理速度。评估从接收订单到完成配送所需的时间。

④ 系统稳定性。评估智慧仓配系统的故障率和维护需求。

（4）可持续性。智慧仓配系统应注重环保和可持续性，减少对环境的影响。例如，通过采用环保材料和节能设备，降低能源消耗和废弃物排放，实现绿色物流。具体指标如下：

① 能源消耗。评估智慧仓配系统的能源消耗量及其变化趋势。

② 废弃物排放。评估系统运营过程中产生的废弃物类型和数量。

③ 环保材料使用。评估在系统中使用的材料是否环保、可回收或可降解。

④ 资源循环利用。评估系统对废旧材料、包装等的再利用程度。

2. 智慧仓配不合理的表现

（1）技术应用不当。在智慧仓配系统中，技术应用不当可能导致系统效率低下、操作复杂或存在安全隐患。这可能是由于技术选型不合适、设备配置不合理或维护管理不到位等原因造成的。例如，某物流公司引入了自动化货架系统，但由于设备配置不合理，导致货架过高，员工难以进行货物存取操作。这不仅影响了工作效率，而且可能引发操作失误和安全隐患。

（2）流程设计不合理。智慧仓配系统中的流程设计不合理可能导致资源浪费、操作烦琐或效率低下。这可能是因为流程规划缺乏系统性、环节设置冗余或流程衔接不畅等原因造成的。例如，某电商企业的仓配流程中存在多个手工录入环节，导致数据重复录入、易出错且效率低下。此外，库存管理缺乏有效预测机制，经常出现库存积压或缺货情况，影响了客户体验和运营成本。

（3）数据分析与决策支持不足。在智慧仓配系统中，如果缺乏有效的数据分析和决策支持，企业可能难以准确了解运营情况、预测需求或做出科学决策。这可能是因为数据收集不完整、分析方法不合理或决策支持工具不足等原因造成的。例如，某仓储企业虽收集了仓配过程中的数据，但缺乏深入分析和有效应用，企业无法准确预测货物需求，导致库存波动大、配送效率低下。同时，由于缺乏数据支持，企业在制定优化策略时难以做出明智的决策。

（4）供应链协同不足。在智慧仓配系统中，供应链协同不足可能导致信息不透明、资源利用率低或响应速度慢。这可能是因为企业与供应链伙伴之间的合作不够紧密、信息共享不畅或协同机制不完善等原因造成的。例如，某制造企业与其供应商之间缺乏紧密的协同合作，导致供应链信息不透明，企业无法及时了解供应商的生产情况和库存状况，难以做出准确的采购和配送决策。这不仅影响了企业的生产效率，而且可能导致供应链中断和客户满意度下降。

（5）缺乏绿色环保意识。在智慧仓配系统中，如果缺乏绿色环保意识，企业可能忽视对环境的影响，导致资源浪费、环境污染或社会形象受损。这可能是因为企业缺乏对环保政策的了解、缺乏环保意识培训或环保投入不足等原因造成的。例如，某物流公司在包装材料选择上未考虑环保因素，使用了大量不可降解的材料。这不仅增加了环境负担，还可能导致客户对企业环保形象的质疑。同时，公司在废弃物处理上也缺乏有效措施，进一步加剧了环境问题。

3. 智慧仓配合理化的途径

（1）技术应用与创新。智慧仓配合理化的首要途径是积极应用和创新技术。通过引入物联网、大数据、人工智能等先进技术，实现仓储和配送的自动化、智能化，从而提高效率、减少错误，并优化整体运营成本。例如，某大型物流公司引入了自动化货架系统和智能机器人，实现了货物的快速、准确存取；通过应用物联网技术，公司能够实时监控货物的状态和位置，确保货物的安全和可追溯性。这些技术的应用不仅提高了仓储和配送效率，还降低了人力成本和错误率。

（2）流程优化与重构。对现有仓配流程进行深入分析，找出瓶颈和冗余环节。通过重构和优化流程，实现更加高效、简洁的操作。这包括简化操作步骤、减少人工干预、提高自动化程度等。例如，某电商企业对其仓配流程进行了重构，通过引入智能分拣系统和自动化包装设备，减少了人工分拣和包装的环节。同时，企业还优化了库存管理，实现了实时库存监控和预测，避免了库存积压和浪费。这些流程优化措施显著提高了仓配效率和客户满意度。

（3）数据分析与决策支持。通过收集和分析仓储和配送过程中的数据，发现潜在问题和改进空间，为决策提供有力支持。数据分析可以帮助企业更准确地预测需求、优化库存、规划配送路线等。例如，某仓储企业通过收集和分析仓配过程中的数据，发现了配送路线的不合理之处和高峰期的配送压力。基于这些数据，企业优化了配送路线和时间，提高了配送准时率和效率。同时，企业还利用数据分析预测了货物需求，提前做好了库存规划和调度。

（4）供应链协同与整合。与供应链上的其他企业建立紧密的合作关系，实现资源和信息的共享，通过协同作业，提高整个供应链的运作效率和响应速度。这包括与供应商、制造商、物流公司等建立紧密的合作关系。例如，一家制造企业与其供应商和物流公司建立了紧密的合作关系，通过共享仓储和配送资源，实现了供应链的协同和整合。企业能够实时了解供应商的生产情况和物流公司的配送能力，从而做出更加准确的采购和配送决策。这种供应链协同模式提高了整体的运作效率和响应速度。

（5）绿色环保与可持续发展。在智慧仓配系统中要注重环保和可持续性发展，采用环保材料、节能设备和技术，减少对环境的影响。同时，推行循环利用的理念，实现资源的有效利用和废弃物的减少。例如，一家物流公司采用了环保的包装材料和可再生能源设备，减少了废弃物排放和能源消耗。同时，企业还推行了循环利用的理念，对废旧包装材料进行回收和再利用。这些环保措施不仅有助于实现绿色物流，还降低了企业的运营成本。

6.1.3　典型案例

雅戈尔线上线下仓配一体化智能仓

中邮雅戈尔宁波智能仓是集数字化、自动化、信息化、智能化为一体的源头总仓，是线上线下仓配一体化的标杆，也是全景供应链深度融合发展模式的试验田。该智能仓作为雅戈尔源头总仓、4 个子品牌全国总仓及海外跨境电商业务总仓，与全国 3 个 RDC 仓（区域配送中心）的信息中心相连，承担了雅戈尔全国电商总仓功能。目前，该企业的主要技术如下:

1. 智能装备。雅戈尔源头总仓可实现自动化仓储、自动化输送、自动化分拣，项目中涵盖了穿梭机器人、搬运机器人、拆码垛机器人等多款物流机器人。

一楼为综合收发作业区，规划有多层穿梭车系统，如图 6-1 所示，跨越两层厂房，其空间利用率是普通横梁式货架的 1.5～2 倍，整套多穿系统共计 5.5 万个货位。窄带分拣机用于 B2B 业务的发货区，做到订单完成即发货、发货即收揽、收揽即中转。1.5 楼是线下业务作业区，采用先提总拣选后播种的方式，提高整体拣选效率，并支持“同款同箱”。

图 6-1　多层穿梭车立体库

二楼是线上业务作业区，主要规划有多个系统货到人拣选区、整箱叠装自动搬运存储区、包装复核区及塑封区。“穿梭车+提升机”是三维货到人拣选及高密度存储一体的箱式立体库，为整个智能仓的高效运转注入了最强动力，系统总体能力可达 7700 箱/小时。在包装环节为雅戈尔量身定制符合纸箱规格的自动塑封膜打包机，使打包效率提高 40%。以“搬运机器人+拆码垛机器人”模式的整箱叠装自动搬运存储区，实现了整箱货物码垛成托的自动化入库和整箱拣选自动化出库。搬运机器人可实现货到人拣选，提高存储密度，节约人力成本；信息系统记录拣选频率，机器人可自动整理货品排序，按动销排列货品。

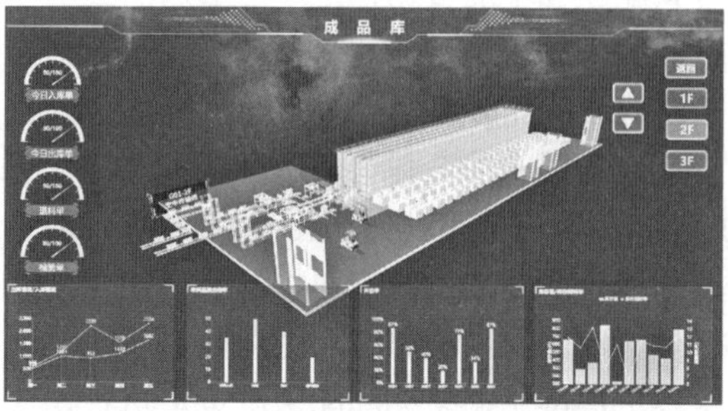

图 6-2　兰剑智能 3D SCADA 系统

2. 智慧软件——数字孪生技术

如图 6-2 所示，依托数字孪生技术的兰剑智能 3D SCADA 系统，1∶1 数字化还原场景，实现仓储物流环节完全的可视化；管理人员可通过计算机实时监管仓内所有设备，当设备报警时可在监控系统中的各设备上反映出故障位置与故障信息；可对接主流 DVR（Digital Video Recorder，硬盘录像机），支持设备多机位监控，具有关键设备故障视频采集联动，关键设备布置视频联动功能，可远程操作实现远程故障处理可视化；系统具备设备自定义故障查询及统计功能，并可以自动导出报表，系统可按照整体及区域维度查询设备的关键指标，并可以产生自定义时间段的曲线图及统计报表等。兰剑智能 3D SCADA 系统为雅戈尔源头总仓提供物流分析、仓储规划及实施，物流信息共享支撑，赋能全国云仓+干线+配送的合作，构建全景智能供应链，助力雅戈尔实现“线上推广、线下体验、线上销售、线下服务”的新零售业务场景。

（资料来源：物流搜索公众号，作者根据物流搜索公众号相关资料整理。）

思考题： 1. 简述你认为该企业仓储配送中值得学习的方面。

2. 该智能仓将为企业带来什么影响？

6.2　智慧仓配业务管理

6.2.1　货物入库

智慧仓储系统是一个货物仓库管理系统，也是工业互联网的一个重要应用场景，对于实现各类仓储产品的信息化管理、提高仓储管理整体运行效率、优化消费者体验具有重要作用。通过固定式读写器、RFID 手持设备及各类智能硬件和大数据技术的智慧协同，管理者可以动态监测产品出入库流向，保障产品存放地点的安全，更高效地完成业务订单。

入库作业是指仓储部门按货物存储的要求，合理组织人力、物力等资源，按照入库作业流程，认真履行入库作业各环节的职责，及时完成入库任务的工作过程。入库业务是整个仓储业务流程的开始。根据不同的管理策略、货物属性数量及现有库存情况，设定货物堆码顺序建议，有效地利用现有仓库容量，提高作业效率。

仓库入库管理包含采购入库、生产退料入库、完工入库、成品客退入库、其他入库等。

其中，采购入库根据采购单生成采购入库单，数据来源为采购单；生产退料入库根据物品生成退料入库单，数据来源为退料物品；完工入库根据生产工单生成完工入库单，数据来源为工单；成品客退入库根据实际客退产品料号生成客退入库单，数据来源为产品料号；其他入库根据实际入库物品生成对应的单据。

智慧仓库的入库作业流程主要包括入库准备、办理交接、入库验收、组织入库等环节，每个环节中所使用的智能设备通过网络将实时采集到的数据信息发送到仓库后台，后台进行入库信息的实时更新。

1. 入库准备

在智慧仓储管理活动中，仓库管理系统（WMS）根据录入的仓储保管合同和物品相关信息，自动编制物品入库作业计划，即物品入库数量和入库时间进度计划，主要包括入库物品的品名、种类、规格、数量、计划入库日期、所需仓容、仓储保管条件等。在 WMS 接收到“收货通知单”或“入库通知单”时，WMS 进行人工智能（AI）审单，确认单证有效且无误后，在物品送达之前，自动发送邮件与采购部门或供应商联系，了解物品入库应准备的凭证和相关技术资料，如物品的性质、特点、保管事项等，尤其是新物品或不熟悉的物品更要加以注意，并保证录入 WMS 的相关信息准确无误，以便自动识别装备的数据写入。在此基础上，WMS 编制具体的入库工作进度计划，并定期跟进入车计划的落实工作，随时做好物品入库的准备工作。

2. 办理交接

物品到库后，智慧仓的 WMS 进行电子审单，检查入库凭证，根据入库凭证开列的收货单位、货品名称、数量和规格等与送交的商品进行智能核对，核对无误后，再进行下一道工序。货物完成卸货后，可根据货物的品种和类型进行分类，然后对其进行电子标签的粘贴。一般电子标签的粘贴以成箱物品或托盘为单位，便于后续的管理。完成电子标签的粘贴后，统一对其进行数据初始化，即货物电子标签的数据录入，这一步工作应结合商品包装二维码及供货单位提供的相关数据信息，使用固定自动识别标签读写器或者手持自动识别读写器完成。

完成电子标签的粘贴和数据录入后，为了对到货情况进行粗略的检查，可进行初步检查验收，其工作内容主要包括数量检验和包装检验。可通过质检区域固定的自动识别读写设备分批分类对货物的数量、电子标签的信息与供应商的供货数据和仓库采购数据进行核对，同时，也可以通过智能摄像头判断货物外包装情况，判断是否存在破损、污染、水湿、渗漏等异常情况，当货物数量规格、外包装等确认无误后才允许入库，如出现异常情况，则发出警报，进一步检验核对，方可入库。

入库物品经过以上几道工序后，才可以与送货人员办理交接手续。如果在以上工序中无异常情况出现，收货人员在送货单上签字盖章表示商品收讫。如发现异常情况，必须在送货单上详细注明并由送货人员签字，或者由送货人员出具差错、异常情况记录等书面材料，作为事后处理的依据。双方签字后的送货单应转换为电子文件上传到 WMS，或在双方确认时进行电子签名，以便双方对货物情况的信息化和智能化进行管理。

3. 入库验收

在办完商品交接手续后，仓库对入库商品还要做进一步的验收工作。对商品验收的基本要求是“及时、准确、严格、经济”，即要求在规定的时间内，以严肃认真的态度，合理组织调配人员与设备，以经济有效的手段对商品的数量、质量、包装进行准确细致的验收工作，这是做到存储商品准确无误和确保商品质量的重要措施。如果仓库或业务检验部门在规定的时间内没有提出商品残损、短少或质量不合格等问题，则存货方认为所提供的商品数量、质量均符合合同要求，双方的责任已清，不再承担赔偿损失的责任。因此，仓储企业必须在规定的时间内，准确无误地完成验收工作，对入库商品数量和质量等情况进行确认，并将检验报告形成电子档形式保存至 WMS 中。

4. 组织入库

办理完货物交接和入库验收后，开始组织货物上架或进货位，具体流程如图 6-3 所示。使用叉车或 AGV 小车将货物搬运至指定货位进行存储，当叉车或 AGV 小车经过固定自动识别设备读写区域时，读写器自动获取货物及托盘标签信息，并将信息上传至 WMS。WMS 会根据系统制订的存储计划，将货位自动识别读写器获取的货位信息与货物标签信息进行匹配，若无误，WMS 通过固定读写区域的读写器将货物信息写入货物及托盘标签中，以实现货位分配，同时向叉车或 AGV 小车下达入库指令。

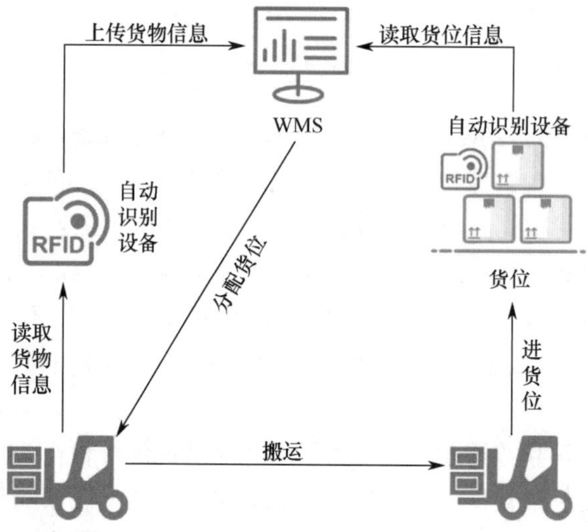

图 6-3 智慧仓库货物进货位流程

叉车或 AGV 小车得到入库指令后将货物搬运至指定货位，并按照入库指令将货物放到指定货位，货位自动识别读写器将存入货位的货物信息上传到 WMS，经过系统确认后，叉车或 AGV 小车退出仓库，完成入库指令。

因为不同企业智慧仓配的具体形式会有所不同，所以不同形式的智慧仓配的入库流程会有所差异，但基本均需考虑前述的 4 个阶段，这 4 个阶段中一些操作细节会因所使用的智能设施与设备及仓库的设计不同而有所不同，如自动化立体仓库与机器人无人仓在入库流程具体操作上便有所不同。

6.2.2　在库管理

1. 货物保管和养护

（1）主要工作内容

① 货物分类与标识。此环节要求对入库的货物进行科学分类，并为每类货物赋予明确的标识，如使用条形码、RFID 标签等，以便后续管理和查找。例如，在服装仓库中，不同款式、颜色、尺码的服装会被分类放置，并使用标签进行标识。当需要找到特定款式的服装时，员工只需扫描标签，系统即可显示该货物的位置信息，提高查找效率。

② 货物存储与堆放。根据货物的特性、尺寸和重量，合理规划货物的存储位置和堆放方式，确保货物在仓库中的安全和稳定。对于易碎或高价值的货物，如玻璃制品或电子产品，仓库会将其放置在专门的货架上，并限制堆放高度，以防止货物损坏。同时，仓库还会定期调整货物的堆放方式，确保货物不会长时间受压或变形。

③ 环境监控与调节。智慧仓储系统会对仓库内的环境进行实时监控，如温度、湿度、光照等，并根据需要调节环境条件，以确保货物的保存质量。对于需要冷藏的货物，如食品或药品，仓库会设置温度控制系统，确保仓库内的温度始终保持在适宜的范围内。当温度超过设定范围时，系统会自动发出警报，并启动相应的调节设备，如空调或除湿机，以保持仓库内的环境稳定。

④ 预防性与应急性养护措施。采取预防性和应急性养护措施，以防止货物受潮、霉变、虫蛀等。这包括定期清洁仓库、使用防潮剂、进行定期翻仓等。对于容易受潮的货物，如纸张或木材，仓库会定期使用除湿机降低仓库内的湿度，并在货物周围放置防潮剂，以防止货物受潮。同时，仓库还会定期进行翻仓操作，将货物翻动并重新堆放，以防止货物长时间受压或变形。

智慧仓储货物保管和养护的工作内容旨在确保货物在存储过程中的安全、稳定和完整，为企业的正常运营提供有力保障。通过综合运用这些措施，可以有效延长货物的保存期限，减少损失和浪费，提高企业的经济效益和市场竞争力。

（2）货物保管与养护新技术

除了传统仓库货物保管与养护的一般方法，智慧仓储还会引入一些新的技术方法来提高作业效率和保管的质量。

① 温湿度自动监控系统。该系统利用光电自动控制设备，在规定的仓库温湿度范围内可自动开窗、开动除湿机、记录和调节库内温湿度等，当库内温湿度调至适宜时，又可自动停止工作。该系统具有占地面积小（1.2 平方米左右）、使用灵敏准确的优点，为智慧仓储常用的设备。

温湿度自动监控系统分为三大部分：数据中心、仓库监控点、用户手机。数据中心主要由个人计算机（PC）和上位机软件构成，它可以实现对数据的接收、存储、显示、数据请求及曲线显示、报表打印输出等信息管理工作，进行特殊情况的监控中心预警，以及通过客户端软件方便地访问实时数据和历史数据。仓库监控点能够实时监控仓库内现场的温度、湿度、烟雾等数据，并将仓库现场的温度、湿度、烟雾等数据采集到数据采集终端内，还可以根据实时数据实现现场的自动报警，防止事故发生。用户通过智能手机访问数据中心，采集现场实时数据，或编辑短信发送到数据采集终端采集现场实时数据。

温湿度自动监控系统由前端来完成对环境监测因子（监测因子包括仓库湿度、温度、烟雾等环境参数）的监测与汇总、转换、传输等工作。这些监测因子由数据采集终端使用不同的方法进行测量，以获得一个非常准确的测量数据，结果通过数据处理转换后经由 GPRS（通用分组无线服务技术）网络向在线监测数据平台传输，在线监测数据平台来实现数据的接收、过滤、存储、处理、统计分析并提供实时数据查询等任务。当温湿度超过设定阈值时，自动开启或者关闭现场指定设备，温湿度自动监控系统可以安全、可靠、准确、实时、快速地将真实的仓库环境信息展现在管理人员面前。

② 基于气压传感器的保鲜技术。荧光氧气传感器外加气压传感器可以输出氧气浓度值和气压值；结合电化学传感器低功耗的优势，非消耗传感原理使得它具有更长的寿命。另外，荧光氧气传感器有氧压和温度补偿，使得它可以准确工作于宽环境范围，而无须额外的补偿系统。该传感器技术非常稳定和环保，不含铅或其他任何有毒材料，并且不受其他气体交叉干扰的影响。

新鲜果蔬采收后是一个有生命的活体，在存储过程中仍然进行着正常的以呼吸作用为主导的新陈代谢活动，表现为消耗氧气，释放二氧化碳，并释放一定的热量。因此，控制或调整存储环境中氧气及二氧化碳的浓度，可以大大提高某些水果和蔬菜类货物的存储寿命。荧光氧气传感器就是通过精确地测量氧气和二氧化碳的浓度来调整气调库的气氛环境，从而延长易腐食品的保质期。

在冷藏的基础上，增加气体成分调节，通过对存储环境中温度、湿度、二氧化碳、氧气浓度和乙烯浓度等条件的控制，抑制果蔬呼吸作用，延缓其新陈代谢过程，从而更好地保持果蔬新鲜度和商品性，延长果蔬储藏期和保鲜期。气调贮藏通常比普通冷藏可延长储藏期接近 1 倍；气调库内储藏的果蔬，出库后先从“休眠”状态“苏醒”，这使果蔬出库后保鲜期（销售货架期）可延长 21～28 天，是普通冷藏库的 3～4 倍。

③ 监控货位的压力传感器技术。压力传感器（Pressure Transducer）是能感受压力信号，并能按照一定的规律将压力信号转换成可用的输出的电信号的器件或装置。压力传感器通常由压力敏感元件和信号处理单元组成，是一种智能压差控制器。按不同的测试压力类型，压力传感器可分为表压传感器、差压传感器和绝压传感器。在智慧仓储中，货位的受压情况可以采用压力传感器进行监控，通过工作指示灯、报警指示灯和报警蜂鸣器，超大液晶屏实时显示货位当前压差值，当达到设定值时输出开关信号，通知仓管人员，进行货位科学合理的管理。

④ 物品存储周期的自动监控技术。在智慧仓储中，会采用物品存储期限的自动监控技术，可以对物品的存储周期进行自动化监控，能提醒当物品存储设备门的闭合状态变化时，该设备触发对本设备中的物品进行识别；信息系统根据识别的结果，对物品存储信息进行更新；根据更新后的物品存储信息，信息系统计算各物品的存储时间；对每个物品，根据存储时间和预设保质期，信息系统判断是否需要将提醒信息通知给用户。如此，可以对存储物品的存储期限进行自动化监控和提醒，从而使得用户能够及时获知存储接近保质期的物品。

2. 货物盘点

货物盘点是指定期或临时对库存物品的实际数量进行清查、清点的作业，即为了掌握货物的流动情况（入库、在库、出库的流动状况），对仓库现有物品的实际数量与信息系统及财务账面上记录的数量相核对，以便准确地掌握库存数量。货物盘点作业一般根据以下几个步骤进行：盘点前准备、确定盘点时间、确定盘点方法、盘点人员组织与培训、清理盘点现场、盘点、查清差异原因、盘点结果处理，如图 6-4 所示。

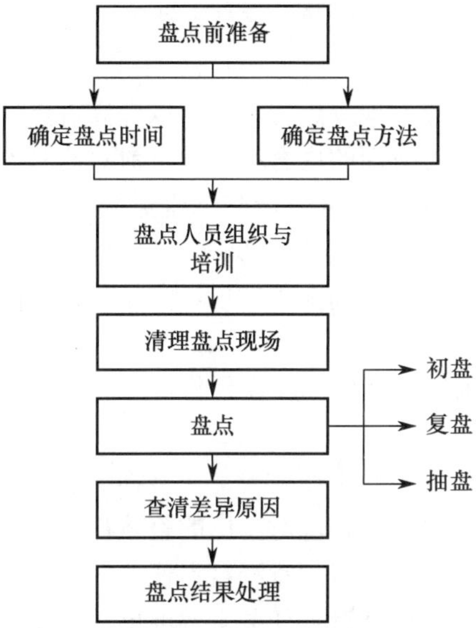

图 6-4　智慧仓库货物盘点流程

（1）盘点前准备

盘点前的准备工作是否充分，关系到盘点作业能否顺利进行。准备工作主要包括确定盘点的作业程序，配合财务会计做好盘点准备；根据盘点作业的需要安排人力，通常一周前安排好人员的出勤计划；进行环境整理，清除不良品和作业场地死角，将各种设备、备品及工具存放整齐：准备好盘点工具，如果使用盘点机或盘点枪盘点，须先检查盘点机或盘点枪是否能正常操作。

（2）确定盘点时间

一般来说，为保证账物相符，商品盘点次数越多越好。但盘点需投入必要的人力、物力，有时大型全面盘点还可能引发生产的暂时停顿，所以合理确定盘点时间非常必要。引起盘点结果盈亏的关键原因在于出入库过程中发生的错误，出入库越频繁，出错的可能越大。确定盘点时间时，既要防止盘点过久对公司造成的损失，又要考虑仓库资源有限、商品流动速度较快的特点。在尽可能投入较少资源的同时，要加强库存控制，可以根据商品的不同特性、价值大小、流通速度、重要程度分别确定不同的盘点时间。盘点时间间隔可以从每天、每周、每月到每年盘点一次不等，如主要商品每天或每周盘点一次；次要商品每两三周盘点一次；普通商品每月盘点一次。

（3）确定盘点方法

因盘点的场合、要求不同，盘点的方法也有差异。为满足不同情况的需要，尽可能快速、准确地完成盘点作业，要确定合理的盘点方法。

（4）盘点人员组织与培训

根据盘点工作的需要，要安排相应的负责人员。盘点人员的培训分为两部分：一部分是针对所有人员进行盘点方法及盘点作业流程的培训，让盘点作业人员了解盘点目的、盘点表格和单据的填写；另一部分是针对复盘与监盘人员进行认识货品的培训，让他们熟悉盘点现场和盘点货品，对盘点过程进行监督，并复核盘点结果。

（5）清理盘点现场

盘点作业开始之前必须对盘点现场进行清理，以提高盘点作业的效率和盘点结果的准确性。清理工作主要包括以下几个方面的内容：①盘点前对已验收入库的商品进行整理归位，对未验收入库属于供应商的商品，应区分清楚，避免混淆；②盘点场所关闭前，应提前通知，将需要出库配送的商品提前做好准备；③账卡、单据、资料均应整理后统一结清，以便及时发现问题并加以预防；④预先鉴别变质、损坏商品。盘点前要对存储场所堆码的商品进行整理，特别是对散乱商品进行收集与整理，以方便盘点时计数。在此基础上，由货物保管人员负责进行预判，以便提前发现问题并加以预防。

（6）盘点

货物盘点是智慧仓储管理的核心工作之一，在货物盘点流程中可以通过固定式自动识别读写设备和手持自动识别读写设备来实现对全库的整体盘点和单货位的盘点。首先，固定式读写设备全库和单货位盘点。仓库在得到货物盘点任务后，通过仓库服务器向货位固定式自动识别读写设备发送盘点指令，根据盘点任务来实现单货位盘点、多货位盘点和全库盘点。自动识别读写设备接收到盘点指令后会对货位的数据信息进行读取，同时将读取到的信息上传至仓库服务器，通过与原始数据库及出入库情况核对来实现货物的盘点工作。其次，手持标签自动识别设备货位盘点。手持自动识别读写设备的优点在于其可移动性，主要针对小面积或者单货位盘点。仓库在得到货物盘点任务后，仓库工作人员可以使用手持自动识别读写设备来对需要盘点的物品或者货位进行盘点，同时通过仓库的无线设备将数据上传至仓库服务器，通过与原始数据库及出入库情况核对来实现货物的盘点工作。

（7）查清差异原因及处理

盘点会将一段时间以来积累的作业误差及其他原因引起的账物不符暴露出来，一旦发现账物不符，而且差异超过容许的误差时，应立即追查产生差异的原因。查清原因后，为了达到通过盘点使账面数据与实物数据保持一致，需要对盘点盈亏和报废品一并进行处理。除了数量上的盈亏，有些商品还会通过盘点进行价格的调整，这些差异的处理，可以经主管审核后，用货物盘点盈亏及价格增减调整表在 WMS 系统中进行更正。具体操作可采用虚拟出入库的方式，进行账面数据的增减，以使盘点实数与财务人员账卡上的数据相符。

3. 货物移库

在智慧仓储中，某些货物由于业务需要或自身特性需要变更存储场所，从一个仓库转移至另一个仓库时，必须根据有关部门开具的移库单来组织货物出库。移库应根据具体要求，同时满足多种移库规则，例如，同属性货物相邻存放、货物存放货架层数要求、按出入库量大小优先安排同层存放顺序、靠近托盘货架区出入口等条件。移库的目的，一是优化储位，根据货物属性或指标，进行分类分析，对货物进行储位的移动，以优化库存结构；二是提高仓储效率，对不满一个托盘的货物进行拼盘作业，以提高储位的仓储效率。

（1）货物移库原因

① 进行盘点作业时发现货物损坏或质量下降，要求移库，以对货物分类管理。

② 盘点时发现货物放错地方，需要重新调整。

③ 入库时，因托盘不够用而产生拼托，等托盘充足了再进行移库。

④ 货物大部分出库后，剩余的部分暂时存放在某处，有新货物入库后要重新进行调整。

⑤ 原先有瑕疵的货物经过简单加工后恢复正常，可以移到正常货物的仓库。

⑥ 原先因为库存紧张，将货物放在别的仓库，现在仓库有充足的储位，将货物移到预想进入的仓库，以方便管理。

⑦ 目前的仓库储量小，而别的仓库仍有充足储位，移库可以方便管理，而且可以节约照明、恒温等资源。

（2）移库作业过程

智慧仓库货物移库作业过程如图 6-5 所示。①仓管员接到主管的移库指令后，需要在系统内完成移库信息的处理，包括新增移库作业单、移库预处理操作、生成移库作业，并将作业指令传递至下一个环节，完成仓库内货品的移库作业。②仓管员完成仓储系统内的移库信息处理后，拿着移库单进入作业区进行移库作业操作。仓管员需要先取出移库相关设备，然后到指定原库位进行货物下架操作，最后将货物搬运至指定库位进行上架操作。③仓管员完成移库作业后，将操作完毕的移库作业信息反馈到信息系统，然后向仓库主管汇报移库情况，并由仓库主管在移库单上签字确认。

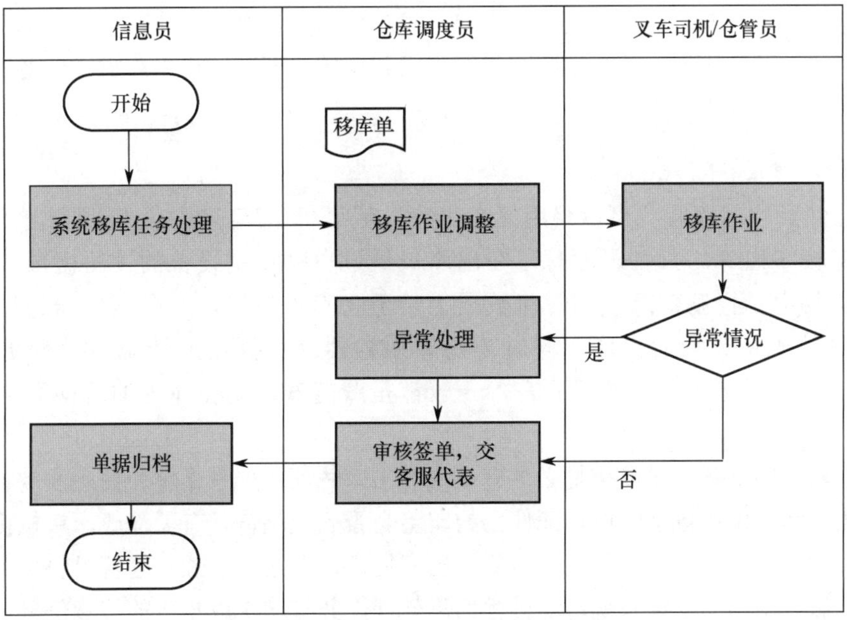

图 6-5　智慧仓库货物移库作业过程

6.2.3 出库配送

1. 基本要求

智慧仓储货物出库配送的基本要求是确保出库作业的准确、及时、完整、合规、可追溯，并优化配送路线，提供优质的客户服务。通过运用先进的仓储管理系统、自动化设备和物流技术，可以实现高效、准确的出库配送作业，提高物流运作效率和服务水平。

（1）准确性。货物出库必须准确无误，包括货物的品种、数量、规格等，确保与出库单或订单信息一致。使用先进的仓储管理系统（WMS）和自动化设备，如条形码扫描器、RFID 技术等，以提高出库作业的准确性和效率。

（2）及时性。出库操作必须在规定的时间内完成，以满足客户或下游配送的时间要求。建立高效的出库流程和作业计划，确保货物能够按时、按量、按质地送达目的地。

（3）完整性。确保出库货物完好无损，避免因包装不当、搬运粗鲁等原因造成货物损坏或丢失。在出库前进行必要的检查和测试，如质量检查、包装确认等，以确保货物质量和完整性。

（4）合规性。出库操作必须符合相关的法律法规和政策要求，如出口管制、禁运物品等。确保出库货物符合客户或下游配送的要求和标准，如质量认证、环保标准等。

（5）可追溯性。出库货物应具有可追溯性，即能够追踪货物的来源、流向和状态等信息。利用仓储管理系统和信息技术手段，实现出库货物的信息记录和追溯，以便在需要时进行查询和追溯。

（6）优化配送路线。根据货物的目的地和配送要求，优化配送路线，以减少运输时间和成本。利用先进的物流技术和数据分析工具，进行配送路线的规划和优化，提高配送效率和服务质量。

（7）客户服务导向。出库配送应以客户需求为导向，提供个性化、多样化的配送服务。加强与客户的沟通和协调，及时了解客户的需求和反馈，不断改进出库配送服务，提高客户满意度。

2. 工作内容

智慧仓储货物出库时，可以采用叉车出库、输送机出库、AGV 机器人出库，也有些企业采用穿梭车出库。货物出库时，在出库口经过自动识别设备的读写区域，读写器会自动读取货物电子标签信息，同时将数据上传至仓库服务器，仓库服务器通过核对订单和数据信息，确认无误后出库。同时，仓库服务器会根据出库情况自动变更货物库存量。就整个出库配送作业的过程而言，一般都是跟随着货物在库内的流向而构成各工种的衔接。

（1）出库前的准备。发放货物必须有正式的出库凭证，严禁无单或白条发放物品。仓库接到出库凭证后，由业务部门审核证件上的印鉴是否齐全相符、有无涂改，审核提货单的合法性和真实性。出库凭证审核无误后，要对出库凭证信息进行处理。仓管员将出库凭证信息录入计算机后，由出库业务系统自动进行信息处理，并打印生成相应的拣货信息（拣货单等凭证），作为拣货作业的依据。

（2）配货作业。下游分销商订单到达仓库后，仓库服务器通过仓库管理系统自动分析订单，同时控制货位自动识别读写器来读取货位物品信息，通过分析计算出订单所需物品所在的货位并生成配货指令。配货指令生成后，仓库服务器会向叉车发送配货指令，叉车接收到配货指令后会前往相应货位搬运货物，确认无误后搬运货物出货位。

（3）拣货作业。拣选作业的方法主要分为单一拣选和批量拣选。①单一拣选。单一拣选又称按订单拣选、摘果式拣选，即针对每一张订单，拣货人员巡回于存储场所，将客户所订购的每一种商品挑选出来集中在一起，将配齐的商品放置到发货场所指定的货位，然后再处理下一张订单。②批量拣选。批量拣选又称播种式拣选，即将每张订单的同种商品累加起来，从存储仓位上取出，集中搬运到理货场，并按每张订单要求的数量投入对应的分拣箱，分拣完成后分放到待运区域，直至配货完毕。

（4）复核。为保证出库商品不出差错，备货后应立即进行复核。复核是防止发货出现差错的关键。发货前由复核员仔细复核出库商品的品名、规格、单位、数量等是否与出库单一致，货物（如机械设备等）的配件是否齐全，以及所附证件、单据是否齐备。核查无误后，由复核人员在出库凭证上签字，方可包装或交付装运。在包装、装运过程中要再次检查外观质量和包装是否完好等。

（5）自动化包装。IT 技术、高级自动化机械及智能型检测、控制、调节装置等已被引入物流包装当中，促进了自动包装流水线的发展。自动包装流水线集纸箱成型、自动装箱、自动封箱等功能于一体，可根据客户不同的包装要求进行个性化设计和制造，从而大大提升了包装领域的安全性、准确性，进一步解放了包装劳动力。实际上，自动包装流水线并非多个不同包装设备的简单组合，而需要根据企业产品的不同进行适当搭配，从而提升效率。

（6）发货后的处理。经过出库的一系列工作流程之后，有的货垛被拆开，有的货位被打乱，有的库内还留有垃圾和杂物等，所以最后应对现场进行清理。现场清理主要是对库存的货物进行并垛、挪位，整理货位，清扫发货场地、保持清洁卫生，检查相关设施设备和工具是否损坏、有无丢失等。同时应及时将出库信息通过自动识别设备移动工作平台或手持电子标签读写设备录入仓库管理系统，系统自动更新数据。

6.2.4　典型案例

泉港隆汉物流 5G 智慧仓储

泉港隆汉 5G 智慧仓储项目，结合 5G 技术实现百量级物联设备同时接入，确保设备稳固连接，安全作业，构建了绿色、敏捷的供应链，助力泉港隆汉物流在节省人工成本、提高分拣效率、加快流转批次上得到切实的优化，并最终带动企业经济效益的提升。

泉港隆汉 5G 智慧仓储项目结合 5G 智慧仓储在智能拣选、数据高效处理、就地存储三大方面优化升级要求，依据隆汉物流不同生产工序的特点，多方面进行 5G 工业互联网建设，目前已完成 5G 特色应用，包括智慧分拣运输、WMS 仓库管理系统、WCS 自动化控制系统等方面。

1. 智能分拣运输。智慧仓结合 5G 技术可实现百量级物联设备同时接入，5G 的应用，保障了穿梭车等物联设备的精准定位及订单任务的货品精确分发，实现商品从入库到销售环节全流程互联互通。企业可实时精准管控货物状态，确保物品分拣的高效运行。穿梭车及移动PAD使用5G信号进行业务数据上传，通过基站及传输系统上传至泉州联通机房UPF，经UPF数据分拣完成后通过专线下发至客户机房MEC边缘云服务器上，同步操作指令也通过相同的线路反向下发至业务终端，如图6-6、图6-7所示。

图6-6　泉港隆汉物流5G智慧仓储

图6-7　穿梭车分拣运输实拍图

2. WMS仓库管理系统。该系统以提供完整的物流管理集成服务为主，通过定义的物流信息标准化接口模型，满足隆汉物流的对接系统要求，可以实现统一录入、统一存储、统一展现以及仓储管理，主要功能包含：①系统维护功能；②出入库管理功能；③数据查询与报表功能；④数据维护功能；⑤设备监控功能；⑥单据处理功能；⑦盘点功能；⑧物料管理功能；⑨移库功能；⑩软件数据互相传入、传出功能。WMS仓库管理系统示意图如图6-8所示。

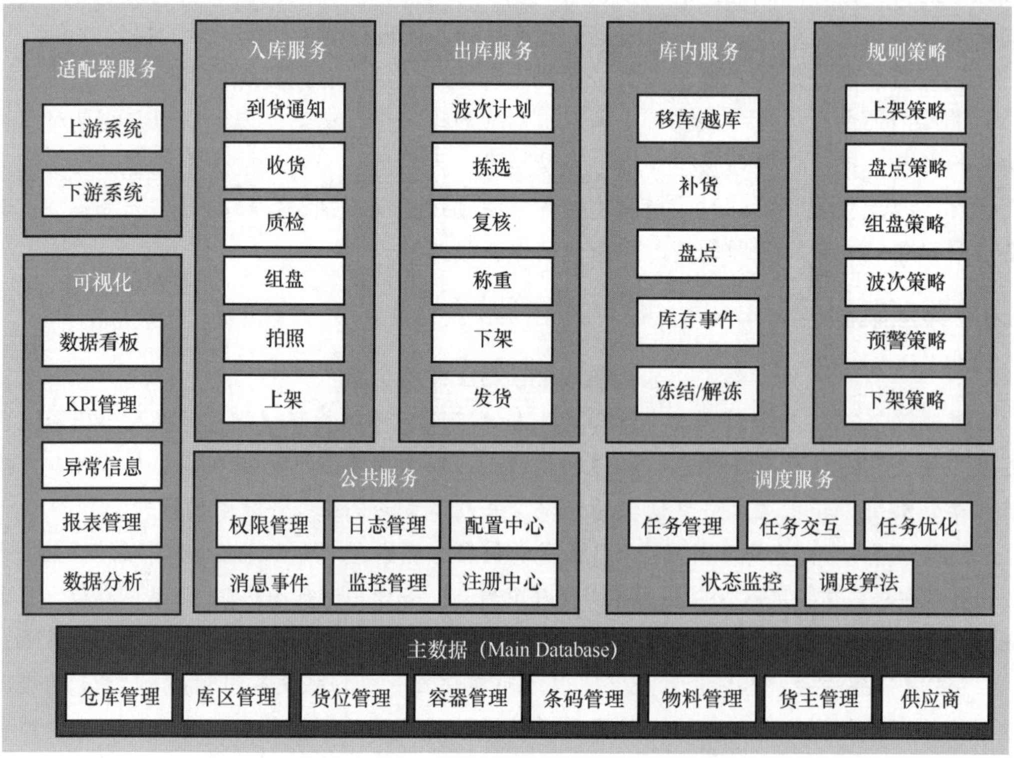

图6-8　WMS仓库管理系统示意图

3. WCS 自动化控制系统。该系统是介于 WMS 系统和 PLC 系统之间的一层管理控制系统，基于联通 5G 专网实现 5G 终端的设备管理和调度，可以有效协调各种物流设备如输送机、堆垛机、穿梭车以及机器人、分拣机、电子标签、AGV 等物流设备之间的运行，主要通过任务引擎和消息引擎，优化分解任务、分析执行路径，为上层系统的调度指令提供执行保障和优化，实现对各种设备系统接口的集成、统一调度和监控。WCS 自动化控制系统示意图如图 6-9 所示。

图 6-9　WCS 自动化控制系统示意图

受惠于智慧仓储的产业不只是物流产业，任何制造业及零售业，都可以通过 5G 智慧仓储降低物流仓储成本。因为智慧仓储可以让企业获取商业信息的方式，从被动走向主动，实现整个供应链管理的智慧化，提高服务品质、加快回应时间，促使客户满意度增加，仓储物流供应链环节整合更紧密。

（资料来源：制造业知识服务中心，作者根据制造业知识服务中心相关资料整理。）

思考题： 1. 泉港隆汉 5G 智慧仓储涉及哪些方面？

2. 5G 技术为整个产业环境带来了哪些影响？

6.3　智慧仓配信息系统操作

WMS（Warehouse Management System）即仓库管理系统，是一个集成了入库、出库、移库、盘点等功能的综合性管理系统。在智慧仓配信息系统中，WMS 系统扮演着核心的角色，通过实时采集、处理和分析数据，实现仓库作业的自动化、智能化和高效化。本节以 WSM 系统为例介绍常见的操作流程。

6.3.1　入库操作

首先通过自动化信息采集系统，如条形码扫描、RFID、NFC 技术、光学识别或语音识别等，获取商品 EPC 编码。然后系统根据 EPC 编码访问 PML（物品标记语言）服务器获取产品详细信息，自动生成产品入库清单，并与现有库存进行比对，确认库存无超限后，完成产品入库，具体流程如图 6-10 所示。

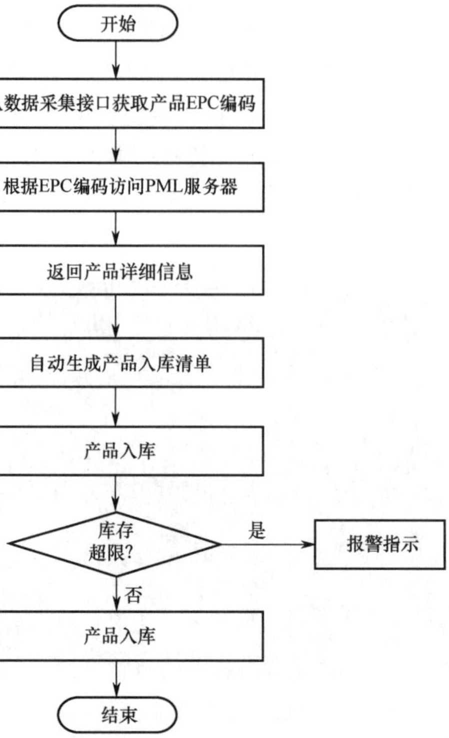

图 6-10　货物入库操作流程

系统根据入库清单验收采集数据，确定到货货物号、数量、包装等信息，生成上架单；仓库管理员根据车载设备或手持设备指示识别对应货位和上架数量，完成上架作业，流程如图 6-11 所示。

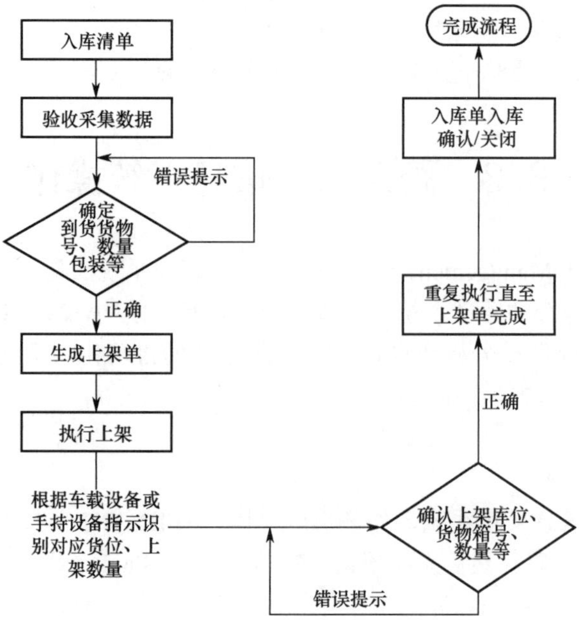

图 6-11　仓位自动分配流程

6.3.2　出库操作

在系统中输入出库数据，下达出货通知单并生成分拣单。拣选库的仓库管理员利用车载或手持移动设备扫描相应货位、货物标签提取货物。最后，基于 RFID 的智慧仓库的门式读写器将进行出库检查，确保出库操作无误。出库流程如图 6-12 所示。

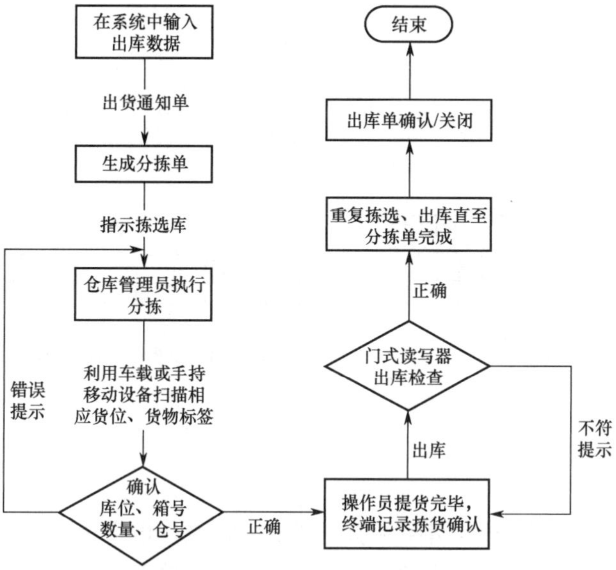

图 6-12　货物出库操作流程

6.3.3　盘点操作

执行盘点工作时，首先要生成盘点清单。仓库管理员从车载或手持终端系统中调出盘点单，扫描现场货位标签，确认盘点货物信息，如果数量正确，则盘点下一处，直至实盘完成。初盘完成后，根据差异数据进行复盘。最后，汇总盘点数据并进行库存调整，完成盘点操作。货物盘点流程如图 6-13 所示。

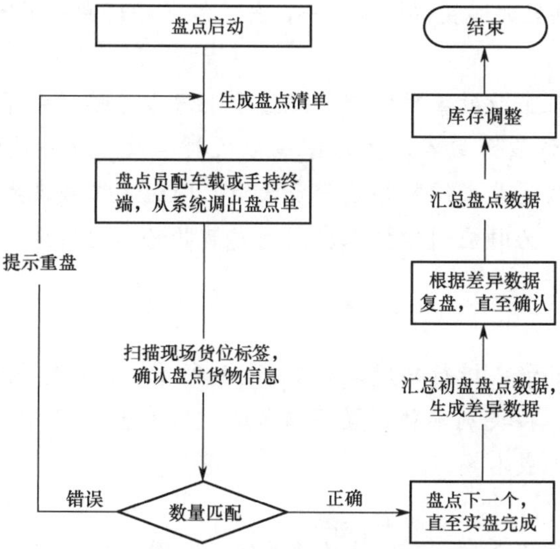

图 6-13　货物盘点操作流程

6.3.4　补货操作

WSM 系统会自动查询或检测货物库存是否到达补货点。当货物达到补货点时，信息员下达补货作业任务，生成补货单。理货员按要求完成整箱下架、搬运、拆零、补货上架等指令，完成补货操作。货物补货操作流程如图 6-14 所示。

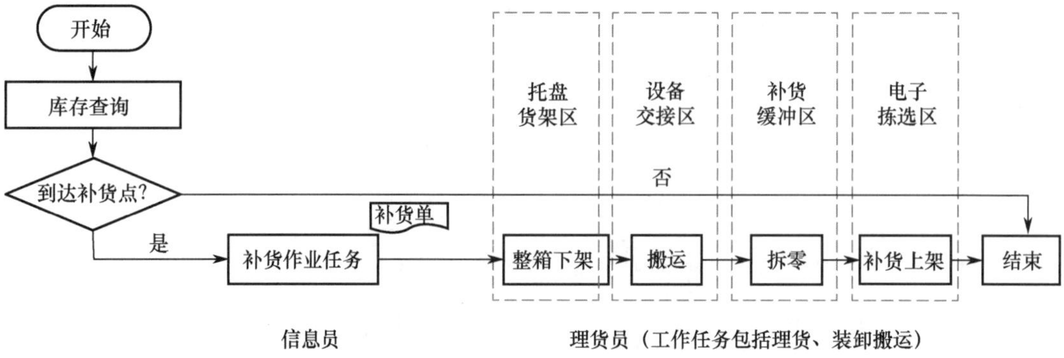

图 6-14　货物补货操作流程

6.3.5　典型案例

智慧仓储——加速“嘉里物流”数字化

嘉里大通物流有限公司（以下简称“嘉里大通”）始建于 1985 年，是中国大陆最早成立的国际货运代理企业。母公司嘉里物流联网有限公司（以下简称“嘉里物流”）总部位于香港，是亚太地区最具领导地位的第三方物流供应商之一，拥有覆盖全球的庞大服务网络，业务据点遍及中国及亚太地区，并在欧洲、东南亚等重点区域都设有全资子公司。

嘉里大通多元化的核心业务和增值服务有效降低了客户的运营成本，配合了市场变化。例如，嘉里大通以主客户、主行业为双轮驱动，建立有优势的航线产品，开拓市场。其全球门到门国际供应链解决方案，主要提供空运、海运、跨境铁/陆运、关务、工程物流等一站式服务。凭借优秀的能力，嘉里大通获得诸多荣誉，并连续多年跻身中国国际货代物流百强、中国物流百强企业名单。

原主要服务于该服装企业的嘉里物流仓库位于上海古恩路，由于相对独立并距离公司其他物流园较远，项目操作波峰波谷人力调派响应及共享效应受到局限，库容能力无优化空间，上海各区仓库落税政策要求缩紧导致税负太重，同时人工成本年年上涨无空间消化，与客户预算节省预期相悖。为顺应科学技术应用的发展趋势，更好地服务于客户，特此搬仓至嘉兴平湖安喜物流园。

新仓内部方案一：

采用夹层与传送带的形式进行搭建，如图 6-15 所示，将操作区分为 3 层，从存储区到操作区的步行空间更短。按类别单独设置存储区域，压缩仓库空间，以便更好地管理库存。该方案最大的缺点是人工成本高。

新仓内部方案二：

采用服务供应商的智能仓储——蜘蛛拣选系统，如图 6-16 所示。

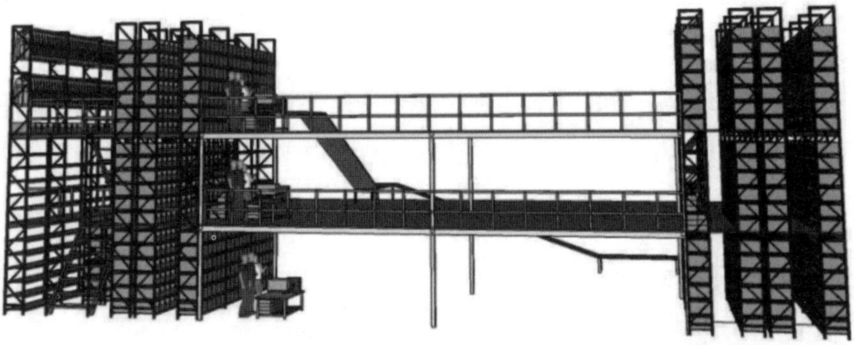

图 6-15　夹层与传送带形式

图 6-16　蜘蛛拣选系统

蜘蛛拣选系统（Picking Spider System，PSS），能充分利用仓库 9 米的高度立体存储，提升 6 倍存储效率，其货到人模式，可大幅节省工人走路的用时，提升 3 倍人效。PSS 采用 AIoT（Artificial Intelligence & Internet of Things，人工智能物联网）操作系统——旷视河图进行人机协同操作，使得单人拣货件数达到 600 件每小时，柔性部署让每小时搬 30 箱的“小蜘蛛”机器人可以根据订单量的变化进行增减，轻松应对大促活动。PSS 广泛适用于鞋服、美妆、百货等小轻件的 2B 和 2C 业务，能最大限度地利用空间，依靠蜘蛛拣选机器人自动取放货物，有效地降低劳动力投入和错误率，同时能灵活地调整容量，为不同需求的客户提供对应服务。该方案的缺点是前期投入成本较大。

嘉里物流利用蜘蛛拣选系统的库位管理功能，可以及时掌握所有库存货物当前所在位置，精确抓取所需货物有利于提高仓库管理的工作效率。

（资料来源：未来运力公众号，作者根据未来运力公众号相关资料整理。）

思考题： 1. 嘉里物流数字化体现在哪里？

2. 新仓内部方案分别有什么特点？

本章小结

智慧仓储是智慧物流过程的一个重要环节，智慧仓储的应用，保证了货物仓库管理各个环节数据输入的速度和准确性，确保企业及时准确地掌握库存的真实数据，合理保持和控制企业库存。

智慧仓储生产、配送、库内作业，在物流管理中占据重要地位，通过学习生产与配送流程、库内作业管理、入库交接等内容，使物流管理人员掌握一定基础性知识，培养流程规划、合理选择等能力。

复习思考题

1. 智慧仓配合理化的标志是什么?
2. 智慧仓配合理化的途径有哪些?
3. 简述智慧仓配业务包含的内容。
4. 智慧仓库保管与养护新技术有哪些?
5. 出库配送工作内容是什么?
6. 盘点工作需要注意哪些方面?
7. 简述补货作业流程。

实训项目

1. 课内实训

将学生分组，分别扮演不同角色，模拟智慧仓配货物流程，体会货物流程的内容与细节。

2. 课外实训

学生前往驿站或快递服务点，进行仓储配送实操，体会分拣、配送等流程。

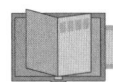

第三篇　技术篇

第 7 章　新兴仓配技术

学习目标

知识目标：

1. 了解常见的以及新型的仓储与配送技术；
2. 掌握智慧仓储与配送技术的特点及应用场景；
3. 了解新基建在物流场景中的应用；
4. 掌握即时配送概念；
5. 了解机器人分拣技术，并了解其作业特点；
6. 了解无人驾驶技术及其应用场景和特点。

能力目标：

熟悉 5G 以及新基建在物流领域的应用，培养创新能力。

思政目标：

1. 以带动产业智能化为目标，培养创新、协调、合作发展理念；
2. 加强仓储与配送专业知识，培养高水平、高素质、专业化人才。

导引案例

智慧仓储："智能大脑"统管全局

随着物流的数字化，现代"仓储"已不仅仅是物流过程中的一个"中转站"，而是一个能够提供更精细化服务的关键节点。大数据、物联网、人工智能等的应用，推动越来越多的智能仓走向市场。

先进智能仓的背后是统管全局的"智能大脑"——智能仓储系统。

"智能仓储系统，是货物从入库到在库再到出库全环节的'指挥官'。"京东物流人工智能算法专家赵巍博士举例解释，在入库环节，通过大数据和机器学习算法，可提前优化货物存储位置，"畅销货会存放在靠近拣货产线的储位，同时关联性高的货品会存放在同一个储存区，由此提升多货品订单的拣货效率"。

到了出库环节，还能根据货品的长宽高，推荐合理包裹数与箱型，避免打包时出现大箱装小物、包裹数过多等问题，减少耗材浪费。记者了解到，智能仓储系统运用到的技术和算法会持续根据实际情况进行优化，目前已完成了 3 次大型的迭代升级。

5G 网络建设的推进，也为仓储物流效率的提升提供了更多可能。

2021 年由美的、中国联通、华为携手打造的 5G 全连接智能制造示范工厂正式亮相。依托"5G+智慧物流"解决方案，该工厂成功实现了少人化、无纸化及物流效率的提升。

华为中国区 5G 行业创新负责人介绍，“5G+智慧物流”解决方案通过对货车、夹抱车、牵引车等关键要素的实时精准定位，感知车辆和对应货物的空间位置状况，做到对货物信息的实时显示、自动盘点与智能管理。相较于传统单一的定位技术，该方案具备广融合、快切换的特性，能够进一步降低环境依赖、打通数据孤岛。

国家发展和改革委员会投资研究所副所长盛磊认为，仓储物流基础设施的数字化、网络化、智能化发展，关键是以“数据”驱动决策与执行，通过物流作业自动化、物流规划与决策智能化、物流管理与流程透明化等，与产业的制造与销售流程形成深度嵌套，达到提升物流运营效率、降低生产运行成本的目的。对整个经济社会运行来说，智慧仓储发挥了优化资源配置、降低整体能耗、驱动产业升级的重要作用。

（资料来源：中原新闻网，作者根据中原新闻网相关资料整理。）

思考题：1. 5G 网络建设如何提升物流效率？

2. 为什么要构建智慧仓储？

7.1 北斗与新基建技术

北斗卫星导航系统（Beidou Navigation Satellite System，BDS）是中国自行研制的北斗卫星导航系统，也是继 GPS、GLONASS 之后的第三个成熟的卫星导航系统。中国的 BDS 和美国的 GPS、俄罗斯的 GLONASS、欧盟的 GALILEA，是联合国卫星导航委员会已认定的供应商。北斗卫星导航系统由空间段、地面段和用户段三部分组成，可在全球范围内全天候、全天时为各类用户提供高精度、高可靠定位、导航、授时服务，并且具备短报文通信能力和区域导航、定位和授时能力。

目前全球范围内已经有一百多个国家与我国签下了北斗卫星导航系统合作协议。北斗卫星导航系统的应用是我国构建人类命运共同体的成功实践，未来北斗卫星导航系统在国际应用空间中还将会不断扩展。

7.1.1 “北斗+5G”的应用

1. 5G 技术介绍

第五代移动通信技术（5th Generation Mobile Communication Technology，5G）是具有高速率、低时延和大连接特点的新一代宽带移动通信技术，5G 通信设施是实现人、机、物互联的网络基础设施。作为当前发展的新型基础设施之一，5G 不仅可以为大众带来更加优质的移动通信服务体验，更将肩负起赋能各行各业的历史使命。“北斗+5G”这个智能化时代的融合基础设施，正在成为新一代信息技术和产业发展的制高点。5G 最大的优势在于“快”，比 4G 网络传输速度快 100 倍，同时时延低于 1 毫秒。而北斗的优势在于“准”，北斗可向用户提供高动态亚米级、厘米级的，静态毫米级高精度定位服务，两者的融合将满足全覆盖的高精度需求，相互赋能，彼此增强。

2. “北斗+5G”发展现状

目前，“北斗+5G”的融合发展正在成为新的趋势，中共中央、国务院印发的《数字中国建设整体布局规划》指出，要推进移动物联网全面发展，大力推进北斗规模应用。北斗与

5G 的融合发展，有助于实现万物互联和精准协同，提供更加可靠的时空信息服务。

目前，众多北斗相关企业正在这个“最后一米”上创新发力，并推动北斗规模化应用。以中国移动为例，中国移动已推动北斗+5G 高精度定位技术应用于多个行业，在很多人力无法触及、人工不易实现的领域，北斗+5G 高精度定位正在发挥着重要的作用。基于“北斗+5G”厘米级、亚米级等标准化高精定位服务，中国移动推动“北斗+5G”广泛应用于春耕播种、插秧等作业。厘米级定位能力应用于农机自动驾驶导航、无人机植物保护作业等，实现耕种全程自动化；亚米级定位能力应用于农机定位、农机作业监管等，实现农机作业轨迹、作业速度、作业状态实时监测。截至 2022 年，中国已建设开通 238.4 万个 5G 基站，如图 7-1 所示。而中国移动一家运营商就已建设开通 128.5 万个，可为全国所有地级市以及大部分重点县城提供 5G 服务。

3. “北斗+5G”应用现状

（1）在交通运输领域的应用。交通运输是国民经济、社会发展和人民生活的命脉，北斗是助力实现交通运输信息化和现代化的重要手段，对建立畅通、高效、安全、绿色的现代交通运输体系具有十分重要的意义。交通运输部印发的《关于推动交通运输领域新型基础设施建设的指导意见》提出，结合 5G 商用部署，推动交通基础设施与公共信息基础设施协调建设，逐步在高速公路和铁路重点路段等多个应用区域实现网络覆盖。“北斗+5G”的应用将进一步推进交通运输发展的现代化、信息化。

（2）铁路全自动无人机智能巡检专用系统。铁路基础设施设备具有点多、线长和量大等特点，在日常巡检中，大到一座桥梁、一座隧道，小到一根轨枕、一颗螺钉，都需要投入大量的人力和装备。同时，高铁沿线周边环境隐患的排查受视线高度的制约，难以实现快速、大范围巡检，单纯依靠人工和车载巡检非常困难。京沪高铁为此开发了基于“北斗+5G”的铁路全自动无人机智能巡检专用系统，如图 7-2 所示。该系统在国内外的应用尚属首次。

图 7-1　2018—2022 年中国 5G 基站数量情况

图 7-2　京沪铁路全自动无人机智能巡检专用系统

（资料来源：中国新闻网）

系统工作时，会派遣 3 架搭载系统的无人机从桥下的移动全自动升降平台依次起飞，进行编组，形成无人机小集群，按照设定的航线，对大桥钢结构进行自动巡检。无人机拍摄的照片、视频和其他检测数据可以自动传回控制中心，后台软件会自动对比传回的数据，智能分析并辨别是否出现异常，从而对风险实现自动预警。系统在保证安全的前提下，可以实现白天列车运行期间以及凌晨的“维修天窗”时间对线路、桥梁、边坡、接触网等设备进行全天候巡检。

经过近两年的研发和试验，该系统已经进入试应用推广阶段。基于北斗可以实现对高铁的空中多角度巡检、全天候巡检，大幅提高了巡检效率。在保证安全飞行的前提下，无人机运用北斗的高精度定位技术和 5G 实现了精准定位、自动巡检、多机联飞、智能分析、缺陷识别和风险预警，强化了高铁安全技防手段。

（3）港口无人运输。港口无人运输是“北斗+5G”的重点应用场景之一，基于 5G 大带宽、低时延、高可靠和广连接特性，同时结合北斗高精度定位与车路协同等技术实现自动导引运输车（AVG）/智慧型导引运输车（Intelligent Guided Vehicle，IGV）/集卡无人驾驶以及实时路况回传，使得 AGV/IGV/集卡无人驾驶的运行数据能够实时传输到后台控制中心，由控制中心监管运输进度，对 AGV/IGV/集卡的位置、姿态、电量、载重等数据进行监控，并实时查看车辆的感知与规划信息。在集卡发生故障或需前往临时区域时，即可切换 5G 远程接管，保障其运输、驾驶安全。为提升港口作业生产安全管控效力，中国移动上海产业研究院利用“北斗+5G”高精度定位技术，对大型装卸机械设备安装定位感知终端，实现远程设备运行状态的数据采集和实时监控，保障满足港口安全管理和设备调度需求。

目前，北斗已经在多地的码头智能化方面发挥了重要作用。例如，在厦门远海码头打造了全国首个 5G 全场景应用智慧港口，实现集卡无人驾驶；在天津港，进行了单北斗模式下的高精度定位服务测试，验证了高精度定位单北斗独立运行在港口环境下的可行性等；在粤港澳大湾区建设的大型自动化智能码头综合运用北斗、5G 等多种技术手段，实现了全自动化码头，如广州港南沙港区四期工程将北斗与 5G 技术、物联网感知、大数据分析等先进技术进行融合，成功打造“北斗无人驾驶智能导引车+堆场水平布置侧面装卸+单小车自动化岸桥+低速自动化轨道吊+港区全自动化”的智慧码头等。

4. “北斗+5G”在物流领域的应用

近年来，我国智慧物流加速发展，为建设现代物流体系提供了有力支撑。我国政府在“十四五”期间提出要积极促进智慧物流发展，包括进一步推动 5G 通信、北斗导航、移动互联网、大数据、人工智能等新一代信息技术和设施设备在现代物流领域应用，分类推动物流基础设施改造升级，加快物联网相关设施建设，发展智慧物流枢纽、智慧物流园区、智慧仓储物流基地等新型物流基础设施。

山东顺和国际智慧物流园位于山东临沂，建设有约 7.21 万平方米的超级分拨中心、约 4.06 万平方米的智慧仓储区，并于 2019 年获准建设商贸服务型国家物流枢纽，是首批国家物流枢纽建设名单中的 23 个物流枢纽之一。为了推动智慧物流发展，顺和国际智慧物流园积极推进技术赋能，与中国科学院空天信息创新研究院就“北斗技术赋能物流产业的应用示范”项目进行合作，建设顺和国际智慧物流北斗技术研究中心，利用“北斗+5G”技术，实现园区内车辆的快速拼装仓储货物快进快出，最终实现园区内无人化作业。北斗定位技术将在顺和国际智慧物流园中进行实际应用，以园区为依托，运用北斗、5G 等高新技术，在智能挂车的车辆信息、在途追踪、异常上报、大车定位、货物追踪等方面发挥作用，构建现代化物流园区。

7.1.2 物流新基建的应用及发展概况

2020 年 4 月，国家发展和改革委员会明确提出新型基础设施建设概念，将其分为信息基础设施、融合基础设施和创新基础设施。国家“十四五”规划纲要明确提出，要围绕强化数字转型、智能升级、融合创新支撑，布局建设信息基础设施、融合基础设施、创新基础设施等新型基础设施（以下简称“新基建”）。建设高速泛在、天地一体、集成互联、安全高效的信息基础设施，增强数据感知、传输、存储和运算能力。

中国新基建不仅是数字基建，而且是在数字新基建基础上发展升级的智慧基建，其目的是打造一个支撑未来智慧世界的新基础设施。智慧基础设施网络体系内不仅有 5G 通信、互联网、物联网、大数据等数字技术，还融合了人工智能、新生物科技、工业互联网、智慧供应链、智慧能源网等智慧实体网络。从长远看，国家大力发展新基建，是我国经济转型升级发展的必要之举。

1. 新基建政策解读

2020 年国务院《政府工作报告》首次提出“两新一重”，即新型基础设施建设、新型城镇化建设和交通、水利等重大工程建设。工业和信息化部印发的《“十四五”信息通信行业发展规划》明确提出，到 2025 年，基本建成高速泛在、集成互联、智能绿色、安全可靠的新型数字基础设施。作为夯实数字经济发展基础、扩大有效投资的有效手段，“新基建”被多次写入各地 2023 年“政府工作报告”中，成为打造新经济增长引擎的重要抓手。

知识链接

什么是新基建

新基建是智慧经济时代贯彻新发展理念，吸收新科技革命成果，实现国家生态化、数字化、智能化、高速化、新旧动能转换与经济结构对称态，建立现代化经济体系的国家基本建设与基础设施建设，包括绿色环保防灾公共卫生服务效能体系建设、5G—互联网—云计算—区块链—物联网基础设施建设、人工智能大数据中心基础设施建设、以大健康产业为中心的产业网基础设施建设、新型城镇化基础设施建设、新兴技术产业孵化升级基础设施建设等，具有创新性、整体性、综合性、系统性、基础性、动态性的特征。

2. 新基建在配送领域的应用

物流业正处于技术升级发展的关键节点，与新基建发展关联密切。随着国家加大新技术基础设施建设投资的信号逐步释放，5G、大数据和人工智能等新技术正在加速渗透到物流产业中，自动化、智能化、无人化等正伴随着新基建的铺设进入更多物流应用场景。新基建正在全面融入即时配送技术的发展，为物流配送提供新动能。

即时配送技术包括智能调度系统和智能仓升级两部分。首先，智能调度系统是即时配送平台运营的基础核心技术，规模较大的平台都建设有相应的智能调度系统，如美团配送的超级大脑智能调度系统、饿了么的方舟智能调度系统、达达的智慧物流系统。智能调度系统高质量运营的关键，是基于大数据、人工智能、机器学习、运筹算法等一系列技术，依托海量历史订单数据、配送员定位数据、商户数据等，针对配送员任务量、配送距离、订单合并情况、评级等实时数据进行评估，从而对订单进行智能匹配，实现自动化调度及资源最优配置。随着即时配送业务多样化、复杂化以及订单海量化的发展，智能调度系统也在不断优化发展。其次，智能仓升级。在即时配送领域，前置仓模式的发展逐渐加速，围绕着前置仓的相关技术也在不断创新。小型自动储存系统、输送分拣系统、自动化盘点扫描等设备逐步应用，前置仓智能化趋势愈加明显。2019 年，美团针对美团闪购业务推出“无人微仓”，微型前置仓完成了“零售到家场景”订单的自动化拣选和打包，实现了从商品推荐、线上下单、智能货架拣货、AGV 运输、自动核验、打包、配送全流程自动化，完成了对商户服务的整体闭环。

3. 新基建在仓储领域的应用

（1）数字化仓储技术。①智能周转箱技术。在周转箱上加装感知与智能控制单元，可以实现物流单元的智能化。智能周转箱既能自主管理箱内的货物，又能向上级系统及时报告智能周转箱的状态，实现自动要货和补货的功能。蒙牛试点使用的智能周转箱通过在箱体中嵌入智能芯片及 IoT（Internet of Things，物联网）多功能码，实现了全路径在线数字化信息功能，帮助蒙牛掌握了更加精准的销售数据，获取溯源信息，从而达到为消费者提供更高品质的产品与服务的目的，而芯片采集到的区块链数据还可以成为下游经销商金融借贷的重要依据。②物联网技术。物联网技术是新基建的重要组成部分，可以满足智慧物流网络化的需求，同时也是实现物流全流程数字化的关键。基于蓝牙等技术的物联网数据准确率较低、耗电量较大，而窄带物联网技术是一种专为物联网设计的窄带射频技术，以室内覆盖、低成本、低功耗为特点。窄带物联网支持海量连接，为仓储物流系统的数字化和网络化创新应用带来了勃勃生机。窄带物联网支持智慧物流单元和智慧物流装备之间低层面的相互交流和决策，真正实现了仓库内部密集网状连接，提高了仓储物流信息交换效率和准确率。

（2）5G+仓储设备技术。①5G+摄像头。在工业企业高架库中，定期盘点是必不可少的作业，使用堆垛机把货物逐个从货架中取出来再进行盘点耗时较长，作业繁重且效率较低。将 5G 技术与摄像头相结合，可实现智能盘点。具体是通过在堆垛机上安装 5G 摄像头，提前输入指令，堆垛机自动将储位拖出，摄像头将实际储位信息与系统中的信息进行比对，一致则放回，存疑的则自动生成存疑信息后放回，并输出异常报表，管理人员根据异常报表进行审核。②5G+堆垛机。目前，堆垛机常用的通信方式是红外激光，红外激光的优势是稳定、高效，但也具有两大限制：一是距离越远越容易出现信号衰竭；二是不适用于 U 形轨道场景。在传统应用中，超过 150 米的长轨道或者 U 形轨道一般采用激光中继或者是 Wi-Fi。激光中继信号易受灰尘和高亮度环境的干扰，Wi-Fi 信号又易被高架库货架金属支架干扰和衰减，长巷道区域切换信号不稳定。因此，5G+堆垛机可改善长轨和 U 形轨道场景下面临的问题，并可承载大数据流。

（3）5G+数字孪生管控技术。在当前发展阶段，不同的设备往往应用了不同的通信方式，通信方式下面还有不同的通信协议，如果是同样在 5G 下，则可以做到不同设备、不同软件系统处于同一平台。为此，将数字孪生管控系统与 5G 结合，组建 5G 一张网，用 5G 进行数据采集，实现“应采尽采”，除物流设备、生产设备外，未来还将实现智能制造园区内部的园区监控、智能消防、车辆管理系统、门禁管理系统等系统的全部连接。

7.1.3　典型案例

新基建助力即时配送——达达快送

达达快送通过运力技术多重发力，保障了全渠道订单的高效履约。全渠道是指达达快送对接的商户有多个平台，如除入驻京东到家平台外，部分商户通常还会接入多个 O2O 平台，品牌商户还会开发上线自有小程序、手机 App 等。达达快送通过运力筹备和技术切入，有效满足了商户线上全渠道订单配送需求。达达快送将所有渠道的订单需求统一规划、分析、合单后推荐给相应骑士，系统依据全渠道订单配送位置，自动匹配最佳配送路线，为商户提供一体化配送多个线上渠道订单的高效履约方案。此外，为了保障全渠道商家能够有效应对大促带来的订单激增，在运力筹备阶段，达达快送将过往大促期间商家订单数据和平台运力数据进行比对分析，将全渠道订单配送需求纳入运力考量，确保大促期间全渠道订单配送均有充足运力。

在提升平台运营效率、高效调配配送运力的需求下，达达快送平台依托苍穹大数据平台，上线“星空预警”工具，依据过往订单波动分析，对订单情况进行精准预测，可按门店形成小时级单量预测，以便提前进行运力调配，并协调门店提前做好拣货准备。“星空预警”工具还可以线上完成异常收集、分析、排查全流程，过去达达快送的工作人员会收集京东到家平台商户拣配、骑士配送等过程中出现异常的信息并进行分析、排查，进而发现问题、解决问题，现在可通过“星空预警”工具线上完成，保障订单完成时效。同时，利用平台海量历史数据，“星空预警”工具还可以对订单支付、商家拣货、骑士接单、骑士取货、订单配送等所有环节进行全面的精准分析和趋势预测，对可能出现的瓶颈点生成方案建议。同时，基于大数据技术，“星空预警”工具还会将可能发生的问题或异常预警主动提示给对应的负责人员，辅助实现高效决策和运营。

在保障运力高效调配的同时，达达快送智慧物流系统也实现了“进化”。达达快送优化了智慧物流系统的配送路径算法，为骑士提供更加准确、快速、安全的配送路线，节省骑士配送时间。自动合单功能则可以结合骑士过往配送偏好和配送路线，对顺路订单进行合并，缩短骑士每单配送时长。

达达快送通过人工智能、大数据等科技，持续升级智慧物流系统和苍穹大数据平台，充分释放新基建动能，提高了运力调度效率和系统稳定性，为配送领域的新基建应用提供了参考。

思考题： 1. 达达快送如何通过新基建做到即时配送？

2. 为什么众多物流企业注重即时配送，它与普通配送的区别在哪里？

7.2　智慧拣选与分拣技术

拣选与分拣技术直接影响着整个仓库的运作效率，关系到仓库成本的高低，因此备受关注。如何有效地提升作业效率及降低作业人员的工作失误率是拣选与分拣作业中非常重要的问题。2020 年，在新冠疫情大规模暴发的影响下，仓库的自动化、智能化、无人化需求进一步凸显，促使物流技术装备企业不断创新拣选与分拣的解决方案。

7.2.1 拣选与分拣技术

1. 拣选技术

（1）四向穿梭车简介。四向穿梭车是指能在平面内四个方向（前、后、左、右）穿梭运行的存储机器人，主要是区别于普通穿梭车（前进和后退）而言的。从硬件系统来看，四向穿梭车主要由顶升机构、驱动机构、车轮组、电源、电气控制等部件组成，如图 7-3 所示。

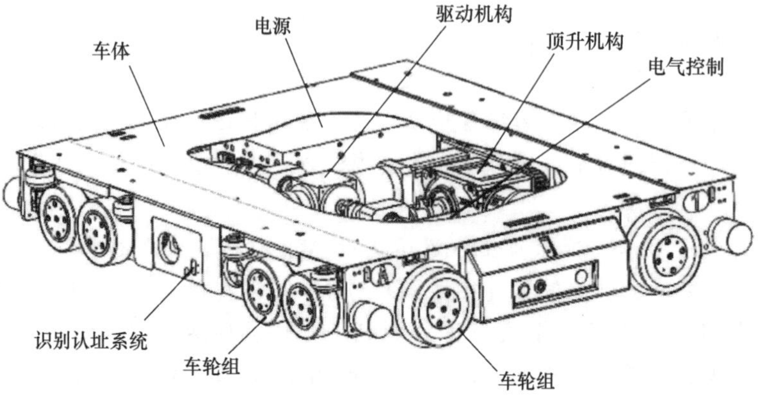

图 7-3 四向穿梭车结构组成

（资料来源：中国国际数字娱乐产业大会）

根据四向穿梭车的载重不同，主要分为托盘式（重载）四向穿梭车和料箱式（轻型）四向穿梭车两大类。其中，托盘式四向穿梭车的载荷通常在 200 千克以上，料箱式四向穿梭车的载荷范围一般在 20～50 千克。两大类型的四向穿梭车结构形式和控制方式基本类似，均强调控制、通信、定位、调度、快速提升机等关键技术，但在细节设计上以及应用场景上有所区别。

四向穿梭车系统由四向穿梭车、快速提升机、库前输送系统及 WCS 管理及控制系统等组成。该系统可为“货到人”拣选提供快速的存取服务，拣选的工作人员不需要走到各个货架前，而是在货架旁的特定拣选位置等待四向穿梭车将货架中的货物带到，进而提高拣选作业效率。

（2）四向穿梭车系统特点。四向穿梭车系统具有以下特点：一是四向穿梭车系统具有非常高的灵活性，一方面体现在可以根据需要灵活变更作业巷道，另一方面体现在可以根据作业量柔性增减四向穿梭车的数量来调节系统能力；二是四向穿梭车系统的安全性、稳定性也非常高，如相较于提升机与巷道“绑定”在一起的多层穿梭车系统，当穿梭车或者提升机发生故障，整个巷道的作业均将停滞时，四向穿梭车由于是跨巷道作业，可以通过其他四向穿梭车继续执行任务，保证系统作业和能力不受大的影响；三是四向穿梭车系统的配套货架可以提高仓库库容量，减少土地占用，据测算，同样 3000 米的四向穿梭车库存量是前移式叉车库存量的 2.2 倍；四是四向穿梭车系统对于场地的适应性非常强，对于不规则场地，四向穿梭车完全可以到达任意角落，这一点在老仓库改造时具有明显优势；五是四向穿梭车成本低，该特点主要体现在两个方面，一方面体现在每台四向穿梭车都可以抵达仓库每个货位，对于出入库频率较低或没有出入库能力要求的系统布置一台四向穿梭车即可以完成仓库的出入库作业，另一方面体现在四向穿梭车的货架提升机为带车作业，即每次作业四向穿梭车与货物同时进入提升机，而普通货架的不带车作业提升仅仅提升了货物单元，每层需要有货物移载工作站，这会增加货架的成本；六是四向穿梭车节省能耗，同比传统搬运设备，四向穿梭车的车体更加轻盈，其单次搬运作业耗能较少，部分四向穿梭车具备能量回收技术，在减速过程中可以进行能量回收操作。

（3）实际应用案例。苏州第二图书馆采用凯乐士四向穿梭车系统，该四向穿梭车系统通过编程实现存取货、搬运等任务，可与物流信息系统 WCS 进行完美融合，实现自动化识别、存取等功能。当读者借阅图书时发起订单，仓储系统开始运转，四向穿梭车将图书对应的货箱从货架上取出，并配合高速提升机将书运到指定拣选区，工作人员再按照不同的投递点对书籍进行拣选，让书籍通过包装机打标、贴标，内容涵盖读者信息，最后由 AGV 按照书箱对应路线自动取货、运送至对应货区，读者通过自动借书端完成借阅。当读者归还图书时，自动输送系统和分拣系统开始运转，物流信息系统发送指令将待入库的书箱分配到货位，工作人员完成人工拣选及补数作业，四向穿梭车配合高速提升机完成自动化入库作业。借助四向穿梭车系统，苏州第二图书馆改变了原有的人工图书拣选、上架的做法，采用货到人的拣选模式，提高了图书的拣选效率，实现了图书存取的方便快捷。凯乐士在苏州图书馆应用的四向穿梭车作业场景如图 7-4 所示。

图 7-4　凯乐士在苏州图书馆应用的四向穿梭车作业场景

（资料来源：Soo56 物流搜索）

（4）机器人拣选技术。“货到机器人”拣选系统通常由智能仓储系统、AGV 或输送线等输送系统、机器人系统构成，解决自动化搬运和自动化拣选两大问题。在搬运环节，“货到机器人”拣选系统和“货到人”拣选系统的实现方式相同，即完成货物的自动搬运；在拣选环节，“货到机器人”拣选系统采用拣选机器人代替人，即通过机器人来识别、抓取商品并放在指定位置。但值得注意的是，由于“货到机器人”拣选系统采用的是与“货到人”拣选系统完全不同的设计逻辑——通过上位信息系统或者管理软件将物流系统的各个组成部分进行串联，因此，并不能简单地将前者视为后者的智能化升级，而是分属不同的拣选工艺。与“货到人”拣选系统下的人工拣选方式相比较，“货到机器人”拣选系统下的拣选机器人不仅能够长时间重复拣选动作、节省人力，还可以大幅度提高拣选效率、保证准确率。因此，在人力成本越来越高的趋势下，“货到机器人”拣选系统无疑具有独特优势。

在食品零售业，物品种类的多样化使物品本身的形状及包装也逐渐多样化，这样的变化使得拣选工作人员的拣选正确率和效率不断下降。轻松拣选机器人是一种全自动解决方案，非常适合单件拣选，它具有独特的抓取技术及机器学习能力。在抓取技术方面，轻松拣选机器人的产品组合包中有各种不同类型的夹取装置，涵盖了绝大部分的产品范畴，夹取装置尤其适用于食品零售行业中不同尺寸及重量的产品，并根据应用领域还可持续优化。除此之外，轻松拣选机器人能够小心地将产品放在准确的位置上。在机器学习能力方面，轻松拣选机器人在智能软件方案的控制下，能检测可能的抓取面并纠错，且其基于算法的自学习能力使得拣选性能及质量指标可以得到持续改进，也使得不同类型的产品能够得到高效处理。

在配送中心，拣选是劳动密集型作业，产生了高达 50%的运营成本。随着电商销售品规模与订单数量的不断增加以及人力成本的不断提高，配送中心对机器人拣选技术的需求也日益扩大。2021 年第十届中国物流技术大会中的 ItemPiQ 拣选机器人可以较好实现高效拣选。ItemPiQ 拣选机器人主要有以下特点：一是即插即用，拣选机器人可实现快速安装、校准和启动，使其可以快速投入使用，能够应对季节性订单高峰作业需求；二是拥有多功能抓手，针对单个物件，ItemPiQ 拣选机器人选择不同的吸取方式并结合机械抓取方法，能适用于大多数应用场景，可抓取最大质量为 1.5 千克的产品；三是机器人采用创新性的 3D 视觉技术，结合软件算法，智能视觉系统可以自动确定新产品的抓取点，而且不需要物品抓取的示教过程，这一点对于有数千个 SKU（Stock Keeping Unit，最小存货单位）的拣货场景而言非常有优势。凭借着先进的视觉识别系统和多功能机器人手臂，ItemPiQ 拣选机器人能以每小时高达 1000 件的速度全天候作业。ItemPiQ 拣选机器人作业场景如图 7-5 所示。

为面向新零售及无人仓储场景，2020 年视比特推出了移动式拣货补货机器人。该机器人同时具备订单拣货和货架补货功能，货架补货涉及不同类型物品（如纸盒包装、袋装食品、瓶装饮料等）在货架上的整齐放置。视比特为此研发了吸盘和软体夹手相结合的柔性夹具，同时配合基于 3D 视觉的高精度手眼标定、目标物体的准确识别和位姿计算、目标物体的抓取放置点判断、基于深度强化学习的“手眼协同”“吸夹协同”放置控制算法，实现了数十种品类物体的敏捷、轻盈、整齐、稳定摆放。视比特移动式拣货补货机器人作业场景如图 7-6 所示。

图 7-5 ItemPiQ 拣选机器人作业场景

（资料来源：健华物流）

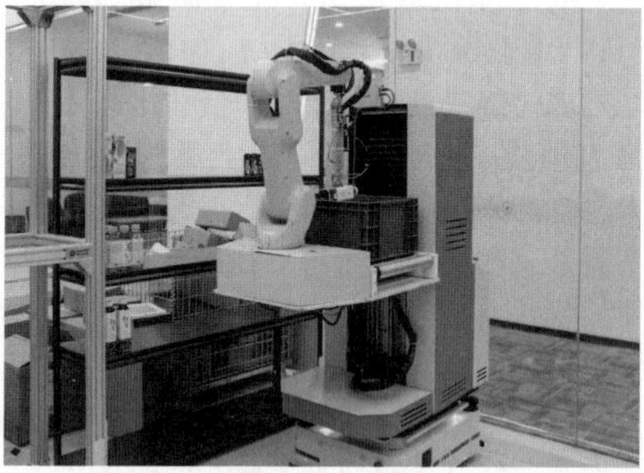

图 7-6 视比特移动式拣货补货机器人作业场景

（资料来源：物流技术与应用）

2. 分拣技术

按照分拣的空间位置来看，自动化输送分拣技术主要分为线式分拣和点式分拣两大方式。线式分拣是以输送线、分拣机构成的传统自动化分拣系统，尽管在产品细节设计、性能等方面还在不断发展，如结合最新的信息技术、物联网技术向智能化方向发展，但其工作原理和模式并未产生大的变化；点式分拣是指分拣机器人等智能化设备，因其具有可靠性高、安全性高、灵活性好等特点，能够大批量、连续性地分拣货物，有效地为分拣系统提高了效率，降低了出错率和损坏率，大幅度地降低了人工成本而越来越受到市场关注。

（1）自动分拣系统。自动分拣系统主要由供件装置、输送装置、控制系统、分类装置和分拣道口等部分组成，是对物品进行自动分类、整理的关键设备之一。在新冠疫情影响下，人们的消费习惯发生了巨大变革，线上消费持续提升带动了电商、快递等行业快速扩张。电商和快递的井喷式发展，也促使物流业发生变革，对应用于大型分拨中心的自动分拣系统的运行效率、准确率、稳定性、柔性分拣等能力，提出了更高要求，自动分拣设备市场前景十分广阔。

（2）实际应用案例。在杭州德儿网络科技有限公司（以下简称“德儿公司”）原本的仓库流程中，分拣环节采用 PDA 实现无纸化操作，分拣工作人员在每次分拣前，需要将料箱放置在货架上，然后用 PDA 扫码定位，进行货物的分拣；分拣完成后，就将这些料箱送至复核区。该拣选方式存在着两个问题：一是“双 11”“双 12”及年终大促期间分拣的货物多为冬装，由于冬装较重，对于人的体力消耗极大，所以冬天工作人员效率较低；二是人工分拣货物的效率与工人的操作熟练度有很大的关联，熟练工的效率一般是临时工的两倍以上，但培养一个熟练工人需要至少历时两个月的培训及实操练习，这极大地增加了分拣的运作成本。

为解决以上问题，德儿公司引入了极立方智能分拣系统，该系统设备长度为 8 米、高度为 2.8 米，两侧共计 48 个格口，配备 5 辆 RGV（Rail Guided Vehicle，有轨制导车辆），分拣效率为 1200 件/小时。极立方智能分拣系统的基本作业流程分为四步：第一步，上游的仓库工人将从库存区取出的货物送至极立方智能分拣系统后，分拣系统的操作人员将货物一件一件放置到系统的入口传送带上，与此同时，德儿仓库原有的 ERP 系统将实时订单信息发送至极立方智能分拣系统；第二步，货物在经过传送带上方的自动扫码区的识别后，系统内部的 RGV 分拣小车接到指令，会在传送带的末端等待货物上车，其中 RGV 分拣小车的车载芯片采用了最新的 5G 和 Wi-Fi 6 技术，收发指令及时，能对系统做出瞬时反馈；第三步，货物上车后，根据系统内部精密的调度算法，机器人小车会在轨道内按照指令进行快速移动，将货物运送至对应的格口料箱内，每一料箱分别对应一个订单，每个料箱下方配有指示灯模块，实时显示订单完成情况；第四步，在订单完成后，料箱内的货物即可被取出，并送至打包发货区。极立方智能分拣系统的主要特点有四：一是快，升级后的极立方智能分拣系统的实际落地分拣效率可由原来的 1200 次/小时提高至 1800 次/小时；二是准，一方面极立方智能分拣系统能准确识别货物，可按需定制多面扫码系统，轻松读取一维条码、二维条码、RFID 等，另一方面极立方智能分拣系统能做到精准运送，RGV 智能小车平稳运行，可实现 10 千克以下全品类适配，SKU 覆盖率高达 99%；三是柔性强，一方面极立方智能分拣系统提供丰富的软件数据接口，轻松对接各种 WMS、ERP 系统，另一方面该分拣系统能实现发货、退货“一机两用”和使用期间随需改变料箱尺寸；四是易，使用极立方智能分拣系统后，设备配备了操作便捷的 UI（User Interface，用户界面），操作人员可以一键启动设备并可实时监测订单完成情况，仅需简单的操作培训即可上岗。

（3）机器人分拣技术。近年来，快递市场高速增长，但缺乏高效、低成本的邮件处理方案已成为制约快递行业发展的重要问题。一方面，用工难日益凸显，在“双 11”等大促业务高峰期及春节前后，市场发生用工乱、用工荒现象，人工成本居高不下；另一方面，快递物品种类繁多、规格杂乱不一，很难做到集中化和批量化处理。

基于快递物流客户高效、准确的分拣需求，分拣机器人系统应运而生。通过分拣机器人系统与工业相机的快速读码及智能分拣系统相结合，可实现包裹称重、读码后的快速分拣及信息记录交互等工作。分拣机器人系统可大量减少分拣过程中的人工需求，提高分拣效率及自动化程度，并大幅度提高分拣准确率。随着大数据算法的日趋完善化、快递邮件信息逐步标准化、智能控制系统集成化，分拣机器人系统已成为物流业由劳动密集型产业向批量智能化转型高度契合的产物。

① 机器人分拣技术作业具有以下特点。

一是系统可拓展性强。交叉带分拣机的格口是固定的，分拣机器人系统可根据业务增长的需要进行拓展。

二是人工成本低。分拣机器人处理系统的人员工位布置紧凑、人均效能提高，相同处理效率下相较交叉带分拣机系统可节约用工约 40%。解决了快递行业暴力分拣问题，很好地保证了包裹的安全。

三是分拣差错率小。分拣机器人采用静态卸载，只要包裹面单信息正确，分拣差错率几乎为零。

四是系统可靠性高。机器人分拣系统由众多独立运行的分拣机器人组成，不会因某台机器人故障而影响整个系统的运行效率，且系统支持远程升级及调试，相关技术人员可远程解决系统调度问题，所需时间也很短。

五是节能环保。机器人分拣系统用电功率较相同规模的交叉带分拣机的实际消耗功率低，且均由低功率可充电电池供电。绿色清洁能源的使用能够为企业级客户的提效降本做出一定贡献。

② 实际应用案例介绍。为更好地适应线上销量增加、亟须灵活处理多种商品的复杂物流场景，极智嘉推出了全新升级的 S100C 分拣机器人。在设计方面 S100C 分拣机器人具有以下特点：一是该分拣机器人采用双皮带设计，既可独立处理双单商品，也可以协作完成大型商品的分拣，分拣效率相较于第一代提升 40%；二是该分拣机器人采用业界首创的独立旋转底盘设计，转弯时仅底盘旋转，可节省 30%运行空间，S100C 分拣机器人最大负载 100 千克，可运载 2 个尺寸为 750 毫米×450 毫米×600 毫米、重量达 50 千克或 1 个尺寸 1000 毫米×750 毫米×600 毫米、重量 100 千克的商品或包裹，并且最快速度可达 2 米/秒；三是 S100C 分拣机器人的全新结构设计实现了无缝对接自动化设备，可承载大尺寸或大重量的商品与包裹，降低了企业对劳动密集型操作的依赖以及相关的风险和人工成本。S100C 分拣机器人外观形态如图 7-7 所示。

图 7-7 S100C 分拣机器人外观形态

（资料来源：Soo56 物流搜索）

中新友好图书馆在引入 S100C 分拣机器人后，读者只需在显示屏上点击“还书”，再将书放入还书口即可，分拣机器人会根据后台智能调度系统指示，沿着最优路径前往分拣格口，完成图书分类，并在途中互相避让、自动避障。根据运行数据显示，S100C 分拣机器人每小时可分拣图书 1500 册，效率是传统人工分拣的 10 倍以上。在提高分拣效率的同时，

S100C 分拣机器人还具有分拣零差错、节能环保、功能可拓展等优势。由于分拣机器人均为独立运行，单台机器人故障也不会对整个系统的运行造成影响。

7.2.2　装卸搬运技术

1. 重载自动导向车

随着自动导向车的不断发展以及各行业对自动化物料搬运系统的需求，自动导向车向小型化、重载化发展。重载自动导向车具有无轨、智能、站点自动识别、自动导引、无线通信等特点，在自动运行时有较高的灵活性，能前进、后退、转弯、自旋、平移，具有手动、离线自动、自动运行三种运行模式。重载自动导向车兼容支撑各型大功率机车转向架的功能。重载式自动导向车以大尺寸、高承载为特征，可以完成对一些大型物体的加工制造、搬运等操作的自动化。在一些重型机械厂，还有铁路交通、特种行业、港口机场、大型电压器厂、重型汽车制造厂等场所都需要大型吨位的自动导向车。

重载自动导向车的整体结构主要包含车体、驱动系统、驱动电机、保护装置、AI 应用等。

① 车体。车体是最重要的部分，它包括车架、车壳、控制系统等部分，与此同时作为产品，车体除要求满足需求功能外，还应该尽可能做到外形上的美观。

② 驱动系统。重载自动导向车需要具有驱动系统和转向系统，而驱动系统性能的好坏直接影响整车的运动性能，并在一定程度上影响自动导引系统的动态调节性能。驱动系统有单轮驱动式、差速驱动式和全方位驱动式，同样驱动系统又可以通过不同的轮系位置变换，满足不同现场环境的需求。

③ 驱动电机。重载自动导向车采用蓄电池为其提供能源，选用直流电机作为自动导向车的驱动电机。

④ 保护装置。重载自动导向车作为自动化设备的一种，其安全保护功能尤为重要，具有避障及保护功能。

⑤ AI 应用。在进行模糊控制器的设计中可以引进神经网络技术，使重载自动导向车拥有精确的跟踪路径的功能和自学能力，提升其智能化水平。

2. 攀爬式自动导向车

攀爬式自动导向车具有良好的互换性、作业连续性、速度快、效率高等特点，可以支持本身载荷以下的纸箱/料箱立体货架存放、拣选，实现货物存放位与货物操作工位直接搬运，以及多车协同存取、搬运、拣选作业，提升仓储柔性及效率。

为提高搬运率，实现连续及时性货到人拣选，合肥井松智能科技股份有限公司（以下简称“井松智能”）最新研发了攀爬式自动导向车。井松智能攀爬式自动导向车是在堆垛机、多层穿梭车、自动导向车设计、制造、应用需求基础上开发研制的，采用二维码、视觉导航定位、360 度旋转，配置定制化伸缩货叉、链轮式攀爬轨道以及全新的取货方式和软件调度管理系统，作业时门架带动货叉前移，伸出到前轮之外叉取或放下货物，行走时货叉带货物收回，使货物重心在支撑面内，攀爬高度可达 10 米；支持 50 千克以下的纸箱/料箱立体货架存放、拣选，实现货物存放位与货物操作工位直接搬运，以及多车协同存取、搬运、拣选作业，提升仓储柔性及效率。井松智能攀爬式自动导向车主要应用在食品、服装、汽车零配件分拣等密集式小仓库中，其作业场景如图 7-8 所示。

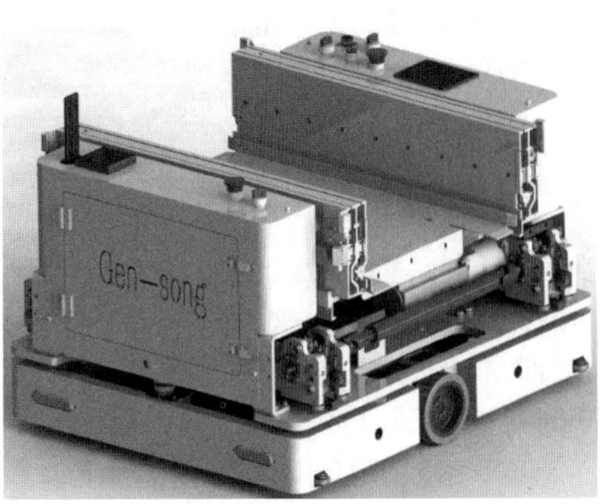

图 7-8　井松智能攀爬式自动导向车作业场景

（资料来源：东方财富网）

3. 自主移动机器人技术

自主移动机器人主要有以下两个特点。

一是自主导航。相比于传统自动导向车技术需要预设标识、规划路线导航，自主移动机器人可以在现场构建的地图或预先加载的设施图纸上导航。此功能可以类比一辆装有 GPS 和一组预装地图的汽车，它会根据地图上的简单位置生成最直接的路径。自主移动机器人使用来自摄像头、内置传感器、激光扫描仪的数据以及复杂的软件，使其能够探测周围环境，并选择最有效的路径到达目标。它完全自主工作，如果叉车、货盘、人或其他障碍物出现在它前面，自主移动机器人将使用最佳替代路线安全地绕过，确保物料流动保持在计划之内，从而优化生产力。

二是高灵活性。首先，传统自动导向车技术被限制在一个严格的路线上，这意味着应用程序是有限的，传统自动导向车技术在整个服务生命周期中执行相同的交付任务，若要改变路线，成本高，破坏性太强，不符合成本效益。而自主移动机器人只需要简单的软件调整就可以改变它的任务，所以同一个机器人可以在不同的位置执行各种不同的任务，可以自动调整以满足不断变化的环境和生产需求。其次，自主移动机器人任务可以通过机器人的界面进行控制，也可以通过车队控制软件对多个机器人进行配置，这些机器人可以根据位置和可用性自动确定订单的优先级，以及最适合执行给定任务的机器人。一旦建立了任务，员工就不必花时间协调机器人的工作。最后，如果需要对产品或生产线进行修改，自主移动机器人的灵活性与要求敏捷性和灵活性的现代制造环境十分契合。如果移动了生产单元或添加了新的单元或流程，就可以快速轻松地上载新的地图，或者自主移动机器人可以在现场重新映射，因此可以立即将其用于新任务。综上所述，与传统自动导向车技术相比，自主移动机器人在应用场景的布置方面更加简单，随着业务需求的发展，应用端可以轻松地自行重新部署机器人，优化生产。从传统自动导向车技术到自主移动机器人技术可以看出，这种物流搬运设备的“车辆”属性正在被弱化，机器人属性更加凸显。

4. 无人叉车技术

“无人叉车”又称“无人驾驶叉车”或“自动导向叉车”，是一种智能工业车辆机器人，它融合了叉车技术和自动导向车技术，与普通自动导向车技术相比，它除能完成点对点的物料搬运之外，更能实现多个生产环节对接的物流运输，不仅擅长高位仓库、库外收货区、产线转运三大场景，还在重载、特殊搬运等场景也有着不可替代的作用。通过无人叉车的应用，可以解决工业生产和仓储物流作业过程中物流量大、人工搬运劳动强度高等问题。

5. 堆拆垛技术

（1）冷库堆垛机。冷库低温、高湿及温湿度变化频繁的环境对物流设备的设计与应用提出了新的要求及挑战。在自动化冷冻仓库中，堆垛机需进行许多特殊的设计以满足作业要求，主要有以下几个方面：一是堆垛机的电控系统设备要做防冻处理，并采用带加温模块的耐低温电机和耐低温的电器，避免其在冷冻环境下结霜结露，导致堆垛机工作不稳定；二是在堆垛机的机械设计和制造以及材料选用方面，要选用耐冻材料，否则在冷冻环境下，材料会发生冷脆而导致堆垛机质量受损，甚至造成堆垛机工作失效；三是由于冷库的内部环境比较恶劣，可视效果较差，空间中弥漫雾气，设备上结有霜层，采用 BPS 条码带认址方式是最合适的选择。兰剑智能新一代堆垛机是国内目前应用较为成熟的堆垛机，该堆垛机在温度方面有很强的适应性，既可以在常温和冷藏环境下使用，也可以在−30℃的冷冻环境下使用。兰剑智能新一代堆垛机外观形态如图 7-9 所示。

（2）拆垛机器人。拆垛机器人的出现是随着机器人高新技术的发展而发展起来的，它可以模仿人的手和手臂的某些动作功能，按照固定的程序来抓取和携带物体或操作工具。它可以代替人类进行繁重劳动，实现生产的机械化和自动化，能够在复杂、有害的环境中运行，保护人身安全。

为解决纸箱及周转箱的垛形复杂多变、箱体种类繁多等问题，上海发那科机器人有限公司开发了智能机器人自动化物流拆垛系统，提供了一种“机器人+3D 视觉+自动导向车”的解决方案。该系统主要由 1 台 R-1000iA/80F 机器人、1 台发那科三维广域传感器和自动导向车等其他周边配套设备构成。纸箱及周转箱的拆垛采用的是发那科中型机器人 R-1000iA/80F，紧凑的机械结构使它更擅长紧凑空间的高速码垛和搬运工作。R-1000iA/80F 机器人具有可应对混合拆垛、调试简便、自动化程度高等优点，最大 80 千克的负载能力足以应对纸箱及周转箱的高速搬运，能够满足物流行业及工厂上料中的拆垛需求。上海发那科 R-1000iA/80F 机器人外观形态如图 7-10 所示。

图 7-9　兰剑智能新一代堆垛机外观形态

（资料来源：Soo56 物流搜索）

图 7-10　上海发那科 R-1000iA/80F 机器人外观形态

（资料来源：工博士）

7.2.3　典型案例

苏宁物流首次发布智慧场站系统

随着智慧零售的加速落地，苏宁物流迎来了高速发展。从完成全国仓储、运输、末端的基础设施布局，到收购天天快递、入局冷链和即时配等新业务完成生态布局，再到构建起的仓配、快递、快运、冷链、跨境、即时配、售后七大产品体系，苏宁物流仅仅用了不到 5 年的时间。苏宁物流通过科技和效率驱动搭建的物流基础设施平台，经历了标准化、信息化、机械化、自动化、智能化发展，目前正朝着以数字化全面驱动的第六代智慧物流系统发展。

目前，苏宁物流在全国各地布局的“超级云仓”以及自动化分拨中心，应用高密度存储、胜斐迩旋转系统（SCS）、AGV 机器人拣选、高速交叉分拣等国内领先的智能化设施，仓库处理能力引领行业。在智能仓储系统中，苏宁物流新一代无人仓“双 11”期间全面投产。据了解，苏宁物流新一代无人仓在“超级云仓”基础上进一步升级，依托苏宁自主研发的“指南针”智能仓储控制系统，有效整合了无人叉车、AGV 机器人、机械臂、自动包装机等众多“黑科技”，实现了整件商品从收货上架，到存储、补货、拣货、包装、贴标，最后分拣全流程的无人化。“818”大促前上线爬坡，不断优化算法和复杂决策模型的求解能力，目前拣选效率可以达到 600 件/小时，商品最快 20 分钟出库，单件商品拣选成本降低 52%，相比传统人工拣选效率提升 5 倍。

而在智慧园区建设方面，“智慧场站”则持续推进人、车、货、场全要素全流程的数字化发展。采用人脸识别、行为轨迹分析加强人员管理；通过智慧巡更、红外成像监控、远程抄表等技术实现园区的自主化管理。据了解，基于 5G 技术、车联网、物联网等技术的苏宁物流第六代智慧园区即将在广州从化开工建设。

智慧零售服务美好生活，苏宁物流坚持对“智慧场站”的深度探索，一方面推动实现“让机器去干活，让人去生活”，将物流从业人员从繁重的体力劳动中解放出来，让他们去创造更多的社会价值；另一方面，“智慧场站”带来的物流全要素群体智慧的发挥，致力于让商品流通更高效，带动全行业的转型升级。

（资料来源：中国物流与采购联合会官网，作者根据中国物流与采购联合会官网相关资料整理。）

思考题：1. 苏宁“超级云仓”与传统仓库的区别有哪些？

2. 苏宁如何布局智慧物流？

7.3 车联网与无人驾驶技术

7.3.1 车联网

1. 政策解读

车联网是指车辆上的车载设备通过无线通信技术，对信息网络平台中的所有车辆动态信息进行有效利用，在车辆运行中提供不同的功能服务。通过车联网将司机、车辆、道路、云端等要素有机地联系在一起，不仅能够使车辆获得更多的信息，促进自动驾驶技术的成熟和落地应用，而且有利于构建智慧交通体系，加快 5G、人工智能等新一代信息通信技术在汽车、交通等行业的应用，促进汽车和交通服务的新模式新业态发展。当前，我国在车联网的政策规范、安全标准、产业发展与应用实践方面均已取得积极进展，车联网的应用前景良好。

2020 年 11 月 11 日，国家智能网联汽车创新中心在 2020 世界智能网联汽车大会上公布了《智能网联汽车技术路线图 2.0》，对产业顶层设计和市场化应用目标做出详细的规划部署，目标是到 2035 年，中国方案智能网联汽车技术和产业体系全面建成，产业生态健全完善，整车智能化水平显著提升，网联式高度自动驾驶汽车大规模应用。智能网联汽车是车联网与智能汽车的有机结合，目标是实现网联式高度自动驾驶汽车，最终实现能够安全行驶的无人驾驶汽车。该路线图的制定，是支撑自动驾驶产业和车联网产业规划、推动行业技术创新、引导社会资源集聚的重要工作，为中国汽车产业紧抓历史机遇、加速转型升级、支撑制造强国建设指明发展方向，提供决策参考。

2. 发展现状

当前，车联网产业发展进入快车道，产业规模不断扩大，在汽车行业智能化、网联化大趋势下，全球车联网渗透率持续上升，行业市场规模快速增长。中商产业研究院发布的《2023—2028 年中国车联网专题研究及发展前景预测评估报告》显示，2022 年全球车联网市场规模达到 1629 亿美元，近 5 年年均复合增长率为 22.31%。中商产业研究院分析师预测，2024 年全球车联网市场规模将增至 2281 亿美元。

3. 车联网架构

（1）按照网络架构划分。按照网络架构划分，车联网的体系结构可以划分为三层：感知层、网络层和应用层。

① 感知层被称作车联网的“神经末梢”，通过车载传感器、雷达以及定位系统的协同感知，将收集到的车内外行驶状态信息、交通状况信息和道路环境信息反馈给驾驶员，驾驶员可以根据收到的反馈信息做出行驶决策，完成辅助驾驶。例如，车辆前方防撞预警技术，根据传感器接收到的前方障碍物感知信息，驾驶员可以预先做出下一步行驶决策，防止撞上前方车辆。

② 网络层充当车联网的“大脑”，主要通过车载移动网络以及无线通信网络分析处理感知层所收集到的数据，实现车联网网络接入、数据分析、数据传输以及车辆节点管理等功能。网络层还为终端用户提供实时的信息交互以及无线资源的分配，达到信息负载的平衡以及异构网络（由不同制造商生产的计算机、网络设备和系统组成的，大部分情况下运行在不同的协议上支持不同的功能或应用的网络）的无缝衔接访问功能。

③ 应用层是车联网体系结构的最高层，主要为用户提供不同的服务。根据不同用户的需求提供不同的应用程序，如车载娱乐、远程监控以及紧急救援等功能。

（2）按照功能划分。从功能上看，车联网主要由端系统和管理系统两大部分组成，包括 V2P（Vehicle to Pedestrian，车与人）、V2V（Vehicle toVehicle，车与车）、V2R（Vehicle to Roadside unit，车与路）、V2N（Vehicle to Network，车与网络）和 V2X（Vehicle to Everything，车对外界的信息交换）五个功能实体。

端系统由行人端、车端、路端和云端组成。行人端因其在车联网环境中安全隐患最大而处于弱势地位，只能通过自身携带的移动终端设备经 V2X 管道收发信息，以此来感知周围交通状况进行行驶路线调整，保障自身安全。车端是整个车联网的核心，V2X 的含义是以车端为主体，与“X”即行人端、路端以及云端进行通信。路端主要通过智能路侧单元为车端、云端和行人端传送交通路况信息，提供辅助交通的数据支持。云端在车联网中承担数据存储、分析和智能决策的任务，承载不同用户的业务需求和数据需求。

V2X 被称作车联网的管理系统，是各个终端进行通信连接、车辆自组织网络与异构网络有效衔接的管道，保证各端之间信息交互的实时性、可服务性。目前应用广泛的是 LTE-V2X（其中 LTE，即 Long-Term Evolution，长期演进）和 DSRC（Dedicated Short Range Communication，专用短程通信技术）两种典型无线通信技术。前者可以实现网关或基站覆盖范围内所有端之间的通信连接，后者只能实现小范围内车端与路端或车端之间的通信连接。

7.3.2 无人驾驶技术

在新冠疫情下，无人驾驶技术在无人配送、无人消杀等方面的应用吸引了多家厂商研发该项技术，加快了无人驾驶技术的发展，越来越多的示范应用场景在不断拓展，无人驾驶技术实现了从封闭到开放、从载物到载人、从低速到高速的转变。

1. 政策解读

随着环境感知、多传感器融合、高精度地图、定位等核心技术的快速发展与成熟，无人驾驶已经处于从实验室走向公开道路实地测试及商业化示范的阶段。近几年，相关利好政策也不断发布，为我国无人驾驶的进一步发展开路。《中华人民共和国国民经济和社会发展第十四个五年规划和 2035 年远景目标纲要》明确提出：探索建立无人驾驶、在线医疗、金融科技、智能配送等监管框架，完善相关法律法规和伦理审查规则。

2. 发展现状

目前，我国正在积极发展无人驾驶汽车，从零部件生产到整车制造蓬勃发展，无人驾驶市场正处于快速发展的阶段。数据显示，2020 年受疫情影响，中国无人驾驶汽车市场规模有所下滑，为 85 亿元。但随着疫情防控和经济恢复的稳步推进，以及政策和技术的不断完善，2022 年中国无人驾驶汽车市场规模恢复增长，达到 108.5 亿元。预计到 2025 年，中国无人驾驶汽车市场规模将超过 150 亿元。

3. 关键技术

（1）无人驾驶技术的整体架构。无人驾驶技术的整体架构可以分为感知层、决策层和执行层三个层面。

① 感知层就像无人驾驶的眼睛，基于各类传感器完成对车内外环境的感知是实现无人驾驶的前提，包括环境信息感知、车辆信息感知等功能，主要产品有摄像头、激光雷达、毫米波雷达、超声波雷达、传感器等。

② 决策层就像无人驾驶的大脑，能够对感知层传来的信息进行处理，并发出指令。决策层发挥作用需要车联网、车内辅助和计算平台的配合。其中车联网包括 V2X、V2V；车内辅助包括交互决策、路径规划等功能；计算平台核心要素是芯片与算法。

③ 执行层就像无人驾驶的躯干，用于执行决策层的命令，真正地实现无人驾驶。其主要由电子驱动、电子转向以及电子制动三个部分构成。电子驱动的核心部件是电机。电子转向的核心部件是电动助力转向系统，即在机械结构的基础上加入电子控制单元和助力电机。但是随着自动驾驶的升级，线控转向系统被认为是未来发展的趋势，原因在于线控转向系统在驾驶员输入接口（方向盘）和执行机构（转向轮）之间是通过线控（电子信号）连接的，在它们之间没有直接的液力或机械连接，其

占用空间更少、安全性更高。电子制动的核心部件是智能汽车刹车系统。智能汽车刹车系统是机械装置与电子控制单元组成的机电一体化产品，能够高效、快速地对汽车进行制动，并能实现部分主动安全的功能。

（2）4D 成像毫米波雷达。毫米波雷达属于无人驾驶感知层技术，传统的 3D 毫米波雷达依靠不断发射和接收毫米级波段的电磁波实现了无人驾驶的感知，可探测距离、方位角和速度三个维度的信息。3D 毫米波雷达与摄像头的感知融合方案是早期实现 12 级自动驾驶的首选，但是由于 3D 毫米波雷达存在无法测高、水平角分辨率低等问题，现阶段的 3D 毫米波雷达只是作为自动驾驶感知系统的备用传感器。

而 4D 成像毫米波雷达在传统的 3D 毫米波雷达可探测信息的基础上增加了对高度信息的探测，实现了对距离、速度、方位角、高度四个维度信息的收集。随着传统的毫米波雷达向 4D 成像毫米波雷达的转变，4D 成像毫米波雷达在功能上实现了由量变到质变的转化，价格相比于激光雷达也具有绝对优势，其商用的发展潜力巨大。

① 识别范围更广。传统 3D 毫米波雷达基于可获取的三维信息能够识别出前方有障碍物，但是缺少高度信息导致 3D 毫米波雷达会将静止的货车、桥梁、指示牌等都看成地面上的物体；而 4D 成像毫米波雷达基于四维信息能够有效地解析立体目标的轮廓、类别，进而感知传统 3D 毫米波雷达无法识别的细小物体、静止物体等。

② 返回信息点更多。普通毫米波雷达一般只有 12 个信道，而 4D 成像毫米波雷达的信道可达到上百个。例如，上汽宣布将在 R 汽车首款旗舰车型 ES33 上使用 4D 成像毫米波雷达，该款车型搭载的采埃孚 4D 成像毫米波雷达拥有 192 个信道，是普通毫米波雷达的 16 倍。信道数量的增多表示能够接收的返回信息点增多，分辨率也将得到极大提升。

返回信息点的增多和分辨率的提升使得 4D 成像毫米波雷达能生成周围环境的立体点云（通过测量仪器得到的产品外观表面的点数据集合）图像，使得 SLAM（即时定位与地图构建，指的是机器人在自身位置不确定的条件下，在完全未知环境中创建地图，同时利用地图进行自主定位和导航）更加容易。

③ 探测距离更远。4D 成像毫米波雷达的另一大优势是探测距离更远。在同样的视角下，传统毫米波雷达探测距离为 200 米，4D 成像毫米波雷达探测距离可达 500 米，且 4D 成像毫米波雷达的探测距离不受雨雪雾尘等天气因素的影响。

这些特点决定了 4D 成像毫米波雷达在和高清摄像头及激光雷达配合使用时，有其不可替代的独特优势，甚至可在特定场景中取代激光雷达作为无人驾驶系统的主传感器。例如，长城汽车联合傲酷雷达打造的无人物流小车，没有搭载激光雷达，而是通过搭载 5 个 4D 成像毫米波雷达（1 个主雷达和 4 个角雷达），实现了对周边 360° 低速或静止行人、障碍物、小物体的识别跟踪及避障，同时用 4D 成像毫米波雷达完成了 SLAM 定位导航等原来只能用激光雷达做的事情。

（3）车路协同无人驾驶。无人驾驶有单车智能和车路协同两大主流解决方案。

① 单车智能无人驾驶是借助传感器和高效准确的算法，赋予车辆无人驾驶的能力。单车智能通过车上安装的传感器完成对周围环境和车辆的探测，由无人驾驶系统对传感器数据进行分析处理，完成对目标的识别，然后依靠车上的无人驾驶系统对行为进行预测，进行全局路径规划、局部路径规划和即时动作规划。

② 车路协同无人驾驶则是在单车智能的基础上，将道路智能化改造，使之辅助完成无人驾驶。其原理为通过先进的车、路侧感知设备（路侧感知是指利用视觉传感器、毫米波雷达和激光雷达等多种传感器，结合边缘计算设备，获取实时路况和交通信息）等对道路交通环境进行实时高精度感知定位，按照约定的通信协议和数据交互标准，实现车与车、车与路、车与人之间不同程度的信息交互共享。通过车辆自动化、网络互联化和系统集成化，最终构建一个车路协同无人驾驶系统。以 5G 车路协同在高速公路匝道驶入场景为例，其工作过程为当车辆行驶到匝道口附近时，高速公路上的路侧感知设备将会收集匝道上的所有汇入车辆的信息，利用 5G 低时延特性快速将汇入车辆的位置、速度等信息传递给无人驾驶车辆，无人驾驶车辆根据收到的信息调整速度确保安全通过，从而降低交通事故发生的概率。

（4）远程驾驶。2021 年 4 月 30 日，国际汽车工程师学会（SAE）与国际标准化组织合作推出《SAE 汽车驾驶自动化分级》的更新版本中首次定义了远程驾驶：“部分或全部的动态驾驶任务或紧急接管行为（包括实时刹车、转向、加速和变速器换挡）的实时操作，都由远程驾驶员完成。”也就是可以由不在车上的“云代驾”辅助完成动态驾驶任务和紧急接管任务。

2021 年 5 月，全球无人驾驶技术领先品牌慧摩（Waymo）在亚利桑那州发生了一场交通拥堵事件。在这次事故中，慧摩无人车与远程后备（远程后备为无人驾驶车辆提供新的路线规划和行驶建议，但是无法进行手动控制）的协调出现了问题，导致拥堵问题迟迟未解决。这次事件直接印证了高阶无人驾驶算法可能永远都有解决不了的难题。SAE 在新标准中引入的“远程驾驶”概念则清晰地指明“云代驾+算法”是解决无人驾驶系统无法解决的难题的高效途径。

云代驾作为单车智能的一个重要辅助，能够在遇到无人驾驶系统难以解决的问题时提供有效解决方案。例如，车辆行驶过程中经常会遇到施工、交通管制等情况，需要通过一些违规方式解决，但是对于由算法控制的无人驾驶车来说，程序可能既要求遵守交通规则又要求避让障碍物，这些场景下的博弈对于无人驾驶车还是较为困难的。因此，无人车的驾驶系统可能无法处理难题而导致停止运行。而远程驾驶的司机在这种情况下可以代替无人驾驶系统成为新的驾驶员，人工解决无人车所处的困境，结束后使车辆回到自动驾驶状态。

中国的百度阿波罗在 2020 年 9 月 15 日首次向大众展示了“5G 云代驾”技术。阿波罗的“5G 云代驾”就是基于 5G、智慧交通、V2X 等新基建设施，为无人驾驶系统补位。例如，在面对临时道路变更或交通管制等情况时，接到求助请求后“5G 云代驾”可以接管无人驾驶车，改为平行驾驶状态，帮助车辆解决问题。同时，云端驾驶员一个人可以为很多辆车服务。阿波罗“5G 云代驾”虚拟示意如图 7-11 所示。

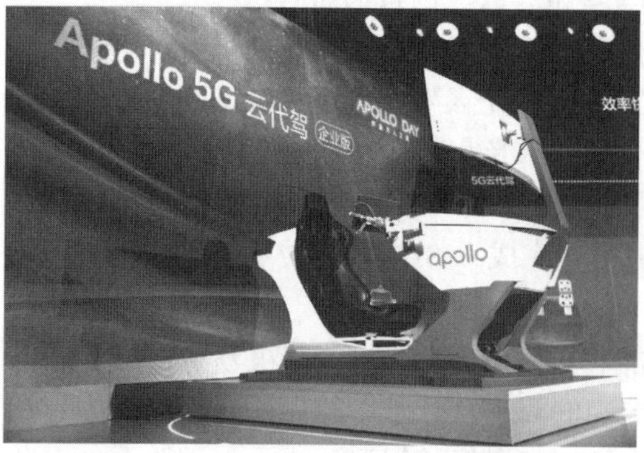

图 7-11 阿波罗“5G 云代驾”虚拟示意

（资料来源：财经头条）

4. 技术应用

无人驾驶技术在智能交通、物流配送、城市管理等领域有着广泛的应用。

在智能交通领域，无人驾驶技术可以缓解交通拥堵问题，提高交通安全性。例如，自动驾驶出租车、公共交通车辆和货运车辆的应用，可以减少交通事故，提高出行效率和体验。

在物流配送领域，无人驾驶技术可以实现智能化的物流配送服务。例如，无人驾驶送货车可以根据订单需求，自动化地完成货物的分拣、配送等任务，提高配送效率和准确度，同时降低成本。

在城市管理领域，无人驾驶技术可以帮助城市实现智能化管理。例如，无人驾驶清洁车、维修车等可以自主地完成城市环境的清理和维护任务，提高城市管理效率和质量。

7.3.3 典型案例

驭势科技无人物流解决方案

1. 公司概况

驭势科技（北京）有限公司（以下简称“驭势科技”）成立于2016年2月，拥有面向大规模商业化的多场景无人驾驶车辆快速量产能力，针对机场、厂区物流、城市配送、无人公交和乘用车个人出行等细分市场搭建了定制化的无人驾驶解决方案。2019年，驭势科技率先在机场和厂区实现了“去安全员”无人驾驶常态化运营的重大突破，是中国最早开启无人驾驶商业化运营的公司。2021年，驭势科技、中国物流与采购联合会物流装备专业委员会联合有关高校、物流企业和相关行业组织申请立项《场内物流车辆自动驾驶系统通用技术要求》团体标准，弥补了国内外“场内无人物流技术方案”这一领域标准的空白。2023年，驭势科技在CeMAT2023亚洲物流展带来了多款L4级场间物流无人驾驶产品，现场动态模拟真实环境下的无人物流车带拖斗运输、自动脱挂钩、与叉车对接上下货等物流场景。

2. 驭势科技无人物流解决方案

驭势科技自主研发打造的“无安全员”IA级无人驾驶物流解决方案，是世界上首个规模化运营的无人驾驶物流项目。该方案的主要模式是从物流运输的实际应用场景出发，通过搭载驭势科技自主研发的IA级无人驾驶物流车与云端智能运营管理系统两大核心技术模块进行系统化集成，形成了完全无人化、规模化、柔性部署的全栈式无人物流解决方案，并且不需要额外的基建改造。

其中无人驾驶物流车的核心是全功能智能驾驶控制器，此外，还搭载激光雷达、摄像头等传感设备。全功能智能驾驶控制器搭载AI控制器、定位控制器、感知控制器、V2X/远程控制器等，专为L3~L4级自动驾驶提供高性能、高可靠、高度集成的无人驾驶功能；云端智能运营管理系统包括车辆运营管理、智能驾驶仿真系统、数据管理服务、高精地图服务、车路云协同服务。云端智能运营管理系统基于上述子系统，实现了对车端、路端数据的自动化采集、存储、传输及分析，支持无人驾驶应用的运营和管理。

3. 驭势科技厂区无人驾驶物流解决方案与多个产业的融合

驭势科技L4级无人物流解决方案已应用于机场、港口、厂区等特定场景，先后在全球货运量第一的民航机场、中国头部汽车生产基地投入100多台完全无人驾驶物流车代替人工运输，打造了无人驾驶应用的新标杆，目前正将无人物流技术解决方案批量推广至汽车零部件、食品、化工、畜牧业等多个重点产业。

（1）食品行业：驭势科技无人驾驶物流解决方案助力徐福记打造智慧工厂。食品行业属于劳动密集型行业，业务受市场需求波动影响较大，存在着季节性用工荒；通过人工完成厂区内转运等流程复杂的运输作业存在劳动强度大、工作效率低下等问题，无人驾驶物流车在食品行业的应用有利于解决上述问题。2021 年，由驭势科技研发的无人驾驶物流车在徐福记广东东莞生产基地投入常态化运营，负责厂区内食品原料转运，标志着驭势科技与徐福记正式携手探索无人驾驶技术在食品行业的应用。

驭势科技为徐福记提供的无人物流解决方案，由无人驾驶物流车和功能强大的云端智能运营管理系统构成。无人驾驶物流车通过对车身周围的激光雷达、摄像头等多类传感器的感知数据进行融合部署，结合无人驾驶核心算法，可以实现厂区内安全稳定的自主运输作业；云端智能运营管理系统提供了无人车队的多车协同、调度、远程监控等功能，在减少人力成本的同时，进一步提升了物流运营的效率与安全性。

（2）化工行业：驭势科技携手巴斯夫打造化工智慧工厂标杆。化工行业面临着物料体积大且重、搬运耗时久、人工运输难以满足产能增长的需求、人工操作安全风险大等一系列物流难题。无人物流车在化工行业厂区的投入有助于实现厂区物料运输全流程、全自动化智能化升级和管理，以“AI 司机替换人工驾驶”，可以进一步提升厂区内运输安全水平，实现物流的降本增效。

2021 年 1 月，驭势科技与巴斯夫正式宣布达成项目合作。目前，驭势科技自主研发的厂内自动物流解决方案已经在巴斯夫上海浦东科技创新园（巴斯夫浦东基地）应用，运用于厂区内化学原材料转运，不断实现与现有生产、调度系统无缝对接，提高基地的智慧物流水平。无人驾驶物流车和云端智能运营管理系统相结合，实现化工园区转运的无人化，减少了人工操作安全风险；此外，7×24 小时全天候、全流程的作业，云端协同调度，可以大大提升运力与效率，促进物流水平与工厂产能相适应，助力企业降本增效。

思考题： 1. 驭势科技无人驾驶技术如何在物流领域实现应用？

2. 驭势科技厂区无人驾驶物流解决方案与哪些产业做了哪些融合？

本章小结

随着 5G 技术发展日渐成熟，北斗三号导航系统已完成全球组网，“北斗+5G”这个智能化时代的融合基础设施，正在成为新一代信息技术和产业发展的制高点。与此同时中国基建也在飞速发展，中国新基建不仅是数字基建，而且是在数字新基建基础上发展升级的智慧基建，其目的是打造一个支撑未来智慧世界的新基础设施。显然，5G 与新基建的应用已经成为物流行业的发展趋势。

拣选与分拣技术可以直接影响整个仓库的运作效率，关系到仓库成本的高低，因此备受关注。随着科技的发展，仓库的自动化、智能化、无人化得到进一步发展，促使物流技术装备企业不断创新拣选与分拣的解决方案。

随着技术的发展与时代的进步，汽车行业正在朝着智能化方向发展。而无人驾驶技术以及车联网技术就是汽车智能化发展方向最重要的表现形式。无人驾驶汽车是一种智能汽车，也可以称之为轮式移动机器人，主要依靠车内的以计算机系统为主的智能驾驶仪来实现无人驾驶。车联网是指车辆上的车载设备通过无线通信技术，对信息网络平台中的所有车辆动态信息进行有效利用，在车辆运行中提供不同的功能服务。无人驾驶技术以及车联网技术目前在物流运输中被广泛运用。

复习思考题

1．新基建如何在仓储领域应用？

2．分拣技术有哪些？其特点是什么？

3．简述“北斗+5G”应用的发展现状。

4．简述即时配送。

5．简述无人驾驶技术的整体架构。

6．举例说明智能装卸搬运技术的应用。

实训项目

1. 课内实训

通过网络查找即时配送的物流企业，对它们进行对照，找出异同点，并对其缺点提出解决方案。

2. 课外实训

以小组为单位，利用课余时间，寻找身边的即时配送案例，并对其进行分析，制作成 PPT 在课堂上分享。

第 8 章　信息与数字化技术

学习目标

知识目标：

1. 了解数字孪生技术的分层架构以及核心架构；
2. 掌握区块链的概念及其特性；
3. 了解区块链技术在物流领域的应用；
4. 了解区块链对物流系统与组织模式的影响；
5. 了解什么是人工智能物联网技术。

能力目标：

1. 熟悉信息与数字化技术的发展及其在智慧物流领域的应用，提升专业知识；
2. 了解并熟悉人工智能技术在物流领域的应用，增强创新意识。

思政目标：

1. 以带动产业数字化转型为目的，培育专业化人才，培养创新发展理念；
2. 了解信息与数字化技术的应用，体会国家科技发展水平，展现强国风范。

导引案例

浩方集团：数字化升级助力传统企业品牌出海降本增效

伴随着欧美等成熟市场竞争的加剧，迭代全球新消费主流的去中心化趋势，“流量思维”模式带来的效能正逐步锐减，铺货型卖家和传统贸易企业由此面临着巨大的转型挑战。品牌出海主旋律的崛起，要求传统出海企业更加注重消费者需求场景的精细化运营。通过围绕用户需求场景和消费链路的布局，形成差异化的品牌势能，继而赢得品牌和业绩的双增长，对于传统出海企业而言，这既是适应变革的必答题，也是迎战未来的破局点。

在这一背景下，“品牌价值”的建设成为出海企业关注的重点以及突围的难点。浩方集团副总裁雷平在分析全球消费者需求特征和海外消费场景人、货、场变化的洞察中提出：“面对市场空间依旧庞大但竞争不确定性的全球市场，品牌出海需要以用户经营为出发点和落地点，重新审视新品打造和渠道布局两大核心的战略升级。”而这也是浩方集团作为跨境电商领域的老牌玩家将深耕行业 17 年积累的经验和能力，聚合推出“品牌+亚马逊+独立站”三位一体的品牌出海全线成长组合服务体系，意在帮助行业伙伴以品牌建设为根基，构筑出以独立站为落脚点和以亚马逊为主战场的多渠道矩阵，达到充分挖掘用户势能，提高出海成功率，赢得长期增长的目的。

为此，浩方集团推出数字化升级助力传统企业品牌出海降本增效的一系列措施，主要体现在以下四方面。

（1）支撑企业高效找到匹配的战略机会点，有效降低出海战略试错成本。数字化系统能够让出海企业基于积累的庞大数据库，对市场趋势、竞争对手和消费者需求情况有更全面的洞察。从而为战略的决策和方案的制定提供夯实的数据依据。从而帮助企业能够实现围绕用户需求场景进行产品的打磨和迭代，唤醒目标用户的购买需求。

（2）帮助企业打通管理、决策和协同的柔性供应链，实现决策和管理的动态智能化，达到降本增效。中国品牌近年来在海外市场找到更大的增长空间，同时也面临更严峻的生产考验，尤其是效率提升和生产管理的考验。企业需要借助数字化技术对供应链决策和协同管理各环节进行更有力的资源整合，提升市场开拓的响应能力。让整个运营过程以更高的灵活度，实现一定程度上的智能化决策，在降低风险的同时，能够有效地避免不必要的损失。

（3）支持营销策略和广告投放的动态决策与分析，为成本管理和优化提供依据。在短视频平台风靡全球的潮流下，企业需要把握数字化社交媒体红利，通过一些营销 SaaS 平台和人工智能平台 ChatGPT 优化内容、提升渗透率和转化率，通过多平台完成线上传播的覆盖以及建立合适的流量漏斗机制。在此过程中，媒体矩阵的丰富化和多元化，也需要借助数字化体系实现对其的动态效果评估，进而支持更合理的营销决策布局，达到优化成本管理的目的。

（4）帮助企业以 VOC（Voice of Customer，客户声音）为基点，打造消费者管理和需求响应闭环，占领用户心智，赢得市场。在数字技术的辅助下，企业能够更有效地从用户体验的角度出发，配合精细化的运营方式实现多渠道触达消费者、建立消费信任，以优质的服务贯穿整个购买周期，最终实现短期业绩快速增长与品牌长期沉淀的双丰收。

总的来说，针对出海企业经营决策和管理体系数字化升级的难点，浩方集团构建出了贯通出海多个环节的品牌出海数字化平台，并融入浩方集团品牌出海服务体系的各个场景中。通过开放围绕用户经营、供应链管理以及跨境销售的数字化建设能力，浩方集团能够较好地为制造企业的数字化品牌战略提供全方位护航，帮助制造企业打破原有的外贸天花板，实现品牌升级的蜕变。

（资料来源：亿邦动力网，作者根据亿邦动力网相关资料整理。）

思考题： 1. 浩方集团如何通过数字化升级助力传统企业品牌出海降本增效？

2. 数字化系统的优势有哪些？

8.1 数字孪生

8.1.1 数字孪生技术概况

1. 数字孪生技术的定义

数字孪生技术就是通过数字化的手段，将物理世界中的实体构建成一个在数字世界中一模一样的实体，从而实现对物理实体的了解、分析和优化，如图 8-1 所示。数字孪生技术集成了人工智能、机器学习等多种技术，结合了数据、算法和决策分析，形成对物理对象的虚拟映射，通过建立模拟模型，实现在问题发生之前先发现问题，通过监控物理对象在虚拟环境中发生的变化，诊断基于人工智能的多维数据复杂处理和异常分析，预测潜在的风险，从而有效规划或维护相关设备。

2. 数字孪生技术的发展概况

美国国家航空航天局的阿波罗项目最早出现了“孪生体/双胞胎”的概念，在该项目中用“孪生体”也就是留在地球上的飞行器来反映正在执行任务的空间飞行器的状态。随后，在 2003 年，迈克尔·格里夫斯教授在密歇根大学的产品全生命周期管理课程上提出了“与物理产品等价的虚拟数字化表达”的概念，被认为是数字孪生体的雏形。之后，又在 2011 年，迈克尔·格里夫斯教授在《几乎完美：通过产品全生命周期管理驱动创新和精益产品》一书中引用了其合作者约翰·维克斯对“与物理产品等价的虚拟数字化表达”描述的名词，也就是数字孪生体，并一直沿用至今。此后，数字孪生体的概念逐渐被吸纳并衍生出“机体数字孪生体”“飞行器数字孪生体”等概念，同时数字孪生技术也被多个行业借鉴和吸收。

2020 年我国将数字孪生写入《“十四五”规划》，作为建设数字中国的重要发展方向。从投融资规模来看，2023 年，我国数字孪生行业投资金额为 16.90 亿元。

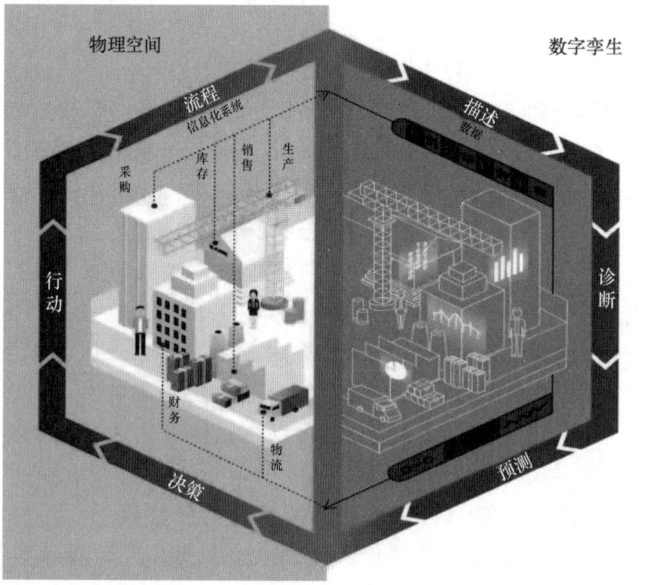

图 8-1　数字世界对物理世界的映射

（资料来源：陈根. 数字孪生——5G 时代的重要应用场景[M]. 北京：电子工业出版社，2020：23-50.）

3. 数字孪生技术的分层架构

数字孪生技术的实现依赖于现有先进技术的发展和应用，其分层架构按照从基础数据采集层到顶端应用层可依次分为数据保障层、建模计算层、功能层和沉浸式体验层，从建模计算层开始，每一层的实现都建立在前面各层的基础之上，是对前面各层功能的进一步拓展。

（1）数据保障层。数据保障层是数字孪生技术分层架构的基础层，支撑着建模计算层、功能层和沉浸式体验层的运作，主要由数据采集、数据传输和数据管理三部分构成。

① 在数据采集方面，先进传感器技术及分布式传感技术使数字孪生技术能够获得更加准确、充分的数据源支撑。数据作为数字孪生技术的基础，海量复杂的系统运行数据包含用于提取和构建系统特征的最重要信息，与专家经验知识相比，系统实时传感信息更准确、更能反映系统的实时物理特性，对多运行阶段系统更具适用性。

② 在数据传输方面，高带宽光纤技术的采用使海量传感器数据的传输不再受带宽的限制，由于复杂工业系统的数据采集量庞大，带宽的扩大缩短了系统传输数据的时间，降低了系统延时，保障了系统实时性，提高了数字孪生系统的实时跟随性能。

③ 在数据管理方面，分布式云服务器存储技术的发展为全生命周期数据的存储和管理提供了平台保障，高效率存储结构和数据检索结构为海量历史运行数据存储和快速提取提供了重要保障，为基于云存储和云计算的系统体系提供了历史数据基础，使大数据分析和计算的数据查询和检索阶段能够得以快速可靠地完成。

（2）建模计算层。建模计算层主要由建模算法和一体化计算平台两部分构成，建模算法部分充分利用机器学习和人工智能领域的技术方法实现系统数据的深度特征提取和建模，通过采用多尺度多模型的方法对传感数据进行多层次多尺度的解析，挖掘和学习其中蕴含的相关关系、逻辑关系和主要特征，实现对系统的超现实状态表征和建模。一体化计算平台分为系统嵌入式计算和云服务器计算两部分，协同完成系统的计算任务。系统嵌入式计算部分在端上完成数据的分析和建模，减小通过链路传输的数据量，节省传输时间，提高系统时效性；云服务器计算部分利用分布式计算方法对经过链路传送到云端的数据以及历史存储数据进行高速解析，智能算法模型的训练和应用都在云端完成。

（3）功能层。功能层面向实际的系统设计、生产、使用和维护需求提供相应的功能，包括多层级系统寿命估计、系统集群执行任务能力的评估、系统集群维护保障、系统生产过程监控及系统设计辅助决策等功能。针对复杂系统在使用过程中存在的异常和退化现象，在功能层开展针对系统关键部件和子系统的退化建模和寿命估计工作，为系统健康状态的管理提供指导和评估依据。对于需要协同工作的复杂系统集群，功能层为其提供协同执行任务的可执行性评估和个体自身状态感知，辅助集群任务的执行过程决策。在对系统集群中每个个体的状态深度感知的基础上，可以进一步依据系统健康状态实现基于集群的系统维护保障，节省系统的维修开支及避免人力资源的浪费，实现系统群体的批量化维修保障。

（4）沉浸式体验层。沉浸式体验层主要是为使用者提供良好的人机交互使用环境，让使用者能够获得身临其境的技术体验，从而迅速了解和掌握复杂系统的特性和功能，并能够便捷地通过语音和肢体动作访问功能层提供的信息，获得分析和决策方面的信息支持。未来的技术系统使用方式将不再仅仅局限于听觉和视觉，同时将集成触摸感知、压力感知、肢体动作感知、重力感知等多方面的信息和感应，让使用者完全体验真实的系统场景，并通过人工智能的方法让使用者了解和学习真实系统场景本身不能直接反映的系统属性和特征。

沉浸式体验层是直接面向用户的层级，以用户可用性和交互友好性为主要参考指标。沉浸式体验层通过集成多种先进技术，实现多物理、多尺度的集群仿真，利用高保真建模和仿真技术以及状态深度感知和自感知技术构建目标系统的虚拟实时任务孪生体，持续预测系统健康状态、剩余使用寿命和任务执行成功率。

4. 数字孪生技术的核心技术

数字孪生技术是一项复杂的技术体系，由多领域建模技术、数据驱动与物理模型融合技术、数据采集与传输技术、全生命周期数据管理技术、虚拟现实呈现技术和高性能计算技术六大核心技术构成。

（1）多领域建模技术。多领域建模是指在正常和非正常情况下从最初的概念设计阶段开始实施，从不同领域、深层次的机理层面对物理系统进行跨领域的设计理解和建模。其难点在于多种特性的融合会导致系统方程具有很大的自由度，同时传感器为确保基于高精度传感测量的模型动态更新，采集的数据要与实际的系统数据保持高度一致。总体来说，难点同时体现在长度、时间尺度及耦合范围三个方面。

（2）数据驱动与物理模型融合技术。对于机理结构复杂的数字孪生目标系统，往往难以建立精确可靠的系统级物理模型，需要融合数据驱动和物理模型。目前，将数据驱动与物理模型相融合的方法主要有两种：一是采用解析物理模型为主，利用数据驱动的方法对解析物理模型的参数进行修正；二是将采用解析物理模型和采用数据驱动并行使用，最后依据两者输出的可靠度进行加权，得到最后的评估结果。

（3）数据采集与传输技术。数字孪生系统是物理实体系统的实时动态超现实映射，数据的实时采集传输和更新对数字孪生具有至关重要的作用。大量分布的各类型高精度传感器在整个数字孪生系统的前线工作，起着最基础的感官作用。

目前，数字孪生系统数据采集的难点在于传感器的种类、精度、可靠性、工作环境等各个方面都受到当前技术发展水平的限制，导致采集数据的方式也受到局限。数据传输的关键在于实时性和安全性，网络传输设备和网络结构受限于当前的技术水平无法满足更高级别的传输速率，网络安全性保障在实际应用中同样应予以重视。许多新型的传感手段或模块可在现有对象系统体系内或兼容于现有系统，构建集传感、数据采集和数据传输于一体的低成本体系或平台，这也是支撑数字孪生体系的关键部分。

（4）全生命周期数据管理技术。复杂系统的全生命周期数据存储和管理是数字孪生系统的重要支撑。采用云服务器对系统的海量运行数据进行分布式管理，实现数据的高速读取和安全冗余备份，为数据智能解析算法提供充分可靠的数据来源，对维持整个数字孪生系统的运行起着重要作用。通过存储系统的全生命周期数据，可以为数据分析和展示提供更充分的信息，使系统具备历史状态回放、结构健康退化分析及任意历史时刻的智能解析功能。

（5）虚拟现实呈现技术。虚拟现实（Virtual Reality，VR）技术可以将系统的制造、运行、维修状态呈现出超现实的形式，对复杂系统的各个子系统进行多领域、多尺度的状态监测和评估，将智能监测和分析结果附加到系统的各个子系统、部件中，在完美复现实体系统的同时将数字分析结果以虚拟映射的方式叠加到所创造的数字孪生系统中，从视觉、声觉、触觉等各个方面提供沉浸式的虚拟现实体验，实现实时、连续的人机互动。VR 技术能够帮助使用者通过数字孪生系统迅速地了解和学习目标系统的原理、构造、特性、变化趋势、健康状态等各种信息，并能启发其改进目标系统的设计和制造，为优化和创新提供灵感。通过简单的点击和触摸，不同层级的系统结构和状态会呈现在使用者面前，对于监控和指导复杂装备的生产制造、安全运行及视情维修具有十分重要的意义。

（6）高性能计算技术。数字孪生系统复杂功能的实现在很大程度上依赖其背后的计算平台：实时性是衡量数字孪生系统性能的重要指标。因此，基于分布式计算的云服务器平台是系统的重要保障，优化数据结构、算法结构等提高系统的任务执行速度是保障系统实时性的重要手段。如何综合考量系统搭载的计算平台的性能、数据传输网络的时间延迟及云计算平台的计算能力，设计最优的系统计算架构，满足系统的实时性分析和计算要求，是应用数字孪生的重要内容。平台计算能力的高低直接决定系统的整体性能，作为整个系统的计算基础，其重要性毋庸置疑。

数字孪生系统的实时性要求系统具有极高的运算性能，这有赖于计算平台计算能力的提升和计算结构的优化。但是就目前来说，系统的运算性能还受限于计算机发展水平和算法设计优化水平，因此，应在这两方面努力实现突破，从而更好地服务于数字孪生技术的发展。

5. 数字孪生技术在物流行业的应用

（1）在包装中的应用。数字孪生技术在物流包装中得到有效应用。

在包装器具方面，数字孪生技术辅助设计新型材料，从而减少传统物流包装带来的环境污染和浪费问题，同时还可以响应国家推出“限塑令”。

在包装状态监管方面，数字孪生技术可以缩短判断包装能否继续使用的时间，并提供更科学的方案。借助 3D 扫描成像工具，能快速建立外包装的数字孪生，通过和预先设定的标准模型进行对比，迅速识别是否存在凹痕和裂缝等潜在问题，再结合历史足迹信息，就能提供有关何时应该修理或进行报废处理的决定。除此之外，通过汇总历史数据，也有利于发现在运输过程中哪个地方最容易发生事故，从而有针对性地对这几个地方进行改善，精益供应链。

（2）在拣选中的应用。目前，数字孪生技术被广泛应用于物流拣选中，形成了仓库和分拣中心数字孪生体。传统的作业流程是：仓储配送中心的配货人员按订单要求的商品名、规格、数量等，将商品从存储的货架或货垛中取出，搬运到理货区，再将拣选出的商品按照不同的客户、不同的配送路线进行分类、集中，等待装车配载和送货作业。但数字孪生技术的应用打破了传统流程，使得作业过程更加可视化、智能化，同时提高了作业效率和准确率。

仓库和分拣中心数字孪生体规模庞大。它以仓库或者分拣中心的三维模型为基础，并搭载了平台收集的 IoT 数据、实时库存和运营产生的数据，如货物的大小、数量、位置、需求等。这些实时信息的映射可以帮助管理者更快、更全面地掌握仓库或者分拣中心当前的运营情况。基于数字孪生技术的仓库热成像地图如图 8-2 所示。

在这些数据累积到一定程度后再来进行仓库运营模拟，就能更为真实地反映调整后的情况。例如，在进行仓库设施更改前，使用数字孪生系统进行模拟，可以使设施管理人员测试和评估布局更改效果，或者引入新设备和新工艺的潜在影响，从而帮助企业做出正确的决策，在保持仓库吞吐量的同时减少浪费。

除了宏观上的优化调度，数字孪生技术还可以装配前线，赋能一线员工，借助可穿戴设备来部署虚拟现实工具，帮助一线员工提高效率。例如，识别二维码或条码显示货物信息完成拣选，基于大数据计算最佳前往路线并以增强现实（Augmented Reality，AR）的形式呈现等。在货箱拣取搬运的场景中，AR 眼镜会自动扫描箱子上的条码或二维码，完成货物拣取确认。基于数字孪生技术的 AR 眼镜视角下的路线指引如图 8-3 所示。

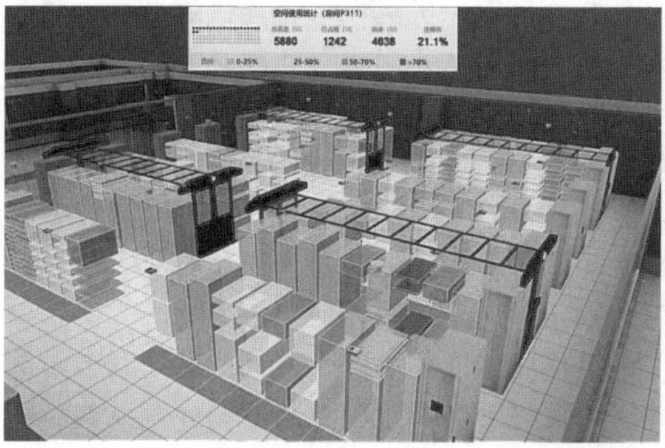

图 8-2　基于数字孪生技术的仓库热成像地图

（资料来源：神州信息）

图 8-3　基于数字孪生技术的 AR 眼镜视角下的路线指引

（资料来源：太平洋号）

（3）在运输中的应用。数字孪生技术也被广泛应用于物流的运输环节中，尤其是在运输敏感的高价值产品和优化物流网络时发挥了十分重要的作用。

数字孪生技术在运输敏感的高价值产品时发挥了重要作用，实现了运输过程的可视化，信息的可追溯共享，以及交付作业的快速安全，并且可以更准确地预测库存。运输敏感的高价值产品，如药品和精密电子元件，通常会加带一个能监视温度变化、包装方向、冲击和振动的传感器。最新一代的传感器提供越来越多的数据点，可以在运输过程中进行连续的数据传输。以 Roambee 传感器为例，根据 Roambee 官网所示，它无须网络基础架构就能传输实时位置信息、实时温度状况，支持供应链中项目级可见性、供应链控制塔、多式联运场景。这些数据让运输过程可视化，同时也让供应链端到端信息可追溯、可共享，实现更快、更安全的交付和更准确的库存预测。

在地理信息方面，数字孪生技术形成地理信息的数字孪生体，可辅助物流服务提供商优化其物流网络。地理信息的数字孪生很大程度上是基于地理信息系统（Geographic Information System，GIS）展开的。GIS 不仅是静态数字地图，还可以合并动态数据，如有关道路交通拥堵情况，道路封闭以及由于特殊原因导致的停车限制信息。GIS 甚至可以集成特定人员和车辆的实时位置信息。GIS 已被物流行业广泛采用，如使用它来计划交货路线，并根据天气情况、拥堵情况以及港口、机场和边境口岸的已知延误来预测到达时间。地理信息的数字孪生也将帮助物流服务提供商优化其常规物流网络，如通过使用收货方位置、需求模式、送达时间等丰富数据来规划送货路线。

8.1.2 典型案例

1. 菜鸟基于数字孪生的物流 IoT 开放平台

随着物联网技术的发展，利用物理模型、传感器更新、运行历史等数据，集成多科学、多物理量、多尺度的仿真技术，建立智慧化物流中心的数字孪生模型，可以模拟和测试智慧物流中心的各种场景下的运行情况，优化智慧物流中心系统，完成动态调整，实现柔性自动化。

菜鸟网络科技有限公司（以下简称“菜鸟”）联合行业合作伙伴共建基于数字孪生的物流 IoT 开放平台，利用数字孪生技术+AI+IoT 技术可以接入任意设备，实现仓储、运输、配送和驿站代收等物流全链路数字化、智能化升级。中国经营型仓库面积近百亿平方米，绝大部分是人工仓库。菜鸟借助数字化技术，通过低成本的改造，实现人工仓库快速升级。菜鸟正通过数字孪生技术，复制出与物理世界实时同步的数字物流世界。

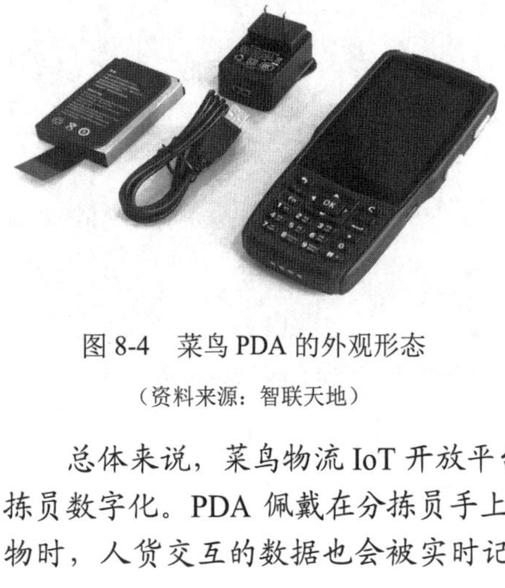

图 8-4　菜鸟 PDA 的外观形态

（资料来源：智联天地）

工作人员通过一个极简快件跟踪扫描记录仪 PDA，就能进入物联网和人工智能的世界。PDA 可实现高速连续扫描、多通道反馈、超长待机、极简操作。菜鸟 PDA 的外观形态如图 8-4 所示。

仓内瞬间感应 PDA 芯片，借助进场通信、智能下发任务，不仅可借助声光电技术自动识别货品，完成智能拣选，还可自动登录仓储管理系统，操作包裹流转。

总体来说，菜鸟物流 IoT 开放平台就是通过菜鸟自研的一款极简 PDA，将进入仓库的分拣员数字化。PDA 佩戴在分拣员手上，能实时记录其所处位置，当分拣员通过 PDA 扫描货物时，人货交互的数据也会被实时记录，从而实现实体仓（现实世界）和数字仓（数字世界）的实时同步，数字仓通过后台数据分析，基于声光电技术以 PDA 震动、灯光闪烁等形式引导实体仓内工人完成拣选、补货等任务。简言之，数字拷贝通过不断地与现实物理对象建立联系，来更新自身以反映现实世界的变化，同时，通过人工智能技术完成数据分析实现对现实世界的指导，促进高效的作业过程。

2. DHL 数字孪生智能仓库

DHL 数字孪生智能仓库依托数据分析和数字孪生技术，连接现实和虚拟仓库，创建智能仓库解决方案，能够做到每时每刻操作协调，在问题发生时加以解决，尤其是在仓库安全方面。DHL 数字孪生智能仓库拥有以安全为核心的六个关键要素，采用全新的改进传感器技术。一是减少拥堵，提高效率，仓库现在将通过减少拥堵、改进资源规划和工作量分配，来提高效率；二是管制区域警报，现场接入监控，对限制进入的区域进行管理警报；三是温度监控系统，实现环境温度系统实时监测；四是完整的交通可视化，用于位置优化的完整交通可视化；五是实时运营数据，实时运营数据使管理者能够做出更明智的决策，指导团队并最终提高运营团队的绩效；六是增强机械化搬运设备的安全，通过距离传感器提高了机械化搬运设备的安全性，增强了空间意识，减少了拥堵以及碰撞风险。

8.2 区　块　链

8.2.1 区块链技术概况

1. 区块链概述

区块链由两个词根组成：一是“区块”，二是“链”。区块链是一种把区块以链的方式组合在一起的数据结构，每个区块通过散列的方式与上一个区块相连，实现了可追溯；同时，用密码学保证了数据的不可篡改和不可伪造。以账本方式来比喻，全民参与记账的方式把账本中需要存储的账分成了不同的账页，每个账页之间通过特定的信息按时间顺序首尾相连，呈现一个完整的账链条、一套完整的账数据。

（1）区块。区块由两部分构成，分别是区块头和区块体。区块头里存储着上一区块的唯一标识和本区块体的唯一标识。上述唯一标识可解释为时间戳和哈希值。同时，区块体存储着本区块的交易详情即数据记录。通俗解释就是一张账页可分为两大部分：账页头和账页体。账页头里面存储着上一张账页及本账页体的唯一标识。账页体存储着本账页的交易详情，也就是数据记录。

（2）链。链是区块和区块之间的链接方式。区块链是由多个相连的区块构成的，第一个被构建的区块称为创世块，拥有一个唯一的区块序号。以账本为例，账本由多个相连的账页构成，其中第一页被称为创世块，拥有一个唯一的账页面的序号。第一页就像生活中的账本扉页背面，只有一面、一页序号。除了创世块，每账页后续建立的账页都包含两个页面的序号，一个是前序账页的序号，承接前序账页，另一个是该账页自身的序号，通过各个账页序号间的前后指向顺序，所有账页按序相连，构成了整个账本。因为每个区块上记录的交易涵盖上一区块形成之后、该区块被创建前发生的所有价值交换活动，所以保证了区块链的连续性、完整性和防篡改性。

2. 区块链的特性

基于区块链的系统和以往的其他系统有很多不同，以区块链技术为核心的系统有三大最主要的特点：去中心化、不需要管理机构、不需要第三方仲裁。

去中心化是指系统上的所有节点是对等的，每个节点都可以自由加入和离开，并且对整个系统的运行没有影响；不需要管理机构可理解为自治，即所有的节点都是按照一个规则来行事并达成共识的；不需要第三方仲裁是指系统所有的交易和过程都是按照一定的规则或合约来进行的，所有的交易都是可追溯的和不可逆的。

3. 中本聪与区块链技术

（1）拜占庭将军问题。拜占庭将军问题是一个协议问题，拜占庭帝国军队的将军们必须全体一致地决定是否攻击某一支敌军。问题是这些将军在地理上是分隔开来的，并且将军的军队中存在叛徒。叛徒可以任意行动以达到以下目标：欺骗某些将军采取进攻行动；促成一个不是所有将军都同意的决定，如将军们不希望进攻时促成进攻行动；或者迷惑某些将军，使他们无法做出决定。如果叛徒达到了这些目的之一，则任何攻击行动的结果都是注定要失败的，只有完全达成一致才能获得胜利。

拜占庭假设是对现实世界的模型化，由于硬件错误、网络拥塞或断开及遭到恶意攻击，计算机和网络可能出现不可预料的行为。拜占庭容错协议必须处理这些失效问题，并且还要满足所要解决的问题要求的规范。这些算法通常以其弹性 t 作为特征，t 表示算法可以应对的错误进程数。

很多经典算法问题只有在 $n \geqslant 3t+1$ 时才有解，如拜占庭将军问题，其中 n 是系统中进程的总数，即将军数量；t 是叛徒数量。

（2）中本聪与区块链。拜占庭将军问题就是一个互不信任的分布式网络，而要获得最大的利益，又必须一起努力才能完成，所以如何达成一致的共识，变成了一个难题。莱斯利·兰伯特提出了拜占庭将军问题，但真正解决这个难题的是中本聪。

知识链接

中本聪是谁

比特币从赠送都无人愿意要到价格暴涨数十万倍，这不得不说是个传奇，而相较于比特币而言，它的创始人中本聪更是个传奇，因为至今为止，中本聪是谁，依旧是一个谜题。2011 年比特币走上正轨之后，中本聪在一封电子邮件中写道："我已转移到其他事物上去了。"从此以后就没了中本聪的消息，他从网络上彻底销声匿迹。

至今仍没有人知道中本聪是谁，人们猜测中本聪也很可能是一个团队，因为 2008 年时，他创造的区块链算法实在太精密，不像是一个人能够完成的。从名字上来看，中本聪是一个日本人，但是中本聪到底是哪国人？他曾在论坛上自称自己是一名 43 岁的日本男性，他 2008 年公布比特币时，是通过自己注册的网站公布的，而这个比特币官网注册时使用的服务器的确是在日本。不过中本聪的英语实在太流畅，而且他从来没有使用过日文。

中本聪在消失之后，引起了大量网友和黑客的好奇，因为他本人的账户拥有上百万枚比特币，早在 2014 年，这些币的价值就已经超过了 10 亿美元。如果按现在 5 万美元的价格计算，那么中本聪的比特币资产将高达 500 亿美元。直到今天，中本聪也没有出来发言过。或许对他来说，比特币能发展成现在这样，已经是最大的惊喜了。如果他出现，势必会引起不必要的麻烦和纠纷，还是静静地做一个富豪好了。

（资料来源：腾讯网，作者根据腾讯网相关资料整理。）

（3）工作量证明。工作量证明，简单理解就是一份证明，现实中的毕业证、驾驶证都属于工作量证明，它用已检验结果的方式证明你过去做过了多少工作。在拜占庭系统里，加入工作量证明，其实就是简单粗暴地引入一个条件：大家都别忙着发起消息，都来做个题，看谁最聪明，谁就有资格第一个发起消息。这个题必须是绝对公平的。中本聪在设计区块链时，采用了一种工作量证明机制叫哈希现金，在一个交易块要找到一个随机数，计算机只能用穷举法来找到这个随机数。可以说，能不能找到全靠运气，所以对于各个节点来说，这个世界上，只有随机才是真正的公平。实现随机的最好办法是使用数学，所有的将军在寻找共识的过程中，都借助了大家认可的数学逻辑。

（4）时间戳。如果不同的将军先后解出了题，各自先后向这个网络发布消息，那么各个节点都会收到来自不同节点发起的进攻或者不进攻的消息，那怎么办呢？只有时间最早的发起者才是有效的。中本聪巧妙地设计了一个时间戳的东西，为每个将军在解好题的时间（出块时间）盖上时间印章。

（5）奖励机制。将军们又凭什么要一起做工作量证明呢？中本聪也完全可以设置一个奖励机制，比特币的奖励机制是每打包一个块奖励 25 枚比特币。当然，拜占庭将军问题的奖励机制可以是瓜分拜占庭获得的利益。

（6）非对称加密。非对称加密算法的加密和解密使用不同的两个密钥，这两个密钥就是“公开密钥”（公钥）和“私有密钥”（私钥）。公钥和私钥一般成对出现，如果消息使用公钥加密，那么需要该公钥对应的私钥才能解密；同样，如果消息使用私钥加密，那么需要该私钥对应的公钥才能解密。

非对称加密的作用是：保护消息内容，并且让消息接收方确定发送方的身份。例如，将军 A 想给将军 B 发送消息，为防止消息泄露，将军 A 只需要使用将军 B 的公钥对信息加密，而将军 B 的公钥是公开的，将军 B 只需要用只有他自己知道的私钥解密即可。将军 B 想要在信件上声明自己的身份，他可以自己写一段“签名文本”，然后用私钥签名，并广播出去。所有人可以根据将军 B 的公钥来验证该签名，确定将军 B 的身份。

由此，一个不可信的分布式网络变成了一个可信的网络，所有的参与者可以在某件事上达成一致。

（7）共识机制。如何预防背叛的将军？在中本聪设计的分布式网络里：

第一，每个将军都有一份实时与其他将军同步的消息账本；

第二，账本里每个将军的签名都是可以验证身份的，如果有哪些消息不一致，可以知道消息不一致的是哪些将军；

第三，尽管有的消息不一致，但只要超过半数同意进攻，就可以达成共识。

由此，在一个分布式的系统中，尽管有坏人，坏人可以做任意事情（不受 Protocol 限制），如不响应、发送错误信息、对不同节点发送不同决定、不同错误节点联合起来干坏事等，但是，只要大多数人是好人，就完全有可能去中心化地实现共识。

基于互联网的区块链技术克服了口头协议与书面协议的种种缺点，使用消息加密技术、公平的工作量证明机制，创建了一组所有将军都认可的协议。这套协议的出现，使拜占庭将军问题得到了完美的解决。

4. 区块链对物流系统与组织模式的影响

（1）区块链对物流系统结构演进的影响。因为区块链的去中心化特性，物流系统的运作模式发生改变，从传统的由单中心向外、层级传递的单一模式，转向多中心共同运作、无明显层级化传递、信息传播路径自由化的高效模式。区块链技术通过对数据进行有序管理，可有效防止物流系统内部的数据被篡改，从而大大提升物流系统的公开透明度和数据信息的可信度。区块链的加密技术可保障物流过程中的信息隐私，从而提高物流供应链交易的安全性，同时可减少财务流程中对账、解决争议等环节产生的费用和时间。

（2）区块链对物流组织模式演化的影响。物流组织模式从最初的分散管理发展到供应链一体化、战略联盟化，目前正在向信息化、智能化和经营虚拟化转变。在物流组织逐渐复杂化时，需要重点关注信息共享的及时性、多方交易结算的安全性、物流服务的差异性等问题。在这个过程中，区块链对物流组织模式造成了较为显著的影响，集中表现在两个方面。一是区块链技术的分布式账本管理帮助物流组织实现完整的供应链溯源、完善多方参与的物流结算体系以及打破垄断的行业格局；二是区块链技术的智能合约能够协助物流组织减少现有业务流程的差异化、增强行业共享流程的协同化、实现跨行业合作的多元化。

5. 区块链技术在物流中的应用

（1）在运输领域上的应用。①海运和跨境运输。区块链技术在海运和跨境运输中主要有三个方面应用：数字化单证、全程监控及通关与管理。美国 Accenture 主导建立了货运和物流联盟，利用区块链分布式账本技术将单据证书数字化，单证可通过区块链签发和流转，从而简化货物运输过程中的整个单据流，加快货物的流通并减少欺诈；英国与丹麦合作建立了海运区块链实验室，利用区块链时间戳技术确保数据交换及可见性，在线跟踪、审核及处理危险货物，提高可追溯性并减少事故的发生；马士基和 IBM 共同开发了 TradeLens 平台，利用区块链数字签名和安全密码算法使数据具有不可篡改性，确保单证信息的真实性，实现了海关备案和清关的自动化，有利于海上运输的通关和管理。②“最后一公里”配送。区块链技术在“最后一公里”配送中的应用，保障了配送的准确性与时效性，同时也保护了客户的隐私信息。沃尔玛使用区块链技术，通过与投递箱建立相关联的区块链标识符和密钥，对接近的无人机进行身份验证，自动解锁投递箱并从无人机上接收包裹。区块链的密钥技术与无人机技术结合，一方面保证了配送的时效性和准确性，另一方面对客户信息加密，保障数据的安全和客户的隐私。

（2）在物流服务质量管理上的应用。区块链技术的应用，可有效管理物流服务质量，实现有效监管。德国的思爱普公司利用区块链为供应链的每个节点提供完整的交易记录并将其添加到产品的谱系中，有助于监控药物的运输和存储过程，以及验证退回的药品是否为原始的正品。区块链技术可为客户证明产品来源和真实性，同时对食品供应链、药品供应链及奢侈品供应链等质量管理的意义重大。

（3）在物流金融服务中的应用。随着区块链技术的应用，物流金融服务衍生出更多服务模式，可用于更多支付场景。富士康推出基于区块链的供应链金融平台 Chained Finance，旨在连接非银行贷款人和供应商，保证在没有银行参与的情况下将货款付给供应商。同时，区块链分布式账本技术能准确记录资金流向，降低融资风险。区块链加密货币可以用于各种支付场景，促进供应链网络内的金融交易和供应链融资。

（4）在物流信息化中的应用。区块链技术在物流信息化中得到广泛应用，如跟踪监控货物流动、实时共享信息等。美国、欧洲等国家和地区将区块链技术用于跟踪和监控货物的全程流动，使用智能合约控制运输过程中的物理环境特性。同时，物流网络中的所有参与方可以通过分布式账本技术实时共享信息，从而实现物流供应链的信息化。

（5）在典型行业中的应用。在全球范围内，区块链技术被应用在多种行业物流中，包括食品物流、医药物流、奢侈品物流、航空物流、煤炭物流及制造业物流等。沃尔玛与 IBM 使用区块链共同改善全球市场中食品安全的溯源能力；美国区块链创业公司 Chronicled 和生命科学供应链咨询公司 LinkLa 合作，启动了制药业“跟踪与追溯”试点项目；英国创业公司 Everledger 开发基于区块链的解决方案，用于验证产品的来源，目前已经被用于钻石追踪和葡萄酒追踪等领域。

8.2.2　典型案例

中欧 e 单通

依托区块链技术，“中欧 e 单通”平台作为全国首个基于中欧班列多式联运“一单制”的跨境区块链平台，实现了技术创新、模式创新和流程创新。中欧 e 单通平台单证电子化功能的实现，满足了用户线上签发和链上流转单据的需求，有效解决了线下开立纸质单据、单据线下来回邮递、传递效率低、单据易被篡改的痛点问题。同时在区块链技术的保障下，多方主体可在平台上进行数据流转和共享，促进贸易发展。

1. 中欧 e 单通发展概况。2019 年 10 月 23 日，中欧 e 单通跨境区块链平台上链仪式在成都举行，标志着中欧 e 单通平台正式上链，2021 年 4 月 1 日正式升级为 2.0 版本。中欧 e 单通平台是全国首个基于中欧班列多式联运一单制的跨境区块链平台，是一项改写陆铁贸易金融属性的探索，通过区块链技术的加持，有望推进中欧沿线普惠金融和跨境贸易的互联互通。中欧 e 单通 2.0 版是工商银行持续推动区块链技术在中欧班列等跨境经贸领域的又一次创新探索，将推动中欧班列沿线贸易金融畅通，实现小微外贸企业金融的可获得性。

2. 中欧 e 单通区块链底层平台。中欧 e 单通区块链底层平台依托工商银行企业级区块链平台——工银玺链。工银玺链区块链平台首批通过工业和信息化部 5 项可信区块链技术测评。目前，工银玺链已取得 150 余项技术创新成果、124 项专利申请，工商银行运用这些成果，在资金管理、供应链金融、贸易金融、民生服务等方面构建了 30 余个应用场景和 80 余项应用。工银玺链区块链平台以“自主研发+合作共建”的模式联合打造开放协同、安全稳定、智慧高效的“区块链+”基础设施，通过支持具有差异性的多区块链底层产品，探索“区块链+政务+金融”的应用生态，针对不同业务场景，形成开箱即用的产品化解决方案，促进“区块链+”模式的融合创新发展。同时，工银玺链协助制定行业规范，发布金融行业白皮书，并且位于福布斯 50 强，多次获奖优秀区块链案例。

3. 中欧 e 单通业务流程。使用中欧 e 单通办理业务时可实现简化单据流程、单据互信互认和在线普惠融资。具体业务流程可表述为，进口商与出口商签订合同，进口商向进口银行提出开立信用证的申请，进口银行同意申请后向出口银行开立信用证，出口银行通知出口商，出口商再向货代公司交货。货代公司将货物信息录入并提交陆港公司，同时可以在区块链上查询并打印提货单，并将提货单交给出口商。获得提货单的出口商再将单据交给银行委托收款，进口商付款后银行放单进行提货。具体流程如图 8-5 所示。

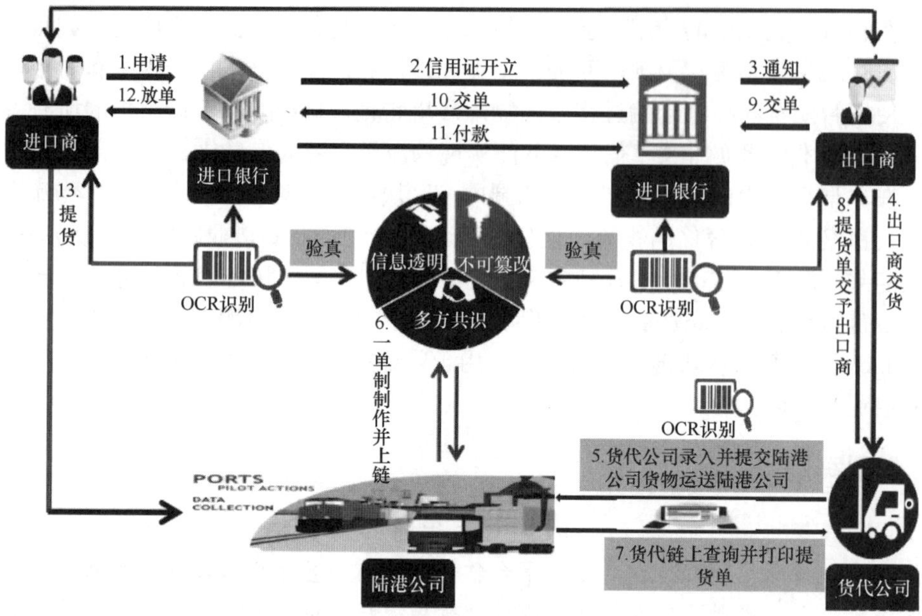

图 8-5　中欧 e 单通业务流程

（资料来源：柚子社区）

4. 中欧 e 单通金融科技及业务创新。中欧 e 单通金融科技及业务创新中有三大创新点。一是技术创新，即新技术聚合。区块链技术结合人工智能 OCR，数字身份实现多式联运一单制的高效签发和链上流转、验证，有效解决了线下开立纸质单据、单据线下来回邮递、传递效率低、单据易被篡改等痛点问题。二是模式创新，即提单模式创新。贸易中单据等信息上链共享，打通了进出口企业、物流、银行、港口之间的数据流转和共享通路，在一定程度上解决了贸易背景真实性核验问题。三是流程创新，即金融服务创新。通过进出口企业税务信息、多式联运“单制”物流信息、海关报关信息等多维度信息为授信融资建模提供数据支持，提供线上融资服务。

5. 试点及创新成效。目前，中欧 e 单通在结算融资方面实现了零的突破，上链企业不断增加，截至 2020 年年底办理进口押汇 2600 余万元、跨境融资 4000 万美元。同时，其业务地区覆盖范围不断扩大，境内覆盖四川，境外覆盖法兰克福、莫斯科、华沙等地区（并且在持续增加中），后续将覆盖广西、重庆、陕西等省区市。

中欧 e 单通的创新成效主要体现在两方面的改变：一方面简化物流线下操作流程、提高贸易单据传递效率、节约企业脚底成本；另一方面实现贸易背景真实性验证、跨界协作金融模式创新、促进贸易结算便利化。区块链技术为中欧 e 单通的有效运行保驾护航。

8.3　人工智能物联网

8.3.1　人工智能物联网技术概况

1. 物联网技术

1982 年，卡内基梅隆大学改装了一个可乐机，使其能够报告库存情况以及新储存的饮料是否冰凉，该可乐机成了世界上首个可连接的智能设备。随着物联网的不断发展以及智能设备的不断增多，几十年后的今天，我们生活在一个物联网多于人联网的世界里。据 Business Insider Intelligence 预计，到 2025 年，物联网设备将超过 550 亿台。

目前来看，物联网几乎无处不在。快速扩张的物联网技术将便携式设备、家用电器、汽车、制造设备和其他嵌入电子设备、软件、传感器和执行器相互连接，从而组成一张巨大的物联网网络，并能相互进行数据交换。从消费类可穿戴设备到工业机器和重型机械，这些相互连接的“物”可以向环境发出信号、能够被远程操纵和控制，并且能越来越多地自主做出决策并执行。

2. 人工智能物联网技术（AIoT）

AIoT（Artificial Intelligence & Internet of Things）是人工智能技术与物联网在实际应用中的落地融合：物联网采集底层数据，人工智能技术处理、分析数据并实现相应功能。AIoT 作为一种新的物联网应用形态，以数以十亿计的低成本、小型、低功耗的设备为基础，实现对资产、流程、系统等的智能化跟踪、识别、监控和管理，可以极大地提升社会的信息化程度和运行效率。其技术层面主要分为感知层、传输层、平台层和应用层。

（1）感知层是 AIoT 的基础部件，包括 RFID、传感器、摄像头、车载雷达、AI 算法等，主要用于信息获取。

（2）传输层是 AIoT 进行信息传输的网络通道，主要包括局域网、低功耗广域网、蜂窝网等无线通信。

（3）平台层是各种信息汇集处理的云平台，包括底层支撑平台、连接管理平台、解决方案平台等。

（4）应用层是 AIoT 的主要赋能终端，包括智慧城市、智能工业、智能家居等。

3. 人工智能物联网技术的发展历程

与许多事物的发展过程一样，AIoT 技术的发展也是一个渐进的过程。目前来看，AIoT 技术的发展历程分为单机智能、互联智能和主动智能三个阶段。

（1）单机智能。在单机智能阶段，物联设备之间的联系较弱，人工智能技术更多体现在用户与设备之间，且往往需要由用户发起交互需求。在这种情境下，单机系统需要精确感知、识别和理解用户的各类指令，如语音及手势等，并进行正确的决策、执行以及反馈。单机智能主要改善了单个设备的用户体验，提升了具体场景下特定设备的智能化水平。目前 AIoT 技术的发展进程正处于这一阶段。

（2）互联智能。在互联智能阶段，AIoT 通过“一个大脑，多个终端”的模式构建起互联互通的设备矩阵，使得设备之间的联系大为加强。在该阶段，通过智能化的“大脑”和系统网不同设备之间可实现数据及其价值挖掘的共享，进而使每个设备的智能化水平进一步提升，克服单机智能阶段每个设备的数据和服务“孤岛”，打造出系统化的智能场景。

例如，当用户晚上在卧室对着空调说出“睡眠模式”时，不仅仅空调自动调节到适宜睡眠的温度，同时，客厅的电视、音箱，以及窗帘、灯设备等都会自动进入关闭状态。但是互联智能不是终点，从发展的视角来看，它仍然具备进步的空间，AIoT 真正的目标是实现自动化与智能化。

（3）主动智能。在主动智能阶段，AIoT 的进一步发展主要体现在自学习、自适应和主动服务能力等方面。在该阶段，AIoT 在互联智能的基础上，借助强大的数据感知、信息共享和计算能力，通过对用户行为偏好、用户画像、环境等各类信息的持续感知和学习，形成自主决策、自主执行、持续优化、主动服务的高度智能化能力。例如，家中的窗帘、空调等智能设备将感知光线的变化自动开启；出行时，汽车将智能地为驾驶员调整最舒服的座椅，并自动规划出行路线。AIoT 主动智能的目标是把 AI 与 IoT 各自的优势最大化地表现出来，真正做到改变人们的生活。

4. 人工智能物联网融合关键技术

AIoT 技术发展依靠人工智能技术与物联网技术在实际应用落地中的融合，促使两者融合的关键技术主要有无线传输技术和芯片技术。

（1）无线传输技术。无线传输是 AIoT 产业的基础关键技术，各种功能强大的智能设备只有实现云端接入，才能发挥其产业价值。无线传输技术依照距离可以划分为局域网通信技术和广域网通信技术。

首先是局域网通信技术，Wi-Fi、蓝牙、ZigBee 是主要的局域网通信技术，可用于短距离传输。Wi-Fi 的优势在于传输速率大，蓝牙的优势在于组网简单，ZigBee 的优势在于功耗低，三种技术对比如表 8-1 所示。

表 8-1　Wi-Fi、蓝牙、ZigBee 技术对比

技　术	Wi-Fi	蓝　牙	ZigBee
传输距离	50～200 米	50 米	10～100 米
优点	速率高，部署简单，成本低	功耗低，组网简单，成本低	功耗低，自组网，成本低
缺点	移动性差，覆盖性差	距离近，组网设备量少，安全性差	速率低，稳定性差
应用场景	家庭网络，企业及园区自建网络，高密场景	各类数据/语音近距离传输，如耳机、手机	家庭自动化，工业现场控制

Wi-Fi 是一种允许电子设备连接到一个无线局域网（WLAN）的技术，可用于用户上网接入。自 1997 年 IEEE 制定出第一个无线局域网标准至今，Wi-Fi 进行了 6 次迭代，其主要技术包括多用户多输入/多输出技术、频分复用技术以及目标唤醒等技术。

蓝牙是局域网通信技术，可实现固定设备、移动设备和楼宇个人局域网之间的短距离数据交换。目前有两种不同的蓝牙无线电选择：经典蓝牙和低功耗蓝牙。经典蓝牙目前被广泛用于串流应用，尤其是音频串流。而低功耗蓝牙主要用于设备间频繁传输数据的低带宽应用。低功耗蓝牙以极低的功耗以及在智能手机、平板电脑和个人计算机中的普及性著称。

ZigBee 是一种低功耗局域网协议。ZigBee 相比于 Wi-Fi 和蓝牙最大的优势在于低功耗，其他特点包括低成本、自组织、低数据速率。

其次是广域网通信技术，相较于传统 Wi-Fi 及蓝牙等短距离通信协定，省电且信号穿透力强的低功耗长距离广域网络（LPWAN）非常适合智慧能源及智慧城市等的应用。根据 HIS Markit 的预测，窄带物联网（Narrow Band Internet of Things，NB-IoT）及远距离无线电（Long Range Radio，LoRa）将成为 LPWAN 未来两大技术主流。

NB-IoT 是构建于蜂窝网络上的标准化物联网授权频谱通信技术。它聚焦于低功耗广覆盖物联网市场，目前广泛应用于无线抄表、智能停车、智慧家居、物流跟踪等领域，其技术特点是广覆盖、大连接、低功耗和低成本。

LoRa 是全球范围内应用最广泛的非授权频谱广域通信网络。LoRa 既有 LPWAN 技术具

有的低功耗、远距离、低成本等特性，还有安全性、灵活性等特点，广泛应用于智慧园区、智慧消防、智慧表计等领域。

（2）芯片技术。在 AIoT 应用端多场景需求爆发，物联网应用领域广、场景复杂以及平台层生态逐步完善的背景下，智能硬件连接数进一步增多，单品智能化程度进一步提升。AIoT 无线通信芯片作为实现数据互连和交互的核心底层硬件，其在集成度、功耗、数据处理速度等方面的要求将进一步提高。

① Wi-Fi 芯片技术。Wi-Fi 是物联网最重要的连接方式之一，而 Wi-Fi 芯片是 Wi-Fi 技术的核心，将优先受益于 AIoT 应用端的爆发，AIoT 应用场景下对各种连接的需求也越来越多。Wi-Fi 芯片除了满足无线连接功能，还需要进一步肩负语音交互和图像处理的重任。从细分市场来看，Wi-Fi 芯片主要分为路由器 Wi-Fi、数据卡 Wi-Fi、手机 Wi-Fi 和物联网 Wi-Fi 四大类。

② 多协议集成。物联网里的智能终端通常包括多个无线传输协议，这主要是为了使终端能够适应不同的应用场景，并实现良好的性能应用，显著改善用户的体验。例如，共享单车里通常包括全球定位系统（Global Positioning System，GPS）、全球移动通信系统（Global System for Mobile Communications，GSM）模块以及蓝牙芯片，分别完成实时定位、云端的数据接入和单车的自动解锁。而一些拥有 Wi-Fi 模块的智能家电，通常在模块中增加蓝牙低能耗（Bluetooth Low Energy，BLE）协议，进一步提升配网速率，改善用户体验。

5. 人工智能物联网技术的应用

（1）物流与供应链智能调度。它包括汽车制造入厂物流智能调度管理和工业全程供应链智能调度管理。

首先是汽车制造入厂物流智能调度管理。AIoT 技术可用于汽车制造入厂物流智能调度管理，以解决入厂物流人工计划无法适应零件准时化生产需求与运输资源匹配，紧急拉动过多及资源浪费等严重问题。

对于汽车制造等大型流水线生产型企业来说，其对入厂物流的要求为频次高、数量大、无库存。而目前入厂运输路径规划只依靠人工经验方法进行制定，手动求解，效率低，面对市场波动逐渐频繁、限制条件逐渐增多的趋势，需要一种方法实现对运输路径的高频次优化调整，以匹配实际需求。

AIoT 技术实现了人工智能和物联设备在汽车制造入厂物流智能调度的配合协调。人工智能系统可以通过理出业务规则，进行数字化建模和算法建立，解出更优的调度计划；联网移动终端可以绑定订单跟踪路径回放，实现过程分析、运输预警、车辆排队等功能，并通过交互式情景建模预测各业务变量变化对成本等关键指标的影响，从而做出优化改进，最终实现汽车制造入厂物流运输路线、车辆调度等管理系统的进步和优化，提高入厂物流运作效率。

其次是工业全程供应链智能调度管理。在工业供应链方面，AIoT 技术可应用于全程供应链的智能调度管理。在运力资源调度方面，AIoT 技术可以通过人工智能系统自动调整相关参数信息并进行自我学习，通过智能终端设备进行便捷操作并且对与承运商已对接物联网络的运力资源进行智能调度。此外，在供应链实际操作方面，AIoT 技术还可以实现针对基于营销中心配货订单的订单拆分以及合同组拼环节优化模型的物流调度管理，对经济运行指标和生产计划的生产调度管理，以及对仓库库存量和流量数据进行预测分析。AIoT 全程供应链智能调度管理流程如图 8-6 所示。

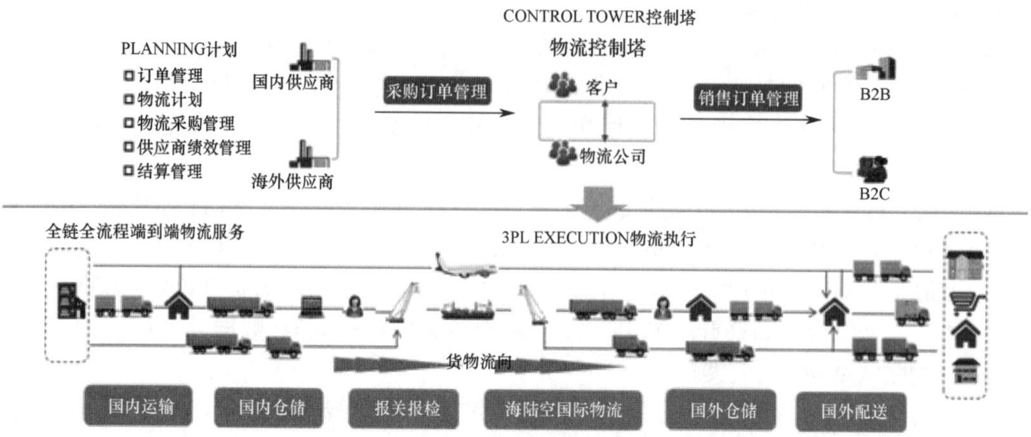

图 8-6 AIoT 全程供应链智能调度管理流程

（资料来源：云恋科技）

（2）港口智能理货。利用 AIoT 技术进行港口智能理货，可以解决传统人工理货的高劳动强度、高危险性操作以及低工作效率等缺点。在实际理货过程中，AIoT 技术按照理货流程实现智能协助。

首先，利用 AIoT 技术进行箱号识别以解决集装箱表面形状复杂、颜色众多、箱号污损、作业光源复杂不定等问题。通过视频监控器，利用视频字符识别系统（Optical Character Recognition，OCR）加上对复杂环境识别的深度学习算法嵌入智能理货平台，将系统读入的箱号与装卸计划中的箱号对比，作为理货智能化操作的基础。

其次，利用 AIoT 技术进行图像识别以解决装箱立面多、破损形状复杂、破损和污损情况容易混淆等问题。通过视觉神经网络深度机器学习系统，以收集到的数十万张集装箱各类残损图片为基础，使系统自动学习，理解识别残损规律，与现场抓拍采集的图片对比，并进行实时监控，发现残损箱后报警并存档备查。

最后，利用 AIoT 技术进行吊钩位置智能计算和图像识别来解决集装箱船舱结构复杂、准确泊位难以确定、外界影响随时变化的问题。智能物联设备可以从桥吊控制系统获取集装箱吊钩的动态三维位置坐标以确定装卸箱时吊钩的准确位置，而后与计划的吊钩位置进行对比，在发现差异后会及时报警并及时进行错误核查。

通过利用 AIoT 技术，使港口理货的效率提高数倍以上，降低了现场安全风险，提高了装卸准确率，减少了偏差和误装误卸等问题的发生。

8.3.2 典型案例

美团即时配送

美团外卖已成为全球较为知名的即时配送平台。目前，美团研发出了新一代的即时配送系统 AIoT 产品矩阵，主要包括智能调度系统和全新的智能装备系统。

（1）智能调度系统。作为承担大量订单实时处理任务的多人、多点智能配送调度系统，美团智能调度系统在配送环节承担了订单匹配、路径规划和时间预估等核心任务。美团智能调度系统的核心难点在于，要在极短时间内将大量涌现的新订单和周围的骑手进行实时匹配，同时兼顾用户体验、商家体验和骑手体验，追求体验、效率和成本的最佳平衡，这意味着庞大的计算量、极高的运算速度和复杂的算法模型。

当用户下单时，智能调度系统会综合考虑超时风险、配送时长、行程距离、到店等餐时长、未来出单情况等100多个因素和变量，秒级时间给出最优解，将每份订单分配给最合适的骑手。而在订单匹配过程中，每种匹配方案的可行性测算都需要规划骑手的配送路线，来评估该方案是否合理。

通过智能调度系统，美团实现了运筹优化与机器学习深度融合的全程柔性调度，基于轨迹大数据，通过运筹优化、机器学习、数据挖掘、地理计算等智能算法，为每份订单预估送达时间、指派最合适的骑手，并为骑手设计最优的取送路线。

（2）智能装备系统。在智能调度系统之外，为了进一步提升骑手的送餐效率、保障骑手送餐安全，美团外卖还使用了全新的智能装备系统，包括智能电动车、智能语音助手、智能餐箱、智能安全头盔和室内定位基站。

针对外卖骑手骑行时频繁使用手机的痛点，美团智能电动车将骑手App与车载运动传感器和智能控制模块进行系统化集成，开创性提出了电动车"智能骑行模式"的概念。在骑行模式下，骑手可将手机屏幕直接作为车辆仪表盘，骑行时即可实时获取导航、订单、电量等关键信息，同时通过车辆按键进行便捷操作，无须边骑车边操作手机，从而提升驾驶安全性。

智能语音助手基于丰富的大数据和AI技术，可自动识别场景并主动发起一系列的播报、提醒、引导类对话，使得骑手无须手机即可完成接受派单、取餐上报、拨打电话、送达上报、订单改派等操作，实现安全的全方位护航。

智能餐箱采用温控环保、安全辅助、创新交互三大设计理念，餐箱内置紫外线消毒灯，非高峰时段可自动进行箱内消毒；餐箱搭载的智能温控模块可对箱内温度进行自主控制；餐箱顶部太阳能电池板可进行辅助供电。同时，智能餐箱还加入了安全警示灯，夜间在地面投射"安全距离线"，提升骑手驾驶安全性；餐箱的创新交互功能还可实现语音控制，让骑手装箱和取货变得更加便捷。

智能安全头盔是在安全头盔的基础上加装了语音控制头灯、安全尾灯及戴盔监测功能模块。语音控制头灯可以通过语音口令快速开关，解决小区、楼道等场景的照明不足问题；安全尾灯能够智能识别骑手刹车动作，并自动开启频闪，对后车进行提示；戴盔检测功能会自动识别骑手是否佩戴头盔，并及时对骑手进行戴盔提醒。

智能装备系统通过与美团骑手App进行联动和与智能语音助手进行交互控制，形成IoT立体协同，以"人机耦合"的方式全面赋能骑手，最终实现送餐全流程近80%手机操作的简化，订单派发后的接单速度提升近50%。

基站定位是采用手机接收基站发出的信号，进而确定手机所在的位置。美团室内定位基站采用蓝牙技术，自动识别骑手是否已到达指定商户取餐并完成上报，解决室内环境下很难获取的GPS定位信号问题，同时简化骑手操作步骤，提高到店环节效率。

案例思考： 1. 美团如何通过物联网技术实现即时配送？

2. 美团的智能装备系统包括哪些功能？

本章小结

数字孪生技术的出现改变了传统的供应链，提供了卓越的跟踪、监视和资产诊断的能力，可促进数据驱动的决策和协作、简化业务流程、创建新的业务模型。数字孪生技术可以揭示过去、优化现在、预测未来，通过结合物联网的数据采集、大数据的处理和人工智能的建模分析，可以诊断过去发生的问题、评估优化当前状态、预测未来发展趋势，同时可以给出分析结果，模拟各种情况发生的可能性，从而提供全面的决策支持。

区块链作为时下新兴的应用模式，正逐渐发展成熟，目前已被广泛应用于不同行业，如金融行业、物流行业、版权保护、医疗健康、工业能源等领域。物流行业依托其市场规模大、多信任主体、多方协作等特点，成为最具潜力的区块链技术应用领域之一，并进行了较多的应用探索与实践，取得了一定的成果。

AIoT（人工智能物联网）=AI（人工智能）+IoT（物联网）。AIoT 融合 AI 技术和 IoT 技术，通过物联网产生、收集来自不同维度的、海量的数据存储于云端、边缘端，再通过大数据分析，以及更高形式的人工智能，实现万物数据化、万物智联化。物联网技术与人工智能相融合，最终追求的是形成一个智能化生态体系，在该体系内，实现不同智能终端设备之间、不同系统平台之间、不同应用场景之间的互融互通，万物互融。除在技术上需要不断革新外，与 AIoT 相关的技术标准、测试标准的研发、相关技术的落地与典型案例的推广和规模应用也是现阶段物联网与人工智能领域亟待突破的重要问题。

复习思考题

1．数字孪生技术的核心技术有哪些？
2．试简述数字孪生技术在物流领域的应用。
3．简述区块链的特性。
4．简述 Wi-Fi、蓝牙、ZigBee 技术的区别。
5．简述人工智能物联网技术的发展路径。

实训项目

1. 课内实训

查找资料选一家物流企业了解其在智能化、数字化发展道路上的施行措施，以及遇到的困难并提出解决方案。

2. 课外实训

以小组为单位，以一家企业为例阐述人工智能技术带来的利好，在课堂上进行分析。

第 9 章　特色物流技术

学习目标

知识目标：

1. 了解危险品物流技术相关知识；
2. 掌握危险品物流仓储技术；
3. 了解大件物流技术与装备；
4. 掌握末端配送技术；
5. 了解快递物流分拣和包装技术。

能力目标：

1. 掌握特色物流技术在特定场景的应用，提高专业知识；
2. 培养特色物流技术应用的能力。

思政目标：

1. 以加强产业融合为目的，树立合作共赢，绿色环保发展理念；
2. 在学习特色物流技术的同时，还需要培养职业素养以及创新能力。

导引案例

冷链物流业的“逆袭”之道

对于冷链物流而言，最重要的莫过于在保证运输时效的同时，保障运输质量。通过高效、可靠的冷链技术，避免造成货损，成为冷链物流的核心。而数字科技的护航，正为冷链物流带来大变革，开启了冷链物流的新时代。

痛点明显　呼声强烈

2008 年以前，我国几乎没有冷链物流的概念，但对冷链物流的需求却越来越旺盛。2023 年我国冷链物流需求量约 3.5 亿吨。不过，我国的冷链物流基础设施水平还不能满足快速增长的需求，导致大量冷链货物折损在运输途中。数据显示，我国果蔬、肉类、水产品的冷链流通率，分别是 22%、34%和 41%。我国每年有 1/3 的蔬菜和 1/4 的水果在运输过程中被浪费，损失超千亿元。因此，我国发展冷链物流数字技术已刻不容缓。

实际上，已有不少成熟的冷链物流服务供应商，通过区块链、云计算、大数据、物联网（IoT）、人工智能（AI）和机器学习等科技手段，强化其产品，促进冷链物流持续发展。不过，目前我国冷链基础设施对新技术的采纳程度还十分有限，冷链信息技术支持相对薄弱，托运人和消费者无法获得实时冷链信息。

中国交通运输协会城市物流分会副会长、中冷联盟总顾问张签名表示，当前我国冷链物流发展的痛点，可以总结为三方面：一是起步晚，需求大，发展落后；二是冷链物流至今尚未形成体系；三是缺乏数字技术支撑。

由于缺乏对货运状况的了解，不少货主企业常常在海运、铁运、空运途中，因监管不善、温度偏差，导致冷链货物质量受损甚至丢失，造成高昂的经济损失。尤其受新冠疫情影响，船期延误的情况时有发生。有时，货物已经抵港，但货主企业浑然不知，只有通过投诉才能得到货物状况信息，或者因为不清楚货运情况，货主企业会按原计划不断发货，却无法预料到，由于港口拥堵，收货方可能会在同一时间收到多批货物，甚至还出现因收货方无法同时处理大量货物，被迫打折出售货物的情况。如果能提前获取船舶的最新动态信息，货主企业就可以随时调整下一次装运计划的时间，保证货运可靠性。某大型生鲜农产品分销商就呼吁："我们急需可靠的端到端运输解决方案，获取冷链货物的具体位置、状态。"

顶层设计　政策加速

"面对高涨的需求，冷链物流的数字化发展已经被提到了顶层设计的高度。"张签名表示。2021 年 12 月，国务院办公厅印发《"十四五"冷链物流发展规划》，其中要求到 2025 年，初步形成衔接产地销地、覆盖城市乡村、联通国内国际的冷链物流网络，基本建成符合我国国情和产业结构特点、适应经济社会发展需要的冷链物流体系，调节农产品跨季节供需、支撑冷链产品跨区域流通的能力和效率显著提高，对国民经济和社会发展的支撑保障作用显著增强。

2022 年 5 月，交通运输部印发了《关于开展冷藏集装箱港航服务提升行动的通知》。其中提到，要推进基于物联网的冷藏集装箱发展，以主要冷藏集装箱航运企业为重点，推广集成传感、无线通信、自动定位等技术的物联网设备安装应用，实现对冷藏集装箱温湿度、冷机工作模式和通电状态等信息的自动化采集与传输，逐步实现冷藏集装箱及货物等要素全程信息化、可视化。同时，推动基于区块链的冷藏集装箱电子放货，并研究制定冷藏集装箱运输相关指南。

上海国际航运研究中心航运信息研究所所长徐凯对此解释说："未来，在提单方面运用区块链技术，不仅是为了将提单电子化，更多的是将提单与智能集装箱物联网传感数据挂钩，实现货物状态监测。目前，我国航运业的数字基础设施建设、物联网技术的应用，都具备了一定基础，此时发展冷链物流数字化，可谓恰逢其时。"

直面未来　永不止步

在我国冷链物流数字化发展迎来需求刺激和政策支撑的大背景下，在航运界诞生了一些基于物联网和人工智能大数据分析，向货主和货运代理企业提供实时货物可见性，并监控其条件参数的平台服务产品，通过科技衔接我国冷链运输断层，用尖端科技应对需求增长，并实现物联网监控，直击我国冷链物流市场痛点。专家建议，未来类似产品应大力推进冷链技术规范和标准，尤其在规范方面，可以联合船公司、物流企业、铁路企业、集装箱制造企业、通信服务商等供应链各方，尽早达成共识。

（资料来源：中国水运网，作者根据中国水运网官网相关资料整理。）

思考题：1. 冷链物流如何在困境中逆袭？

2. 为什么冷链物流技术需要继续不断创新升级？

9.1　危化品物流技术

9.1.1　危化品物流发展概述

1. 相关政策

危化品物流行业涉及领域较广，受国家政策意见的影响较大，目前国家已出台多项促进现代危化品物流安全、规范发展的政策意见，并且自 2020 年以来政策出台更为密集，对危化品物流行业监管趋严。危化品物流相关政策如表 9-1 所示。

表 9-1　危化品物流相关政策

发布时间	部　门	政策意见
2019 年 7 月	交通运输部	常压液体危险货物罐车治理工作方案（征求意见稿）
2020 年 4 月	交通运输部	关于全面加强危险化学品运输安全生产工作的意见
2020 年 4 月	交通运输部	办公厅关于加强危险货物道路运输运单管理工作的通知
2020 年 12 月	交通运输部	关于开展危险化学品道路运输安全集中整治工作的通知
2020 年 12 月	交通运输部	危险化学品道路运输挂靠运营整治工作的要点
2021 年 12 月	民航局	关于促进危险品航空运输高质量发展的意见
2022 年 1 月	生态环境部、公安部和交通运输部	危险废物转移管理办法
2023 年 1 月	交通运输部	道路危险货物运输管理规定

2. 市场分析

危化品物流是指与危化品相关的仓储和运输等服务，危化品物流的运作复杂、安全性要求高，因此技术要求严格、设备专业化程度高。危化品物流是紧跟着化工行业产生而产生的，主要服务对象是危化品制造及流通企业。

根据中国物流与采购联合会危化品物流分会资料显示，2020 年全国危化品物流行业市场规模已经达到 2.05 万亿元。2015—2020 年我国危化品物流行业市场规模如图 9-1 所示。

危化品运输的主要方式包括公路运输、水路运输、铁路运输。由于国内化工原料产销分布不均，公路运输的灵活性优势突出，因此公路运输占据主要地位；受到船舶运输对危化品严格管理的影响，目前国内危化品水路运输规模较小；危化品铁路运输的优势在于运费低、速度快，且安全性更高。对于中长距离的货物运输而言，铁路单次运输批量大，运费更低，且运行路线很少受天气影响，安全性更高。

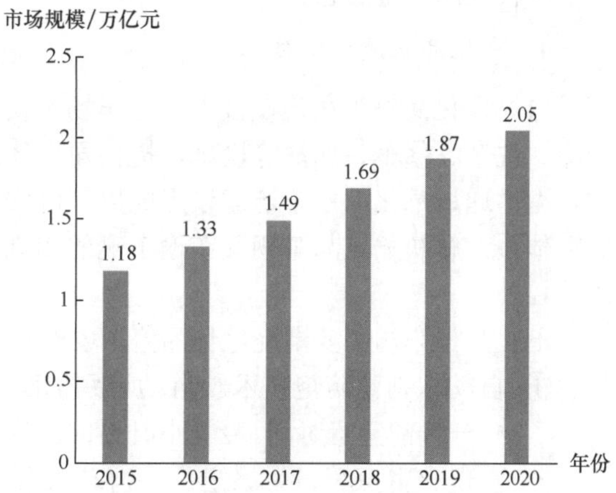

图 9-1　2015—2020 年我国危化品物流行业市场规模

（资料来源：微信公众平台）

但由于我国铁路货运运力严重不足，现有运力主要从事大宗货物的运输，因此危化品铁路运输量较小。

2020 年我国危化品物流行业公路运输量约为 12 亿吨，占比 69%；铁路运输量约为 1.3 亿吨，占比 8%；水路运输量约为 4 亿吨，占比 23%。整体来看，在国内危化品物流中公路运输占据主要地位。

从企业规模来看，2020 年全国危险货物道路运输企业达 1.27 万户，车辆在 100 辆及以上的企业占比约为 10%，车辆在 50～99 辆的企业占比约为 13%，而 10～49 辆的企业有 6400 户，占比约为 50%。整体来看，行业企业集中度不高，以中小规模企业为主。从企业运营模式来看，2020 年危化品物流行业企业自营物流模式占比约为 70%，第三方物流占比约为 30%。

3. *危化品运输过程风险分析*

危化品罐车是危化品长距离公路运输的主要载体，其在运输过程中的安全风险主要来源于驾驶员的不安全行为和承运车的不安全状态，可归纳为突发交通事故、驾驶员信息盲区和应急处置作业 3 类。

（1）突发交通事故。危化品在进行长途运输时，由于承运罐车的重量较大、车身较长，在高速行驶的过程中由于巨大的惯性和较低的灵活性，遭遇复杂路况和恶劣天气时很难保持稳定行驶，极易发生交通事故。

（2）驾驶员信息盲区。对危化品运输车驾驶员而言，信息盲区主要是指驾驶员对罐车情况观察的死角和信息难以辨识的地方。根据罐车的实际构造，信息盲区主要是指视线盲区，由于罐车两边的后视镜无法完全收集到车身周围的全部信息，以及驾驶室和装载罐体之间完全隔离形成的视线阻隔。在驾驶员正常驾驶途中，会由于无法得知后方罐体的实际状态而造成安全隐患。

（3）应急处置作业。一方面，驾驶员的受教育程度相对较低，缺乏对危险源信息的具体认知，安全专业水平较低，不重视甚至忽视安全风险；另一方面，危化品承运罐车上缺乏快速有效的应急处理设施，事故现场的应急处理效率较低。因此，现场人员无法做到对危险源的及时辨识和突发事故的正确应急处置，对危险源能量无法及时管控，预警延迟性较大，容易造成极大的安全隐患。

4. *危化品物流运输技术*

（1）危化品停车场建设技术。停车场不仅具备停车功能，更是一个综合服务中心，包括仓库、洗车、修车、加油等设施，提供司机休息、餐饮、住宿等相关服务，是一个产业互联的典型。通过危化品停车场建设形成以园区安全监管功能为代表的“应急、环保、交管”的监管体系，解决危化品车辆及在途车辆的违规停放、维修、检测、加油等突出问题，使危险源受控。

危化品停车场主要围绕危化品停车安全进行功能设计，主要应用以下技术。

① 自动识别消防炮技术。自动识别消防炮技术能够通过自动化技术获得火灾初期救援 5 分钟的宝贵时间。24 小时不间断通过远程消防炮、红外跟踪定位射流灭火系统，实现火灾探测、火焰定位、自动报警、自动扑救全过程自动响应，最大限度提升处置效率，将火灾遏制在萌芽状态。

② 红外多光谱检测技术。红外多光谱检测技术通过红外多光谱气体探测仪和定制辨识

气体的数据库，快速定性、定量地自动检测识别有毒有害气体。同时可以通过系统识别，判定泄漏量是否达到爆炸极限浓度并可提前预警，通过计算、跟踪，显示气体云团的扩散、迁移路径，辅助进行可视化应急指挥。

③ 园区智能管控技术。智能管控技术是基于危化品停车场的数字化场景应用，在聚集人、车、货实体流的同时，孪生人、车、货的数据流，通过对数据流进行分析和运用，实现对进入园区的实体流的智能化管控。当园区数据量积累到一定程度的时候，就可以基于驾驶人员的危险驾驶行为进行大数据分析，拒绝其进入或开展培训；基于车队过往安全质量业绩的大数据分析，对车队进行评价分级和动态考核；基于货流车流的大数据分析，对园区内运输路线和库存进行优化，从而提升进入园区各物流参与方的整体安全环保业绩、服务质量与效率。

（2）危化品安全运输可视化技术。基于主动安全监控系统、运输管理系统、安全检查系统、轮胎智慧系统、线上运输企业交治站系统等，可实现危化品运输过程中人和车辆的在途运输可视化。以杭州与凡物流有限公司（以下简称“与凡物流”）为例，依托以上系统实现了司机违章可视化、车辆安全检查可视化、车辆在途动态监控可视化。

① 司机违章可视化。与凡物流在杭州交警支队的大力指导下，建立了公司内部的交通治理工作站，通过企业与交警的共建、共治、共享等方式，进一步健全了公司内部交通安全管理机制。与凡物流交通治理工作站包含以下六大功能。

一是基本概况。基本概况包括驾驶员清单、车辆清单、辖区内事故、违法的重点人员宣教及驾驶人四种颜色安全码（红码、黄码、蓝码、绿码）。

二是运输企业五色图。以企业的事故数、违法数、亡人事故数为基础，了解同行业不同企业的排名情况，了解自己企业所属的安全等级。

三是工作情况。对当日宣教、宣传、VR 体验人数和累计宣教、宣传人数进行统计，根据日、周、月、年四个时间段统计宣教和宣传的完成率，通过宣教和宣传之后对违法的重发率和再犯率进行统计。

四是工作在线。通过和交警平台的数据共享，及时反馈公司驾驶员的违法信息，公司将在 24 小时内立即处理，根据违法轻重程度，开展不同形式的宣教工作。

五是核心指标。真实地反映公司通过日常安全管理的效果，对当日、本周、本月、本年度的事故、违法数进行统计。

六是趋势变化。主要对公司本周、本月、本年度违法人数和事故总数进行统计，公司通过对违法和事故驾驶员宣教后进行跟踪，确认相关驾驶员按照要求改正。

② 车辆安全检查可视化。定制化车检小程序和网页，根据实际情况自行定义检查标准和要求，实现车辆检查的可视化。检查内容只能通过现场拍照或视频实时上传，并有相应的检查时间和定位标准，可以通过对车辆检查的情况进行多维度分析，排除隐患。

③ 车辆在途动态监控可视化。车辆在途动态监控可视化内容主要包括驾驶员不安全行为可视化和轮胎管理可视化。

首先，是驾驶员不安全行为可视化。与凡物流建设了风险监控平台，通过高风险事件自动弹窗的风险平台看板，提示高风险事件后第一时间对该驾驶员进行实时视频跟踪，核实该驾驶员是否存在高风险行为。如果存在高风险行为，立即通过平台进行语音提醒，并电话通知押运员要求其通知驾驶员立即整改，如有疲劳驾驶行为，责令押运员告知驾驶员立即就近找安全区域停车休息，并做好相应防护工作，后台监控人员实时跟踪直至车辆停车休息，方可解除风险预警。同时，重视弯道、匝道及特殊路段的超速风险。对现有运营路线的每个高速路口弯道、匝道、下道口收费站及特殊路段，均设置了相应的电子围栏，目前累计电子围栏达到 1100 多个。当车辆经过电子围栏范围时，车辆端会个性化语音提醒司机即将经过弯道、匝道等特殊路段。

其次，是轮胎管理可视化。基于轮胎智慧管理系统，轮胎管理可视化技术采用先进的物联网技术，由传感器、集成北斗/5G 的车载显示终端、传感器所在轮位自动标定装置、手持激光花纹巡检终端和基于阿里云的数据管理平台五部分组成。通过将传感器硫化在轮胎内，可实时监控胎温胎压，如遇异常 4G 信号可实现秒级上传至云平台；如遇轮胎漏气，车载显示终端立刻进行语音提示，管理人员也可以通过小程序及后台管理系统实时查看车辆及轮胎状态，获取轮胎预警信息及服务信息，一键呼叫服务车，快速解决问题。同时，轮胎智慧管理系统采用北斗定位系统，可实时获取车辆仪表里程信息，精确记录每条轮胎的里程，性能数据一目了然。结合智慧巡检工具快速巡检花纹深度，准确获取轮胎剩余里程，掌握轮胎更换时间，提高运营效率。轮胎智慧管理系统组成情况如图 9-2 所示。

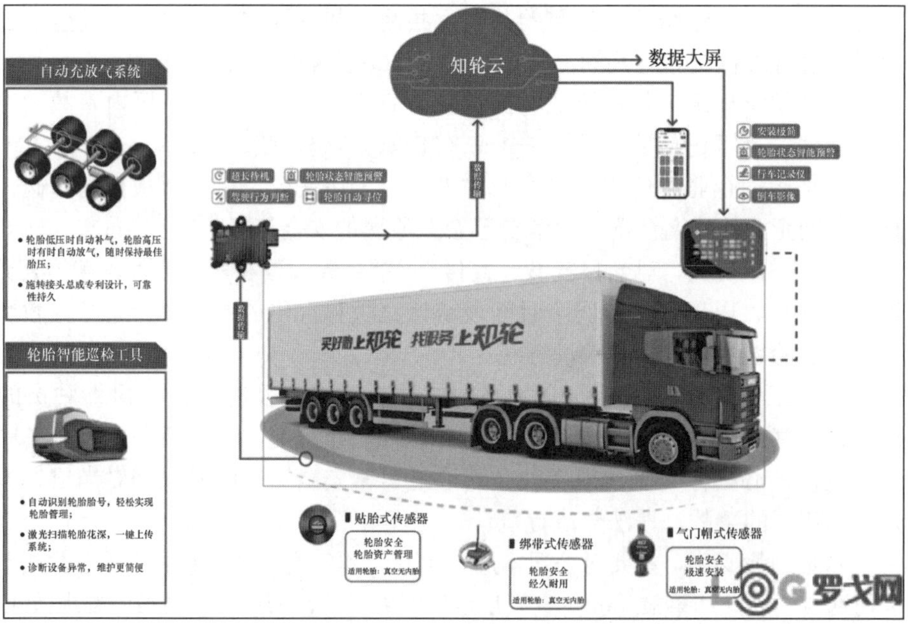

图 9-2 轮胎智慧管理系统组成情况

（资料来源：罗戈网）

轮胎智慧管理系统通过对胎温、胎压、磨耗等进行数据监控、采集、统计、分析，形成各项指标数据、预警通知和使用报表。公司通过后台数据大屏实时监管，第一时间获悉异常车辆胎温、胎压信息。发现异常后，立即电话通知押运员，责令其就近找安全区域停车检查，排除隐患。

通过轮胎管理可视化，与凡物流实现轮胎行驶寿命延长 15%～25%；实现轮胎因意外扎伤漏气以及生热导致炸胎或意外损坏的概率降低 90%；实现车辆油耗降低 2%；实现轮胎管理人员人工工资的节省。

5. 危化品物流仓储技术

（1）全自动洗罐技术。全自动洗罐技术突破了国内洗罐普遍采用人工的模式。在人工模式下，操作人员从 ISOTANK（罐式集装箱）顶部的入口进入罐内进行清洗作业，罐内残液挥发出的气体可能会产生燃爆和中毒危害，即便在作业时未造成事故，长期在罐内作业也会产生职业健康问题。基于全自动洗罐技术，可以实现清洗过程全封闭、全自动，人不入罐，最大限度减少人为操作风险和健康影响。同时废水废气全收集和处理，实现零污染排放。该技术用于解决行业安全环保的痛点，通过提升安全环保能力，在取得社会效益的同时也实现经济效益。

（2）化工品自动货架技术。自动货架技术应用到危化领域时需要额外考虑以下问题：一是稳定性问题，液体化工品比快消品重，需考虑货架的承载力、材质和设计；二是消防配置问题，化工品的燃烧当量要远大于普通快消品；三是储存禁忌和应急处置问题。储存禁忌是化工品仓储领域非常重要的原则，如酸不能和碱同库、强氧化性物质不能和强还原性物质同库，货架库不仅要满足横向上的储存禁忌原则，还要在纵向上同时满足。化工品自动货架如图 9-3 所示。

图 9-3　化工品自动货架

（资料来源：易达智能仓储货架）

9.1.2　典型案例

中化能源科技智慧供应链解决方案

中化能源科技有限公司（以下简称“中化能源科技”）打造了以中化能源科技智慧供应链为代表的一系列石化数字化产品，为企业供应链安全管理提供了一体化、智慧化解决方案，提供了危化品物流实时可视化监管、司机远程预约装卸货、线上数据备案管理三大功能。

1. 危化品物流实时可视化监管

中化能源科技智慧供应链打造运输管理系统，渗透到石化供应链每个环节，将物流全过程进行在线管理，实现对危险货物运输的动态监管，让风险可视可控；通过将车辆实时位置与企业运输计划信息集合，打通物流环节所有信息沟通的节点，实现对物流运单实时节点与轨迹实时可视化跟踪，强化危化品道路运输过程管理。

为预防和减少危化品运输事故的发生，通过轨迹监控、线路规划、车辆异常报警等物联网技术手段，对异常停车、超速违规、签收延迟、司机异常操作等情况进行风险预警，从而在运输流程上提高安全的可监管性。在载货车辆发车前，平台通过大数据分析技术，为司机规划好合规、安全的运输路线。在运输过程中，司机如果无故偏离规划的安全路线，平台将会通过电子围栏技术和轨迹偏移算法进行预警。另外，还可通过 BI 大屏实时展现所有在途车辆与相关物流节点，实现了“人车货+轨迹”实时可视，让监控变得更加形象直观。

2. 司机远程预约装卸货

中化能源科技通过智慧供应链“车辆预约排队系统”把货主、承运方、司机等相关方之间信息沟通不畅的环节打通，解决司机在现场长时间排队等待的问题。通过“车辆预约排队系统”，工厂、库区可根据自身情况在线自主开放预约装卸货时间段，发布库区、工厂安全公告等信息；司机通过手机 App、微信公众号在线查询装卸货计划，远程预约装卸货时间，有效化解司机无计划、无秩序涌向化工园区、库区、工厂所带来的车辆积压安全隐患，尤其在新冠疫情期间，有效避免了装卸货现场出现司机聚集现象，减少了新冠病毒感染风险。

“车辆预约排队系统”还可在线实时查询车辆数据，如车辆行驶位置、行驶轨迹等，实时掌握车辆在途情况，强化危化品道路运输过程管理。在新冠疫情期间，中化能源科技智慧供应链开通了“疫区车辆查询”功能，输入危化品车辆车牌号，就能清晰掌握车辆近期去过的省份和地区，及时做好疫情防控工作。

3. 线上数据备案管理

中化能源科技智慧供应链目前已与政府合作，拥有所有危化品司机、运输车辆的资质证件数据，可实时在线验证资质是否合法，是否在有效期内等。通过线上数据备案，实现从业资质闭环管理。

危化品运输企业、司机可通过基于中化能源科技智慧供应链的 App、微信服务号上传车辆、司机相关证照，可与政府相关监管部门数据实时核对。货主、承运方可实时查看司机、车辆征信信息（不良信用信息）及监管方数据。对于将要过期的证照，系统将自动向承运方和司机发出预警，同时给货主企业提供承运车辆和司机相关资质是否有效的提示预警，有效规避危险品车辆和司机违法违规运营。

同时，中化能源科技智慧供应链还将通过平台数据对入驻承运方、司机等各方进行大数据画像，有效记录各方的诚信记录、车辆状况、货物安全、驾驶习惯等，从多维度为政府等各方进行安全监督管理提供依据，给相关企业的安全管理提供决策依据。例如，通过驾驶员运输货物的损耗率对比、运输路线选择、异常情况记录、驾驶信息、历史诚信记录等数据，形成驾驶员个人画像，给运输公司、货主企业安全管理提供依据。

思考题： 1. 请简述中化能源科技是如何打造智慧石化数字产品供应链的。

2. 中化能源科技智慧供应链的线上数据备案管理功能有哪些？

9.2 大件物流技术

9.2.1 大件物流发展情况

（1）相关政策。大件物流行业在政策层面存在“制度缺、管理乱、收费高、通行难”等问题，极大地制约了行业健康发展。为解决长期存在的问题，交通运输部于 2016 年 8 月发布了《超限运输车辆行驶公路管理规定》（交通运输部令 2016 年第 62 号），开展了跨省大件运输并联许可审批工作，出台一系列标准，如《道路大型物件运输规范》《核电厂现场大件运输通用技术要求》《电力大件运输规范》《船厂大型平板车及大型物件运输安全技术要求》《铁路超限超重货物运输规则》等行业标准，以及《道路大件运输护送规范》《电力大件运输企业资质认定办法（2020 年版）》《大件物流企业运输安全管理规范》《大件物流行业道路运输专业岗位指引》《大件物流行业常用术语规范》等团体标准纷纷出台。这些政策的出台，统一了超限认定标准，明确了大件运输许可流程，规范了路政执法行为，改善了企业服务能力，奖优罚劣，为大件物流行业创造了较好的营商环境。

随着 2017 年 9 月 30 日跨省大件运输并联许可系统正式联网运行，大件物流真正实现了“起运地省份统一受理，沿线省份限时并联审批，一地办证、全线通行”，使得跨省大件运输申请数量迅猛增长。据统计，自 2017 年 9 月跨省大件运输通行证第一单发出后，跨省大件运输业务发展迅猛，跨省大件运输许可件数逐年递增，具体如表 9-2 所示。

表 9-2　跨省大件运输许可件数增长情况

年　份	2017	2018	2019	2020
许 可 件 数	百余件	3 万余件	18 万余件	40.3 万余件

（2）发展概述。大件物流有别于传统物流，是指对具有不可拆解特性的大型物件，按照超限货物的管理规定，经许可评估并通过计划、实施和管理运输、搬移、装卸、储存以及信息处理等作业活动，实现大型物件由供应地向接收地实体流动的全过程。

大件物流行业是与国民经济发展密切相关的行业，是关乎国家电力能源、交通运输、石油化工、航空航天、冶金矿山、海工造船等基础设施和大型工业工程项目建设的重要支撑和保障，是国家军事交通以及灾难应急救援的重要补充力量。随着国家重点建设工程项目的数量和规模不断增长，各种基础设施建设蓬勃发展，各类大型工程项目所需单体设备，在设备体积、重量、种类方面均有重大改进，大型化、超重型、多样化货物对大件物流的保障能力提出了更高的要求。例如，风力发电设备，每年的跨省大件运输高达 20 万车次；近几年陆上风机叶片长度由几十米增加到百余米；1000 千伏变电输电工程所需变压器，重达近 400 吨；化工行业的蒸发釜罐体重达上千吨。由此可见，大件物流为我国“超级工程”建设和“大国重器”能够“造得好，运得出”做出了重要贡献。

国内大件物流市场异常活跃，火电、水电、风电、化工、桥梁、机械车辆等大型设备的种类繁多，运输距离远，运输路况复杂。其中，各类大型电力设备物资的物流需求，占到行业市场总需求的 60%以上。随着我国经济进入新常态，传统行业建设项目逐渐趋缓，新型能源产业如风电、核电等建设项目蓬勃兴起，导致大件物流市场出现了结构性变化，超重件的物流需求趋缓，而风机叶片这类超长异构类设备的物流需求不断加大。

（3）大件物流运营企业发展情况。随着大件物流市场需求的日益增长，大件物流企业如雨后春笋般不断涌现，企业规模不断壮大。2020 年大件运输货运总量为 3.94 亿吨，较 2019 年增长了 19.76%，在全国货运总量中占比为 0.85%，登记注册的大件物流运输企业近 3 万家，整个行业呈现快速增长的态势，随着规模与能力的不断增加，企业经济效益得到提升，2020 年大件物流企业平均年营业收入为 1.78 亿元，毛利率较 2019 年提高了 7.5%。

大件物流运营企业具有分布广、数量多的特点，大件物流的整体业务逐渐从原国有企业转向民营企业。国内大件物流企业除了一部分知名的成规模大件物流企业外，还有上万家中小型企业从事大件物流业务。近年来，原国有电力系统、交通系统从事大件物流的骨干企业逐渐萎缩，民营大件物流企业发展迅猛。由于运输大型装备规格不同，大件物流企业需要配备足够的运输装备，拥有一定的技术力量。实力较强的企业不断添置大型牵引车、轴线运输车和各种作业工机具，从几十轴线的机械式挂车，逐渐发展为拥有上百轴线的液压悬挂式挂车和上百轴线自行式模块运输车、数十套桥式运输挂车，多数企业的实力和规模在不断增强。在购置大型牵引车、液压悬挂挂车、桥式车组等大型装备和加大固定资产投入的同时，为了保证运输安全，配备专业技术人员和护送人员，企业建立和运行完善的质量、安全、环境管理体系，间接提升了管理成本。

（4）发展趋势。我国经济结构调整推动大件物流市场出现了结构性变化，大件物流需求将逐步增加。例如，风力发电产业，2025 年全国风电年均新增装机容量有望不低于 6000 万千瓦，需要新增装机约 2 万台，约需要 16 万车次的大件物流业务。

① 大件物流行业发展趋势。未来大件物流行业集中度逐渐提高，业务范围逐渐扩大。大件物流承运的工业设备逐步向大型化、重型和超重型发展，技术难度逐步提升，推动大件物流运输、装卸设备趋向专业化、高价值发展。资金雄厚、拥有专业设备和丰富经验的大件物流企业会逐步胜出，仅拥有简陋运输车辆和设备的小型企业将会失去价格优势，大件物流的行业市场和资源将得到进一步的整合，大件物流企业的实力和能力将得到进一步提升。我国装备制造业参与国际大工程大项目大建设的程度将越来越高，给大件物流行业发展带来新的机遇，推动大件物流向国际化发展。我国大件物流行业将进一步深化改革，逐步完善政策法规环境，加强行业自律，规范大件物流企业行为，促进大件物流行业高效健康发展。

② 大件物流联运方式发展趋势。在提高运输效率、优化运输方式思想的指导下，多种运输方式并存将成为大件物流行业未来的主要运输模式。在公路方面，随着大件物流承载对象的大型化、重型化成为趋势，对大件物流企业的要求将不局限于单一的运输层面，更需要企业在大件运输项目可行性论证、方案优化、技术交流、项目整体运作等方面提供完善的物流服务。在铁路方面，由于其运输量大、运距长、耗能低的特点，在大件物流发展中仍然有着不可取代的地位，大件物流的公铁联运将快速发展。在水运方面，特别是海运方面，随着海上各类基建项目的开工建设，以及滚装运输的发展，大件物流公水联运模式将得到长足发展。

知识链接

1. 什么是大件物流

大件物流指的是大件货物的物流运输，也可称为大件运输、大件货运，是对在体积和重量上超过一般标准货物物流的概括称谓。从体积来说，大件物流包括超高、超宽、超长的三超大件，以及体积不规整的普通大体积物品物流。从重量来说，大件物流主要是指超重货物物流。

大件物流主要体现在机械设备的物流上，主要包括：超限设备（货物），即装载轮廓尺寸超过车辆限界标准的设备（货物）；超重设备（货物），即车辆总重量对桥梁的作用超过设计活载的设备（货物）。

2. 大件物流信息技术

随着现代信息技术的不断发展，以大数据、云计算、人工智能等新概念和新技术为代表的新一轮产业和技术革命推动着大件物流行业向前发展。大件物流企业在日常运营管理、作业审批、运输监控等多个环节和场景逐渐应用信息化技术手段，推动大件物流的无人化、智能化发展。

（1）信息数据采集与识别技术。在大件物流管理信息化的实施过程中，及时、准确地掌握物品的相关信息是信息化的核心之一，应用的相关技术包括射频识别技术、牵引车总线技术。

① 射频识别技术。射频识别技术是一种非接触式的自动识别技术，它将信息以射频信号的形式，通过空间耦合（交变磁场或电磁场）实现无接触传播与识别的目的。

识别工作无须人工干预，可工作于多种恶劣环境，具有精度高、适应环境能力强、抗干扰强、操作快捷等优点。短距离射频产品不怕油渍、灰尘污染等恶劣环境，相比条码更具有普适性，常用于工厂流水线的产品跟踪；长距离射频产品多用于交通，识别距离可达几十米，如自动收费或识别车辆身份等。

② 牵引车总线技术。随着汽车各系统的控制逐步向自动化和智能化转变，传统的布线方式与电气网络无法适应现代汽车电子系统的发展，于是新型汽车总线技术应运而生。对大件物流运输设备来讲，车辆上常用的总线技术主要有两类：第一类，K-Line 技术，主要用于车载诊断系统，作为车辆诊断工具使用；第二类，CAN 总线技术，主要作为车辆内部数据传输的工具。

（2）空间信息技术。物理空间技术作为一门处理与物流空间信息相关的多源信息技术，已经成为现代物流信息技术的重要组成部分，大件物流应用的相关技术主要包括遥感技术、地理信息系统、全球定位系统。

① 遥感技术。遥感技术是一项综合性探测技术，应用于探测仪器，不与探测目标接触，从远处把目标的电磁波特性记录下来，通过分析，揭示出目标的特征及变化。

在大件物流行业中，可以利用高分辨率遥感影像图作为电子地图和城市道路矢量图，现实应用性强，成图周期短，成本相对较低。

② 地理信息系统。地理信息系统是在计算机软、硬件系统支持下，运用地理信息科学和系统工程理论，科学管理和综合分析整个或部分地球表层（包括大气层）空间中的有关地理分布等的各种地理数据，提供管理、模拟、决策、规划、预测等任务所需要的各种地理信息的技术系统。大件运输过程中，可利用该系统规划运输路线，促进企业管理信息化、降低经营成本。

③ 全球导航卫星系统（又称全球定位系统），是能在地球表面或近地空间的任何地点为用户提供全天候的三维坐标和速度以及时间信息的空基无线电导航定位系统，包括一个或多个卫星星座及其支持特定工作所需的增强系统。全球卫星导航系统国际委员会公布的全球四大卫星导航系统供应商，包括中国的北斗卫星导航系统（BDS）、美国的全球定位系统（GPS）、俄罗斯的格洛纳斯卫星导航系统（GLONASS）和欧盟的伽利略卫星导航系统（GALILEO）。其中，BDS 是中国自主建设运行的全球卫星导航系统，为全球用户提供全天候、全天时、高精度的定位、导航和授时服务。

（3）大数据与商务智能技术。下面就大数据技术和商务智能技术这两点分别进行介绍。

① 大数据技术。大数据是现有数据库管理工具和传统数据处理应用很难处理的大型、复杂数据集。大数据技术包括数据的采集、存储、收集、共享、传输、分析和可视化等。

大件物流企业利用大数据技术，可以掌握企业的运行信息，加大对物流运行过程中每个节点信息的优化整合，为企业做出正确的决策提供依据；还可以通过大数据对信息进行挖掘与分析，在物流管理中对这些成果进行合理有效的利用，从而优化企业与客户的关系，并提高客户对大件物流的信赖程度。

② 商务智能技术。商务智能技术为企业提供迅速收集、分析数据的技术和方法，具有将数据转化为有用信息，提高企业决策质量的作用。

大件物流企业使用该技术升级其企业战略、管理思想、技术体系等，面向企业战略并服务于管理层、业务层，通过企业内外部数据的集成、加工，提取能够创造商业价值的信息，促进信息到知识再到利润的转变，从而实现更好的绩效，提升企业竞争力。

（4）云计算技术。云计算技术是硬件技术和网络技术发展到一定阶段而出现的一种新的技术模型。云计算技术是云计算模式所需要的所有技术的总称，是一种基于互联网的服务的增加、使用和交付模式，通常涉及通过互联网来提供动态、易扩展且经常是虚拟化的资源。

云计算技术的发展对推动交通运输智能化发展起到了极为重要的作用。基于该技术的广泛运用，将对交通资源统一规划、统一组织、统一管理、统一调配，使整个交通系统得到整体优化，对建立更好地满足各种交通需求的一体化交通系统起到极大的推动作用。通过使用云计算技术，可以使计算机硬件与软件共享其带来的整体成本降低，更重要的是它使交通系统的建设过程从“服务决定信息”转变为“信息融合的基础服务”。

（5）车联网技术。车联网是物联网面向行业应用概念的实现，是物联网在汽车领域的一个细分应用，是移动互联网、物联网向业务实质和纵深发展的必经之路，是未来信息通信、环保、节能和安全等发展的融合性技术。

车联网利用车载电子传感装置，通过信息网络平台，实现车与路、车与车、车与城市之间的信息互联互通，对车辆和交通状况进行有效的智能监控。车联网的出现将重新定义车辆交通的运行方式，颠覆传统汽车与交通的概念。车联网通过无线通信、卫星定位、地理信息系统和传感技术的相互配合，实现在信息平台上对车辆自身属性和车辆外在属性（道路、人、环境）等信息的提取和有效利用。在此基础上，还能为用户提供包括交通、安全和娱乐在内的综合性服务。

3. 大件物流运输设备应用

大件物流企业所承载的都是超长、超宽、超高、超重，且不可解体、定制化的大型物件，企业所使用的技术装备，如大件物流公路运输设备、大件物流转运设备等也不同于其他物流企业。

（1）大件物流公路运输设备。它包括大件运输挂车、大件运输牵引车、长大平车和凹底平车。

① 大件运输挂车。大件运输挂车主要作为超大型和超重件的装载平台，需要通过大件运输牵引车作为动力来驱动牵引。大件运输挂车是指用来运输各类大件的承载车辆，外廓尺寸、质量、轴数、轴荷至少有一项超出《GB 1589—2016 汽车、挂车及汽车列车外廓尺寸、轴荷及质量限值》的规定，用于载运大型不可拆解物体的挂车，可以由单一车辆或多个模块单元车组成。2019 年大件物流企业平均拥有液压挂车轴线数量为 71.9 轴线，拥有专用低平板半挂车 10 辆，专用低平板半挂车载重量在 100～200 吨的挂车为主流车型。

大件运输挂车主要包括以下种类。

一是液压悬挂挂车。液压悬挂挂车是指具有三个或更多个支点的液压悬挂系统，能够实现货台升降、液压牵引全轮转向和手控全轮转向功能，用于大件运输的挂车。可以由采用液压悬挂的模块单元车、附件及其他辅助设备等进行组合，如图 9-4 所示。

图 9-4　液压悬挂挂车

二是专用低平板半挂车。专用低平板半挂车是指采用低货台结构，与牵引车的连接方式为鹅颈式，一般采用非液压悬挂形式，用于大件运输的半挂车，如图 9-5 所示。

三是模块单元车。模块单元车是指由车架、车轴、车桥、悬挂、制动系统、转向装置、液压系统等组成，能够实现承载、升降和转向功能的单元式挂车，可以独立承载，也可以进行拼接组合，可以采用液压悬挂，也可以采用其他悬挂，如图 9-6 所示。

图 9-5　专用低平板半挂车

图 9-6　模块单元车

② 大件运输牵引车。大件运输牵引车作为大件运输挂车驱动单元，注重的是良好的低速牵引性能，而不是较高的行车速度。为了使整个车组能够平稳起步并且具有足够大的起步扭矩，大件运输牵引车一般都配备液力变矩器。为了充分利用附着质量和避免传动系统过载，车辆大多采用 6×4、6×6、8×4、8×6、8×8、10×10 等多轴的驱动方式，且特别加强了车体结构。2019 年大件物流企业平均拥有大件运输牵引车数量为 4.26 辆。

③ 长大平车。从底架结构形式上看，长大平车与普通平车基本相同，如图 9-7 所示。其差别主要是长大平车的底架长度和标记载重量比较大，主要用于运输长度较大的钢轨、型钢以及锅筒等。

④ 凹底平车。凹底平车的结构特点是转向架或转向架群分布于车辆的两端，中部为装载货物的凹底架。凹底架承载面距轨面高度较低，可降低货物装后高度，从而降低超限等级和重车重心高度，主要用于装运高度较大、长度不太长的电力、冶金、化工、重型机械等行业的长大货物，类别包括双联平车、落下孔车、钳夹车，分别如图 9-8、图 9-9、图 9-10 所示。

图 9-7　长大平车

图 9-8　双联平车

图 9-9　落下孔车

图 9-10　钳夹车

（2）大件物流转运设备。大件物流在装卸过程中，需要一定的起重设备进行辅助。起重设备是指以间歇、重复的方式，通过重吊钩（或其他取物装置）的垂直升降与（或）水平运动，从而实现负荷（重物）的三维空间位移，完成起重及装卸搬运等作业的机械设备，在大件运输过程中用于场地倒运与作业现场吊装就位，其类别包括汽车式起重机、履带式起重机、轮胎式起重机、塔台式起重机，分别如图 9-11、图 9-12、图 9-13 所示。

图 9-11　汽车式起重机

图 9-12　履带式起重机（左）、轮胎式起重机（右）

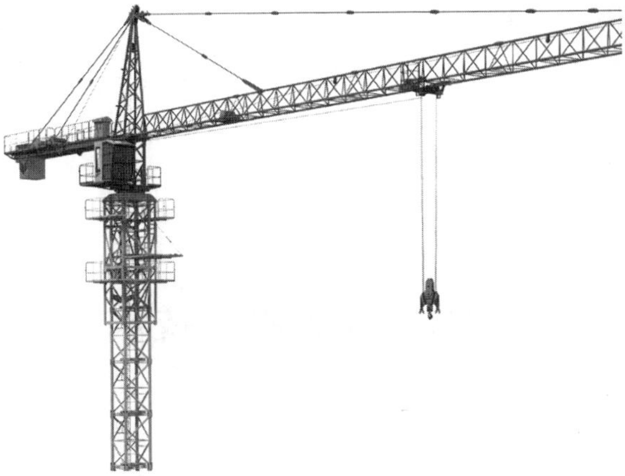

图 9-13 塔台式起重机

9.2.2 典型案例

德邦物流：持续深耕大件物流，为更多客户赋能

在快节奏的现代生活中，高效便捷的物流服务已成为消费者衡量电商购物体验的重要指标。作为大件快递引领者，德邦物流，深知送货上门的重要性，始终坚持将货物送达消费者手中，以提升消费者整体消费体验，赋能商家发展。

自成立以来，德邦物流始终秉承“以客户为中心”的服务理念。为解决大件物品难搬运的痛点，德邦物流始终严格规范送前电话预约、上至 60kg 免费送货上楼等服务，确保将快递包裹送至每一位收件人手中，解决了“最后一公里”派送难题，提升了消费体验。

事实上，快递包裹派送问题一直是全社会关注的重点，与小件物品不同，大件物品难搬运、上楼难，如果让消费者自行去快递驿站取货，消费体验就会大打折扣，这不仅影响消费者体验，而且还会直接影响消费者对店铺商家的打分。坚持送货上门，让德邦物流收获了消费者和商家的双重好评，同时也为行业高质量发展树立了标杆。

在包裹派送过程中，德邦物流积极洞察消费者需求，发现家居家电产品的安装对于消费者来说也是一个“难点”。为此，德邦物流构建起了一套家居末端送装网络，在全国范围内推行送装一站式服务，通过“双层送装网络”、“送装最后一公里操作规范”、安装人员入户执行的“五步标准”等自有服务体系，搭建起一套完善的“送装一体化”服务体系。近年来，德邦物流还将送装服务扩展到晾衣架和跑步机等物品的安装，大大提升了用户的收件体验，为店铺赢得了好评。

为了提高整体寄递效率，德邦物流首创行业内大小件融合多层立体自动化分拣系统，在分拣体型较大的商品时，也能达到与分拣小件货物一样的效率。此外，AI 智能防暴力分拣系统还能够对工作过程进行监控，规范分拣操作，保障全作业流程的质量，有效改善包裹破损情况。德邦物流还通过大数据技术，重构实时数据核心应用场景，引入算法逻辑提供实时精准货量预测服务，可有效保障物品在运输过程中的安全，保障运输时效，即使是年中、年末大促这样的物流高峰时段，也能轻松应对。

德邦物流凭借完善的物流体系和优质服务，将每一个包裹安全、快速、准确地送到收件人手中，提升消费者体验。此外，德邦物流还提供了货物的追踪服务，让客户随时了解货物的配送状态，让消费者安心、放心。

（资料来源：中国物流与采购联合会官网，作者根据中国物流与采购联合会官网相关资料整理。）

思考题： 1. 大件物流有哪些特点？

2. 德邦物流如何布局大件物流？

9.3　医药物流技术

9.3.1　医药冷藏箱技术

医药冷藏箱通常是指用于冷藏、保存、运输药品、试剂、疫苗、血液等的单元冷藏保温装置。冷藏箱运输适用于小批量、多批次的配送场景，由于其灵活性强，较为符合当前市场的需求，因此具有较大的市场空间，也推动了近年来医药冷藏箱相关技术的发展。

1. 医药冷藏箱温控能力影响因素

医药冷藏箱的设计原理：通过对冷藏箱内外热交换过程的模拟和测算，设置保温材料和蓄冷剂装置，平衡和阻止外部环境对内部温度的影响，从而达到冷藏箱内部温度的相对恒定。因此，医药冷藏箱在使用过程中温控能力的强弱主要取决于以下三个方面。

（1）冷藏箱性能。影响冷藏箱性能的因素主要包括保温层的材质、表面积、厚度等。医药冷藏箱保温层的主要作用是阻隔外界热空气传导进保温箱内部，保温材质的热传导系数决定着保温性能的高低。目前，国内市场上主要涉及挤塑聚苯乙烯（Extruded Polystyrene，XPS）、真空绝热板（Vacuum Insulation Panel，VIP）、聚氨酯（Polyurethane，PU）、发泡聚丙烯（Expanded Polypropylene，EPP）、发泡性聚苯乙烯（Expandable Polystyrene，EPS）、VIP+PU 共 6 种保温材质，在相同体积条件下，导热系数越低，厚度越厚，保温性能越好，如 VIP 材质的保温性能是 EPP 材质的近 14 倍。因此，针对冷链运输流通时间超出 48 小时的需求，医药冷藏箱基本以 VIP 保温材质为首选。

（2）蓄冷剂性能。影响蓄冷剂性能的因素主要包括潜热、重量、表面积等。蓄冷剂需要释放冷量抵消热空气，达到精确控制温度的作用，在同等重量和相变点条件下，潜热值（指单位质量的物质在等温等压情况下，从一个相变化到另一个相吸收或放出的热量）越高，续航时间越长。相变材料（在温度不变的情况下改变物质状态并能提供潜热的物质）是影响蓄冷剂性能的关键因素，但是近年来才在国内得到研发应用。目前，真正拥有相变材料研发及生产能力的生产厂家，尤其是能够将潜热值、稳定性能等控制出众的厂家并不多。

（3）环境因素。环境因素包括物流活动过程中箱内外的温差与箱外的风速、光线直射情况等。医药冷链物流活动会在一年四季遍布世界各个区域，季节与地域的差异导致箱外环境的差异，进而影响冷藏箱的温控能力。

冷藏箱性能、蓄冷剂性能、环境因素是影响医药冷藏箱冷链温控能力的三大因素。医药冷藏箱设计需要根据不同的温控要求，并结合客户的业务开展，选择不同的保温材料，合理搭配对应的制作工艺与蓄冷剂，最大限度满足客户需求，同时降低冷藏箱的制作成本和运营成本，减少资源的浪费。

2. 常见医药冷藏箱

（1）半导体制冷冷藏箱。半导体制冷是20世纪60年代兴起的制冷技术，然而其理论基础最早可追溯到19世纪。半导体制冷的优点在于制冷迅速、操作简单、可靠性强、容易实现高精度的温度控制。该类型的冷藏箱适用于制冷量不大、要求装置小型化的场合。由于该场合十分普遍，因此基于半导体制冷的医药冷藏箱需求越来越大。与传统使用电热效应制冷的冷藏箱不同，半导体制冷是建立在塞贝克效应、帕尔帖效应、焦耳效应、傅里叶效应上的制冷技术。半导体制冷器的基本单元是半导体电偶，它利用特种半导体材料构成的正极与负极（Positive-Negative，P-N）结，形成热电偶对，再用铜导线接到直流电源上构成回路，其原理如图9-14所示。

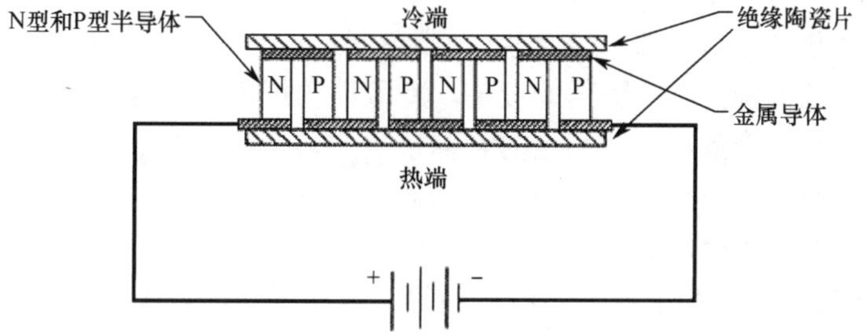

图9-14 半导体制冷原理

（资料来源：王瑜，成峰. 药品配送冷藏箱制冷技术现状及关键技术[J]. 科学技术与工程，2021.）

（2）蒸汽压缩式制冷冷藏箱。蒸汽压缩式制冷始于19世纪70年代，是目前发展比较完善、应用最为广泛的方法之一，能得到较宽的制冷温度范围。中小容量范围的蒸汽压缩式制冷设备比较紧凑，可适应不同场合的需要。蒸汽压缩式制冷的基本原理为先使用较大的压力压缩制冷剂的蒸汽，再使用外部冷却介质将该气体冷却而转变成液体，后经节流，使压力和温度同时降低，利用低压力下工质（实现热能和机械能相互转化的媒介物质）液体的汽化即可吸热制冷，汽化后的蒸汽再由压缩机吸入压缩，进行循环，其制冷原理如图9-15所示。

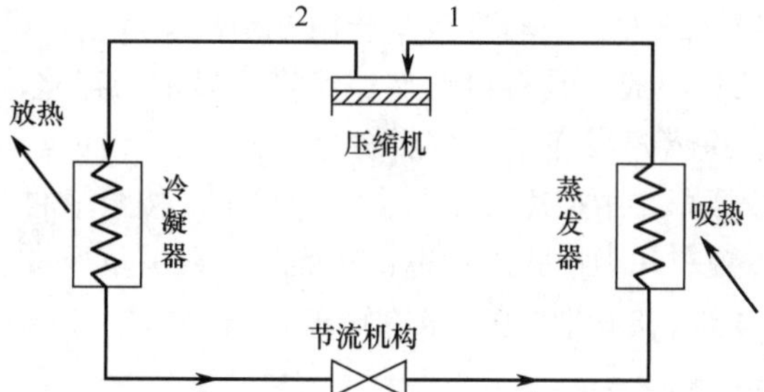

图9-15 蒸汽压缩制冷原理

（3）相变蓄冷冷藏箱。为了平衡夏天昼夜峰谷电力负荷的情况，应用相变材料的蓄冷（热）系统的冷藏箱开始得到大量的关注。相变材料的种类很多，主要可分为无机物和有机物两大类，其中有机物相变材料不仅腐蚀小，在相变过程中几乎没有相分离（当温度、压强等外界条件变化时，多组元体系有时会分离成具有不同组分和结构的几个相）的缺点，且化学性质稳定，价格便宜；无机相变材料包括结晶水合盐、熔融盐等，具有较高的体积蓄冷度，且价格适中，但缺点是存在过冷和相分离。蓄冷技术的基本原理是将机械压缩式等制冷循环机组工作产生的冷量储存在蓄冷材料中，然后通过蓄冷材料在特定时间、地点将冷量释放出来。潜热蓄冷是利用物质相态的变化进行吸、放热，如夏季用装有冰袋的箱子冷藏饮料。

（4）无源冷藏箱。无源冷藏箱是指应用于医疗行业、仅依靠蓄冷剂和保温结构冷藏保温的装置。无源冷藏箱从 20 世纪 80 年代初期开始应用于物流行业，由于医疗卫生行业的发展及其监管需要，无源医用冷藏箱从通用冷藏箱中分离，专门用来贮存冷藏药品、血液、生物试剂和样本等需在低温条件下保存的医用物品。在疫苗转运过程中，尤其是从疾控机构到接种单位以及接种单位内部转运过程中，无源医用冷藏箱对疫苗的有效储存起到关键作用。战争或自然灾害发生时，在机械化装备难以到达的地域，只能依托保温性能优良、不依赖外部电源的无源医用冷藏箱贮存所需冷藏的药品或血液。

目前，国内可以生产、定制无源医用冷藏箱的厂家较多，每个厂家的产品均有数种规格，加上医疗、疾控机构自研的医用冷藏箱，冷藏箱的规格、种类可能高达上千种。因用途和功能不同，无源医用冷藏箱在市场上的名称繁多，如药品冷链箱、血液冷藏箱、疫苗运输箱和通用无线分组业务冷藏箱等。无源冷藏箱的分类方式较多，若根据机械性能和认证方式不同，可将其分为普通医用冷藏箱、药品经营质量管理规范验证冷藏保温箱（药品冷链保温箱）、生物安全运输冷藏箱和空投医用冷藏箱等；若根据保温效果不同，可分为普通保温冷藏箱和超长保温冷藏箱。

9.3.2 医药冷藏车技术

1. 医药冷藏车概况

医药冷藏车是指具有隔热车厢，并设有制冷装置的车辆。医用冷藏车辆构造与食品、奶制品等普通冷藏车基本相同。随着追溯体系的逐渐建立，行业监管不断升级，药品冷链运输越来越受到重视。随着医药市场的不断扩大，冷藏车数量大幅度增加。2019 年我国医药物流自有运输车辆 34477 辆，其中冷藏车 8146 辆，占比为 23.62%，冷藏车数量较 2018 年同比增长 61.96%。在新冠疫情之后，我国对医药安全的重视程度越来越高，医药冷藏车在冷链市场份额中的比重将越来越大。医药冷藏车皆由专用汽车底盘、隔热保温箱体、制冷机组及车厢内温度检测仪等部分组成，具有自动调控温度，显示、存储、读取温度监测数据，制冷系统故障报警等功能。医药冷藏车具有多种分类方式，按照底盘承载能力可将医药冷藏车分为微型冷藏车、小型冷藏车、中型冷藏车与大型冷藏车；按照车厢形式可将医药冷藏车分为面包车式冷藏车、厢式冷藏车和半挂式冷藏车；按厢长可将医药冷藏车分为 2.6 米、3.2 米、4.2 米、5 米、6.8 米、7.4 米、8.6 米、9.4 米冷藏车。

2. 医药冷藏车功能配置要求

《道路运输医药产品冷藏车功能配置要求》（WB/T 1104—2020）行业标准已于 2020 年 6 月 1 日起正式实施。该标准规定了医药冷藏车的功能配置要求，适用于道路运输医药产品冷藏车的功能配置。该标准对合格医药冷藏车的整车、底盘、车厢以及制冷机组的要求进行了详细的描述，为相关企业选用合适的冷藏车提供了参考依据。

（1）医药冷藏车整车功能配置要求。在整车方面，医药冷藏车首先要符合国家对于一般冷藏车的要求，即符合《道路运输食品与生物制品冷藏车安全要求及试验方法》（GB

29753—2013）中的各项规定。其次，该车辆应是被收录于国家汽车产品公告“冷藏车”目录中的产品，并取得国家“3C”认证。最后，该车辆应符合国家环保、节能要求。用于医药运输的冷藏车应按《药品经营质量管理规范》《医疗器械经营质量管理规范》的规定配置温度自动监测系统，可实时采集、显示、记录、传送运输过程中的温度数据；可当场打印运输过程中的温度记录并具有远程及就地实时报警功能；可通过计算机读取和存储所记录的监测数据。在性能要求方面，医药冷藏车应符合《医药产品冷链物流温控设施设备验证性能确认技术规范》（GB/T 34399—2017）的要求，并具备除霜功能。在保障医药产品安全的前提下，根据装载医药产品类型设置适宜的专用装置，医药冷藏车可选配新能源车辆、多温车、蓄冷式冷藏车进行运输。

（2）医药冷藏车底盘功能配置要求。在底盘的要求方面，作为医药冷藏车使用的挂车宜采用空气悬架装置。若医药冷藏车采用非独立式运输用机械制冷机组，其底盘应预留压缩机的安装空间，同时宜配备压缩机安装支架。当所有耗电装置全开启后，底盘发电机的剩余发电量应满足非独立机组的用电需求，且宜安装提高底盘发动机怠速的装置。

（3）医药冷藏车车厢功能配置要求。医药冷藏车对于车厢的材料有一定要求，其隔热材料宜选用燃烧性能等级为 B2 级及以上级的隔热材料，且厢板宜采用封闭型隔热结构，隔热材料与内外壁板结合紧密。车厢内外壁及主体框架宜采用质轻且高强度的材料，其中车厢内壁材质不应对所载物品的状态、性质有效性造成影响，且内壁结构易于清洗。车厢密封所使用的胶条应采用环保材料，且能在−40～70℃的环境中正常使用，同时车厢底部、前部、侧部宜安装导风槽。车厢内的发光二极管或其他冷光源照明装置应防潮、防湿、安装牢固，并易于检修。车厢内应设置货物栓固装置，以防止货物移动导致事故发生。在车门方面，医药冷藏车车厢宜增加后门或侧门门帘，门帘宜为棉门帘。增加的后门或侧门门帘可选装防盗系统、报警装置，其操作按钮应设置在车厢内靠近后门的侧壁上且标识明显。车厢出厂前宜提供降温试验报告。

（4）医药冷藏车制冷机组功能配置要求。医药冷藏车使用的制冷机组在相应冷藏车类别温度下的制冷量应不小于传热量的 1.75 倍，制冷机组出厂前应提供探头的校准报告。制冷机组与车厢的连接应牢固可靠，不影响车厢密封性能。在寒冷地区使用的医药冷藏车，应采用带加热功能的制冷机组。在厢体内部需加热维持温度时，制冷机组通过加热功能来满足温度要求。为防止意外事件发生，制冷机组宜带有备电。对于车辆总质量大于等于 4500 千克、总长度大于等于 6 米、载重量大于等于 1500 千克的冷藏车可采用独立式运输用机械制冷机组。单程连续配送里程不超过 300 千米、配送时间不超过 12 小时的医药冷藏车，可使用非独立式运输用机械制冷机组。独立式运输用机械制冷机组的污染物排放应符合《运输用制冷机组》（GB/T 21145—2007）的规定。

9.3.3　医药物流信息技术

1. 物联网技术在医药物流中的应用

物联网技术在医药物流领域同样有很多应用。例如，在药品供应链管理方面，物联网技术可通过其信息采集和共享能力，提升药品供应链管理水平。在药品供应链管理中，物联网可以通过 RFID、红外视频、计量等感知技术实时获取药品当前的状态，然后通过物联网的网络层将信息传达给药品经销商，能够快速实现医院药品的补充，实现药品供应的快速反应，提升经济效益和管理效率。

在医院药品配送方面，医院药剂科可利用物联网中的 RFID、自动计量等技术，通过智能药柜的嵌入式软件，实现药柜内药品信息的实时记录、处理，再结合智能药柜的智能处理系统，实现药品的出入柜、盘点、补药和配送一体化管理。

在可视化管理方面，物联网的传感器网络技术可在医院药品仓储物流中进行应用，通过在智能药品管理柜上布置相应的传感器，当分布式药柜的药品有增减时，便可获知药品的取货时间、人员、数量等相关信息，使后台管理者实现可视化管理。

在可追溯管理方面，应用物联网建立可追溯的智能系统，可以满足在药品管理过程中的权力管理和安全管理需求。把物联网中的视频技术、指纹识别技术等应用到药品管理中，不仅能够实时监控药品取放，而且可以事后进行查询。在医院药品安全管理中应用物联网可以实现药品的追溯管理，提升用药安全。

2. 可信时间戳技术在医药物流中的应用

时间戳技术的全称是电子数据时间戳技术，它是电子密码安全领域的一项成熟技术。可信时间戳技术是时间戳技术中的一种，该技术以中国科学院国家授时中心提供的时间作为标准时间，产生单向散列函数，通过哈希变换，将电子数据进行封装，从而使之成为含有时间戳请求的电子文档。由于时间戳文件中的标准时间信息来自国家授时中心，而国家授时中心作为第三方时间服务机构，具有国家公信力，因此能够证实某段数据信息在某个特定时刻的存在性、真实性和完整性。按照《中华人民共和国电子签名法》的有关规定，加盖了时间戳的数据电文（电子文件）可以作为有效的法律证据，达到“不可否认”或“抗抵赖”的目的，从而保证了数据的安全性。

在医药冷链物流过程中，接触物流数据的人员众多、环节复杂、风险极高，但一般情况下，无论是通过冷藏箱中使用的电子温度计，还是借助冷藏车、冷库中的电子探头，冷链物流过程所有采集到的温度数据，都会回传至后台的数据库，而数据库的运营主要有以下三种方式：一是企业自建，独立运营，企业既可以进行前端的数据采集和查询，又可以进行后台的维护；二是由电子设备的提供商提供，前端服务向物流企业开放，后台管理由提供商负责；三是由专业的第三方物流数据管理平台提供全部的信息服务，相关企业仅拥有查询数据的权限。一旦后台数据管理人员由于操作失误或出于某些利益发生道德风险，修改数据将成为一件轻而易举的事情，而相关部门对这种数据的修改几乎无法察觉，更无从监管。这也是这些数据无法成为直接法律证据的一个重要原因。将可信时间戳技术引入冷链物流数据风险防控中、通过对后台数据进行加密处理，保证冷链物流数据的安全性和真实性，防止数据被恶意修改或不当删除。

在医药冷链物流过程中所产生的温度数据，通过冷链物流基础设施设备采集后自动回传至时间戳服务器（用户可自行设定），时间戳服务器根据国家授时中心提供的标准时间对相关电子数据进行封装，使其形成具有时间戳请求的加密文件，该文件中的数据生成时间无论是在前台还是在后台都不可修改。当用户由于某种需求需要调用时间戳文件时，首先需要提出调用时间戳文件的申请（可以根据电子签名技术设置查询权限，通过授权密码的验证，防范数据的泄露），然后系统会根据用户的申请调取时间戳文件。在调取时间戳文件时可能会出现两种情况：一是文件安全，未被恶意修改，那么服务器将通过用户申请，为其提供相关文件；二是文件已被强行修改，服务器将拒绝申请并报错，这样用户就可以及时了解到被修改文件的情况，从而给出相应的处理措施。这就使得冷链物流过程中所产生的数据安全可靠，任何调用单位、维护单位的前端和后台都将无法擅自修改数据，保证了数据的真实性和可信性。

3. 电子签名技术在医药物流中的应用

电子签名技术包含电子签名与数字签名。电子签名是指数据电文中以电子形式所含、所附用于识别签名人身份并表明签名人认可其中内容的数据。目前普遍使用的、技术成熟的是基于公钥基础设施的电子签名。公钥基础设施签名的核心元素是由电子服务认证签发的数字证书，用来标识网上实体的身份。数字签名是指运用某种算法对要发送的数据内容进行处理，生成数据摘要信息并用用户的私钥加密形成数字签名，附在原文数据上一起发送。接收方收到数据后，使用信息发送者的公钥对附在原始信息后的数字签名进行解密，获得摘要信息，然后再将产生的摘要信息与原始数据进行一一对照，如果能得到与先前一致的数据摘要，则说明收到的数据是真实的，从而保证数据传输的完整性和不可否认性。

药品经营质量管理规范要求药品的生产商、批发商、医疗服务机构以及物流服务的供应商共同参与冷链物流信息监管过程，建立全程可追溯的医药冷链物流监管体系。但是，这一国家要求的落实情况仍是参差不齐的，尽管大部分的医药冷链物流过程都实现了信息的收集和回传，但是由于缺乏有效的信息技术手段，回传的数据仍然存在着缺失、不完整、后台可修改等一系列问题。

要实现医药冷链物流信息系统的安全需求，可以将电子签名技术引入医药冷链物流信息系统中来，实现对电子数据风险的防控。通过在医药冷链物流信息系统中采用电子签名技术，确保了两方面的安全性：一是确保信息是由签名者自己签名发送的，签名者不能否认和抵赖；二是确保信息自签发之后到对方收到为止，未做过任何修改，签发的文件是真实、完整的。这就避免了冷链物流过程的各个参与方对冷链物流过程中产生的数据提出疑问，避免了各方的责任推诿，提升了冷链物流信息化监管的质量。

4. 区块链技术在医药物流中的应用

工信部在《中国区块链技术和应用发展白皮书》中提出区块链技术是利用块链式数据结构来验证与存储数据、利用分布式节点共识算法来生成和更新数据、利用密码学的方式保证数据传输和访问的安全、利用由自动化脚本代码组成的智能合约来编程和操作数据的一种全新的分布式基础架构与计算范式，其在医药物流领域具有以下四方面应用。

一是构建基于无线温度标签的药品溯源体系。对药品温度及湿度的全程监控是医药冷链物流的核心目标，无线标签能记录下不同药品的温湿度，还能通过车载系统和无线信号实时记录药品运输的地理位置。但这些数据仅涉及药品运输、储存方面，缺乏全面性且存在可篡改风险。区块链技术可以有效记录下从药品原材料采购到生产、加工、分拣、包装、流通、储存等一系列物流活动的相关数据。最终，包括无线标签记录在内的所有数据都被储存在区块链中，区块链的不可篡改性能极大地保证信息的真实有效，从而对冷链药品的整个生命周期进行有效监控，一旦发生问题，可根据溯源体系找出问题环节。

二是开发去中心化的医药冷链物流系统。传统溯源体系采用的是中心化模式，由一个中心账本记录所有数据，并选定一个企业对这个账本进行维护。在这种模式下，当账本信息对该企业不利时，该企业可能会为了自身利益而篡改数据，进而导致溯源流程失效。区块链独有的去中心化和不可篡改性为溯源体系提供了一种新途径。它采用的分布式记账网络无须依赖中心节点进行管理，任一节点都是独立平等的个体，极大地提高了系统稳定性。此外，监管机构也可以参与到区块链的共享网络中来，能有效解决以往医药冷链配送只由物流企业自我监督、监管信息不公开、只在药监体系内运行的状况。这种去中心化的分布式结构不仅能加大相关部门的监管力度，也能减少供应链上牛鞭效应的影响。

三是构建基于智能合约的虚拟交易网络。目前，医药企业对药品生产质量管理规范（Good Manufacture Practice of Medical Products，GMP）的执行力度较小，很多企业缺乏自觉性，偷工减料、不达标现象依旧普遍存在。运用区块链技术，将 GMP 证书的发放嵌入区块链溯源体系中，将人为监控转变为机器监控，一旦有企业不符合 GMP 的标准，区块链能立刻识别出来，并自动吊销证书。与此同时，企业不诚信的记录也会保留在区块链中，面向全网络公开。管理者为了企业的长远发展也会注重质量管理规范，这有利于营造良好的交易环境。

四是创建以“共识机制”为核心的信用体系。“共识机制”是区块链的灵魂。它保证了每笔交易在所有记账节点上的一致性。一方面，对企业自身而言，“共识机制”能解决其融资问题。在医药冷链物流领域中，参与者大多是一些中小微物流企业，这些企业迫于信用劣势，常常面临融资难的问题。而区块链的可追溯性可起于产品源头，包括流通、加工、储存等各个环节，录入的信息不可篡改，随时可辨真伪，这就保证了商品的唯一性。区块链技术将信息化的产品价值化、资产化。企业在进行信用贷款时，银行能实时查询货物的真实性并对产品进行估价，为企业贷款提供了保障。另一方面，在“共识机制”下，企业与企业之间也能快速建立起信任关系，有利于企业信用的积累，促进医药冷链物流过程中所有的节点企业共同发展。基于区块链的冷链物流管理流程如图 9-16 所示。

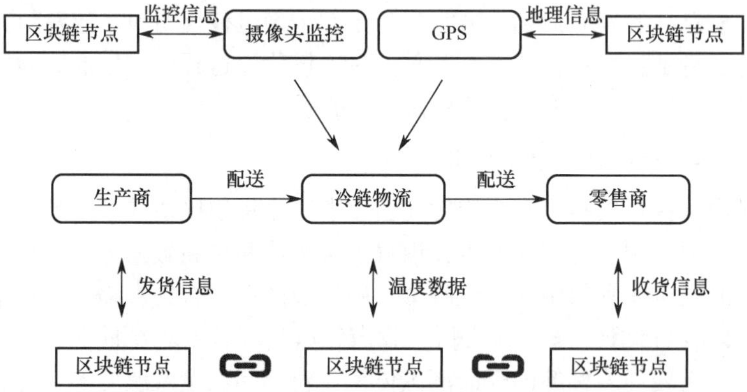

图 9-16　基于区块链的冷链物流管理流程

9.3.4　典型案例

菜鸟网络：深耕医药物流，多维助力抗疫

菜鸟网络利用运筹算法优化运输方案、精心做足冷链技术准备、多方衔接确保清关顺畅，克服了时限要求紧迫、国际航线运力紧张等难题，保障了疫苗运输安全。

全程可视，实时监控轨迹

现阶段，全球对疫苗的使用高度关注，高效的药品冷链物流运输解决方案同样备受瞩目，信息化建设在其中又尤为重要。近年来，菜鸟网络不断深耕医疗冷链物流行业，目前已经建立了实时可视的全流程温度及物流监控系统。“为确保医药冷链物流过程中的安全管理，菜鸟网络采用覆盖全球的实时监控技术，可在超过190个国家和地区之间的2G/3G/4G网络自动漫游切换。”菜鸟网络相关负责人介绍，“小巧便捷的全网通实时温度记录仪将处于非飞行状态下的生物制品所处的位置、箱体开合状态上传至云端，可实时通过计算机、手机App实时了解生物制品状况，如有任何异常情况可及时通过微信小程序、短信、电话等方式发送报警信息。”

据介绍，结合冷库仓储温湿度监控和公路运输的冷藏车监控仪，菜鸟网络已实现对疫苗全程冷链的实时监控和温度追溯，完全符合并超越国际国内相关法规在疫苗冷链储运质量管理方面的要求。值得一提的是，目前菜鸟网络已经启用商业航线运输，规划、选择成本及时效最优的冷链运输国际物流路径很有必要。菜鸟网络自主研发的“超级大脑”智能运筹算法，可将冷链存储以及冷藏短驳车服务能力作为中转机场遴选条件后，在充分考虑成本的前提下，设计优化包机直达路线，减少空运转运频次。这一数智化物流网络体系经受了新冠疫情下各国防控措施频繁调整、航班安排动态变化的挑战，显示了强大的韧性和应急响应能力。

温度可控，冷链设备确保安全

疫苗冷链设备素来有“生命之桶”之称。冷链设备是医药冷链行业最核心的部分，由于保温箱内部温度均匀，温差更小，可以确保疫苗运输过程中的安全性和质量稳定性。为此，菜鸟网络已经研发出“被动式温控箱”，该设备可根据疫苗运输所需温度条件，适配控温区间。“我们为我国灭活疫苗2摄氏度至8摄氏度储运条件研发了具有高效储能的5摄氏度相变材料，结合新型真空隔热板可实现常温下持续216小时，即9天的长效保温，可实现疫苗在全球范围内便捷的多程多式联运。”菜鸟网络相关负责人介绍。

据悉，该冷链保温箱内部使用软性隔离箱层和防潮袋包装药箱，外部利用EPS（高密度聚苯乙烯泡沫）箱，环保PP（聚丙烯）材料外包装等多层保护策略，避免运输途中的跌落冲击和磕碰，确保药品安全。此外，基于国内目前国药疫苗和科兴疫苗包装尺寸规格，为实现疫苗最大化装载和运输，菜鸟网络还设计了两款大小不同的保温箱，匹配国际航空运输特点，小尺寸箱方便短程小型飞机运输，大型托盘箱方便快速装卸。

扫一扫：药品信息可全部溯源

扫描疫苗包装盒上的20位数字身份证编码（追溯条形码），就会显示包含疫苗名称、厂家、批号、有效期等关键信息。这是菜鸟网络联合阿里健康开发建立的安全追溯防伪体系——“码上放心”。由于疫情影响，冷链物流全链条可追踪机制愈发深入人心。一支疫苗出厂后，要经过干线运输、中心配送、支线配送等多个环节，鉴于医药冷链物流比食品冷链物流要求更为严格，通过数字化升级完善溯源技术，完善全链路物流追踪系统成为当务之急。

据悉，“码上放心”平台为每盒药品、疫苗以及其所在的中包装、大包装分别赋予了一个20位的唯一追溯码（身份证），并且在大包装、中包装和每盒药品、疫苗之间建立起了唯一的对应关系，可满足在生产、流通、使用各环节通过扫追溯码实现疫苗的精准出入库和实时追溯验证需求。通过“码上放心”平台，疫苗或者药品在上游出库核销后，下游企业能即刻获得追溯信息，下游入库核注后平台自动进行追溯验证，避免中间过程的掉包换货。在各环节出入库扫码时，如果发现已经使用过的追溯码又重新进入流通领域，系统也会第一时间报警，有效防止假冒行为。“除此之外，出入库扫追溯码生成的入库单据直接关联冷库及对应的冷链设备，实现了每支药品和疫苗的全过程冷链可追溯。”菜鸟网络相关负责人介绍，在末端使用环节，一旦发现问题，“码上放心”可实现药品召回功能，做到责任可控。

目前，该平台已经为我国95%以上的药品生产企业、近7000家批发物流企业、超过5万家的零售终端以及国内全部46家、境外8家疫苗生产企业提供了一物一码追溯服务。

（资料来源：中国物流与采购联合会官网，作者根据中国物流与采购联合会官网相关资料整理。）

思考题： 1. 菜鸟网络如何做到保障疫苗安全运输？

2. 菜鸟网络如何对药品信息进行全程溯源？

本章小结

危化品物流一直是化工行业发展的难点和痛点，长期以来危化品物流管理存在很大漏洞，存在行业政策和监管体制不够完善导致行业乱象丛生、安全事故频发等问题。化工产业的蓬勃发展，为危化品物流进一步发展拓宽了市场空间，同时也对危化品物流提出了更高、更新的要求。随着“互联网+”的深入推进，借助物联网、大数据、人工智能等相关技术来进一步加强危化品仓储、物流监控管理势在必行。

伴随我国经济进入新常态，全社会经济结构逐步由生产要素驱动向创新驱动转换，国家基础建设项目从以钢铁、冶金、火力发电等为主的基础建设项目逐步转向以新型能源产业、交通基础设施建设等领域，结合新兴互联网技术在物流行业的应用，大件物流对专业化、标准化和信息化的转运设备与技术应用提出新要求，推动大件物流企业向提供科学方案及配套专业设备的一体化模式发展，创新发展大件物流多式联运的运输模式。

医药冷链与每个人息息相关。近年来，尤其是新冠疫情之后，国家出台了许多相关政策，企业在基础设施方面也不断增加投入，冷链物流技术不断变革创新。整个冷链全链条不间断的质量控制、温度控制在近几年实现了质变，冷藏箱、冷藏车相关技术快速发展，信息技术在医药物流的应用日趋成熟。

复习思考题

1．大件物流的运输装备有哪些？
2．请简述大件物流信息技术。
3．请简述医药物流信息技术。
4．什么是绿色包装技术，请结合案例说明。
5．危化品停车场主要围绕危化品停车安全进行功能设计，主要应用哪些技术？

实训项目

1. 课内实训

查询相关资料了解，物流企业在绿色环保战略中，采取了哪些措施？

2. 课外实训

以小组为单位，搜寻身边的环保包装，在课堂上进行分析说明。

第四篇　专题篇

第10章　智慧云仓

学习目标

知识目标：

1. 熟悉数字仓的各个基本模式产生背景，掌握数字仓模式的主要业务内容、运作流程及运作特点；

2. 熟悉云仓储模式的特点，了解行业中云仓储的细分模式的特点及运用价值；

3. 掌握云仓储模式在互联网经济背景下的商业作用，了解我国云仓储模式发展的现状以及改进的措施与趋势；

4. 掌握无人仓的概念、目的及其主要构成。

能力目标：

1. 熟悉数字化仓库热点技术应用，具备数字化仓库管理的能力；

2. 根据仓库的订单预测，具有压缩供应链成本，提升企业受益的能力。

思政目标：

1. 以带动我国人工智能与物流产业融合发展的生态升级为目标，具有创新、协调、绿色、开放、共享的新发展理念；

2. 善于运用新兴科技投入管理，与团队进行良好合作；

3. 加强智慧仓储课程教学与思政教育的融合，培育兼具专业技能和职业道德素养的高水平物流人才。

导引案例

传统仓储或将被云仓淘汰？数核云仓：效率是关键

在“互联网+”的大环境下，物流、电商、实体销售等任何需要商品流通的行业，都在追求效率，而快速处理数据的能力则成为高效率的标配。对于必须依靠商品流盈利的企业或平台来说，仓储可谓是重中之重，商品进出、库存管理、信息分类等方面也逐步往信息化发展，传统的纯人工操作方式渐渐向数据化、智能化转变。

“数据，已经渗透到当今每个行业和业务职能领域，成为重要的生产因素。人们对海量数据的挖掘和运用，预示着新一波生产率增长和消费者盈余浪潮的到来。”在电商业日益发展、“一带一路”倡议带动传统制造业再掀热浪的境况下，大数据在物流配送仓储管理等方面的应用也越来越趋于规范，云仓则是传统仓储模式上的智能衍生物。

数核云仓负责人表示，云仓实现了高密度自动化解决方案、协同打造扁平化的供应链，与传统仓储相比较效率更高。基于大数据和云计算的强大驱动力，数核云仓利用自动化设备实现了 2 小时完成入库上架，以闪电般的速度响应订单全流程，系统收到出货指令后，0.5 小时完成信息匹配、自动下架和复合打包等分拣出货过程。

传统仓储的空间规划不合理，造成货物品类单一化，一个仓储只有几种品类。云仓则可以根据客户订单到不同仓库取货，甚至是异地就近匹配，自动化、智能化设备提高货物拣选效率，进一步提高物流效率，改变了以往的仓储模式，通过订单或自动或人工拣选，形成最终包裹。

对于云仓是否能完全替代传统仓储，数核云仓负责人则表示，两者都有存在的必要，毕竟对于不需要参与交易或者配送的领域来说，单纯的货物存储更节省成本。而现有的大型电商平台、商家、物流企业都自主建立了云仓，第三方仓储也以云仓模式为主流，说明在市场追求效率时，云仓的表现更有优势。

（资料来源：中国江苏网，作者根据中国江苏网相关资料整理。）

思考题：1. 传统仓储和云仓有哪些区别？

2. 云仓相比于传统仓储有哪些优势？

10.1 数字化仓库

党的二十大报告做出加快建设数字中国的重要部署。建设数字中国是数字时代推进中国式现代化的重要引擎，是构筑国家竞争力新优势的有力支撑。把握数字化发展趋势，不仅有利于进一步提升我国数字经济发展活力，抢占全球数字经济发展制高点，更有利于推动我国经济转型升级和高质量发展、增强社会前进动力。对于仓储业而言，数字化仓库建设是传统仓储业实现全方位提质升级的关键。

10.1.1 数字化仓库概述

在“互联网+”的带动下，物流企业正在摒弃之前“自建物流仓储”与“第三方物流”之间的模式竞争，把竞争焦点集中在物流智能化上。这也给仓配一体化带来了前所未有的创新发展机遇。从整个物流服务市场看，物流智能化布局已久，已经是物流企业的下一片蓝海。现在，优秀的各行业企业将物流战略核心纷纷瞄准智能化的推动，从智能仓储到无人机送货，仓配物流浸透着智慧气息。在我国电商加速发展进程中，企业纷纷将信息化手段运用到仓配物流之中，而这都离不开“互联网+智慧”在其中发挥的作用。

目前，物流信息的收集也表现出数字化的特征，在信息的处理方面又表现出计算机化和电子化的特征，在仓配物流信息传递的过程中，已经呈现出实时化和标准化的特征，信息化和智能化是现代物流发展中的重要特征，这些信息技术又为仓配管理创新提供了基础。

1. 数字仓管的概念

数字仓管是物联云仓联合优质的仓配服务商，依托领先的仓储物流专业管理系统与物联网智能硬件技术，共同为货主打造的数字化仓储服务网络平台，使仓配管理更简单、灵活、经济、高效。数字仓管满足仓库作业流程重塑与作业人员完全互动，实现电子仓配精准与科学的管理，保证品牌统一推广，货品动态增减不爆仓、不浪费。目前，在仓库出租关键词搜索方面，中小仓配企业对资金投入数量比较谨慎，原因是比他们资金雄厚的大仓配服务商买下了所有通用搜索引擎关键位置。在搜索越来越商品化的年代，中小仓配服务商是无法与资金雄厚的对手竞争的。

仓库租赁关键词竞价排序，除了价格不菲，管理起来也很复杂，企业不仅要有人每天盯着它，几乎还要特聘一名 IT 专员，才能了解其中的细枝末节。因此，大多数仓配服务商可能会选择远离这种耗资巨大的推广渠道。

2. 数字化仓库发展概况

（1）数字化仓库类型。2020 年全国数字化仓库种类呈现均衡发展态势，其中消费品数字化仓库占比为 35.35%，仍为仓库数字化主要领域。受到新冠疫情影响，社会对冷链数字化高标准仓库的需求增长，冷链数字化仓库数量较 2019 年增长 5.4%；大宗商品数字化仓库数量较 2019 年增长 3.2%。2020 年我国各类型数字化仓库数量占比情况如图 10-1 所示。

（2）数字化仓库区域分布。从区域分布来看，华东地区数字化仓库占有量最高，其次是华北、华南、西南、华中、东北地区，如图 10-2 所示。其中东北地区由于地域性和经济发展等因素影响，仓库空置率较高，导致数字化仓库占比较低。经济发展不平衡以及区域气候差异是造成我国数字化仓库保有量分布不均衡的主要原因。

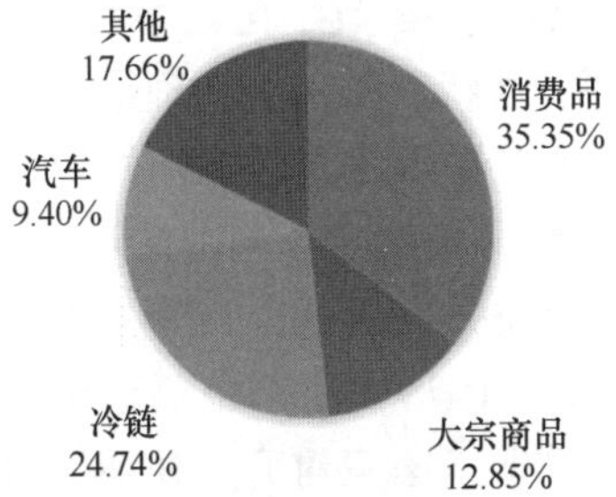

图 10-1　2020 年我国各类型数字化仓库数量占比情况

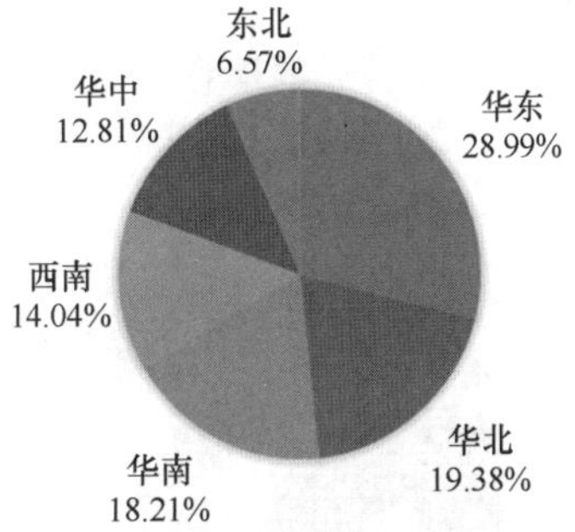

图 10-2　2020 年我国数字化仓库区域分布情况

3. 数字化仓库的发展趋势

（1）标准化与定制化趋于融合。当前与数字化仓库相关的标准正在积极制定，如已经发布的钢铁领域的《钢铁物流数字化仓储系统规范》，正在进行编制的《基于 RFID 技术的仓储管理通用规范》、《数字化仓库基本要求》和《数字化仓库评估规范》等。同时，仓储行业标准化与定制化界限将被打破并趋于融合。标准化加定制化的产品战略将有效平衡企业操作层面与消费者需求层面的矛盾，让生产制造既有足够的确定性，也有足够的弹性。

消费的升级将推动仓储业向高质量方向发展。在新业态、新模式、新技术的多重加持下，仓储业正在由传统的市场导向转变为以客户服务为导向，更加注重体验，注重实际的效果。满足用户需求和提供个性化定制服务正逐渐成为物流仓储行业新的发展方向。

（2）高标准数字化仓库需求量进一步增长。高标准数字化仓库和传统仓库的差异主要表现在以数字化技术为有效手段，并且选址合规合理、建筑结构相对先进和完善，能够实现物流规模化效应、提高拣选效率和准确性、降低仓储成本和库存资金占用率。2021 年是“十四五”开局之年，我国经济逐步向潜在增长水平回归，物流行业仍保持平稳较快发展。同时，国家持续出台支撑物联网发展的利好政策，如工业和信息化部表示，“十四五”期间将持续加强对物联网国家新型工业化产业示范基地的指导，以核心技术突破和创新应用为重点，继续培育一批产业集聚性强、应用创新活跃、辐射带动力强的物联网示范基地，推动我国物联网产业高质量发展。数据显示，2023 年我国智能仓储行业规模约达 1500 亿元。

在此背景下，物联网等数字化技术将在物流行业中得到更为广泛的应用。物联网将与人工智能等数字化技术实现协同应用，多种物联网传感技术将实现对海量物流数据的进一步联通。同时，机器学习、计算机视觉等人工智能技术应用将进一步增强物流数据的处理能力，提高决策优化的效果。总体来看，物联网等技术将加快促进我国物流行业数字化、智能化的发展进程，加快形成以数字化仓库为基础，以数字化加工、数字化运输、数字化商务为支撑的现代物流供应链生态。

10.1.2 数字化仓库热点技术应用

1. 信息数字化技术

（1）机器视觉技术。数字化仓库的核心功能是将货物位置、尺寸等物理信息转化为系统可以处理的数字信息，以便系统进行监测或做出下一步决策。信息数字化技术就是实现该功能的核心技术，而机器视觉技术作为能实现这种转化的信息数字化技术之一，能通过装配机器视觉技术的设备抓取图像，然后将该图像传送至处理单元，在数字化处理后，可根据像素分布和亮度、颜色等信息判断识别原图像中物体的尺寸、形状、颜色等物理信息。

机器视觉技术主要分为 2D 视觉技术和 3D 视觉技术。2D 视觉技术根据灰度或彩色图像对比度的特征提供结果，可以拟合线条、弧线、圆形等几何图形及距离、角度、交叉点等图形关系，主要适用于缺失/存在检测、离散对象分析、图案对齐、条码和光学字符识别以及基于边缘检测的各种二维几何分析等。该技术在数字化仓库中的应用有读码器、PDA 等。DataMan370 系列读码器使用高动态范围图像技术拍摄单张图像，采用的解码算法可以自动识别一维码和二维码，辅助系统进行后续决策。该设备的外观形态如图 10-3 所示。

图 10-3 DataMan370 系列读码器

知识链接

DataMan370 系列功能特征

1. 更快的解码速度

DataMan370 系列固定式读码器可解决具挑战性的直接部件标识和基于标签的代码应用问题。DataMan370 的计算能力是同类传统读码器的两倍，即使应用涉及多个代码和符号，它也能提供更快的解码速度，从而提高每个设备的吞吐量。

2. 倍读码性能和能力

DataMan370 系列读码器采用的解码算法进行了优化，包括新式一维/二维自动识别技术，确保为一维条码和二维码提供快速且优异的读取率。DataMan370 的多核处理器使其能够并行运行这些算法和流程，使其拥有同类高性能读码器两倍的性能和能力。

3. 理想的成像机制

DataMan370 使用高动态范围图像技术拍摄单张图像，详细程度可达传统传感器的 16 倍。它可以全面提高图像质量和对比度，从而提高景深并改善低对比度代码的处理。

4. 模块化可提供强大的灵活性

DataMan370 经过验证的模块化设计使其可与其他 DataMan 读码器共享相同的照明、镜头和通信选项，从而提供较高的灵活性和易用性。新大功率集成手电筒选项可提供强大的照明能力，不再需要外部光源。

5. 设置和运行都很简单

DataMan370 设置工具软件简化了康耐视读码器的安装和操作。它实时捕获图像以供用户查看和跟踪读取结果历史记录。智能自动调节和应用助手可引导用户轻松而快速地优化复杂参数。设置工具还可提供流程控制指标和性能反馈。

（资料来源：上海锡明光电科技有限公司，作者根据上海锡明光电科技有限公司相关资料整理。）

3D 视觉技术主要通过 3D 摄像头采集视野内空间每个点位的三维坐标信息，利用算法复原物体的三维立体成像。由于 3D 视觉技术相比 2D 视觉技术能够获取更复杂的信息，所以更适合目前柔性化的应用场景。例如，梅卡曼德视觉引导拆码垛解决方案系统采用了工业级 3D 相机、视觉引导工业机器人、机器人智能编程环境和视觉图形化机器视觉软件，在利用 3D 视觉技术得到相关 3D 数据后，该系统可以分析 3D 数据运行碰撞检测、轨迹及抓取规划，准确识别各类纸箱，引导机器人高效拆垛，能够适用于仓储物流行业中各种纸箱、麻袋、料筐等物体常见垛型的拆码垛。梅卡曼德视觉引导拆码垛解决方案系统软件操作，图形化的算法处理软件 Mech-Vision，将所有代码简化为步骤，用户无须编写任何代码即可进行算法编辑。完全开放性的后台，用户可根据需求进行个性化定制，添加所需算法内容，界面如图 10-4 所示。

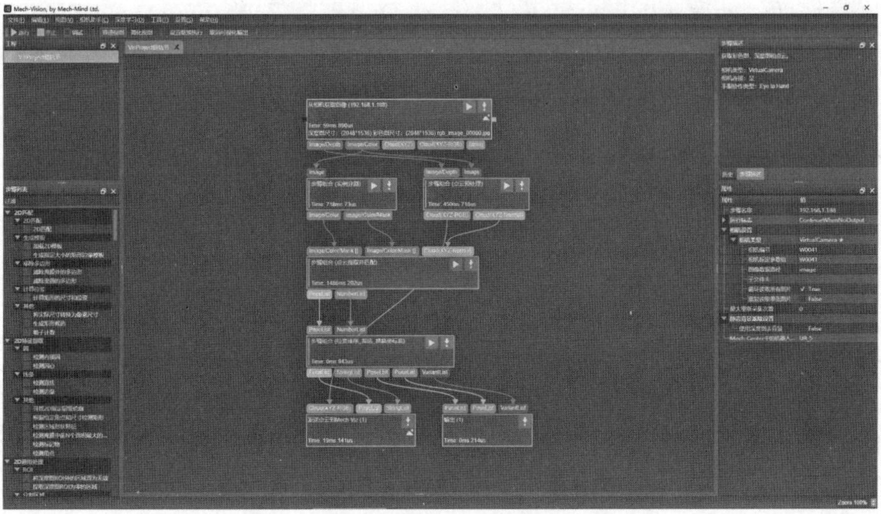

图 10-4　Mech-Vision 机器视觉软件

（2）无线射频识别技术。信息数字化技术的另一个典型技术就是无线射频识别（Radio Frequency Identification，RFID）技术，这是一种非接触式的自动识别技术。基于 RFID 批量读取的能力，将采用 RFID 的电子标签替换原有的商品条码可以实现货物的批量盘点及批量复核，能够快捷方便地将物理世界的数据信息转化到数字世界，实现仓库作业中各环节的数字化。以大件商品的仓储为例，冰箱、彩电等大件商品体积大、重量大、包装规格多样，传统仓库自动化程度低，很多仓储环节耗时耗力，商品出入库错误率较高。针对这类问题，2021 年 1 月 26 日，京东的 RFID 智能仓储解决方案在重庆渝北大件自动化仓全面应用，为大件物流领域提供了数字化升级的方向。据预测，将 RFID 技术引入供应链物流场景，将使仓内盘点效率提升 10 倍以上，复核效率提升 5 倍，仓库运营的整体效能将增长 300%。

2. 数字化仓库管理

（1）数字化监测技术。在数字化仓库中，还需要通过一定技术手段将转化后的数字信息进行监测和处理。其中能对数字信息进行监测的就是数字化监测技术，即基于实时传感器数据的建模和仿真应用，实现从物理实体到数字实体的单向的自动化数据流，也称为数字影子。

物联网技术就是数字化监测技术的典型分支之一，福玻斯（上海）物联网科技有限公司开发了 i-ConveyorIoT 控制系统，该系统在物流设备上运用物联网技术，使设备运行变得数字化，让系统运营状态更加透明化和可视化。该系统的外观形态如图 10-5 所示。

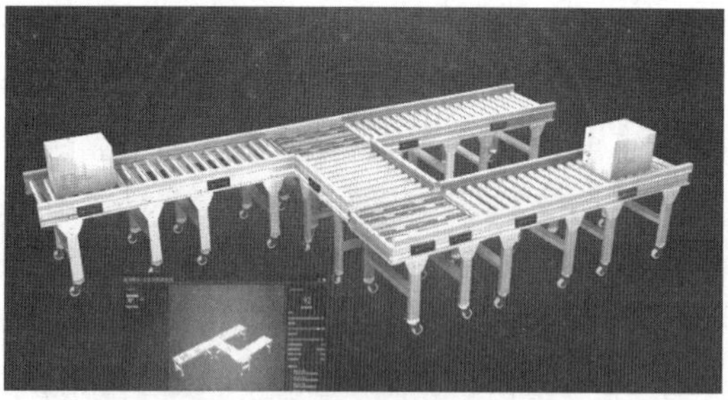

图 10-5　IoT 控制系统外观

（2）数字孪生技术。数字孪生是以数字化方式为物理对象创建虚拟模型来模拟其在现实环境中的行为。在数字化仓库中，数字孪生技术不仅可以实现对仓库情况的监测，还可以处理数据并做出决策实现对仓库的控制。和数字化监测技术相比，数字孪生技术能够支持物理实体和数字实体之间进行实时双向的数据交互。通过搭建物流作业全流程的数字孪生系统，能实现物流系统全过程数字化，提高物流作业效率，实现物流系统柔性化与智能化。

由京东物流打造的新型智慧物流数字孪生供应链平台“络谜”可以使用数字孪生技术建立园区、枢纽、仓储等物流场景的数字模型，通过数字世界的仿真来优化物理世界，支持数据的精准采集、运营预测、智能决策。目前，基于“络谜”的解决方案已经成功在京东物流内部京东亚洲一号仓库等场景进行应用，并同步对外赋能。其数字孪生供应链仿真系统已经在京东物流自有的骨干网络（覆盖 8000 余条主要运输线路）及智能仓储建设的业务场景，如为日常及“618”“双 11”等大型促销日的物流网络提供产能评估和预警服务，有效缩短平均运输里程，提升平均时效。

数字孪生技术还可以用于持续积累智慧物流设备与产品设计和制造相关知识，实现持续性改进、设计与创新，避免新设备研发过程中的资源浪费，有助于缩短新机器和新生产线的调试周期，帮助物流企业更快地使用新设备。在中国邮政集团有限公司的深圳红发邮件集散中心，应用了包含西门子 NXMCD 数字孪生解决方案的分拣系统。该系统有助于帮助分拣中心稳定、高效地进行快件包裹分拣，将快件包裹快速无误地送达用户手中。通过构建数字孪生帮物流企业在产品研发设计阶段减少昂贵的物理原型搭建，从而缩短设备验证时间，加速产品试制。以前进行设备开发时，工程师必须将设备先进行组装才能调试，之后再针对各种缺陷进行设计变更，改进以后再批量化生产。在数字孪生技术的支持下，工程师在分拣设备研发之初就可以进行虚拟调试，调试好以后再进行组装。数字孪生技术将软件的虚拟世界与自动化设备的现实世界进行融合，充分释放了数字化潜力。

10.1.3 典型案例

典型货类的数字化仓库的应用

（1）消费品数字化仓库。京东物流的亚洲一号仓库是在 2014 年正式投入运营的数字化立体仓库。亚洲一号仓库运营效率是传统仓库的 3 倍以上，仓库内应用了机器人、自动打包机等设备，订单的处理速度是传统仓库的 5 倍以上。同时，仓库投入了“货到人”的拣选系统，利用自动化穿梭车通过巷道进行存货及拣货操作，其存储密度是常规货架的 3 倍以上。相比常规人工拣货，效率提升了 6～8 倍。在 2020 年年初整个国内物流受到新冠疫情影响的背景下，人员、运输车辆减少，物流活动整体萎缩，而亚洲一号仓库因为应用了人工智能、自动化等数字化技术，一直保持高效运转，为社会的物资需求提供高效的服务。

（2）大宗散货数字化仓库。大宗散货仓库是集中存放原材料的场所，在生产企业中，原材料大约占企业成本的 70%。大宗散货仓库的数字化难度无论是从计量、安全还是作业效率上讲都比较高。针对这些痛点，中国宝武集团建设了湛江钢铁煤炭及铁矿石原材料数字化仓库（以下简称“湛江数字化仓库”），并在 2016 年正式投入运营，如图 10-6 所示。在预先设定原料库的作业流程后，由系统控制装卸、堆料等设备，自动完成作业，实现无人化管理。截至 2020 年年底，年均节约人力成本 375 万元以上，总体效率提升 20%以上。原料库原材料堆放利用率低一直是大宗散货仓库普遍存在的问题。原材料堆大小不一导致仓库空间利用率低，进而促使企业不得不频繁开辟新场所进行存放，增加仓储成本，不利于企业可持续发展。为此，湛江数字化仓库引进了堆位自动采集、存量分类统计等设备和系统，使堆放的原料形态基本保持一致且间距相同，比普通原料库的空间占用节约了 15%左右。

此外，原材料的盘点十分复杂，不可能逐个称重，通常都只能得到大致的库存量。湛江数字化仓库利用 3D 激光扫描原材料堆位的体积，结合算法可以获得原材料较为精确的库存数据。湛江数字化工厂的 3D 扫描界面如图 10-7 所示。

图 10-6 湛江数字化仓库

图 10-7 数字化工厂的 3D 扫描界面

（3）大宗钢铁数字化仓库。浙商中拓集团山西晋南数字化仓库（以下简称“晋南数字化仓库”）利用互联网、物联网等技术的集成建立了大宗钢铁货物数字化仓库，该仓库已于

2020 年正式投入运营，智能化管理系统界面如图 10-8 所示。晋南数字化仓库利用了 3D 货物定位、视频分析、库位人工智能等软硬件，实现了货物入库时，从车辆进园区大门开始进行全程跟踪，司机可以实现免下车换单，在线上自动完成入库准备，全面实现无纸化作业；在拣选时，仓库采用高精度 3D 定位技术可以实现整个仓库的库位监控和实时定位，将定位拣选的时间缩短到 1 分钟以内。同时，仓库利用库位人工智能推荐功能，使货物合理存放在推荐区域，充分提升库位利用率，降低行车移动频率，减轻行车作业负荷。

图 10-8　智能化管理系统界面

在提货方面，晋南数字化仓库全程线上自助操作，以自动提货设备代替了人工作业，整体提货时间缩短了 42%以上。在盘点方面，晋南数字化仓库实现了将之前需要数日的盘点工作缩短至 2 小时完成。另外，晋南数字化仓库接入钢厂、电商等多个渠道，帮助司机完成全业务、全流程、全线上的验单、换单、结算、支付等操作，效率提高近 50%。

10.2　云　　仓

10.2.1　云仓概述

云的概念来源于云计算，是一种基于互联网的超级计算模式，在远程的数据中心里，成千上万台计算机和服务器连成一片。而云仓储的概念正是基于这种思路，在全国各区域中心建立分仓，由公司总部建立一体化的信息系统，用信息系统将全国各分拣中心联网，分仓为云，信息系统为服务器，实现配送网络的快速反应。在这一模式下，货品可直接由仓储到公司的公共分拨点实现就近配送，极大地减少配送时间，提升用户体验，这就给那些对服务水平需求极高的企业带来了新的机遇。

1. 云仓储的概念

云仓储是一种全新的仓配体系模式，它主要是依托科技信息平台充分运用全社会的资源，做到迅速快捷经济地选择理想的仓储服务。而云仓储平台是集仓储管理、货物监管为一体的现代仓储平台，通过条码监管、视频监管、互联监管、联盟监管这四大功能，对货物的入库、出库、移库、加工等环节进行规范化、可视化管理，为客户提供可视稽查、实时监控、信息归集、全局控制、信息智能推送等系统化、全方位服务。

例如，云仓储“网仓一号”，就是将机器人、堆垛机、RFID 标签识别系统、指环穿戴式条码采集器、全自动高层货架、数字化 PDA 无纸化理货、全自动高速分拣机与分拣系统等设备功能整合在一起，通过参数化控制和最优路径，来保证机器人安全地将货物运输到下一处理区，以全自动运输的方式提升拣货效率，打造先进的数字化、智能化、自动化的电商订单云处理中心。另外，“网仓一号”还将采用“网仓科技”自主研发的动态储位货架管理技术，使仓库的容积率达到最大化，即容积率在 85%以上。“云仓储”实施的关键在于预测消费者的需求分布特征。只有把握了需求分布，才能确定最佳仓库规模，并进行合理的库存决策，从而有效降低物流成本，获得良好的效益，达到较高的服务水平。长时间以来，物流运作过程中普遍存在资源浪费的现象。例如，大型的零售商品经销商，如大型连锁超市等，都会设有物流分销中心。分销中心的地点通常是根据经销商的商业布局结构来确定的。经销商经营的商品种类繁多，成千上万种商品先由其生产厂家发货到订单中指定的分销中心，然后再由分销中心向各地的销售部门统一配货发送。在传统的管理过程中，这种厂家—分销中心—销售点的物流方式相对是最可靠、有效的。但不可否认的是，正是这样一个物流过程，造成了大量的社会资源浪费。

当 2006 年谷歌正式提出“云”的概念和理论时，可能实际生活中很少有人真正意识到在接下来的几年里将掀起怎样的应用和研究热潮。紧接着，亚马逊、IBM、微软、雅虎、英特尔等公司都宣布了自己的“云计划”，谷歌的云计算平台，亚马逊的弹性计算云，IBM“蓝云”计算平台等相继搭建，云存储、云安全等各种与“云”相关的概念也不断进入人们的视野。近年来，云的概念依然饱受争议，此“云”非彼“云”。但不容置疑的是，在未来社会的经济发展和我们的日常生活中，都将渗透也将离不开“云”这个概念。对于这个既传统又与人们生活息息相关的物流行业，信息时代技术的飞速发展已经对行业的走向及成长产生了深远的影响，“云”热潮将给整个仓配行业带来深层次的变革。

2. *云仓的发展情况*

物流仓储管理模式可分为外包仓储和自建仓储两种模式。两种模式在运行过程中通常会出现不同的问题。

对外包仓储来说，因供应商规模大小不一、服务质量参差不齐，企业需要与多数供应商合作，才能满足自身的业务发展需求。而且，在节假日易发生外包仓储爆仓、商品配送延误等问题，严重影响了客户体验，导致企业业务情况不太理想。对于自建仓储来说，更明显的问题在于高昂的成本，以及自建团队、自建系统带来的管理压力。

从传统仓库到智能仓库再到数字仓库，随着物流的发展与成熟，企业的关注点也正从“效率”向“效益”转变。为解决两种仓储模式带来的问题，一种新的仓储体系——云仓应运而生。

云仓是物流仓储管理模式的一种。不同于传统仓、电商仓，云仓中“云”的概念来源于云计算，云仓正是利用云计算以及现代管理方式，依托仓储设施进行货物流通管理的全新物流仓储模式。

云仓通过中央云系统进行云计算，对整合过后的下属分仓的库存进行调拨分配，并以多仓为据点进行货物出入库管理。云仓兼容了外包仓储的成本优点及自建仓储的服务优势，在避免自建仓储带来的高成本问题的同时，又可以解决外包仓储服务质量差的问题。

3. 云仓的基本构成

仓库、物流、商家、平台是云仓的基本构成。在云仓的运营过程中，客户下单后，系统将订单传入最近的仓库，智能匹配分仓，再利用 WMS 仓储管理系统发货，就近完成配送。分仓每过一定的时间会对货物存储情况进行反馈，在存量不够或动销不平衡的情况下，通过中央云系统向供应商发出调补申请。云仓应用统一的中央云系统以及智能化的分拣设备，具有高效快速的订单处理能力及较高的配送效率。

云仓系统内，从网点基础建设到信息化体系运作，均应具备强大的仓储容量与吞吐能力、较低的运营成本。为此，云仓需要更多的商家，以匹配更多的订单来分摊运营成本，同时，商家不但能获得较好的服务效果，而且成本相对较低。

合作建云仓的成本对许多中小商家来说是一个大问题，但独立建云仓的成本更高。因此，云仓目前主要应用于三类企业，即快递企业、电商平台及第三方仓储企业。

京东云仓采用整合国内闲置仓储资源的方法，推广合作建云仓的模式。京东提供“云仓平台+WMS+TMS+库内仓储”，合作方则负责提供“仓库+仓内运营设备+团队”。京东云仓以整合共享为基础，以系统和数据为核心，积极输出标准化物流运作，赋能商家与合作商，提升商品流通效率。

云仓的主体是仓。在仓与仓之间、仓与消费者之间，云仓完成调补、配送等流程。仓配一体化是云仓未来的发展趋势。

4. 云仓的应用

目前，云仓主要应用于三类企业，即快递企业、电商平台及第三方仓储企业。

（1）快递企业云仓体系。顺丰、申通、圆通、韵达、中通等企业，依托自身原有的强大的运力网及仓储网，纷纷引入云仓体系，提升自身服务能力。大多数快递企业是为了更好地进行仓配一体化，在物流网点的基础上扩建仓库，调节成本结构，提升流通时效和降低综合成本，从战略上提升自身的市场竞争力。

（2）电商平台云仓体系。京东、苏宁、天猫、亚马逊等电商平台企业通过布局全国云仓，将自营或商家货物前置，以最快的速度完成客户订单。电商平台云仓还可以通过大数据发掘不同地区不同类别的消费者的消费情况，进而更好地进行需求预测，积极调配商品库存进行集中和优化，并拉动上游供应商进行补货，不仅满足了订单的时效性需求，还降低了物流成本。

（3）第三方仓储企业云仓体系。第三方仓储企业整合其原有仓储网络以及社会闲置仓储资源，以自主研发或第三方的 IT 系统为核心，输出标准化物流运作，赋能商家与合作商，提升商品流通效率，为客户提供仓配一体化解决方案。

10.2.2 云仓与传统仓库的区别

相对传统仓库管理过程中涉及的仓库规模、自动化程度、商品特征、运营能力、订单响应速度、履行能力等，云仓管理与传统仓库管理存在管理核心、集散能力、订单调节能力、成本结构等的不同。

1. 管理核心不同

云仓的管理核心不仅依靠仓库硬件，同时也需要强大的配套软件的支持。云仓是大数据等科技赋能物流仓库的产物，企业要想具有较强的客户服务能力，就离不开强大的科技实力。除了管理的精益化，云仓更注重提高整体流程的效率，提升企业在订单响应成本方面的行业竞争力。

2. 集散能力不同

随着电商形态的成熟，新零售业务场景呈现多样化特点，其中既包括客户体验标准的提升，也包括竞争成本的增加。面对这些情况，企业如果完全依赖自建仓库或独立的物流体系，不仅会使库存增加，其负担的成本也将增加。采用云仓平台大数据技术分析企业阶段性活动或商品的集散程度，对商品进行灵活调配，不仅能提高商品的周转速度，也能降低企业负担的成本。

3. 订单调节能力不同

云仓并非简单的“多仓库发货”，而是在同一运营中心的管理对接下，从各类订单属性、库存量、收件地址等维度进行分仓发货。这样的分仓发货机制能在不过高增加成本的情况下，使效率大幅提升。同时，企业还需要分析历史数据，从仓储物流运营维度，对库存备货、运输路线等仓前事项进行同步优化。

4. 成本结构不同

从商家内部共享库存，到仓库资源与物流资源共享，云仓具有更有利的成本结构。共享经济作为一种新兴经济形态，其重点在于整合分散的闲置资源，通过互联网平台，利用网络信息技术对资源进行优化配置，提高资源利用效率，释放资源价值。相比之下，传统仓库管理在信息、资源、系统等方面都无法做到互联互通，造成严重的资源浪费。共享经济的出现对物流行业的变革是颠覆性的，共享仓库资源、物流资源能大幅度降低仓储物流成本。

10.2.3 云仓库存管理

云仓有其自身的特点，云仓既受传统库存管理模式的影响，又具备电商的特点。因此，企业管理者需对其进行重新审视、妥善布局，以最大限度地提升库存管理效率。

1. 云仓的布局模式

云仓的布局模式主要有以下四种。

模式一，按仓库所属经营单位，云仓的布局模式可分为总仓、区域仓、店仓。模式二，按仓库之间的关系，云仓的布局模式可分为主仓、卫星仓（根据货品和销售区域之间的关系，卫星仓又可分为子母仓和平行仓）。模式三，按云仓的归属关系，云仓的布局模式可分为甲方云仓、第三方云仓、行业云仓。模式四，按云仓的范围，云仓的布局模式可分为国际云仓、全国云仓、区域云仓、城市云仓。

2. 云仓对库存的改变

虽然云仓的整体建设成本非常高，但云仓的收益也很高。除了集成闲散资源、节约固定成本的投入，云仓还完成了社会资源的整合，优化了资源配置，降低了物流成本等，对商家库存的改善也起到了积极的作用。

（1）订单完成周期。订单完成周期是指从消费者下单到收货的时间。顺丰云仓的“云仓即日”“云仓次日”，京东云仓的“211 限时达”“次日达”等的本质是满足消费者的极速体验需求。很多仓配一体化的云仓主要利用仓库作业的标准时间，通过预测市场需求，提前将库存布局到离消费者最近的仓库，尽量缩短配送时间，从而既满足了消费者的极速体验需求，又达到了降低成本的效果。

（2）供应链反应时间。云仓体系中高效的干线运输能力，缩短了产品从生产商到仓库的运输时间。除了仓库网点多、库存分布广、离客户近，云仓还有强大、高效的仓库间干线运输体系，顺丰云仓甚至计划在湖北建货运机场，实现 2 小时覆盖全国市场，以此来提高顺丰云仓的干线运输效率。

在部分仓储与配送分开的模式中，仓库分拣好的包裹需要归集到配送总部，再统一分拨到各配送站点，这增加了仓储与配送的交接时间。

在仓配一体化的模型中，仓储信息系统与配送信息系统直接对接，甚至统一编码、统一规则，直接在仓库分拣时就按配送站点分组与归集，分拣完之后直接配送，使得仓储与配送的交接时间大大缩短。

综合以上两个方面，云仓供应链反应时间明显缩短，这有利于缩短供应链周期以及减少对应的供应链库存。

（3）供应链库存。供应链反应时间越短，供应链网络系统中的安全库存就越少。同时，在云仓体系内共享的各处库存也进一步减少了安全库存。通常来说，分仓数量增加会增加整个供应链网络中的库存总量。但在云仓体系中，借助干线的快速调拨能力和信息系统强大的订单选仓能力，各分仓的库存实现共享，从而会减少整个供应链网络中的库存。

（4）库存共享。云仓虽然有多个仓库，但都属于同一套云仓体系，云仓的库存由一套系统管理，库存可以充分共享，避免了传统仓库的库存信息不通，重复设置库存等问题。库存共享越充分，满足不确定性需求的库存就越少。

（5）库存周转率。提升库存周转率依赖三方面的内容：提升出货量、降低库存水平、缩短存放周期。前两者的实现可以完全依靠商家本身的运营能力，然而存放周期主要是指从产品入仓到订单完成的过程，通过云仓缩短订单完成周期，就能有效缩短存放周期。另外，相比传统仓库，云仓具有更大的容量与更强的吞吐能力，能有效提升在“传统爆仓期间”的单位时间出货能力。

10.2.4 典型案例

1. 百世云仓升级云仓全供应链服务能力

2021 年 5 月 28 日，百世集团旗下百世供应链在云南召开 2021 百世云仓全国网络大会，宣布升级加盟云仓“B2C+B2B”全供应链服务能力。近年来，产业互联网赛道千峰竞起，传统供应链面临被数字化供应链“颠覆”的命运，新业态的爆发带动了仓配一体以及供应链的转型与模式升级。如今，在新的零售模式变革下，电商（B2C）和传统渠道（B2B）的模式在整合的过程中正在走向融合，物流层面上更强调库存、盘货管理和物流集约化管控。再加上现在延伸出很多如直播电商、社区团购去中心化的电商平台，流量载体越来越碎片化，也需要新供应链服务驱动全链条的供应链变革。百世今年在打造仓配数字化、集成化的策略是，通过数字化运营加盟仓，帮助加盟商更好地管控收支与成本、管理库存、精细化生产成本分析。此外，将继续升级“三网合一”具体落地和实施，实现百世供应链、快递、快运三个板块的叠加效应、资源共享以及降本增效。此外，为了更好地服务加盟伙伴，百世云仓团队调整了内部组织架构，着重向赋能型服务组织发展，从组织形态上进一步优化与加盟商之间的协作，并为加盟团队的一级管理者开放“精英计划”，给予财税管理、仓管经营、品牌营销等系统性培训，促进百世云仓与加盟商合作的正循环。

2. 京东云仓启动鲜花仓配

京东云仓携手京东鲜花园艺部一起亮相，并展示了解决园艺行业物流供应链问题的一体化方案。京东云仓通过打造“云仓+云分拣+云配”的系统模式，整合空运、冷链及落地配送资源，切入鲜花行业并实现全程可视化，为商家提供涵盖采购、物流、仓储、订单履约、配送等服务在内的全链路物流解决方案。根据解决方案，京东云仓可以提供一体化供应链服务，保障鲜花配送时效。同时，京东云仓已经搭建了从昆明直发全国十二个地区门店的物流线路，包括北京、山东、浙江、广东、四川、重庆、上海、湖北等地的消费者，可以直接收到来自昆明花卉产地直发的鲜花。此外，京东云仓与京东鲜花园艺部于 2018 年进行了商流+物流鲜花供应链创新，通过“京东商铺+京东云仓”的整体打包方案以及云仓系统、产地仓搭建、京配打标等措施，服务商家业务增长。京东云仓表示，目前，京东云仓已在全国布局超过 500 个云仓，并相继进入服装、白酒、家具、快销、生鲜、粮油、灯饰等多个行业。

3. 国美智慧供应链

国美从智慧供应链建设出发，应用“大智移云”等先进技术，结合零售业特点，高效聚合数据信息，打造智慧供应体系。通过构建融合企业内外部的全量数据信息池、全业务多维分析决策层、全景可视化供应链监控层、精准智能补货体系、智慧供应链结算体系，实现了信息共享化、决策多维化、存货供应智慧化、结算流程智能化，全面提升了商品供应保障和协同运作能力，保障了国美零售业务高效有序运行。2019 年上半年，国美正式启动供应链云仓项目，进一步提升仓储体系整体运营效率。国美通过云仓重新规划全国大件电器仓网布局，将原先 60 多个配送中心通过地域进行划分和归集，同区域的配送采购采取统一筹划，分区域进行备货，实现区域资源共享，使得仓储资源合理分配。仓网配置的自动化和智能化极大地解决了断货及货物分配不均的问题。通过供应链云仓项目的实施，国美已实现节省仓租、同销售结构条件下降低库存规模、减少资金占用的目标，在提升运营效率的同时降低了运营成本，实现了店、仓、配一体化。

10.3 无人仓

10.3.1 无人仓概述

随着经济全球化和信息技术的迅速发展，现代物流业正在世界范围内广泛兴起，现代物流仓配的任务是尽可能降低仓配物流的总成本，为客户提供最好的仓配服务。在我国仓配业网络化、智能化建设日趋成熟的背景下，“无人仓”在技术条件上日趋成熟，也会逐步满足市场需求。

1. 无人仓的概念

“无人仓”就是使用大量智慧物流机器人进行协同与配合，通过人工智能、深度学习、图像智能识别、大数据应用等诸多先进技术，为传统工业机器人赋予智慧，让它们具备自主的判断和行为，适应不同的应用场景、商品类型与形态，完成各种复杂的任务。

例如，京东的“无人仓”代表全新的物流系统技术，真正实现了从自动化到智慧化的革命性突破。京东“无人仓”的推出，已成为京东科技物流的拐点，首次实现智慧物流的完整场景，全面超越亚马逊成为目前全球最先进的物流技术落地应用。“无人仓”的技术突破与落地，将为未来的“双11”“618”物流提供有力的保障和支持。

2. 无人仓主要构成及核心技术

无人仓的目标是实现入库、存储、拣选、出库等仓库作业流程的无人化操作，这就需要具备自主识别货物、追踪货物流动、自主指挥设备执行生产任务、无须人工干预等条件；此外还要有一个“智慧大脑”，针对无数传感器感知的海量数据进行分析，精准预测未来的情况，自主决策后协调智能设备的运转，根据任务执行反馈的信息及时调整策略，形成对作业的闭环控制，即具备智能感知、实时分析、精准预测、自主决策、自动控制、自主学习的特征。

无人仓的构成包括硬件与软件两大部分。

（1）硬件：对应存储、搬运、拣选、包装等环节有各类自动化物流设备，其中，存储设备的典型代表是自动化立体库；搬运的典型设备有输送线、AGV、穿梭车、KIVA 类机器人、无人叉车等；拣选的典型设备有机械臂、分拣机（不算自动化设备）等；包装的典型设备有自动称重复核机、自动包装机、自动贴标机等。

（2）软件：主要是仓库控制系统 WCS 和仓库管理系统 WMS。

WMS——时刻协调存储、调拨货物、拣选、包装等各个业务环节，根据不同仓库节点的业务繁忙程度动态调整业务的批次和业务执行顺序，并把需要做的动作指令发送给 WCS，使得整个仓库高效运行；此外，WMS 记录着货物出入库的所有信息流、数据流，知晓货物的位置和状态，确保库存准确。

WCS——接收 WMS 的指令，调度仓库设备完成业务动作。WCS 需要支持灵活对接仓库各种类型、各种厂家的设备，并能够计算出最优执行动作，如计算机器人最短行驶路径、均衡设备动作流量等，以此来支持仓库设备的高效运行。WCS 的另一个功能是时刻对现场设备的运行状态进行监控，出现问题立即报警提示维护人员。

此外，支撑 WMS、WCS 进行决策，让自动化设备有条不紊地运转，代替人进行各类操作（行走、抓放货物等），背后依赖的是智慧大脑，它运用人工智能、大数据、运筹学等相关算法和技术，实现作业流、数据流和控制流的协同。智慧大脑既是数据中心，也是监控中心、决策中心和控制中心，从整体上对全局进行调配和统筹安排，最大化设备的运行效率，充分发挥设备的集群效应。

总之，无人仓是在整合仓库业务、设备选型定制化、软件系统定制化前提下实现仓库作业无人化的结果。从理论上来说，仓库内的每个业务动作都可以用机器替代人，关键是要把所有不同业务节点的设备连通，形成一套完整高效的无人仓解决方案。

3. 无人仓的发展情况

（1）传统仓储管理成本较高。改革开放以来，我国物流行业发展迅速，中国现已成为全球最大的物流市场。物流是一个市场体量非常庞大的产业，主要包括了运输和仓储。从物流费用来看，2019 年我国社会物流总费用为 14.6 万亿元，尽管交通运输费用占到物流总费用的 50%以上，但与仓储行业相关的保管费用和管理费用仍然占到了物流总费用的 47%，将近一半。此外，根据中国仓储协会仓储设施与技术应用委员会的调研数据显示，自动化的仓储在使用周期中更具成本优势。

（2）先进设备与智能软件结合促进无人仓储发展。无人仓储的目标是运用软件技术、互联网技术、自动分拣技术、射频识别等科技手段和先进设备实现仓储作业的整体无人化。其硬件部分主要有输送线、AGV 机器人、拣选机械臂、自动包装机、堆垛机等；软件主要有仓库管理系统（WMS）、仓库控制系统（WCS）、运输管理系统（TMS）。

（3）AGV 机器人市场增长迅速。AGV 机器人是无人仓储里面最重要的设备之一，其可实现点对点货物搬运的自动化和智能化，从而缩短搬运时间，降低产品的损耗程度，减少成本的投入和使用。近年来，我国 AGV 机器人市场增长迅速，根据中国移动机器人（AGV/AMR）产业联盟、新战略机器人产业研究所数据统计，2019 年中国 AGV 机器人所有品类产品新增量为 3.34 万台，与 2018 年相比增长约 12.8%。少数集聚了大数据、人工智能、AI 技术的新型 AGV 机器人企业发展速度惊人，在制造业应用放缓的背景下，表现出强劲的发展势头。

（4）自动分拣系统优势明显。随着物流行业的突飞猛进，作为物流系统核心装备之一的自动输送分拣设备市场需求大幅上升，迎来了高速发展期。自动分拣系统是物料搬运系统的一个重要分支，广泛应用于各个行业的生产物流系统或物流配送中心。与人工分拣相比，自动分拣系统优势明显，能够连续大批量地分拣货物，分拣误差率较低，实现分拣作业无人化。

（5）RFID 发展空间大。在无人仓储中，RFID 技术让每个包裹乃至其中的商品拥有自己的 ID，且可被互联网实时识别，基于此可实现存储、打包和物流三大环节的智能化，提高工作效率。RFID 是一项很早之前就开始商用的技术，在物联网时代，它迎来了新一轮的商机，近年来，各大标签厂商在积极扩充 RFID 标签产能。2019 年，我国 RFID 市场出货量（其中超高频 RFID 使用的是应用量）约为 94.7 亿元，2022 年出货量约为 100 亿元。不断发展的 RFID 行业给无人仓储的自动识别带来了便利。

（6）领域内玩家不断增多。在各大电商平台、物流企业的仓储管理逐步向智能化和数字化转型的背景下，我国无人仓储领域热度不减，不断有新玩家进入。根据企查查数据显示，目前我国有超 150 万家仓储相关企业，其中智能仓储已突破 6 万家。2010 年以来，智能仓储相关企业新注册量不断增长，2019 年约为 1.45 万家，2010—2019 年我国智能仓储新注册企业数量增长超 14 倍。

10.3.2 典型案例

日日顺：行业首个“黑灯”大件智能无人仓

日日顺物流依托先进的管理理念和物流技术，以数字化为驱动力，在大件物流智能化上先行先试，获得众多荣誉，如曾入选十大“国家智能化仓储物流示范基地”，牵头承担科技部国家重点研发计划——“智慧物流管理与智能服务关键技术”项目等。目前，日日顺物流在全国拥有 15 大发运基地、136 个智慧物流仓、6000 多个网点、3300 条干线班车线路、

10000 余条区域配送线路、10 万辆小微车、20 万场景服务师。目前，日日顺物流已先后在山东青岛、浙江杭州、广东佛山、山东胶州等地建立了众多不同类型的智能仓，此次大件物流首个智能无人仓的启用，再次凸显出日日顺物流在行业的影响力。

1. 模式创新：五个创新实践，打造智慧物流新模式

（1）发展创新——由内部部门到社会化的生态平台。

日日顺物流自 2013 年由海尔集团内部的物流部门开放转型为社会化的生态平台以来，凭借差异化的商业模式及引领的用户口碑分别吸引阿里巴巴、高盛、中投等十余家机构的战略投资，投后估计达到 110 多亿元，已成为独角兽企业。转型后，日日顺物流以居家大件物流的全流程解决方案为核心，向前端做深供应链一体化解决方案，向后端延伸做大生态圈增值。2018 年实现营业收入过百亿元。

（2）平台创新——由传统物流公司到智能化仓配平台。

2017 年，日日顺启用全国首个大件智能仓，成为国家智能化仓储物流示范基地之一。

第一，智能产业模式创新。创建能够引领物流与产业融合发展的物流生态链智慧组织与管理模式。建立供应链全流程智能仓解决方案（无人仓、无人车、无人机）。从点线面切入，从智能升级到管理、流程升级、模式升级。对目前的三级分布网络升级，实现从产业到用户的全流程、全场景的智能化管理，满足对内降本增效、对外用户增值服务的需求。通过三级分布式云仓管理，实现全国的库存共享。

第二，智能设备应用创新。研制具有中国自主产权和国际核心竞争力的智慧物流服务共性关键技术体系和智能装备，包括大件定制化 AGV、大件无人搬运车、大件盘点无人机等。

第三，产业链流程创新。构建日日顺智慧物流生态圈，输出技术标准，实现用户体验和社会价值；整合内外部生态资源，形成了日日顺智能产业核心竞争力。

在可视化干线区配网络方面，实现智能化管车、可视化管货、集配提效、与客户共赢增值，通过八大系统平台，实现配送全流程可视化管理；在领先 100M 的送装、交互触点网络方面，通过 20 多万个有温度的车小微触点、城市驿站触点、农村水站触点，实时感知用户的需求，通过共创共享的生态圈，快速满足用户的需求，实现用户体验的迭代。

（3）技术创新——数字化支持供应链可视管理。

日日顺物流在信息化方面采用云计算、大数据、移动互联、RFID、传感器、GPS/北斗等信息工具实现供应链的数字化，打造全流程可视、可控、可追踪的共创共赢物流生态圈平台，建立集 WMS、TMS、OMS、BMS、CDK 等系统模块的智慧物流信息化平台。

（4）人才创新——日日顺物流创客训练营。

日日顺物流创客训练营是日日顺物流与中国物流学会联合创办，由国内高校联合组织的物流领域大学生创业活动。创客训练营为行业发展搭建人才蓄水池，助力高校学子抓住时代机遇，放飞青春梦想。截至目前覆盖全国高校 500 余所，校企合作 30 多家，累计输出创业课题 175 个，孵化创业项目 83 个，申请国家专利 22 项，孵化落地创业项目 9 个，吸引 1 批物流大学生转化为创客。

（5）生态创新——开放的社群服务创业平台。

打造“车小微”司机创业生态品牌，吸引十多万司机上平台创业，司机从原来的打工者变成创业者。车小微的日日顺快线平台一端连接货，一端连接车，每辆车都是自负盈亏的小微公司和经营用户的触点生态圈。通过零摩擦的机制吸引广大中小企业的司机来平台创业，

开放日日顺的服务平台和订单资源，中小企业和个体司机可以在平台抢到海尔的订单，也可以抢到社会化的订单，获取稳定收入。同时，建立创客赋能和分类升级机制推动司机向知识型创客转型升级，成为交互用户并感知用户需求的触点网络，不断获取用户价值创造的价值链分享。

2. 智能无人仓基本介绍

位于即墨物流园的智能无人仓，定位于连接产业端到用户端的全流程、全场景区域配送中心，是日日顺物流基于新基建背景在科技化、数字化、场景化方面深度探索的成果，通过5G、人工智能技术以及智能装备的集中应用，打通前端用户和后端工厂的全流程、全场景，为用户提供定制化的场景物流服务解决方案。所处理的 SKU 数量超过 1 万个，覆盖海尔、海信、小米、格力等绝大部分家电品牌，实现全品类大家电的存储、拣选、发货无人化。

整个无人仓主要分为四大作业区域，分别为入库扫描区、自动化立体存储区、拆零拣选区、备货（发货暂存）区。其中，自动化立体存储区位于整个建筑的左后侧，采用堆垛机实现智能存储，仓库面积 10 000 平方米，货架高 22 米，配备 16 台高速堆垛机，总存储货位（托盘位）13 800 个，可以存放超过 14 万台大家电产品。

入库扫描区和拆零拣选区位于自动化立体存储区外侧，即整个建筑左前侧。其中，入库扫描区位于一楼，共有 5 条入库输送线，其中 4 条伸缩皮带机用于普通大家电产品的入库作业，另 1 条为智能电视机产品专用入库线。配备有全景智能扫描站、码垛关节机器人等智能装备。拆零拣选区位于二楼，进一步划分为夹抱分拣区、吸盘分拣区、电视机分拣区三大作业区域。其中，夹抱分拣区配备两组夹抱龙门拣选机器人，针对冰箱等大型或较重的家电产品（100 千克以内）；吸盘分拣区配备两组吸盘龙门拣选机器人，如图 10-9 所示，针对中小型家电产品（80 千克以内）；电视机分拣区采用定制化解决方案，配备专用的吸盘龙门机器人以及专用托盘。与龙门拣选机器人配合的还有载重量为 1 吨的重型 AGV。备货区位于建筑右侧，地面设有 500 个托盘存储位，可以满足40 辆车的发货需求。目前备货区上部空间将根据业务发展所需进行扩展，备货区主要作业设备为 AGV。该仓主要服务于 C 端消费者，主要作业分为入库上架、拆零拣选、备货出库。

图 10-9 日日顺物流智能无人仓的龙门拣选机器人

3. 示范特色

（1）经济效益。

从平台能力上看，日日顺物流供应链一体化解决方案平台，聚集 10 万辆车，仓储资源600 万平方米，建立起能够支撑全年服务 8000 万件 B 端客户，6000 万单 C 端客户配送能力。平台上每年的吞吐量为 1.3 亿立方米。

日日顺全国共计 136 个 TC（Transfer Center，转运中心）仓库，即墨智能无人仓为136 个 TC 仓库提供了差异化的解决方案，即墨智能仓全流程（输送、扫描、智能算法、机械手码垛、机械手分拣、全自动上下架、AGV 搬运）拆解成为模块化的解决方案在全国136 个 TC 仓库推广复制。

基于即墨智能无人仓建设的自主更新迭代的信息化系统，将服务于全国所有仓库，并实现全国仓库的订单预测，倒逼供应链，压缩供应链成本，使企业受益。大件物流行业首个全自动化智能仓库，输出行业建设标准，为各产业（家电、健康、出行）等提供智能化解决方案，为客户提供集成及智能化服务。

作为行业引领的物联网场景物流生态平台，日日顺物流设备的智能化、供应链解决方案的数字化，以及为客户提供场景化定制服务，是未来发展的主要方向，即墨智能无人仓的建成是日日顺物流引领行业布局新基建的思考，也是立足品牌不断提升用户服务体验的探索。

（2）社会效益。

从社会层面看，该项目打造基于人工智能的大件物流智能仓储示范工程，促进智慧物流发展的新旧动能转换和引擎升级，以带动我国人工智能与物流产业融合发展的生态升级为目标，将在思想、方法、技术、装备、系统等方面产生一系列成果，预期综合效益明显。

全程全息透明，保障物流安全：项目研究基于人工智能技术、传感技术、通信技术等，打造了复杂环境下的物流全流程全方位透明监管系统，通过发展无人化技术与装备在降低人力成本的同时，对于保障物流应急状态安全、主动防御潜在风险、降低成本损失等效益显著。

知识链接

5G智慧供应链体系

智慧化的供应链体系是物流行业智慧化升级的一项重要成果，该体系使物联网技术与供应链管理技术相互融合，在物流企业内部和物流企业之间进行建设，对供应链的自动化运转与智能化决策产生了积极的推动作用。

相较于传统的供应链模式来说，智慧供应链技术的渗透性更强，管理层和运营层会主动吸纳物联网、互联网、人工智能、大数据、云计算以及区块链等关键技术，推动供应链管理模式不断升级，为这些技术的参与提供更好的条件。

智慧供应链的可视性与移动性都比较好，可以利用可视化的信息技术对物流数据的发展趋势进行描述，利用移动设备对物流数据进行查询。为了提高智慧供应链的人性化水平，无论软件界面还是平台接口都要做好人机协调。

目前，物流行业的智慧供应链体系有三大模块，分别是数字经济、共享经济和电子商务，形成了一些基础设施，包括物联网、人工智能等，融入了一些先进的计算机技术，包括云计算、大数据、区块链等。作为智慧供应链传输层面的通信技术以及基础组成模块的数据传输保障，5G 凭借高速率、数据传输稳定等特性可以让计算机技术在智慧供应链领域得到更好的应用。

从技术层面来看，智慧供应链主要涵盖了大数据、区块链、人工智能、物联网、云计算等技术，首先利用大数据、云计算等技术存储物流数据，对数据进行优化，然后通过区块链、人工智能、物联网等技术对智慧供应链进行完善，最终实现三个目标，即供应链信用、供应链合理决策以及供应链节点协同。

（1）区块链技术可以解决智慧供应链的信用难题，构建智慧供应链信息共享的生态圈。

（2）人工智能技术可以辅助智能决策，让智慧供应链的各个环节变得动态可控。

（3）物联网技术可以增强智慧供应链各个组件之间的协同性，构建智慧物流。

区块链、物联网、人工智能等都需要大量的边缘计算节点，凭借支持海量连接、按需组网等特性，5G 可以为数据交互提供一个稳定的平台，并切实提高计算效率。因此，对于智慧化的供应链体系来说，5G 是一个非常重要的模块。

（资料来源：作者根据《智慧物流：数字经济驱动物流行业转型升级》相关资料整理。）

阅读案例

新基建助推智慧物流布局加码

2020 年以来，在新冠疫情防控催化下，以无人物流为代表的智慧物流得到大量应用。近段时间，多个部委频吹政策暖风，加速推进新基建，从推动降低物流成本与新基建相结合，到支持自动驾驶、自动装卸堆存、无人配送应用基础设施，再到推动交通运输领域新型基础设施建设等，更为智慧物流加快发展带来了新的投资风口。随着新基建的深入推进，由 5G、大数据和人工智能等技术支撑的智慧物流系统功能将更强大，各类智慧物流设施和设备将进入更多应用场景。目前，顺丰、阿里菜鸟、苏宁等各大物流和电商企业都在加快智慧物流布局，5G 无人仓、无人机竞相亮相。

近几年，菜鸟网络积极引入人工智能、大数据等先进技术，驱动整个物流行业实现数字化转型与升级，推出了很多数字化解决方案，包括数字化的电子面单、智能供应链普惠服务、全球供应链“秒级通关”、菜鸟裹裹快递全链路数字化、菜鸟驿站最后 100 米数字化解决方案等。同时，菜鸟网络还致力于搭建一个开放、共享、社会化的基础设施平台，为电子商务公司、物流公司、仓储企业、第三方物流服务商、供应链服务商等企业赋能推动物流行业向着高附加值领域发展，为未来商业发展奠定良好的基础。从某种程度上看，菜鸟网络的这些数字化措施确实对我国物流行业的高速发展产生了积极的推动作用。

为了应对新冠疫情给经济发展造成的冲击，我国政府推出了“新基建”计划，倡导全社会通过加大新型基础设施建设投资来对冲经济减速趋势。新基建倡导在新发展理念的指导下，以信息网络为基础，通过技术创新为各行各业提供一个支持数字转型、智能升级、融合创新等服务的基础设施体系，推动经济实现高质量发展。物流行业以及物流装备产业就是要向着数字化、智能化的方向发展，这一点与新基建的发展理念非常一致。因此，我国物流企业应该抓住新基建大潮，加快技术升级。

目前，我国物流行业正处在技术升级、行业变革的关键节点，与新基建的发展密切相关。随着新基建稳步推进，我国物流企业以及物流装备制造企业应该积极参与到新基建的相关项目中去，利用新基建带来的技术红利实现快速升级，向着数字化、信息化、智能化的方向快速发展。从某种意义上来说，新基建就是在打造一条“信息高速公路”，为各个行业的数字化、智能化升级服务，当然也包括物流行业。

在此次新冠疫情防控中，无人机、自动分拣设备、无人配送机器人等设备的应用为物流体系的正常运转提供了强有力的保障。随着新基建不断推进，信息技术不断迭代更新，物流资源与能力将实现有效整合，不同物流公司、不同物流设备可以通过云端后台对数据、地图进行共享，彼此之间交流互动，实现超感智能，共同完成各项物流运作。

业内指出，加快推进新基建的政策暖风频吹，为智慧物流的加速发展开启了更大空间。国务院办公厅转发国家发展和改革委员会、交通运输部《关于进一步降低物流成本的实施意见》，明确提出推动降低物流成本与新基建相结合，加快推进新一代国家交通控制网、智慧公路、智慧港口、智慧物流园区等融合型基础设施建设，推广运用 5G、物联网、人工智能、区块链等新兴技术。在仓储端，基于 5G 的泛在智能、端边云网络架构推动物流仓储环节从货物入库、拣选、盘点、分拣和发货等操作实现物流仓储环境全面数据化、可视化和智慧化。在物流运输配送环节，全自动运营的实现需结合车联网、自动驾驶系统的使用，5G 技术给无人驾驶和车联网的研究和落地提供了链路保障、计算能力等，打通了车载终端设备的互联。

（资料来源：中国物流与采购网，作者根据中国物流与采购网相关资料整理。）

思考题： 1. 5G 对于物流仓储环境起到什么作用？

2. 在新冠疫情大背景下智慧物流的推广意义是什么？

本章小结

数字化仓库建设是传统仓储业实现全方位提质升级的关键。数字化仓库是智慧物流技术应用的重要领域，是物流行业进行智慧物流建设和发展的重点。数字化仓库是以仓储活动为基础的重要节点，以数字化技术为手段用数据连接仓储活动各环节，对仓储活动过程进行规划、管理、诊断和优化的实施单元。

云仓是利用云计算以及现代管理方式，依托仓储设施进行货物流通管理的全新物流仓储模式。仓库、物流、商家、平台是云仓的基本构成。云仓的主体是仓，在仓与仓之间、仓与消费者之间，云仓完成调补、配送等流程。

无人仓储，是指利用各种各样仓储自动化设备实现物品的进出库、存储、分拣、包装等仓库作业流程的无人化操作。其目标是实现入库、存储、拣选、出库等仓库作业流程的无人化操作。无人仓是在整合仓库业务、设备选型定制化、软件系统定制化前提下实现仓库作业无人化的结果。从理论上来说，仓库内的每个业务动作都可以用机器替代人，关键是要把所有不同业务节点的设备连通，形成一套完整高效的无人仓解决方案。

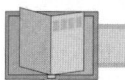

复习思考题

1. 何谓数字化仓库，它具有什么特点？
2. 简述数字化仓库管理及其发展现状。
3. 数字化仓库技术的应用有哪些？
4. 简述数字化仓库的发展趋势。
5. 什么是云仓？其特点和作用有哪些？
6. 云仓管理与传统仓库管理的区别有哪些？
7. 云仓的基本构成有哪些？简述云仓的应用。
8. 简述云仓的布局模式。
9. 无人仓的概念及主要构成是什么？

实训项目

1. 课内实训

通过对云仓储物流企业的网上调查，将所学习的该类物流企业的特点加以对照，说明物流模式未来发展的前景以及目前存在的问题，并提供相应的解决方案。

2. 课外实训

以小组为单位，利用业余时间对校园菜鸟驿站云仓进行一次调查，设计云仓模式创业计划，设计简单云仓模式物流仓配解决方案，方案要有图片和文字说明。

第11章　跨境仓配

学习目标

知识目标：

1. 熟悉海外仓的政策背景及与跨境电商的关联性，掌握海外仓模式的概念和分类；

2. 掌握海外仓在商业中的运用价值，了解我国海外仓如何成为维系和稳固外贸产业链、供应链的核心枢纽；

3. 了解海外仓的操作流程，掌握海外仓的功能；

4. 了解保税仓发展状况，掌握保税仓的概念及类型；

5. 熟悉保税仓各个模式，理解保税仓发货的优势。

能力目标：

1. 具有掌握海外仓操作流程的能力；

2. 具有分析保税仓模式的能力；

3. 具有设备操作规范意识，在特殊物品安全管理中，保持安全和风险意识。

思政目标：

1. 在学习跨境仓配专业知识和技能方面的素养的同时，还需要职业道德、责任意识的思想政治素养；

2. 在作业实训课中完成任务时要精益、专注强化工匠精神；在配送作业过程中，具有吃苦耐劳的精神。

导引案例

我国跨境电商海外仓发展现状

跨境电商海外仓解决了传统物流“最后一公里”的物流问题，大大提高了海外消费者的购物体验。近年来，我国跨境电商海外仓发展迅速，带动了大量中小微企业的商品出海，外贸企业的服务能力不断提升。

跨境电商作为外贸新业态和新模式，在全球贸易发展放缓的情况下，凭借其线上交易、非接触式交货、交易链条短等优势逆势上扬。在新冠疫情期间，跨境电商的优势更加明显，在外贸企业应对疫情冲击中发挥了积极作用。随着全球疫情的影响，宅经济高速发展，线上贸易需求量逐步增加，跨境电商出口作为外贸新业态进入新的发展窗口期，海外仓作为跨境线上零售本地化服务的核心资源，在跨境电商销售和本地化服务的优势更加突出。目前，我国很多跨境电商企业和物流企业借助跨境电商渠道积极出海布局海外仓，商务部公布的最新数据显示，目前我国海外仓面积已经超过 1200 万平方米，海外仓的数量从 2013 年的 40 多个增加到 2020 年年底的 1800 多个，年均增长 70%以上，海外仓在欧洲、美国、澳大利亚、日本、韩国、“一带一路”合作伙伴和地区都有布局，近乎实现了全球布局。海外仓有助于丰富跨境电商商品品类，稳定出口和外贸，确保供应链畅通，延长产业链，提高价值链，助推海外市场布局。在缩短物流时间、助力跨境电商卖家抢占先机方面，海外仓不仅实现了海外仓储功能，还同时具备运输、销售、售后服务、提供增值服务等综合功能，能够为出口企业提供专业化仓储服务。从长期来看，海外仓是跨境电商的重要载体，“跨境电商+海外仓”模式将是未来跨境电商的主流模式。

据资料表明，第一，我国跨境电商海外仓服务能力差异比较明显，有 20 家企业的测度结果高于平均值，排名第一的跨境电商海外仓企业服务能力综合值是排名最后一名的 3.747（0.993/0.265）倍。第二，测度指标体系中，权重最大的分别是交易额、自动化程度和销售净利率，表明海外仓的规模、信息化服务能力和盈利水平最重要，最能体现海外仓的综合服务能力。第三，服务能力最强的都是第三方海外仓，其次是平台自用海外仓，而平台自用兼第三方海外仓的服务能力普遍较弱，投入产出经济效率不高。随着国际贸易格局的变化，跨境电商将成为重要的形式，海外仓的作用将会进一步凸显，不仅服务于出口，也会服务于进口，同时海外仓的竞争将会更加激烈，海外仓的综合服务能力将会被服务的跨境电商企业更加关注。

（资料来源：中国知网，作者根据中国知网相关资料整理。）

思考题：1. 海外仓服务体系如何提升跨境电商服务能力？

2. 海外仓的主要优势是什么？

11.1 海 外 仓

随着高水平对外开放的推进，注重创新驱动和加快发展方式转型成为推动对外贸易高质量发展的重要渠道和有效途径。跨境电商、海外仓、市场采购贸易、外贸综合服务企业、保税维修和离岸贸易等外贸新业态、新模式取得积极发展成效，逐渐成为推动我国对外贸易高质量发展的重要动力。

11.1.1 海外仓的概念

海外仓是境内企业在境外设立的、为进出口商品提供储存、装卸、分拣、配送、退换货等基本服务，以及国际货运代理、报关清关、保税中转、供应链金融、流通加工、商品展销、售后服务、代理采购等其他连带、增值服务的物流运营机构及其仓储设施。

11.1.2 海外仓发展概况

1. 海外仓相关政策背景

2021 年，中央政府相关部门发布多项政策鼓励加快跨境电商等外贸新业态的发展，同时指出要进一步发挥海外仓的带动作用，要培育一批优秀的海外仓企业，完善覆盖全球的海外仓网络。海外仓在对外贸易政策规划中的重视程度得到进一步提升，一方面与其在新冠疫情期间对稳定全球供应链发挥的重要作用密切相关；另一方面，随着以国内大循环为主体、国内国际双循环相互促进的新发展格局加快构建，包括海外仓在内的国际物流需求在大幅增加。

各地方政府也正积极推动当地企业在海外仓领域的发展。例如，广东省人民政府支持海外仓企业研发智能仓储技术，并鼓励运用海外投资保险等政策性出口信保工具，降低海外仓建设风险。浙江省人民政府鼓励企业在重点国家和地区建设物流仓储配送中心、全球售后公共服务中心。

按照政策文件发布的时间先后，对中央及相关政府部门发布的与海外仓有关的政策文件进行整理，如表11-1所示。

表11-1　与海外仓行业有关的政策文件汇编

发布时间	政策名称	相关内容
2021年3月12日	《中华人民共和国国民经济和社会发展第十四个五年规划和2035年远景目标纲要》	推动加工贸易转型升级，深化外贸转型升级基地、海关特殊监管区域、贸易促进平台、国际营销服务网络建设，加快发展跨境电商、市场采购贸易等新模式，鼓励建设海外仓，保障外贸产业链供应链畅通运转
2021年7月9日	《国务院办公厅关于加快发展外贸新业态新模式的意见》（国办发〔2021〕24号）	完善跨境电商发展支持政策；培育一批优秀海外仓企业；完善覆盖全球的海外仓网络
2021年11月23日	《“十四五”对外贸易高质量发展规划》（商务部）	加快海外仓发展，培育一批代表性海外仓。加快推进海外仓标准建设，推出一批具有国际影响力的国家或行业标准
2022年1月11日	《国务院办公厅关于做好跨周期调节进一步稳外贸的意见》（国办发〔2021〕57号）	进一步发挥海外仓带动作用。积极利用服务贸易创新发展引导基金等，按照政策引导、市场运作的方式，促进海外仓高质量发展。鼓励具备跨境金融服务能力的金融机构在依法合规、风险可控前提下，加大对传统外贸企业、跨境电商和物流企业等建设和使用海外仓的金融支持
2022年1月19日	《国务院办公厅关于促进内外贸一体化发展的意见》（国办发〔2021〕59号）	引导外贸企业、跨境电商、物流企业加强业务协同和资源整合，加快布局海外仓、配送中心等物流基础设施网络，提高物流运作和资产利用效率
2022年1月24日	国家发改委《“十四五”现代流通体系建设规划》发改经贸〔2022〕78号	引导企业优化海外仓布局，完善海外仓功能，提高商品跨境流通效率
2022年3月25日	国务院关于落实《政府工作报告》重点工作分工的意见（国发〔2022〕9号）	加快发展外贸新业态新模式，充分发挥跨境电商作用，支持建设一批海外仓

2. 跨境电商海外仓数量

海外仓数量稳步上升，但仍供不应求。表11-2是2020年全球零售电子商务年度销售额增长率排名（按地区）。

2021年受全球新冠疫情影响，世界各国线上销售量均显著增长，海外仓因具备完善的仓配及配套服务能力，目前正处于供不应求的状态。商务部统计数据显示，截至2021年年底，我国海外仓的数量已经超过2000个，总面积超1600万平方米。经近几年的快速发展，海外仓领域已经陆续涌现出一批头部企业，但整体仍处于初级发展阶段，市场远未饱和，仍然具有较大的发展潜力与空间。

表 11-2 2020 年全球零售电子商务年度销售额增长率排名（按地区）

排　名	地　区	电子商务销售额增长率
1	拉丁美洲	36.7%
2	北美洲	31.8%
3	中欧和东欧	29.1%
4	亚太地区	26.4%
5	西欧地区	26.3%
6	中东和非洲	19.8%

据中国仓储配送协会针对全球海外仓开展的不完全摸底调查数据显示，2021 年跨境电商海外仓头部企业建仓面积增幅均值高达 60%，部分腰部、中部企业面积增幅高达 80%，部分刚转型起步或正处于发展阶段的海外仓企业面积增幅维持在 20%～25%，统计数据内平均面积增幅达 45%。表 11-3 是 2018 年至 2021 年全球零售电子商务销售额情况。

表 11-3 2018 年至 2021 年全球零售电子商务销售额情况

年　份	电商销售额/万亿美元	电商销售额增长率	电商占全球零售总额的比例
2018	2.982	25.2%	12.2%
2019	3.351	12.4%	13.8%
2020	4.248	26.8%	17.9%
2021	4.938	16.3%	19.0%

3. 海外仓的优势

首先，海外仓模式能降低国际物流成本。目前，跨境电商的物流模式一般分为直邮模式和海外仓模式两种。海外仓模式大多采用集装箱海运批量模式出海，相对于单个直邮出海模式，国际物流成本大大降低。

其次，海外仓模式提高了发货效率，改善了客户体验。海外仓是在海外本土直接发货，海外消费者的体验与在国内购物大体相同，相对于从中国国内发货，这样的消费体验是最佳的。而且海外仓还提供了售后、维修、退换货等服务，这些服务是直邮卖家无法提供的。

最后，海外仓错开了物流高峰、价格高峰。对于很多跨境电商卖家来说，每年圣诞节、新年都会遇到发货高峰期，物流贵，发货效率受到严重影响。通过海外仓模式，特别是有些头部企业自己拥有海外仓，卖家可以根据自己的实际需求，提前备货到海外仓，错开高峰期。

11.1.3 海外仓类型

1. 卖家自建仓

卖家自建仓就是卖家自己建造的海外仓库。这类海外仓的优点是卖家能够自己掌控和管理，较为灵活；缺点是卖家需自己解决仓储、报关、物流运输等问题，同时自建仓的建造成本、风险等也较大，而且运送货物时，在运输方面很难得到有优势的价格。

2. 平台仓（如亚马逊 FBA）

平台仓，如亚马逊 FBA 就是亚马逊自身为卖家提供的一项服务。亚马逊为使用者提供很多优惠政策，如帮助卖家提高产品在亚马逊页面的排名，成为特色卖家等，但是收费不菲，客服不到位，灵活性差。此外与外国员工融合也是一个大问题。

3. 第三方海外仓

跨境电商与第三方海外仓的实际合作主要分两种情况：第一种是租用，这是最为常规的一种方式，也是绝大多数卖家的第一选择；第二种则是合作建设。

租用第三方海外仓的优势在于，一方面物流时效性方面，还是比较有保证的；另一方面成本也会低于前两种方式。

不过最后到底能不能节约成本，主要还是看卖家选择的海外仓，而部分海外仓存在临时加价、货物丢失等问题，最后成本可能会直线上升，所以在挑选海外仓时，卖家要更加谨慎。Ueeshop 独立站为卖家提供专属的智慧物流，免费提供申通上门揽收服务，全流程 Ueeshop 后台自动化。同时，Ueeshop 后台还会实时更新货运信息，帮助卖家和消费者更好地掌握产品运输情况。最后是否要选择海外仓，还是要看独立站卖家的资金储备、长期发展目标以及当下的重点任务是什么。卖家需要依据自己的实际情况，做出最适合自己的选择。

知识链接

独立站

独立站是指基于 SaaS 技术平台建立的拥有独立域名，内容、数据、权益私有，具备独立经营主权和经营主体责任，由社会化云计算能力支撑，并可以自主、自由对接第三方软件工具、宣传推广媒体与渠道的新型官网（网站）。独立站在一定程度上是技术不独立、通过第三方云计算服务提供基础支持，但是，入口、数据、权益又独立的私有网站。独立站最早出现在 2004 年前后，如 Shopify，FunPinPin，WIX，LTD 等建站 SaaS 平台。起初是借助 Goolge 搜索引擎等第三方媒体的流量平台，帮助中小电商卖家以自己官网的形式，实现“在线销售”。后面随着技术发展，逐渐拓展了全行业（包括 2B、2C 与咨询服务类）商家，甚至中大型企业用来实现“销售自动化，服务在线化”的数字化经营的应用模式。SaaS 模式独立站为商家带来数字化新能力。第一，SaaS 独立站成本可控，操作灵活。第二，独立经营，真正沉淀商家私域用户。第三，商家真正开始拥有用户数据，掌握数字资产。

（资料来源：百度文库，作者根据百度文库相关资料整理。）

4. 海外仓与 FBA 的优劣势比较

（1）海外仓对于卖家的优势主要包括以下几点：①时间缩短，效率提升；②降低物流成本和清关费用；③提升产品的利润；④让大量的小规模订单达成，提高成交量；⑤高效管理货物，快捷处理订单；⑥提升产品曝光率，形成品牌效应、规模效应，提升产品竞争力；⑦把传统贸易模式升级为海外仓贸易，缩短贸易流程，降低了整个贸易风险。

（2）海外仓对于买家（消费者和零售商）的优势主要包括以下几点：①有大量的供应商可供选择；②商品丰富，质量得到充分保障；③看货方便，并且灵活自由采购，降低库存滞销风险；④减少公司投入资金，降低运营成本；⑤缩短收货和退货时间。

（3）FBA 的优势：①提高 Listing 排名，帮助卖家成为特色卖家和抢夺购物车，提高客户的信任度，提高销售额；②具有多年丰富的物流经验，仓库遍布全世界，采用智能化管理

（2012 年收购机器人制造公司 Kiva Systems）；③配送时效超快（仓库大多靠近机场）；④亚马逊专业客服水平较高；⑤可以消除由物流引起的差评纠纷。

（4）FBA 的劣势：①一般来说，费用稍微比国内发货高，但是也要看产品重量（特别是第三方平台的 FBA 发货）；②灵活性差，这是所有海外仓的共同短板，但其他第三方海外仓还是可以有专门的中文客服来处理一些问题，FBA 却只能用英文和客户沟通，而且用邮件沟通回复不会像第三方海外仓客户服务那么及时；③如果前期工作没做好，标签扫描出问题会影响货物入库，甚至入不了库。

11.1.4 海外仓操作流程

伴随跨境电商的快速发展，海外仓不但具有仓储的功能，而且具有综合仓配服务功能，是一个海外服务的集合体，可以帮助卖家处理仓储、物流、发货、退换货，以及清关、报验、订舱等多项服务需求。目前，在被跨境电商行业称为海外仓 2.0 时代，海外仓提供商设立自己的交易平台，我们以 TOPDOST 网站为例。

（1）注册会员。客户登录 TOPDOST 网站，进入“海外仓”页面，注册 TOPDOST 账户，注册信息必须完整、真实，网站对会员信息予以绝对保密。

（2）上传产品。注册成为 TOPDOST 会员之后，客户上传产品列表（产品详细 SKU）至“淘普达海外仓操作平台”。

（3）交货。

（4）客户备货，发往台州总仓。

（5）接收、核重。台州总仓接收货物并对货物进行运输前重量、体积、货品详情等信息的核对。

（6）支付头程运费。服务提供方核对货物信息无误后，客服通知客户支付头程运费。

（7）头程运输（包清关）。服务提供方财务确认收到头程运费后，台州总仓统一发货至“淘普达俄罗斯海外仓”，头程运输双清、包关税。

（8）货物运输。跟踪货物在途，全程信息透明可跟踪。

（9）核对、入库。货物到达“淘普达俄罗斯海外仓”，由服务提供方工作人员核对货物信息，并进行入库操作。

（10）创建订单。客户进入“淘普达海外仓操作平台”，登录个人账户，根据具体需求选择创建派送订单。

（11）确认订单。服务提供方根据客户指令，俄罗斯海外仓收到新订单，对货物进行分拣、打包。

（12）核重支付海外仓派送费。客户确认订单所有详情（收货人信息、货品 SKU 信息、运费、派送方式），确认无误并付款，海外仓操作系统接收到付款信息，服务提供方工作人员 24 小时内安排货物派送。

（13）货物跟踪。客户可进入“淘普达海外仓操作平台”查询跟踪货物信息。

（14）确认收货。俄罗斯客户确认收货，订单完成。

（15）拒收或退件。俄罗斯客户拒绝收货，退回服务提供方俄罗斯海外仓（来回运费由发货人承担）。

（16）退件入库。退件到达服务提供方俄罗斯海外仓，工作人员检查货品信息，若正确无误，做退件入库处理；若信息有误，则与发货人沟通，直至完全正确再退件入库，否则将归入废弃仓。

知识链接

海外仓的储运关系特征

从供应链端到端审视，仓储和运输构成了物流业务的主骨架，储运关系协调是物流一体化的基本要求。协调海外仓的储运关系，既是海外仓高质量发展的需要，也为完善运输政策、推动运输服务转型升级提供了新的方向和路径。作为一种新型跨境物流模式，海外仓具有全新的储运关系特征：仓储前置大大提高了整体的物流时效，仓储投资运营所增加的仓储成本费用可被有效降低的运输成本和所增加的物流时效价值所补偿，仓储能力的提升可有效缓解运输的可靠性问题。仓储与运输之间关系的不协调仍是目前海外仓发展中的重要梗阻，未来海外仓的更高质量发展应立足更加紧密协调的储运关系，加强同运输的联动与融合，进一步优化布局和拓展功能价值。

（资料来源：中国知网，作者根据中国知网相关资料整理。）

11.1.5 海外仓功能

海外仓不仅仅是在国外设置的仓库，也是仓库主体在国外实施货物仓储和物流服务的场所。海外仓的出现不仅解决了不同关境物流时效问题，还极大地提高了货物处理效率。海外仓作为国际运输的重要节点和国内运输或配送的起点，随着国际贸易进程的深入，其功能已经在原有功能的基础上不断丰富。

1. 代收货款功能

由于跨国交易存在较大的风险，因此为解决交易风险和资金结算不便、不及时的难题，在合同规定的时限和佣金费率下，海外仓在收到货物的同时，可以提供代收货款增值服务。

2. 折包拼装功能

对一般国际 B2C 跨国电子商务模式而言，订单数量相对较小、订单金额相对较低，频率较高，具有长距离、小批量、多批次的特点，因此，为实现运输规模效应，可对零担货物实行整箱拼装运输。货物到达海外仓之后，由仓库将整箱货物进行拆箱，同时根据客户订单要求，为地域环境集中的用户提供拼装业务，进行整车运输或配送。

3. 保税功能

海外仓经海关批准成为保税仓库后，其功能和用途范围更为广泛，可有效简化海关通关流程和相关手续。同时，在保税仓库可以进行转口贸易，以海外仓所在地为第三国，连接卖方和买方国家，这种方式能够有效躲避贸易制裁。在保税海外仓内，还可以进行简单加工、刷唛等相应增值服务，能有效丰富仓库功能，提升竞争力。

4. 运输资源整合功能

在海外，一般难以实现规模运输的产品，通过海外仓服务一方面可以实现集中运输，有效减少运输成本；另一方面在海外通过共同配送，可以更好地搭建逆向物流的运输平台，提高逆向物流货品的集货能力，降低成本费用。因为，一旦逆向物流产生阻滞，将面临高额的返程费用和关税征收，而海外仓的建立可以在提高逆向物流速度的同时，增加客户满意度，提升客户价值。

现在，海外仓已经成为跨境电商全球采购、全球销售以及第三方物流企业提升服务质量、获取市场竞争优势的重要途径。

11.1.6 典型案例

1. 全球速卖通战略升级

受惠于国家大力推进“一带一路”建设，全球速卖通迎来了高速发展期，除稳坐俄罗斯第一大电商平台的交椅，非洲、东欧、中东等“一带一路”新兴市场也呈现强劲的增长势头，尤其是非洲的买家数仅半年时间就实现翻倍增长。

2019 年 4 月 28 日，全球速卖通在广州举行 2019 商家峰会，宣布未来一年将持续深耕用户增长，扶持商家品牌成长，且进一步构建多元化的物流和支付解决方案，包括在全球 18 个国家拓展 94 个海外仓，上线 15 天无理由退换货，对俄罗斯、欧美等国家的重点市场的支付渠道全覆盖，引入分期付款，且首次面向商家推出人民币报价体系。全球速卖通不只是卖货，而是做可复制的解决方案。

“全球速卖通面临的最大挑战，是如何用一个统一的平台来满足不同国家用户的差异化需求。”正因如此，全球速卖通总经理王明强认为，全球速卖通持续在“平台能力”、“数据和技术能力”和“基础设施建设”方面的“重”投入一定是正确的发展方向，也是建立行业壁垒的重要抓手。

虽然欧美地区几个重要的电商网站在当地耕耘许久，但整个市场的电商渗透率仍然很低，核心是模式出了问题，“它们没有把生态真正建立起来，它们做的是线上化的零售，而不是电商。”“全球速卖通做电商，实际上是向海外输出一套包含物流、支付在内的中国电商的解决方案，且这些解决方案是根据不同国家、不同区域的实际情况定制化而成的。”王明强表示。2019 年，全球速卖通将联合菜鸟重点推进海外仓建设：计划在一年内拓展 94 个海外仓，包括菜鸟认证仓 70 个，菜鸟官方仓 6 个，商家仓 18 个，覆盖全球 18 个国家，其中菜鸟的自建能力会覆盖 80%以上的仓库。其中美国、俄罗斯、泛欧区域作为全球速卖通核心买家市场，会通过当地的海外仓覆盖，进一步提升本地消费体验和时效。与此同时，结合不同国家市场具体发展情况，全球速卖通为海外用户和商家提供了更加多元化的物流解决方案。在俄罗斯，全球速卖通推出了创新性的超级经济线路，用海铁联运的方式，在价格和可运输品类上均实现突破。在法国，全球速卖通与 Relais Colis 公司达成合作，新增 5200 多个自提点服务，消费者可以就近提货，法国消费者的末公里体验得到极大的飞跃。在欧洲，和菜鸟一起推出的中欧班列可直达欧洲的各个车站，运行时间为 16 至 18 天。未来还将联合在欧洲的数十个合作伙伴，将货物送至波兰、法国、捷克等 28 个国家。此外，由于退货体验一直是海外买家的痛点，2019 年 3 月，全球速卖通正式上线 15 天无理由退换货服务。目前该服务已在美国、加拿大和澳大利亚开始试点，并已扩展到欧洲地区。支付体验也进一步本地化。2019 年，全球速卖通对重点市场的支付渠道全覆盖，在俄罗斯、欧盟区、南美、非洲等区域，接入多个支付渠道，并引入分期付款。例如，与肯尼亚当地支付服务商 M-Pesa 达成合作，使得肯尼亚没有信用卡的广大用户也可以直接在全球速卖通上进行网购。截至目前，速卖通已与全球30多家金融机构建立起了广泛的合作关系。

而针对商家，将首推人民币报价服务，未来商家可用人民币报价、收款，无须结汇，成本管理更可控，结算回款更快速。该服务在2019年“双11”后推出。同时，2019年全球速卖通还与支付宝联合打造阳光高效的结汇服务，除无限额外，结汇到账时效从$t+4$提升到$t+1$。

2024年，速卖通正在积极进行海外托管的招商活动。这一新模式是继全托管、半托管之后，速卖通再次推出的创新服务，主要是为了给跨境卖家提供更加全面和灵活的海外运营解决方案。海外托管指的是面向那些在海外已有备货能力的商家，为他们提供全面的经营托管服务。在海外托管模式的助力下，具有海外仓储能力的跨境商家，可以更好地管理和运营他们在海外的商品，从而更有效地拓展海外市场。当备货海外的商家加入海外托管后，他们可以多出一个几乎零成本的销售渠道，同时让平台为商家提供专属流量，帮助商家经营。

2. 中国淘普达（集团）有限公司俄罗斯海外仓

中国淘普达（集团）有限公司（以下简称“淘普达”）俄罗斯海外仓是淘普达集团在精心耕耘中俄专线物流近十年的基础上，凭借自主研发的电子信息系统，帮助国内中小企业解决跨境贸易中存在的语言不通、沟通麻烦、物流配送时效慢、市场不熟悉、货物安全缺乏保障、小批量订单无法达成、成交量少等跨境贸易难题，同时为俄罗斯采购商提供低成本、低风险、快捷省心的采购服务而提出的中俄跨境贸易一站式物流仓储方案。

淘普达俄罗斯海外仓是中国淘普达集团的主营业务，拥有莫斯科、绥芬河、新西伯利亚等自营仓库。目前，淘普达俄罗斯海外仓总面积超过了15000平方米，为中国对俄跨境电商提供海外仓储与配送服务，配送范围可覆盖俄罗斯全境，不受任何重量体积限制，不受旺季航路不畅的影响。淘普达俄罗斯海外仓不仅能够帮助中国卖家实现俄罗斯本土化销售，降低物流运营成本，还能进行实时的库存管理与监测，缩短到货时间，提高买家满意度。买家通过网上下单购买所需物品，卖家只需在网上操作，对海外的仓库下达指令完成订单履行。货物从买家所在地的俄罗斯仓库发出，大大缩短了从中国发货物流所需要的时间。

3. “量身打造”ACR提高运营效率

2021年11月，万邑通（上海）信息技术有限公司（以下简称“万邑通”）与深圳市海柔创新科技有限公司（以下简称“海柔创新”）合作的首个ACR（Automated Case-handling Mobile Robots，箱式仓储机器人）智慧仓在英国伯明翰上线运行。数据显示，两家中国企业在大洋彼岸通力合作，护航了超3000家中国商家在英国的跨境生意。

图11-1 HAIPICK机器人

在英国ACR智慧仓内，上百台HAIPICK机器人根据系统指令来回穿梭，自动化完成订单拣选，装有货物的货箱被送到工作人员手边。员工根据屏幕上的指示扫描货品对应的格口，系统会提示需要拣货的数量并亮灯，员工只要把货品放到格口，然后把灯拍灭，就完成了一次拣货作业。HAIPICK机器人如图11-1所示。

万邑通英国区域运营负责人郑直表示：“目前英国仓的存储密度提升了60%，丢失率下降了30%，出库及时率接近100%，ACR很好地达到了我们的期望。”

电商贸易以及数字经济的迅速发展，使得个性化消费品类增长迅猛。万邑通服务于众多的中小型电商卖家，其英国仓库内 SKU 数量超过 10 万个，且深度不高，但对仓库的合理存放及存储密度要求极高。

“如果一个库位放多个 SKU，拣选的难度会很高；如果一个库位放一个 SKU，空间的浪费会很明显，仓库也无法摆放这么多的 SKU。而海柔创新的料箱库位把库位颗粒度缩小到 1/8 料箱，很好地解决了这个问题。”郑直表示。

英国伯明翰 ACR 智慧仓是海柔创新为万邑通量身打造的，海柔创新 HAIQ 系统可直接对接万邑通的现有流程。同时，根据万邑通的业务场景，海柔创新定制化开发了很多人性化的功能，比如监控看板、调度逻辑、报警装置等。

海柔创新跨境电商行业总监罗佳丽表示：“一件中国商品从中国送往英国，一个稳定的承诺时效往往能够给消费者更好的体验，万邑通与海柔创新 ACR 智慧仓的上线运行，极大地提高了海外仓运营效率。”

2014 年，万邑通在英国开设了第一个仓库。截至目前，万邑通在英国已有 3 个海外仓，总面积超 5 万平方米（约等于 7 个足球场的面积），日均货量超 10 万件，全面覆盖英国市场。除英国外，万邑通海外仓已覆盖了北美、欧洲、澳洲等跨境电商主力市场，海外仓总面积超 39.9 万平方米（相当于 56 个足球场的面积）。

作为海外仓储服务的头部企业，万邑通持续为商家提供专业、稳定、可靠的跨境订单履约服务，从 2012 年创办至今，万邑通已经为全球累计 20000 多家跨境卖家提供从国内揽收至海外上架、再到尾程派送的可视化一站式跨境服务，见证了无数的中国产品逐渐走向世界舞台。万邑通（WINIT）取意“万邑通商、赢在 IT”。基于互联网技术实现供应链管理，打通信息流、资金流、物流服务链，解决跨境电商的物流之痛，正是万邑通的制胜之道。

在技术加持下，万邑通海外仓上架准时率超 95%、出库准时率超 99.7%、库存准确率超 99.9%、准时妥投率超 95%。自新冠疫情以来，全球供应链困难重重，但万邑通海外仓整体的服务与操作并未受到实质影响，出库准时率仍保持在 99.7%以上。万邑通携手海柔创新，通过技术与数字赋能卖家走向精细化运营，为卖家提供高效、稳定的海外仓服务，大幅提升海外仓操作准确性和履约时效性，为卖家的海外生意提供实实在在的支持和保障。

11.2 保 税 仓

11.2.1 保税仓的概念

保税仓是用来存储在保税区内未交付关税的货物的多功能仓储库房，就如境外仓库一样。保税仓库是保税制度中应用最广泛的一种形式，是指经海关核准的专门存放保税货物的专用仓库。海关允许存放在保税仓库的货物有三类：转口贸易货物，外商寄存货物以及国际航行船舶所需的燃料、物料和零配件等。保税仓库分公用型和自用型两类。公用型保税仓库是根据公众需要设立的，可供任何人存放货物。自用型保税仓库是指只有仓库经营人才能存放货物的保税仓库，但所存放货物并非必须属仓库经营人所有。

11.2.2 保税仓发展概况

随着经济的全球化发展，全球各个国家及地区的贸易往来日益频繁，商品的进出口已经成为带动国家经济发展的重要方式。现阶段是互联网信息时代，受互联网、移动设备的普及应用影响，实现了零售业的跨时空、跨区域发展。跨境进口零售电商是新时期条件下基于互联网平台发展而来的一种新型销售模式，是通过互联网平台向中国用户零售境外商品，并达成相关销售协议的商业行为。得益于中国经济的飞速发展，人均收入水平不断提升，人们的消费观念和习惯正在悄然改变，对于商品品质的追求达到了新高度。消费已成为促进中国经济发展的新动力，因此国家不断出台政策，引导和支持电商消费。乘着时代的东风，跨境电商也进入了蓬勃发展新时期，规范水平和标准化程度也日益提高。2010 年，在互联网技术发展和移动终端的普及下，电子商务迎来了高速发展期，跨境进口零售电商也从此跨上了发展快车道。2014 年和 2015 年，我国调整了跨境进口零售电商的监管制度，也让很多新兴企业和互联网巨头看到了跨境进口零售电商的发展机会，纷纷入局。仅 2014 年，就有天猫国际、蜜芽、小红书等电商平台上线，主营跨境进口零售业务。2016 年，经过两年的发展，行业步入了深度调整的阶段，部分电商平台下线，发展梯队开始形成。依旧在发展的都是行业巨头，是市场的佼佼者，如网易考拉海购、京东全球购、唯品国际、洋码头等，这些电商平台或海淘平台占据了国内大部分的海淘市场，竞争进入白热化阶段。2018 年，依托互联网平台的跨境电商平台在市场发展中依然强势，市场份额占比不断扩大，我国跨境进口零售电商的市场份额被几家平台所瓜分。网易考拉海购、天猫国际、京东全球购、唯品国际等基本占据了我国市场，其他中小平台在市场份额中所占无几。

同时，我国政府也在大力鼓励跨境电商的发展，法律法规、政策环境优越，如政府在 2014 年出台了《关于跨境电子商务进出境货物、物品有关监管事宜的公告》、2016 年实施新的跨境电商新政策降低跨境电商税负压力等。而跨境电商的顺利发展离不开跨境物流，由于跨境物流包含海外收件、国外清关、国际运输、国内报关、国内配送等多个环节，所以对物流的服务质量和运行效率提出了更多要求，市场中的跨境零售电商物流模式创新力度增大，出现了多种物流模式，不同的跨境电商根据其交易主体、运作流程、售卖商品等因素的不同，需要有针对性的跨境物流模式来匹配。但由于跨境电商物流的发展尚不成熟，存在着一系列的问题，如物流成本高、客户体验差等，严重阻碍跨境零售电商的发展，因此，对跨境零售电商物流模式研究具有重要的意义：一方面，能够推进相关学者进行更为深入的理论研究；另一方面，为跨境零售物流模式的转型和革新提供借鉴参考。2023 年 5 月，为贯彻落实党的二十大精神，支持保税仓库、出口监管仓库高质量发展，完善进出口商品抽查检验有关要求，海关总署决定对《中华人民共和国海关对保税仓库及所存货物的管理规定》《中华人民共和国海关对出口监管仓库及所存货物的管理办法》《进出口商品抽查检验管理办法》等进行修改，进一步规范了保税仓库、出口监管仓库的管理，为跨境电商发展提供了更好的营商环境。

11.2.3 保税仓类型

保税仓库按照使用对象不同分为公用型保税仓库、自用型保税仓库、专用型保税仓库。

（1）公用型保税仓库由主营仓储业务的独立企业法人经营，专门向社会提供保税仓储服务。

（2）自用型保税仓库由特定的独立企业法人经营，仅存储供本企业自用的保税货物。

（3）专用型保税仓库是保税仓库中专门用来存储具有特定用途或特殊种类商品的仓库。

专用型保税仓库包括液体危险品保税仓库、备料保税仓库、寄售维修保税仓库和其他专用型保税仓库。

① 液体危险品保税仓库是指符合国家关于危险化学品仓储规定的，专门提供石油、成品油或者其他散装液体危险化学品保税仓储服务的保税仓库。

② 备料保税仓库是指加工贸易企业存储为加工出口产品所进口的原材料设备及其零部件的保税仓库，所存保税货物仅限于供应本企业。

③ 寄售维修保税仓库是指专门存储为维修外国产品所进口寄售零配件的保税仓库。

11.2.4　保税仓模式分析

当前，跨境电商物流模式主要包括海外直邮与拼邮模式、保税仓备货模式、海外仓集货模式和第三方物流模式等几种。

1. 海外直邮和拼邮模式

海外直邮和拼邮模式是跨境电商最开始使用的模式。其中，海外直邮模式流程如图 11-2 所示，具体如下：当国内消费者在国外卖家/跨境电商平台上购物下单后，国外供应商提前批量供货给国外卖家/跨境电商，再由国外卖家/跨境电商根据订单进行集货、分拣、包装，配送至海外仓，再借助邮政或者其他国际物流公司，将商品运到国内，货物在海关进行一系列的清关检查，转入国内的海关监管仓进行短暂储存，最后由国内物流公司或者邮政将商品配送至消费者手中。

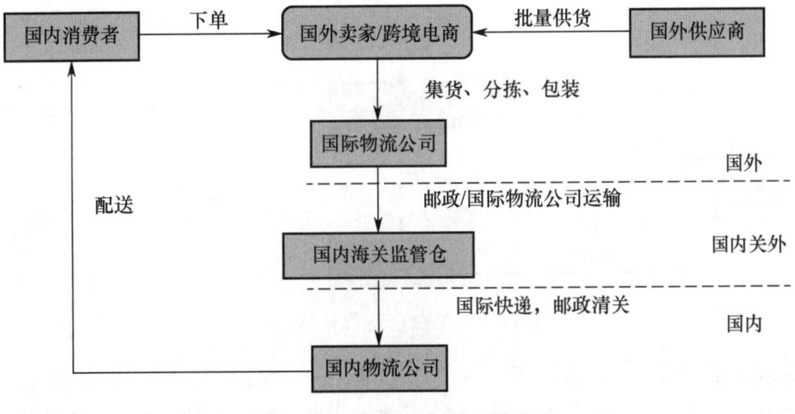

图 11-2　海外直邮模式流程

海外直邮的模式可具体分为邮政小包直邮与国际快递直邮，两者的区别主要是物流商的不同。海外拼邮模式的流程与海外直邮模式大致相同，其不同之处是将多个消费者购买的商品使用同一个包裹进行邮递，商品包裹到达国内后，物流公司再进行分拣、独立包装，进行单独的物流配送，而海外直邮是对每个订单进行独立包装后，发往国内。例如，洋码头的物流模式中的直邮、拼邮模式，洋码头的跨境电商主要采用海外买手的模式，其中商品的直邮是由洋码头旗下的贝海国际速递来承担，统一分拣包装、统一空运至国内，进行清关检查后交付国内物流公司；其拼邮模式下的商品运输，则是承包给非官方的第三方国际物流公司，运输至国内后卖家自身负责物流配送。

海外直邮和海外拼邮模式既有优势也存在劣势。优势包括：一是能够满足消费者多元化的消费需求，商家可直接按照订单进行采购，避免压货；二是直邮模式能够有效降低运输过程中商品的损耗，具有很高的安全性和服务质量；三是海外直邮几乎不受地域的限制，能够实现全球范围内的配送。而劣势包括：一是直邮模式对商品的质量、体积有着严格的标准，适用的商品范围有限；二是对消费者产生海关纳税成本；三是运输时间成本高，退换货成本较高，流程复杂。

2. *保税仓备货模式*

保税仓备货模式要求跨境零售电商对市场进行充分的考察和判断。保税仓备货模式流程如图 11-3 所示。具体如下：国外卖家/跨境零售电商采用大数据、云计算等手段对消费者的消费数据进行监测处理，预测未来市场的变化，进而采购大量销量高且稳定、或可热销的商品，通过国际物流公司将商品运输至国内，经过货物备案等流程后，储存在国家规定区域内设定的保税仓内，当国内消费者购买下单时，电商平台直接在保税仓中完成分拣、包装，经过清关检查后，由国内物流公司将商品配送至国内消费者手中。例如，天猫国际下的保税仓物流模式，旗下的菜鸟物流已经在上海、广州等地区设立了 34 个保税仓，并与国内的中通快递、百世汇通、圆通快递等快递公司进行合作。天猫国际首先将货物从境外运送至国内海关全程监管下的保税仓，当国内消费者在电商平台下单后，商品从保税仓直接经过海关清关再配送至消费者手中。

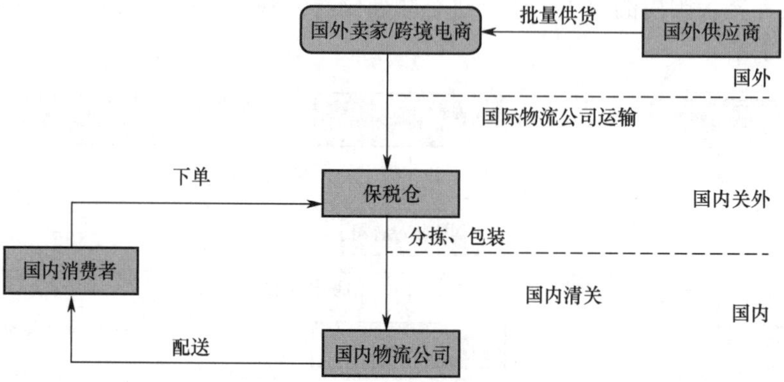

图 11-3 保税仓备货模式流程

保税仓备货模式具有明显的优点和不足。优点：一是节约了商品的运输时间，获得了更高的客户满意度；二是商家集中采购大量的同类商品，可以压缩采购和物流成本，利润空间就会扩大；三是售后退换货简单，服务质量更高。而不足之处：一是消费者购买商品的可选种类受限，长尾商品供给明显不足；二是商家大量采购商品大大提高货物积压风险，同时增加了库存、管理成本，消耗大量资金；三是商家需要自建保税仓，而目前仅有几个城市设有保税区，覆盖率比较低。

3. *海外仓集货模式*

海外仓集货模式是进口零售电商在供应商的国家或地区建立海外仓集货物流中心。海外仓集货模式流程如图 11-4 所示。当国内消费者在国外卖家/跨境电商平台进行下单购物后，国外供应商将采购的商品直接发往存储中心，然后利用国际物流公司将商品批量运输到国内。例如，天猫国际的海外仓集货模式，旗下的菜鸟物流已经在全球的224个国家和地区设立了 231个仓储中心，并与全球的50多家物流公司进行了战略合作，使得菜鸟物流成为全球最大的物流信息网络，当国内消费者下单后，购买的商品将会统一发往菜鸟物流的海外仓储中心，然后集中统一地运输至国内进行物流配送。

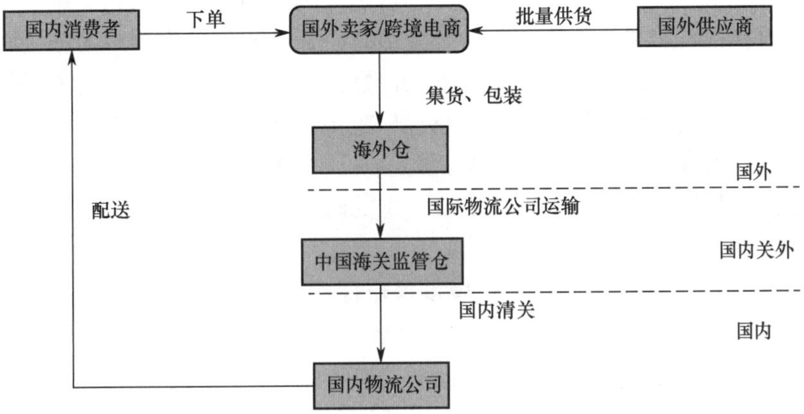

图 11-4 海外仓集货模式流程

该模式具有明显的优点和缺点。优点包括：一是运输时间短，运输成本较低；二是可适用商品的种类多，不再受商品品类、体积等因素的限制。缺点包括：一是由于要在国外设立仓储中心，需要适应当地的政策，人员培训的成本高；二是海外仓集货中心的通用性差，多数海外仓集货中心仅适用于自身跨境电商平台。

4. 第三方物流模式

第三方物流模式是指跨境零售电商不再负责商品的物流配送，仅负责商品的采购与销售，将商品物流配送业务整体地移交给第三方物流公司，具体模式流程如图 11-5 所示。当国内消费者在平台下单后，国外卖家将采购的商品通过第三方物流公司批量运输到国内，并由第三方物流公司负责国内的分拣、包装、运输、清关和配送等作业，最终送达国内消费者手中。例如，网易考拉海购的物流模式，其没有自建物流体系，而是将自身的物流业务交付于第三方物流公司，如德国的德铁信可、法国的乔达物流等国际物流巨头公司，同时做到对物流的有效控制。

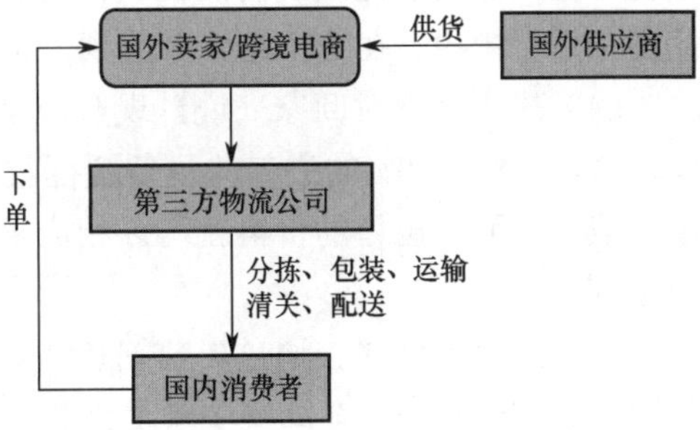

图 11-5 第三方物流模式流程

第一，对每件需要入库的商品均进行最小单元的业务相互重叠等问题，使得跨境物流的效率较低。

第二，物流产业链的信息系统不完善。一方面，仓配分离的模式导致跨境物流电商的各环节掌握的信息不对称，信息实时反馈的效率低，供应链上下游容易出现效率滞后的现象，进而使得整个跨境进口零售电商物流的效率较低；另一方面，运输过程中信息的封闭性加剧了消费者与零售电商的矛盾。另外，物流资源的整合力度不够。由于多数跨境进口零售电商的物流与仓储是独立的程序体系，因而电商需要构建自己的仓储中心，但物流业务又必须依赖专业物流团队，从而导致业务重复建设、企业间协调合作难、物流环节监管不到位等问题的出现，造成电商资源的浪费。

第三，国家宏观环境有待优化。国家层面的宏观环境是企业发展赖以生存的关键，完善健全的法律法规、亲民的服务政策有助于推动跨境进口零售电商的快速发展。电子商务发展的高峰期是 2015 年，发展至今，跨境进口零售电商物流的渠道越来越丰富、货物容纳量越来越大，成为国家和政府关注的重点行业。我国政府开始实施一系列政策鼓励跨境进口零售电商的发展，但政府扶持力度明显不足。首先，我国跨境进口零售电商发展虽然处于快速发展的阶段，但政府海关、商检等部门与跨境进口零售电商企业、跨境物流企业的信息是不对称的，制定的政策还有待完善；其次，在新的经济历史条件下，海关、税务、商检等国家部门正努力进行自身职能的调整，但过渡需要一定的时间，因此在一定程度上限制了跨境进口零售电商物流的发展。

第四，专业人才比较缺乏。我国跨境零售电商相比于传统电商而言，属于一个新兴产业，其最大特征是实现了货物的全球购买和物流配送，因而需要大量的复合型专业人才。首先，跨境电商企业要求这些人才掌握电子商务的操作流程，深入了解各种物流渠道的运行方式与特点，虽然社会上的高校开设了电子商务、国际贸易及物流等专业，但复合型人才的培育力度远远不足；其次，跨境进口零售电商还要求人才熟悉不同国家的语言、文化、风俗，从而使得这样优秀的人才更加稀少。

第五，我国跨境进口零售电商企业是以中小型规模的企业为主，其资金实力薄弱，聚拢人才的能力不足，导致优秀复合型人才的第一就业选择很难倾向中小型企业，多数选择大型跨境电商企业，使得跨境进口零售产业中人才整体分布不均。

11.2.5 保税仓与海外直邮的比较

1. 保税仓发货的优势

保税仓实际上是一个享有国家特殊政策，受到国家特殊监管的区域，与通常预缴关税的流程不同，保税仓是进口商品在获得海关批准后进入特定仓区存放，此时可先不缴税，当商品出售后再缴税，在这个仓库中起到“暂缓缴税”的作用。保税仓发货具有以下几个优势。

（1）成本低。对商家来说，现金流是每个商家的生命线，由于通常进口商进口商品量都比较大，10%～30%的进口关税暂缓征收，因此每件商品的税费乘以总数都是一个不小的数字。成本降低，出售的价格就可以相应下调，消费者就可以买到更便宜的商品，商家便可从中获利。

（2）发货速度快。通过提前把货物备在国内保税仓，可以帮用户省去等待商品从国外发到国内的这段时间，在海淘中享受到和在国内网站购物相同的物流体验。

（3）退货有保障。相信海淘过的顾客最大的苦衷就是“海淘一时爽，退货等三年”。且不说海淘的东西国内无法质保，在美亚、日亚、乐天、eBay 这些地方买的东西，一旦出现问题，退货就会很困难。但在保税仓模式下，发现问题，退到国内保税仓或购物平台就可以了，还受《中华人民共和国消费者权益保护法》保护。

（4）质量有保障。判断一件商品是不是正品，最重要的是看货源。由于境外采购渠道及与国外品牌商的合作方式相同，保税仓渠道的货源与海外直邮的货源相同，从源头上能保证是正品。而商品统一进入国内保税仓后，会受到海关的严格监管，又加上了一道安全阀。

2. 保税仓与海外直邮的比较分析

保税仓是外国商品存入保税区后，不必马上缴纳进口关税，可自由出口，只需交纳存储费和少量费用的仓库。保税仓内的商品全部由海外批量采购，将货通过海运等方式集中囤积在保税区，当网上订单产生时，再直接清关发货进行国内派送。

海外直邮则是直接从海外发货，所有商品的生产、采购和管理都由国外法律严格监管，海外直邮商品从国外采购商直接发货到消费者手中。保税仓与海外直邮的优势和劣势如下。

保税仓的优势：订单发货可以及时清关，到货时效快；大批量采购并运送至保税区运费成本低。保税仓的劣势：大批量进货，可能会有瑕疵品、到期商品；存在假货，不排除从国内运到国外的假货再回流至保税区；若用海运方式，速度慢，航行风险大，航行日期不易准确，集装箱温度可高达 60～70℃，食品类的质量难免不受影响；增加商家资金占用成本、仓储成本、商品滞销风险等。

海外直邮的优势：商品的质量和保质期有保障，买到假货的可能性约等于零；直邮的运输方式为空运，速度快，温度适宜，不会影响质量，尤其是食品类；货品新鲜，不存在积压问题，没有资金压力；可满足消费者多元化的商品需求。海外直邮的劣势：到货时效较长，物流通常需要 1～2 周；运费成本高（空运），售价相对保税区发货稍贵一些。

11.2.6 典型案例

1. 杭州综合保税区要建全国跨境保税仓直播总部基地

成本更低、发货更快、质量有保障，自诞生以来，跨境保税仓提升了海淘族的购物体验；借助良好的互动性、更便捷的传播途径以及更高的效率，直播帮助企业打开了销售渠道。而“保税仓+直播”碰撞叠加的全场景零售融合为加速复苏的品质生活添足动力，同时持续赋能进口电商产业发展。

面向进口电商平台、MCN（Multi-Channel Network，多频道网络，一种新的网红经纪运作模式）机构、直播孵化培训机构、网红达人们以及愿意从事进口电商和直播的企业，杭州综合保税区将发起“共建跨境保税仓直播总部基地，发出全球好货”的倡议，通过举办平台线上直播、网红大赛、社群交流等活动，在杭州综合保税区内构建集溯源直播带货、网红培育孵化、线下直播社群、保税仓物流等一站式跨境保税仓直播平台。

（1）引入直播机构重构进口电商新生态。杭州综合保税区位于钱塘新区，是杭州跨境电商综试区下沙园区的所在地，也是杭州开放层次最高、优惠政策最多、功能最齐全、手续最简化的海关特殊监管区域。全市进口电商九成以上的量来自综合保税区保税仓，是天猫国际、考拉海购等一大批全国知名跨境电商平台的主阵地。

杭州综合保税区内集跨境电商平台、生产制造、物流仓储、商品展示、商务办公于一体，具备良好的直播、展示、销售、仓储条件。据介绍，保税仓直播基地成立后，将立足区内人、货、场的直播产业发展优势，加大对企业政策、技术、工作等方面支持力度。“我们欢迎所有直播产业链的企业共同建设跨境保税仓直播基地，运用对直播、场景营销的新认知、新方法，开启场景营销新时代，重构进口电商新生态。”杭州综合保税区管理办公室相关负责人表示。

（2）提振进口消费启动跨境消费节。自新冠疫情以来，消费者纷纷选择“云购物”模式，而跨境商品货源丰富、品质有保证，受到越来越多消费者的青睐。杭州综合保税区的跨境保税仓率先复工复产，跨境电商平台纷纷推出“无接触配送”服务，极大提升消费者的跨境购物体验，进一步带动跨境进口商品销量增长。

为了提振消费信心，钱塘新区推出“云惠钱塘”消费嘉年华系列活动，而“云惠钱塘嗨购全球”2020 跨境消费节是其中重头戏。该活动通过联合跨境电商平台、直播机构线上直播，以网红带货方式拉动线上平台消费；联合钱塘新区大型商圈、品牌商家、外贸制造企业与淘宝直播、抖音直播等网络平台联动开展云直播，推出优惠促销、大牌商品秒杀等举措，推广新型消费模式，帮助外贸企业寻找新的订单。

2. 苏宁南京溧水保税仓正式开仓

2021 年 4 月 16 日下午，苏宁国际跨境电商南京溧水保税仓首单包裹出区仪式在南京空港保税物流中心举行。作为苏宁物流发展的战略性项目，入驻全省首个依托空港的南京空港保税物流中心（B 型），建设跨境电商产业园项目，开展跨境电商业务和保税物流业务，将进一步完善苏宁物流与苏宁国际在华东地区的战略布局，有力支撑苏宁在跨境、平台及线下业务、航空物流与快递业务等领域的快速发展。

苏宁南京溧水保税仓位于南京溧水经济开发区内，仓储办公建筑面积合计 1.13 万平方米，仓储品类包含个护美妆、家居日用、3C 家电、母婴等多种品类。据了解，该项目引入苏宁物流智慧物流运营系统、全流程智能化设备、标准化服务体系等，致力于打造辐射华东地区的智慧物流生态，助力跨境电商和物流分拨业务的发展壮大。

以前保税商品进入南京，需要在杭州、上海等口岸通关后转运南京，而空港保税中心投用后，则可从境外直接运抵禄口机场，在禄口通关后存储于溧水保税监管仓再进入市场，不仅提高通关效率，还可减少运输时间和成本。现在，在苏宁自有的物流服务体系支撑下，海淘消费者可享受保税仓商品最快 24 小时送达的物流时效体验。

苏宁国际持续通过领先的全球贸易新零售模式，整合各类优质资源，实现海外品牌自营、POP 店（常被称作“第三方卖家”）的商品销售共享苏宁仓库与物流配送，实现苏宁生态内外 2B、2C 多渠道，线上线下全渠道“一盘货”交易，提升海外品牌入华效率。

长三角地区经济发展活跃、开放程度高、创新能力强，是全国经济、物流发展的高地。苏宁南京溧水保税仓的投入运营，将全面提升长三角地区的跨境物流服务时效和商品在华东各个大区间的调拨转运效率，超过 1.5 亿人口将足不出户就能海淘全球好货，享受苏宁物流“在身边、有温度”的便捷服务。

3. 网易考拉海购的智慧化应用

以网易考拉海购为例，作为以保税进口为主的跨境电商平台，绝大多数的商品均存储于保税区内，所以如何高效利用保税仓储、合理规划仓内面积是最重要的一环。

此前商品入库大多采用人工测量的方式，卷尺和秤分别测量商品体积和重量并录入，其弊端在于每个人的测量方式存在差异，可能会造成数据并不是十分精确，同样，人工在录入时也会存在录入错误的风险，到最终摆放到货架上往往会消耗大量的人力和时间，并且浪费仓储空间。

而三维体积重量测量仪的运用则大大弥补了人工测量的劣势。只要把商品放在测量仪上，就能读取每个包裹的长宽高和重量等数据。系统根据商品的数据能实时地计算出每个包裹在仓库占据的空间，以及如何摆放才能最大限度地利用空间。此外，商品出库时采用三维体积重量测量仪同样也能计算出在快递车中占据的空间，并能给出合理化摆放的建议。

以往，一个工作人员测量包裹的时间大约在 2～3 分钟，而使用三维体积重量测量仪时，工作人员仅需把商品放置在测量仪上，扫描商品条码即可，包括搬运时间在内也仅需 20 秒，速度提升至少 5 倍以上。机器测量的商品长宽高的误差控制在 5 毫米以内，商品的重量误差控制在 10 克以内，这使得仓储效率和物流效率得到了很大提升。

一批型号为 MR-Q5-L040A 的 AGV 机器人成了仓库的员工，帮助工作人员一起拣货，如图 11-6 所示。

图 11-6　AGV 机器人

整个机器人系统由 iWMS、RCS、MR 三个核心模块组成。通过三个系统的协同运作，机器人可以实现前进、后退、转弯等众多高难度动作，并且可以升举、搬运、旋转 1000 千克的货物，更重要的是这些橙色小人扛着近一吨的货物运行速度还能达到 1 米/秒。

在传统仓库中，工作人员 60%以上时间是花费在取货上，而网易考拉海购的机器人则将货架自动移动到工作人员面前，从根本上解决了工人长时间走动的问题，实现“货到人”的智能仓储作业模式，这种方式的好处是将每小时处理的订单量提升到人工方式的 3 倍以上。

当机器人能量快耗尽的时候，它们甚至还会自己找到充电站补充能量，最快 30 分钟左右就能完成充电工作，充电一次就能不停歇运作 8 小时。

阅读案例

菜鸟保税仓成全球商家进中国首选　秒级通关领先全球

北京时间 2019 年 1 月 30 日晚，阿里巴巴公布 2018 财年第三季度业绩，集团收入同比增长 41%，达 1172.78 亿元。这是中国首个实现单季营收破千亿元的互联网公司，彰显出中国社会强大的消费信心以及阿里巴巴强劲的“平台效应”。超预期增长的阿里巴巴和蓬勃的数字经济，正在激发中国消费的庞大潜力。

在阿里巴巴数字经济体当中，菜鸟持续投入打造的智慧物流骨干网，正在为消费者提供更好的包裹交付体验。尤其在进口方面，菜鸟保税仓在本季度达到 34 个，遍布各主要港口，为大批中国城市提供当日达、次日达服务，成了全球商家进入中国市场的首选，也是阿里巴巴五年进口 2000 亿美元的“全球运”基础设施。

1. 全球数千商家进入菜鸟保税仓网络

阿里巴巴财报显示，在 2018 天猫“双 11”期间，菜鸟这张骨干网处理了前所未有的 10 亿个物流订单，体现了菜鸟大规模协调复杂物流生态系统的能力。首批 1 亿个订单在 2.6 天内送达完毕，继续缩短交货时间，消费者的满意度显著提升。其中在进口方面，菜鸟进口保税仓规模超过 100 万平方米，居全国之首。全球数千个品牌、商家已经加入这个保税网络，让商品提前进入中国口岸，满足中国消费者的极速收货体验。

“对海外商家来说，菜鸟保税仓不仅帮助他们的商品前置到目的国，更为他们提供了阿里经济体的一系列数字化供应链能力。”菜鸟保税仓负责人说，依托保税进口网络，天猫国际、菜鸟可以与海外品牌、商家一起制订精细的生意计划，帮助商家合理备货，提高生产、销售、物流等全链路的供应链效率，从而提高商家售罄率，减少滞销、报废，降低成本。

同时菜鸟保税网络还可以提供优质的“仓（储）关（通关）干（干线）配（配送）”一体化解决方案，帮助商家节省大量自己维护物流链路的人力、物力和经济成本。根据保税要求，保税仓可以对商品的来源、品质、效期等进行全链路把控，从而保障消费者体验。

2. 菜鸟“秒级通关”领先全球，当、次日达渐成常态

数据显示，菜鸟保税网络也带动了中国进口物流效率快速提升。早期海淘的物流时效动辄以月来计算，现在普遍实现了当日达和次日达。据悉，目前菜鸟 34 个保税仓可以为全国大量城市提供当日达、次日达服务，购买进口商品就像本地购物一样方便。进口购物变快了，一方面是因为保税仓更多了，商品都从身边发出；另一方面是因为跨境通关技术创新，通关效率进入了秒级时代。

菜鸟国际关务负责人介绍，2018 天猫“双 11”当天仅用 9 小时，就清关了 1000 万个订单，刷新中国 B2C 贸易通关纪录。而前一年放行同样数量的订单用了近 20 个小时，提速明显。据悉，菜鸟关务平台已经支持了全国 10 个重点口岸的跨境通关，“双 11”全国进口包裹当中有近 80%使用了菜鸟关务平台。与海关技术共建，菜鸟关务平台通过中国海关总署直联通道实现进口通关全链路提速。

目前，菜鸟关务平台结合算法和人工智能，已经帮助商家实现了智能预归、智能制单、智能通关准入等标准化、一键式的通关解决方案，“秒级通关”能力领先全球。

3. 菜鸟全球供应链成海外品牌进中国首选

截至 2023 年，从全球维度看，菜鸟已经建设了 7 个特大核心物流枢纽，含 200 万平方米的保税仓和海外仓，不仅覆盖了世界 6 大洲、174 个国家和地区，还跻身成为全球四大跨境物流网络之一，与海外三大快递巨头 FedEx、DHL、UPS 站在同一水平线。多年以来“重投入”，通过重点物流节点强控自营，菜鸟以全球自建的方式，在全球织就了一个覆盖 200 来个国家和地区的智慧物流网络。

海外品牌和商家已经捕捉到这个机遇。雀巢、奥乐齐（ALDI）、麦德龙、Chemist Warehouse、资生堂、Aeon、MISTINE、德国 SOS 等国际大牌商家，正在陆续接入菜鸟全球供应链体系。国内买家从原来的进口到仓接货、到港接货升级为直接到海外源头接货，全程把控降低商家供应链成本，提高物流效率和消费者体验。

菜鸟国际商家负责人介绍，以往海外商家需自己发货至中国保税仓，成本高、流程烦琐。通过菜鸟全球供应链，海外商家在供应链上的支出预计可直接减少 10%。特别是中国进口的前五大国家，日本、美国、韩国、澳大利亚和德国的高品质进口商品，可以更方便进入中国市场。

“我们会持续为未来投入，打造全球包裹网络、全球供应链网络和全球末端网络，构建全球智慧物流骨干网，像高铁和移动支付一样，打造数字经济时代的全球基础设施。”菜鸟国际负责人说。

（资料来源：中国新闻网，作者根据中国新闻网相关资料整理。）

思考题： 1. 本案例中，菜鸟保税仓网络“平台效应”是如何体现的？

2. 菜鸟关务平台在通关业务方面是如何实现全链路提速的？

3. 陆续接入菜鸟全球供应链体系的海内外用户获得的超值体验是什么？

4. 菜鸟保税仓网络发展的愿景规划是什么？

本章小结

海外仓是指建立在海外的仓储设施，也是仓配一体化模式在海外物流中的表现形式。跨境电商企业按照一般贸易方式，将商品批量出口到境外仓库，电商平台完成销售后，再将商品送达境外的消费者。海外仓主要分为三类：卖家自建仓、平台仓、第三方海外仓。海外仓的优势主要体现在：物流成本低；包裹时效缩短；店铺好评率高；产品曝光度提升；有助于市场拓展。

保税仓库是指由海关批准设立的供进口货物储存而不受关税法和进口管制条例管理的仓库。储存于保税仓库内的进口货物经批准可在仓库内进行改装、分级、抽样、混合和再加工等，这些货物如再出口则免缴关税，如进入国内市场则须缴纳关税。当前，跨境电商物流模式主要包括海外直邮和拼邮模式、海外仓集货模式、保税仓备货模式和第三方物流模式等几种。保税仓发货具有成本低、发货速度快、退货有保障、质量有保障的优势。

复习思考题

1．简述海外仓模式的概念及分类。

2．谈谈海外仓与 FBA 各自的优劣势。

3．海外仓的操作流程及其功能有哪些？

4．简述保税仓的概念及类型。

5．谈谈保税仓各种模式的优缺点。

6．保税仓发货的优势有哪些？

7．保税仓与海外直邮的优劣势。

实训项目

1. 课内实训

找到一家海外仓企业，对该企业的海外仓职业技能培训项目进行一项市场调查，力求将此项调查活动做得圆满而完善。了解该企业的海外仓操作的主要流程和借助的平台。

2. 课外实训

以小组为单位，利用业余时间模拟设计建立一家海外仓物流公司，调查了解社会对海外仓整体解决方案的需求状况。针对清关报关问题，拟定初步海外仓系统解决方案，设计问题解决流程，做出方案 PPT 和文字说明。

第12章 冷 链 仓

学习目标

知识目标：

1. 了解智慧冷链物流的概念；
2. 掌握智慧物流系统包含的关键系统；
3. 熟悉智慧冷链的七大主流模式及物联网技术介入的冷链物流流程；
4. 掌握大数据在冷链物流中的应用价值，冷链物流配送中的应用及冷链可视化监控的特点；
5. 掌握大数据与云计算技术在农产品冷链物流信息化中的应用。

能力目标：

1. 学会运用冷链物流关键系统，以智能化方式进行数据处理；
2. 具有深入了解智慧冷链物流及相关技术的能力，能够针对冷链物流中的关键问题进行分析和解决，并在大数据和云计算方面具备应用冷链物流信息化的能力。

思政目标：

1. 基于智慧物流的关键系统，进行配送路线规划和车辆管理，培养团队合作的意识和创新精神；
2. 了解我国冷链物流系统科技的飞速发展，感受祖国飞速发展的科技，增强学生的文化自信和爱国主义情怀。

导引案例

冷链物流：对于自建“冷链宅配”的思考

生鲜食品、肉制品、水果等商品从保存到运送的各个环节都对温度、湿度有着极为苛刻的要求，常规的仓储物流不适用于生鲜商品——冷链能力对生鲜电商的意义，早已毋庸讳言。因此，顺丰、阿里、京东这些企业在冷链上的发力毫不令人意外。

在发达国家，生鲜电商主要依靠第三方冷链，自建冷链只是辅助，如在美国，冷链市场化程度很高，像DHL、FedEx这样的企业不仅可以完成生鲜食品、药品在美国各地的全程冷链运输，也能完成从美国到中国、欧洲等地漂洋过海的全程冷链运输。但这种经验不一定适合中国，原因就在于中国第三方冷链的发展尚处于初期，存在硬件设施建设不足、技术含量低、专业化服务能力不强、运输效率低、成本费用高等缺陷，实力还不足以作为生鲜电商的主要臂助。实际上，目前中国即便是实力较强的第三方冷链企业，大多全程冷链能力也仅止于一隅而已。例如，黑猫宅急便可以说是中国大陆实力最强的第三方冷链物流配送公司之一，尽管日均近万单，但它的冷链体系基本只覆盖上海，只能是“区域称王”。从某种程度上来说，当前生鲜电商纷纷自建冷链，也是受限于第三方冷链能力不足的无奈之举。

就目前来讲，自建冷链的意义，不仅在于为生鲜电商企业解决第三方冷链物流不足的问题，更在于帮助电商企业抢占市场先机。以顺丰为例，自建冷链能帮助其较容易地实现跨区域全程冷链运输，在大区域甚至全中国市场占下先手；而当前绝大多数生鲜电商的订单仍被局限在本地。冷链很烧钱，这是众所周知的事情。以冷库造价为例，普通仓库的造价约为400 元/平方米，冷库则要配备保温系统，造价至少 2000 元/平方米，而且冷库需要花费高额的电费，1 万平方米的冷库一个月的电费至少要 20 万元。生鲜冷库温度带很多，各种制冷、监测设备都要配备齐全，库内其他设备也都需防冻设计，因此库内设施也是一笔不小的投资。而冷藏运输车的购买、使用、维修价格也都远远高于普通货车。除了建置冷库、配置库内设备、购买冷藏车等，电商自建冷链还需要建立起一套区别于其他品类电商的精准订单预测、标准化品类管理、快速配送、快速库存周转机制——这样的以千万、亿元人民币为单位的庞大投入是大部分电商难以承受的。尤其是像顺丰这样的“一段式全程冷链”体系，非土豪不能为之。即便是在物流建设方面决心和投入最大的京东，其生鲜业务开展至今也主要采用以顺丰为主、地方冷链为辅的配送方式。只在生鲜业务站稳脚跟并逐步扩展后，京东才加重在自建冷链上的砝码。因此，成本是自建冷链最大的拦路虎，生鲜电商在自建冷链之前，最好扪心自问是否有投建冷链的资本，是否能保证未来资金链的安全。如果不是土豪，则最好学习亚马逊生鲜的缓慢扩张策略。

在区位选址上，生鲜电商冷库应尽可能处于海、陆、空立体交通运输路线的节点，集散条件便捷，交通网络四通八达。同时，生鲜电商冷库应该是配送中心型的冷库，需配置多温区温控系统、分拣系统、装卸货系统等关键子系统，电商企业应该委托具备资质的知名机构和企业，参考自身的业务发展情况，来进行冷库的设计和建造。

整个冷库需具备完善的检验检疫功能、多温区温控存储功能、集成信息化作业系统的库存管理和优化功能、包括分拣和包装价格在内的库内操作功能、进销存数据实时对接的数据交换功能等。除满足软硬件条件外，生鲜电商冷库在日常操作上要比普通仓库或冷库更加严格。电商企业在运营冷库时，要制定严密的规章制度和 KPI 考核制度。以果蔬包装流程为例，员工要佩戴棉手套，以免戳伤水果表皮或手温影响水果品质；枝、蒂等必须用剪刀剪断，不可用手摘；冷冻产品在离开温区称重、包装时必须限定在较短时段内，不得超时；等等。

相比自建冷库，自营冷链配送的成本也不遑多让。据不完全统计，中国至少有 3000 家生鲜电商，而其中 99%都在亏损，原因之一就是配送成本高昂。有数据显示，冷链宅配成本是常温宅配成本的 1.5 倍以上。在非生鲜电商领域，自建宅配通常的做法就是广布网——在各地自建配送分站，然后配送到户。但对生鲜电商来说，目前的订单量仍较少，维持这样的配送网络需要很高的成本。因此，电商自营配送要考虑更多的替代方法。例如，可以与连锁便利店、社区店合作，在一个区域内选择一家或几家便利店、社区店作为客户自提点，这样，生鲜电商就可以集中配送，减去入户配送的运力、时间和人员成本。便利店、社区店还能以 O2O 的模式运营，以线下的展示、体验帮助生鲜电商获取流量。例如，京东与十数个城市的万余家便利店合作，顺丰开设 3000 多家“嘿店”，两者都是为数不多的、实际进入生鲜 O2O 运营中的生鲜电商。

（资料来源：中国物流与采购联合会官网，作者根据中国物流与采购联合会官网相关资料整理。）

思考题： 1. 冷库如何建设和运营？

2. 自营配送如何控制成本？

12.1 智慧化冷链

12.1.1 智慧化冷链概述

1. 智慧化冷链的概念

智慧冷链物流可以理解为在物流系统中采用物联网、大数据、云计算和人工智能等先进技术，使整个冷链物流系统运作如同在人的大脑指挥下实时收集并处理信息，做出最优决策、实现最优布局，冷链物流系统中各组成单元能实现高质量、高效率、低成本的分工、协同。简单来说，智慧冷链物流本质即是货物从供应者向需求者的智能移动过程，通过对物流赋能实现人与物、物与物之间物流信息交互，是高层次、高端化的新型物流形态。

2. 智慧化冷链的发展

2021 年 12 月 13 日，国务院办公厅印发了《“十四五”冷链物流发展规划》（以下简称《规划》）。这是我国冷链物流领域第一个五年规划，《规划》首次从构建新发展格局的战略层面，对建设现代冷链物流体系做出全方位、系统性部署，提出一系列务实、可操作、可落地的具体举措，具有重要“里程碑”意义。

《规划》强调科技创新和数字转型激发冷链物流发展新动力。伴随新一轮科技革命和产业变革，大数据、物联网、5G、云计算等新技术快速推广，有效赋能冷链物流各领域、各环节，加快设施装备数字化转型和智慧化升级步伐，提高信息实时采集、动态监测效率，为实现冷链物流全链条温度可控、过程可视、源头可溯，提升仓储、运输、配送等环节一体化运作和精准管控能力提供了有力支撑，有效促进冷链物流业态模式创新和行业治理能力现代化。

物流在国民经济发展中具有重要的意义。中国物流与采购联合会公布的数据显示，2020 年全国社会物流总额 300.1 万亿元，同比增长 3.5%。随着人们对于食品个性化需求的提升，生鲜食品的线上交易与日俱增。

生鲜食品如奶、蔬菜、水果、肉、海鲜等需要低温贮藏及运输，冷链物流则为其提供了最为适宜的温度和湿度环境，同时抑制细菌的活性、降低细菌在运输或仓储过程中的繁殖，最大化保证货品的品质及安全。

冷链物流市场广阔，2023 年 12 月中旬，中物联冷链物流专委会公布的数据显示，2023 年我国冷链需求总量在 3.5 亿吨左右，同比增长 6.1%；冷链物流总收入约 5 170 亿元，同比增长 5.2%。在冷链需求逐步企稳回升带动下，冷链相关物流基础设施也在加快发展。2023 年冷藏车保有量预计达到 43.1 万辆，同比增长 12.8%；冷库总量预计达到 2.28 亿立方米，同比增长 8.3%。而在物联网大数据与人工智能的综合作用下，就会形成一种新的化学反应，深刻推动冷链物流智慧化发展。

智慧冷链物流所运输的商品也躲不过物流的过程，即从产地经过加工包装与运输，运送到销售地点，然后经过仓储与销售，最终到达消费者的手中。对于冷链数据信息的挖掘、采集与检测，保证整个冷链每个环节产生的数据都不遗漏，是冷链物流实现智慧化的基础；另外，还要有仓内技术、干线技术、“最后一公里”技术、末端技术、智数据底盘等技术基础；将硬件和软件平台强大的预算能力结合在一起，才能更有效实现存储、运输、配送、包装、装卸、信息处理等智慧化，进而实现冷链物流智慧化。

随着冷链信息化、数字化发展，智慧冷链物流成为必然发展趋势。针对生鲜农产品，通过智能硬件、物联网、大数据等智慧化技术与手段，提高物流系统分析决策和智能执行的能力，提升整个物流系统的智能化、网络化与自动化水平，从流通环节、底层技术、应用领域和功能目标等方面实现智慧化。

目前，智慧冷链物流需求逐渐旺盛，生鲜食品线上消费规模剧增，我国农产品智慧冷链物流市场容量巨大，市场潜能尚在进一步释放中，行业的发展空间与机会较多，因此，各大冷链物流企业结合实际，纷纷布局智慧冷链物流，我国智慧冷链物流进入了百舸争流的发展态势，且以“北上深”三城竞争力领先，代表企业有菜鸟网络、京东物流和满帮物流等。

总之，伴随着我国经济的平稳增长，对外开放新格局正加速形成，食品消费不断升级、城镇化进程不断加快、食品安全意识不断提高，以及国际合作空间不断扩展等因素都将促进我国智慧冷链物流需求市场的持续扩张与行业的不断发展。在“内需+政策”的背景下，智慧冷链物流发展前景广阔。

12.1.2 智慧冷链物流的关键系统

冷链物流在食品新鲜度、营养价值保存、卫生标准方面都提出了严格的要求，相关物流企业必须加快系统运转并提高配送质量。智慧冷链物流可利用物联网技术达到上述要求，以智能化方式进行数据处理、决策制定，实现不同网络系统之间的无缝对接。那么，智慧物流系统包含哪些关键系统呢？

1. 基于RFID技术的管理与监控系统

作为一种新兴的现代自动识别技术，RFID 技术主要通过读写设备中安装的微波技术、无线电波技术或感应技术来提取射频标签上的信息，以自动化方式完成数据获取。射频识别是物联网的关键技术，能够在物流运转过程中发挥重要作用。利用这项技术，运营人员能够以高效的方式进行数据获取并存储到信息系统中。除此之外，还可以在运输、存储、配送等多个环节中实现 RFID 的应用。

（1）数据采集。RFID 技术可以对处于运动状态中的物体进行识别，一次性提取多个物品的数据信息，环境适应能力强、信息安全性高。RFID 设备所提取的信息都储存在电子标签中，即冷链物流运转过程中经历的货品运输、加工、存储、配送、销售等各个环节所产生的信息都会保存在电子标签中。为了保证物流企业能够获取全方位的信息，就要实现电子标签在智慧物流系统中的广泛应用。

（2）安全管理。如今，人们对食品安全的关注度普遍提高，而冷链物流在这方面提出了更高的要求。智慧物流应该强化对整个食品运转过程的监管，为消费者查询相关信息提供便利，为他们提供安全、健康的食品。RFID 技术与电子标签的使用，能够对所有货物进行标识，将其在冷链物流各个环节中产生的信息都记录下来，还能保证信息的安全性，为运营人员进行货品信息查询提供便利，实现全过程追踪管理。为了保证食品的新鲜，在冷链物流的整个过程中都要注重对环境温度的控制，确保食品处于冷环境中。在这方面，物流企业可以通过 RFID 技术与温湿传感器来进行环境监控，以精确的数据为参考进行温度与湿度控制，在环境温度或湿度超出预定范围时快速进行调整，避免因环境异常而降低食品质量。

2. 基于GIS技术的智能配送系统

GIS（Geographic Information System，地理信息系统）技术在智慧物流，运转过程中发挥着重要作用，其应用价值集中体现在配送环节。物流企业利用GIS技术，能够绘制综合物流图，实现对货品、订单、客户等的统一管理，从而提高资源利用率，加速物流体系的运转，提高冷链物流的服务水平，为客户提供更加优质的物流体验。基于GIS技术的智能配送系统主要体现在以下几个方面，如图12-1所示。

（1）物流地图查询。物流企业可以在地图上标注各类信息，包括送货地址、客户联系方式、配送服务提供者等；利用GIS获取当前的道路交通情况，将最终选择的运输路径标注到地图上，为运营人员进行信息搜索与查询提供便利，方便用户进行实时货物追踪。

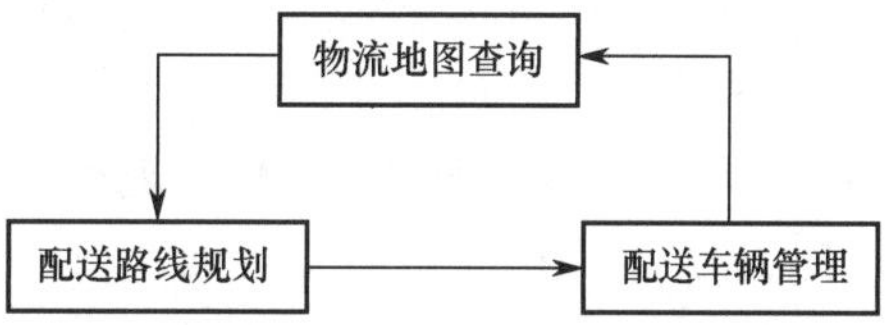

图12-1　基于GIS技术的智能配送系统

（2）配送路线规划。物流企业要对物流网点的地理信息实施统一管理，合理划分物流分担责任区，利用GIS技术，为不同区域、网点分派配送地址，与各地区、网点的人员管理系统相结合，确保能够通过合理的人员安排完成末端配送。

（3）配送车辆管理。实现对整个货物流通过程中的监控，借助GIS锁定车辆位置，进行实时追踪，对车辆资源进行合理安排，减少资源浪费。使用预警机制，在发生意外情况时提醒司机注意，避免车辆在运输途中被耽搁。

3. 智能终端系统

作为智慧物流系统的重要构成之一，智能终端由移动终端与机载终端共同组成，以终端设备为基础，配备开放式操作系统，能够登录互联网，允许用户使用操作系统下载的软件获取物流服务及数据信息。

一般来说，这类终端产品能够快速连接网络，其操作系统具有较强的扩展性，能够快速进行信息分析，采用语音识别、触控等方式实现人机交互。智能终端同时具备即时通信、信息搜索与查询、GIS定位、单据处理、语音识别、集成电路卡读写、条码识别等功能，能够在智慧物流系统中发挥重要作用。

4. 电子商务系统

电子商务涉及的内容有很多，包括电子商务平台、电子商务交易、物流、信息流、商流、资金流等。对货物的仓储、运输、配送过程及这个过程中产生的信息进行管理，即为物流管理。智慧物流在电子商务领域中的应用，能够加快物流中心与配送中心的运转，选择合理的物流渠道，精简物流过程，省略掉不必要的物流环节，缩短物流系统的反应时间。

另外，智慧物流的涵盖范围较广，从垂直方向分析，上游的市场调研与分析、货品采购与订单信息管理，下游的货品配送、物流方案制定、物流信息查询、库存管理等都包含在内。未来，物流企业将打破智慧物流与电子商务之间的界限。

在信息获取、信息传递、信息分析与挖掘、信息利用环节实现智能技术的深度应用，就能从整体上提高物流行业发展的智能化水平。在具体操作过程中，不同环节的技术运用方式是不同的，但其目标是一致的，即以智能化方式开展物流管理。而要提高物流行业的运营效率，就要充分发挥技术的推动作用，对现有的系统架构进行改革。

12.1.3 典型案例

1. 京东五大赋能，打造冷链行业整合新样本

近年来，我国冷链物流行业发展迅猛，但缺少冷链流通基础网络、成本导向及标准化程度低等问题依然存在，重资产属性又像紧箍咒一样牢牢牵制着区域冷链企业的外延式发展。冷链网络如何实现纵深布局，适应短链化、一体化的供应链发展趋势，仍是目前需要探索的重要课题。

冷链流通基础网络要想实现建设性破局，单靠重资产投入是远远不够的，京东云冷链计划正是京东冷链根据行业核心痛点，提出综合性、建设性解决方案当中的核心组成部分。据介绍，京东云冷链计划招募的合伙人分为城市合伙人与专线合伙人，城市合伙人在承接京东冷链在当地的仓储、配送、支线运输或者省内落地配业务的同时，联合在当地开展市场拓展业务；专线合伙人则负责承接京东冷链在当地的专线运输业务与市场拓展业务。本次签约仪式现场共有六家区域优秀冷链企业成为首批城市合伙人。

根据计划，京东物流将为合伙人提供“京东云冷链”独家品牌授权，与企业联合招商、共享商流以及覆盖全国的仓、运、配等服务产品及资源；来自全国七大区域的京东冷链销售队伍带来的独家货源支持与大客户协助开发；先进信息系统与管理系统输出，为合伙人输出标准运营操作规范及结算体系；提供运费保理、融资租赁等金融服务；共享车辆后市场、物资集采、维修外包等服务资源。

在冷链物流加速发展变革的当下，政府监管、食品安全、消费升级等趋势，决定了高质量服务时代、短链时代、科技时代、整合时代正在加速到来。京东云冷链计划的发布具备天时、地利与人和的优势，在提升京东冷链行业竞争力与影响力的同时，必将推动冷链行业向网络化、规模化的方向大步迈进。

成立十余年来，京东物流搭建覆盖全国的最大规模物流基础设施，并通过技术创新，整合物流、商流、信息流、资金流等资源，打造行业领先的智能供应链体系和“有速度更有温度”的物流服务。京东冷链作为京东物流六大产品之一，目前正在以技术驱动创新，以产品助推服务，以平台整合资源，依托强大的供应链一体化优势，构建覆盖全流程、全场景的F2B2C一站式供应链服务网络。

此次，京东云冷链计划的发布，正是京东冷链基于内外合力驱动与跨越式发展的战略需求，也是快速推进冷链网络纵深布局与社会化运力资源聚集的必然选择。

自2018年以来，京东冷链依托强大的供应链优势和覆盖全国300个城市的B2C“最后一公里”交付能力，重点打造B2B冷链网络与服务能力，先后上线冷链卡班、冷链城配等标准B2B产品以及首个以平台化运营的冷链整车产品，正式完成F2B2C冷链核心骨干网络的搭建与对外开放。而京东云冷链计划的发布，则是京东冷链进一步聚焦行业资源整合，构建社会化冷链协同网络的战略性前瞻布局，对于搭建冷链流通基础网络、完善冷链物流标准化体系、优化冷链物流供应链效率具有重要意义。

当前，京东物流正围绕“体验为本效率制胜”核心发展战略，携手社会各界共建全球智能供应链基础网络，为全球客户提供全面、高品质、高性价比的产品和服务。随着京东云冷

链计划的启动与推进，京东冷链正以开放共生的理念，链接整合各行业的资源，推动冷链网络触达的深度和广度，已然成为整个冷链行业高质量发展的重要推动力量。

2. 江淮轻卡携手协会、企业共同推动冷链产业发展

近年来，生鲜电商行业的迅猛发展带动了国内冷链物流产业崛起，根据艾媒咨询调研数据显示，2016 年至 2019 年，中国生鲜电商整体市场规模稳步增长，2018 年市场规模突破千亿元，2023 年市场规模达 6427.6 亿元。生鲜电商的羽翼渐丰，持续为冷链物流行业带来海量订单。

安徽江淮汽车集团控股有限公司作为 2021 年冷链产业年会的承办单位，也是冷链物流行业的优秀装备制造商，该公司负责人在会上表示：“2020 年以来，江淮汽车继续坚持‘做精做优乘用车，做大做强商用车，大力发展新能源’的战略导向，各项主营业务取得了持续的发展。在物流产业领域，基于冷链专业化的用车需求，江淮汽车在常规底盘基础上打造了轻量化、智能化、定制化的冷链专用底盘，可为用户提供冷链运输全生命周期价值解决方案。1—11 月，江淮轻型冷藏车销量同比翻番，全年销量预计近万台。”

江淮冷藏车在行业中已久负盛名，向来以品质可靠、服务完善、一体化上装、性价比高等优势受到大量冷链企业及个人用户认可，为冷链行业整体发展提供了强大的技术保障。此次冷链产业年会上，为了将技术领先、品质可靠的江淮冷藏车介绍给更多冷链物流企业，也为了收集行业更多冷链物流企业对装备及技术的需求，进一步推动我国冷藏车生产工艺迭代升级，中物联冷链委与江淮汽车正式签署战略合作协议，共同汇集行业资源，打造更加符合产业未来发展的创新技术及车辆。

作为冷藏车生产制造领域的领先企业之一，江淮轻卡多年来持续调研冷链物流企业需求，并根据需求不断升级产品性能，研发出全新冷藏车产品——骏铃冰博士，如图 12-2 所示，这一车型在本次冷链产业年会上正式上市发布，进一步完善了江淮轻卡冷藏车品系图谱。

图 12-2 骏铃冰博士

此次上市的冰博士网络版有诸多亮点。首先，从购车角度来讲，冰博士网络版可以实现像网上购物一般的购买体验，用户只需在网上订购并填写收货信息，江淮轻卡即可保证 7 天生产周期，7 天之内发车，将车辆送到用户的手中，底盘、上装全部是江淮原厂生产，质量可靠。其次，冰博士网络版的各项配置也非常高。发动机采用安康的 160 马力国六发动机，拥有 430 牛顿·米的峰值扭矩，爬坡加速性能更优；同时低速扭矩达 360 牛顿·米，扭矩宽广，能够轻松适应高原、加速、冷启动等复杂路况；底盘采用高强度钢材料，自重更轻，车身整体采用轻量化设计，整车重量降低 10%；配备 150 安大电机和双空调支架，改善充电速度，避免因频繁启停造成电池亏电，同时预留出压缩机安装位置，降低改装风险。

江淮轻卡在提升车辆性能的同时，相应的服务产品也大幅提升。针对冰博士网络版车型，江淮轻卡提供一对一专属服务，整车及冷机延保 1 年或 5 万公里，安康发动机 5 万公里之内只换不修；此外，江淮轻卡为用户提供一体化维保服务，用户无须底盘、上装分开维

保，只需找到江淮服务站即可完成一体化保养；针对部分用户购车资金不足的问题，江淮轻卡提供“低利息，超低首付”的金融服务，办理手续简单，而且可以实现购车、贷款、保险等“一站式”服务。

当下，随着我国冷链产业的飞速发展，对冷链物流基础设施建设和运输车辆也提出了越来越高的要求。江淮轻卡作为我国冷藏车制造领先企业，在此次冷链产业年会上先后与中物联冷链委以及众多冷链物流企业、冷链装备制造企业达成战略合作，未来在多方共同努力下，相信江淮冷藏车生产技术一定会持续提升，为我国冷链产业迈向世界一流提供更加优秀的冷链运输解决方案。

12.2 智慧冷链的主流模式

12.2.1 冷链物流的智慧化之路

冷链物流是以冷冻工艺为基础，利用制冷技术运输特殊商品的一种物流活动。相较于普通物流来说，冷链物流可以保证商品从生产到销售的全过程全部处在适宜的温度下，从而保证运输商品的质量，减少商品在运输过程中的耗能。也就是说，冷链物流不仅是一种供应链活动，而且可以将冷链技术应用于生产、储藏、运输、销售、消费等环节，保证运输商品质量。具体来看，智慧冷链物流主要体现在以下几个方面。

1. 运输智慧化

生鲜农产品冷链物流对物流配送设备、基础运输设施设备、温度控制以及整个物流系统的运作管理提出了极高的要求，需要将车辆识别技术、定位技术、信息技术、移动通信与网络等进行集成应用，具备交通管理、车辆控制、营运货车管理、电子收费、紧急救援等功能，从而降低货物运输成本，缩短货物运输时间，对整个货物运输过程进行监控，解决农产品运输过程中突然出现的各种问题，保证产品质量。

2. 仓储智慧化

智慧化仓储可以实时采集货物信息，包括货物数量、存放的位置、存放载体等，并利用信息交互技术辅助货物快速入库、准确出库，完成库存盘点、货物库区转移、货物数量调整、实时信息显示、温度检测与报警等操作。智慧化仓储在构建过程中需要用到很多技术，包括仓库选址技术、需求预测技术、仓内机器人等。其中，仓内机器人又包括自动导引运输车、无人叉车、货架穿梭车、分拣机器人等，主要在货物搬运、上架、分拣等环节应用。

3. 配送智慧化

智慧化配送系统会对全球定位系统、配送路径优化模型、多目标决策等技术进行集成应用，对订单进行集中分配，保证所有的订单都有车可送，也保证所有的车辆都有单可运，从而实现配送订单信息电子化、配送决策智能化、实时显示配送路线、支持对配送车辆进行导航跟踪、支持客户实时查询配送信息，与仓储部门一起高效率地完成配送。

配送智慧化的实现需要综合应用无人机配送、无人车配送、众包配送、智能快递柜等配送方式。冷链配送则需要在上述技术的基础上，与物联网技术相结合，在车内安装温控设备，对车厢内的温度进行实时监控保证在配送途中车厢内的温度一直处于适宜状态。同时，用户下单后可以通过手机 App 对车内状况进行观察。在新冠疫情初期，很多城市都出现了无人配送车，在物资运输方面发挥了重要作用。

无人机配送、无人车配送可以有效解决物流配送“最后一公里”问题，减少人力消耗，减轻配送人员的工作负担。例如，京东研发的无人配送车配备了激光雷达、全景视觉监控系统、前后防撞系统、超声波感应系统以及信息物理系统可以精准地感知周边环境，将物品送到目的地。研发人员可以在此基础上对无人配送车进行研发，进一步丰富其功能，赋予其自主决策、自主配送的能力。

4. 包装智慧化

产品包装智慧化可以利用电子技术、信息技术和通信技术等对产品生产、销售等过程中产生的信息进行搜集与管理，将产品整个生命周期内的质量变化记录下来，然后通过包装对产品的特性、内在品质以及产品在仓储、运输、销售等环节产生的信息进行实时采集与整理。

5. 装卸智慧化

装卸智慧化指的是利用 AGV 小车、传送设备、智能穿梭车、通信设备、监控系统和计算机控制系统等设备与系统，改变物品的存放位置与存放状态，让货物装卸、分拣、传送、堆垛、出入库等过程实现立体化、动态化，推动整个装卸过程实现智能化、自动化。

6. 数据处理智慧化

数据处理智慧化指的是利用信息感知、信息传输、信息存储和信息处理等技术对数据进行自动采集与输入，利用数据库对物流信息进行整合、处理与分析，为物流运作、决策制定提供依据，提高物流作业效率，保证物流作业的合理性。

例如，大数据处理调度中心具备自动预测、异常监控报警、数据关联分析、大屏可视化等功能，可以自动整合数据，对海量数据进行处理，为客户提供数据服务，进而提高数据处理效率，满足复杂业务场景对数据的需求。同时，数据处理结果可以通过大数据处理调度中心的大屏实时显示出来，为市场监管方了解产品、运输、仓库、市场交易动态等信息提供辅助，为市场监管方制定科学决策提供必要的支持。

大数据处理调度中心的自动预测功能可以通过对产品、运输、仓库、市场交易信息等进行统计，对农产品的供需状态、交易价格变化趋势等进行自动预测；异常监控功能可以对车辆运输状态、仓库管理状态等进行实时跟踪，对异常信息进行实时监控；数据关联分析可以对农产品的产地流通等环节进行分析，支持用户溯源；大屏可视化可以对产品、运输、仓库、市场交易等信息进行可视化展示。

总而言之，冷链物流智慧化不但可以提高物流运输效率，减少产品在运输过程中的损耗，保证产品质量，而且可以提高整个物流运输过程的开放性，支持消费者对产品的生产、运输过程溯源，让消费者安心消费。

12.2.2 智慧冷链的模式演变

在生鲜农产品流通过程中，冷链物流扮演着关键的角色，而冷链物流具体包括仓储、运输、终端配送等多个环节。在消费升级、食品安全愈发得到人们重视等因素驱动下，冷链物流产业迎来快速发展期，吸引了各领域企业的积极布局。

目前，冷链物流中的企业主要包括四种：传统物流企业、自建冷链物流的生产商、专业冷链服务商、国外冷链企业在国内成立的合资企业。而对其冷链物流模式进行深入分析，可以发现，国内冷链物流模式主要包括以下几种，如图 12-3 所示。

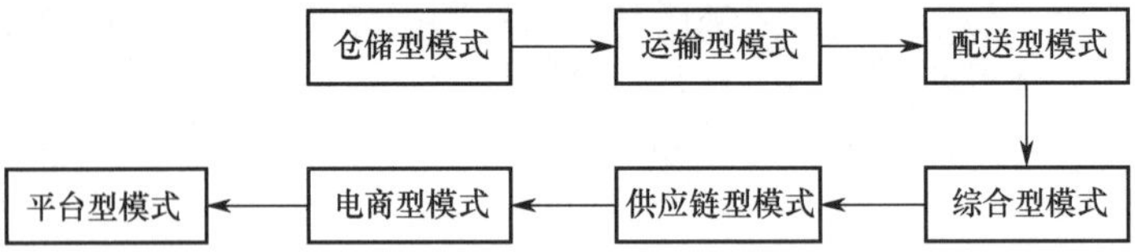

图 12-3　国内冷链物流模式

1. 仓储型模式

仓储型模式的企业以货物冷藏业务为主，需要建设大型仓储基地，投入成本高，头部企业通常是合资企业，其中太古冷链和普菲斯是典型代表。

冷库是冷链物流的重要基础设施。冷库资源不足、分布不平衡、设备与技术落后成为限制我国冷链物流产业发展的重大阻碍。此外，行业集中度较低也是我国冷库行业存在的一个痛点，这引发了难以建立统一的行业标准、资源利用效率低下、恶性竞争等诸多问题。

2. 运输型模式

运输型冷链物流模式的企业以货物低温运输业务为主，干线运输、区域配送、城市配送是常见的三种货物低温运输业务。在采用该模式的诸多物流企业中，双汇物流、荣庆物流以及众品物流已经建立了一定领先优势。其中，荣庆物流是从传统物流模式转型为运输型冷链物流模式的。而另外两家都是从一家企业的物流部门逐渐发展成为物流企业的。双汇物流隶属于双汇集团，后者是一家以肉类加工为主的大型食品集团。众品物流隶属于河南众品食业股份有限公司，后者是一家专业从事农产品加工和食品制造，集科工农贸为一体的综合性食品企业。也就是说双汇集团和河南众品食业股份有限公司都对冷链物流有旺盛的需求，在行业发展过程中建立冷链物流部门是很自然的事情，而随着冷链部门发展日渐壮大，逐渐演变成为专业的运输型物流企业。

3. 配送型模式

配送型冷链物流模式的企业是最为常见的冷链物流企业，这类企业很多是服务当地市场的中小物流公司，主要承接超市供应商、生鲜电商、连锁餐饮配送中心、超市配送中心的冷链配送业务。

4. 综合型模式

综合型冷链物流模式的企业主营业务为包括干线运输、城市配送、低温仓储等多种业务在内的综合业务，涵盖了仓储、运输、终端配送等多个物流环节，其中北京中冷、上海广德、招商美冷是典型代表。

5. 供应链型模式

供应链冷链物流模式是一种现代化的冷链物流模式。该类企业通过对信息流、资金流、物流进行集中管理，将供应商、制造商、物流商、零售商整合到一个互联互通的网络之中，为从商品生产到终端采购的整个流通过程提供低温仓储、加工、运输及终端配送服务。供应链冷链物流模式在我国发展时间较短，大部分企业仍处于初级发展阶段。

6. 电商型模式

生鲜电商产业的发展为冷链物流产业注入了重要推力，很多创业者和企业就是想要抓住生鲜电商的风口而切入冷链物流领域，由此诞生了电商型物流模式。以菜鸟冷链为例，依托阿里电商网络，菜鸟冷链为蔬果、水产冻肉等商品推出的全路冷鲜物流服务，通过建立全国进分仓体系，提高物流效率。在终端配送环节，菜鸟冷链可提供生鲜配送和冷链配送两种配送方式，以便满足不同物品的差异化需要。

7. 平台型模式

平台型冷链物流模式主要是为了解决冷链物流行业存在的经营主体分散、服务质量参差不齐、供需错位问题而出现的一种新型冷链物流模式。它强调对物联网、大数据、云计算等先进技术的充分利用，建立“互联网+冷链物流”模式综合平台，让需求方和服务方精准对接的同时，还提供物流金融、保险等增值服务。

12.2.3 物联网技术介入的冷链物流流程

由于目前互联网已经基本普及，网络营销特点表现得十分明显，普遍存在销售点分散随机、销售量小、销售次数多、销售过程复杂多变等情况，尤其是生鲜食品，同样的商品在同时间可能面临不同的温度，商品尤其是食品质量难以保证。目前，通过物联网的电子标签，可以清楚地了解商品的物流情况；运用互联网，通过冷链物流的控制中心可以控制其制冷设备；通过销售人员数据的提示，可以快捷查询包括生产日期在内的产品信息。

1. 采购环节的冷链

传统的产品生产在原材料的采购过程中很少采取预冷措施，对操作的规范性要求不高。在生产过程依照生产厂商的规定进行操作，操作过程的透明度不高，不能确定是具体的哪方面出了问题，更不能确定相应的责任人。物联网、互联网的采用，能够解决这个问题。在采购原材料的时候就对其进行电子标记编码，建立数据库，通过电子标签，能够对产品在整个生产加工的过程进行连续的监控，包括当前的温度、湿度以及相应的操作人员，将数据全部录入数据库，这样就很清楚是由哪些因素造成问题的，既能够有针对性地立刻进行改善，也能够确定责任归属。

2. 生产结束后的冷链

在产品生产完成以后，不是直接进入市场，而是要进行储存，再根据需求配送到物流中心或者是销售点。储存水平相对于以前来说，已经有了很大的改善和提高，但是在这个过程中仍然存在着一些问题，如不能保证所有的产品都是按照先进先出的原则储存的，这样可能造成部分产品在仓库的储存时间过长，后面的销售时间很短的情况，特别是冷藏的产品的保质期短，更容易出现这类问题。运用物联网技术之后，仓配管理变得更加简便、快捷高效。

3. 库存过程中的冷链

在生产加工时为产品加电子标签，在储存的时候运用其自动识别功能，在入库的时候通过读写器就能很快地记录产品的入库时间和相应的数量等信息。在仓库的管理过程中不再需要人员逐个进行清点盘查，通过读写器进行快速的读取或者通过数据库查询相应的数据就能清楚仓库库存的详细情况。产品出库的时候，利用数据库能够快速确定产品，从而避免了产品先进后出现象的发生。产品上的电子标签还能够对周围的环境进行监测，并把数据反馈给物联网，物联网通过智能处理，调节仓库的环境，提高配送质量。

4. 运输过程的冷链

运输过程是生鲜冷链物流中最薄弱的环节，在移动设备上制冷的成本高、效果差。特别是多种运输方式并存，长距离或连续转运的冷藏效果更差，这是造成大部分的产品质量下降，甚至使产品失去使用功能的重要原因。冷链物流智能系统通过产品上的电子标签，把在运输途中的信息反馈给系统的控制中心，控制中心根据反馈的信息进行智能处理，及时控制调节制冷设备，就可以保证产品在配送过程中的质量。

5. 特殊商品的冷链

目前，冷链物流的适用范围包括初级农产品（蔬菜、水果；肉、禽、蛋；水产品、花卉产品）、加工食品（速冻食品，禽、肉、水产等包装熟食，冰激凌和奶制品；快餐原料）、特殊商品（药品）。由于食品冷链以保证易腐食品品质为目的，以保持低温环境为核心要求，因此它的供应链系统比一般常温物流系统的要求更高、更复杂。

12.2.4 冷链物流的发展模式

目前，国内的线上与线下商家虽然希望提高冷链的可靠性，但他们普遍认同应由供应商负责将产品运送到零售点或客户，可是大多数供应商出于成本考虑和实力原因很难在产品安全以及物流设备上投入更多。同时，由于电商背景下多数的实体店密度不足、布点分散、扩张较快，加上更加分散的个体客户，配送成本的增加难以估算。大多数供应商基本处于独立运营状态，由此使冷链物流难以实现规模效应。

冷链物流要发展就要从冷链市场上下游的整体规划和整合这个关键问题着手，努力建立一个能满足消费者、供应商和零售商三方面需求的、一体化的冷链物流模式。

整合冷链物流必须着手于建立一个基于整合冷链市场现有资源，为冷链市场提供一体化服务的平台。这个平台可以通过现代化信息技术、网络技术以及先进的全温层配送解决方案，为冷链市场发展开创一种全新模式，从而在节约社会资源、降低物流成本、提高效率、减少社会环境污染的同时，创造企业效益。这个公共服务平台的建设主要体现在以下三个方面：建立冷链物流网络平台、建立冷链物流公共信息平台、加快实体冷链物流平台建设。

1. 建立冷链物流网络平台

建立冷链物流网络平台与冷链应用服务网络平台是实现冷链物流一体化的第一步。通过网络平台可以整合冷链物流从上游供应商到下游用户各个环节，并将冷链物流产品供需资源数据库与冷链物流行业商业资源数据库组织起来，冷链物流网络平台为冷链物流供需双方提供各环节服务及设备等，方便、及时、准确地提供信息，实现平台的信息共享、交互、全程交易、决策支持、数据挖掘等功能，从而建立面向交易、综合服务的冷链物流行业完全电子商务模式。

2. 建立冷链物流代公共信息平台

通过冷链物流公共信息平台，可以整合现有冷链资源，为冷链物流各环节企业服务商提供高效的信息化解决方案，提升冷链物流效率，节约社会资源。通过推进现代先进物流信息技术的应用（如 RFID、GNSS、GIS、GPS 等技术），实现数据的采集与应用，提高冷链物流的作业效率，降低冷链物流成本。根据冷链物流企业特点及信息化需求状况，针对不同的应用主体，研究论证并建立相关信息化系统，如建立冷链物流公共信息平台与冷链应用服务网络平台等。

3. 加快实体冷链物流平台建设

加快冷链物流实体平台的建设，整合现有社会冷链实体资源，结合新型冷藏仓储、运输技术、材料（如蓄冷保温箱）、先进的物流作业方法，运用科学、先进的物流管理方法与商业模式，优化冷链物流实体网络，探讨及建立新型高效的冷链物流业务模式。随着自建冷链物流的生鲜电商企业在冷链配送方面的优势越来越明显，在满足企业自身业务基础之上，开始为第三方平台提供服务。例如，京东物流已经不仅仅是服务于京东商城，而是服务于更多的企业，以满足这些企业的物流配送需求；易果生鲜背后的冷链配送安鲜达，在为易果生鲜提供生鲜产品配送的同时，目前也已经承担了整个天猫超市的生鲜配送任务，未来借助其多年积累的冷链物流优势，势必会为更多第三方平台提供物流配送服务。

12.2.5 冷链物流发展策略

在我国，生鲜食品、药品、生物制品等产品的市场需求量逐渐增加，但是由于技术的瓶颈，许多地区冷链物流尚处于起步阶段，一些物流企业尚未建立专业的冷链物流运作体系，冷链物流配送中心建设滞后。同时，冷链物流中心的建设是一项投资巨大、回收期长的服务性工程，资金不足便成为影响企业建立冷链物流中心的主要原因，但是这些企业可与社会性专业物流企业结成联盟，有效利用第三方物流企业，完成冷链物流业务。

1. 创建电商物流企业联盟

物流企业可与工商企业结成联盟，先期按条块提供冷链分割的冷链仓配环节功能服务，输出有针对性改进的物流管理和运作体系。冷链配送是冷链物流的关键环节，尤其是鲜活商品要求严格，需要天天配送。鲜活商品的质量要求比较高，需要特殊条件的运输，零售业与厂商结盟实现鲜活商品的保质运输。由于生产厂商有一整套的冷链物流管理和运作系统，能在运输中保证鲜活商品的质量，因此可以建立由厂商直接配送的运输服务。

例如，一些大型超市与鲜活商品厂家或产地建立长期的合作关系，由厂家直接配送，利用厂家运输要求和运输工具直接到达超市的冷柜，避免在运输过程中变质，给超市造成重大损失，从而影响厂家的信誉度。随着合作的进展，与客户建立起的合作关系趋向稳固，以及操作经验的不断积累，通过对生产商自有冷链资源、社会资源和自身资源的不断整合，实现冷链物流的共同配送，可以减少社会车流总量，减少城市卸货影响交通的现象，改善交通运输状况。通过冷链物流集中化处理，有效提高冷链车辆的装载率，节省冷链物流处理空间和人力资源，提升冷链商业物流环境进而改善整体社会的生活品质，并建立起科学的、固定化的冷链物流管理和运作体系。

2. 实现共同配送

共同配送是经过长期的发展和探索优化出的一种追求合理化的配送形式，也是美国、日本等一些发达国家采用较为广泛、影响面较大的一种先进的物流方式，它对提高物流运作效率、降低冷链物流成本具有重要意义。

由于冷链物流的低温特点，因此物流企业单独建立冷链物流中心，投资成本高，而且回收期较长。而因为冷链食品的特点相同，所以整个冷链物流业应该联合起来，共同建立冷链物流配送中心，实现冷链物流业的共同配送便成为可能。

从微观角度看，实现冷链物流的共同配送，能够提高冷链物流作业的效率，降低企业营运成本，可以节省大量资金、设备、土地、人力等。企业可以集中精力经营核心业务，促进企业的成长与扩张，拓展市场范围，消除有封闭性的销售网络，共建共存共享经营环境。

知识链接

冷链+前置仓“组合拳”直击生鲜即享需求

如果说苏宁的自建物流体系是为全国消费者提供生鲜美食的“面”，那苏宁“冷链+前置仓”的组合拳就是直击消费者生鲜即享需求的“原点”，给消费者带来冲击性的生鲜体验。目前，苏宁物流在全国布局了 46 座冷链仓，辐射 188 个城市，专业冷链仓储面积超过 20 万平方米，成为生鲜零售末端服务的终极触角，最大限度地保证了生鲜食材的原汁原味。

（资料来源：36 氪网，作者根据 36 氪网相关资料整理。）

12.3 基于大数据的智慧冷链配送

12.3.1 大数据在冷链物流中的应用价值

近年来，在各行各业信息化升级、数字化转型的背景下，物流企业相继引入冷链技术、RFID 技术等，并在设备终端安装传感器，利用传感器对产品进行跟踪监测，确定产品的位置，了解产品的状态，促使冷链系统不断完善。

近两年，为了增强自身的竞争优势，减少因突然爆发的新冠疫情带来的损失，一些物流企业积极引进冷链物流制冷技术和其他技术，对产品进行跟踪、定位及控制，获取大量信息，然后利用大数据技术对这些信息进行处理，将信息处理结果应用于各种服务器终端，为客户提供更优质的服务。

虽然物流企业通过上述方式对很多数据进行了开发利用，但仍有大量数据没有得到充分挖掘，数据价值没有得到有效发挥。在这种情况下，物流企业很难利用小部分数据提高物流管理水平。在大数据技术的支持下物流企业可以通过大量随机、不完整的数据对物流信息进行挖掘，从中提取潜藏的有价值的信息，为制定科学决策提供强有力的支持，为物流产业的发展提供积极的推动作用。具体来看，大数据在冷链物流中的应用价值主要体现在三个方面，如图 12-4 所示。

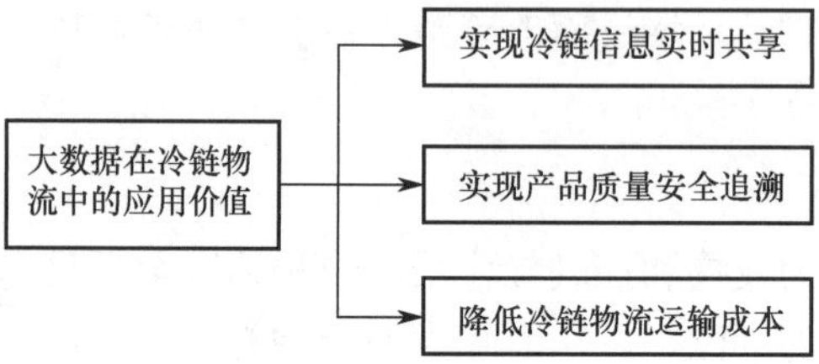

图 12-4　大数据在冷链物流中的应用价值

1. 实现冷链信息实时共享

冷链物流运输的对象主要是生鲜农产品，这些产品大多具有时效性。为了减少产品损耗，物流企业需要对整个供应链进行合理调配。在大数据的支持下，这个过程变得更加简单、便利。例如，前几年，在新冠疫情防控方面，冷链食品检验是一项重点内容，曾经有多次局部爆发的疫情与海鲜产品的冷链物流有关。在这种情况下，工商部门要求冷链物流企业严格按要求填写海关报关单，提供检验检疫证书，登记发货信息，提供旅客运输货物信息与收货人信息。同时，交通运输部门严格执行出入境、边境省区物流冷链系统公路货运司机登记制度，与其他部门、企业共享信息，对冷链物流的整个运输过程进行追踪管理，切实保证冷链运输的安全。

在大数据时代，传统的冷链运输模式不再适用。因为传统的冷链运输模式会造成严重的资源浪费，产品损耗较大，环境污染问题比较严重，与可持续发展理念背道而驰，并且无法满足人们的多元化需求。在这种情况下，物流企业利用大数据发展智能冷链物流不仅可以解决上述问题，还可以让冷链物流更加灵活，带给人们更极致的物流体验。

2. 实现产品质量安全追溯

互联网技术还可以用来建设质量追溯体系。物流企业可以借助网络技术与现代化的冷链设备对货物信息技术平台进行全程监控，共享各类信息与资源，从而提高整个冷链系统的运输效率，推动冷链物流向着精细化规模化、社会化的方向不断发展。

在互联网的支持下，产品可以从体验性、广泛性向知识性、专业性转变。未来，运输生鲜农产品的冷链物流还将整合市场资源监测、环境信息监测、作物生产精细管理、产品安全检测和可追溯性规划等功能，进一步加强对生鲜农产品质量与安全的管控，切实保障消费者的利益，增强消费者的信心，激励消费者的购买行为。

3. 降低冷链物流运输成本

自改革开放以来，我国经济发展速度越来越快，高速公路网络的覆盖范围越来越大，进一步缩短了各地的距离。但随着小汽车、货车等不同类型的车辆越来越多，道路拥挤问题也越来越严重，给冷链运输带来了不便。

为了解决农产品在运输过程中的损耗问题，降低运输成本，提高运输时效，冷链运输尝试引入真空预冷技术、车辆自动温度控制技术、GPS 技术、自动识别技术，以及智能交通、信息技术、通信技术、大数据分析等技术，在运输过程中对车厢内的温度进行自动控制，减少产品衰变，减少企业损失，同时利用大数据技术收集车辆信息，合理规划行驶路线，减少运输耗时，将产品尽快送达目的地。在这个过程中，物流企业要与政府部门合作，共同加强冷链运输的基础设施建设，提高冷链运输技术水平，提高冷链运输效率，促使冷链运输的产业效益与经济效益实现最大化。

12.3.2 大数据在冷链物流中的应用场景

配送方使用冷藏车运送产品，在运送过程中，借助大数据分析平台，配送方可对车辆运送状态进行实时监控，客户可查询货物的运送信息，冷藏车中的配送人员可实时接收配送方的指令，调整配送状态，切实保证产品质量及安全。

具体来说，大数据在冷链物流配送中的应用主要体现在以下几个方面。

（1）管理和监控冷藏配送车辆。在货物配送前，企业与其他企业建立合作关系，将自己存储的数据信息与行业数据结合构建冷藏车信息库，将车辆载重、容量、存储条件等信息收录起来。企业通过对这个信息库进行科学管理可以合理安排冷藏车辆，提升冷藏车的运输质量和效率，保证冷藏车实现充分有效运输。以此为基础，企业可以为每辆冷藏车及司机派发“身份证”，实现“一车一证”，对冷藏车及司机身份进行有效识别，以防止骗车骗货现象发生，为货物安全提供有效保障。

在货物配送过程中，通过大数据分析平台，配送方可对冷藏车的温度、湿度、行驶线路、行驶时间、停车时间、货物装卸等情况进行实时监控，还可以对驾驶员急加速、急刹车次数、经济转速区行驶时间进行准确计算，实现对冷藏车及货物的实时追踪与监控，以在意外发生时迅速做出反应，将损失降到最低。

在货物配送完成后，通过大数据分析平台提供的信息，冷藏车可对附近的货物进行收集，捎带货物返程，避免“空返”，从而使车辆利用率得以切实提升。

（2）优化和再优化配送路径。为了降低运送成本，保证产品质量，企业就要对车辆行驶路线进行科学规划。目前，我国冷链配送线路规划都不甚合理，行驶线路完全由配送人员的个人感知决定，利用大数据，这种情况能得以有效改善。

在大数据环境下，企业可利用公共数据云提供的天气、路况等基础数据对冷链配送线路进行合理规划。这些数据涵盖了各种基础性的交通信息，如城市各路段交通事故的发生频率，一天之中车辆在各路段通过的时间等。利用这些基础信息，在动态与随机车辆路径规划模型的基础上，对各配送任务时间窗进行充分考虑，在最短的时间内生成初始的、最优的配送路径。

在冷链物流配送的过程中，以车辆在行驶过程中实时反馈的运行状态及公共交通云提供的公共交通信息为依据，利用在线动态车辆路径优化模型对车辆行驶路线进行实时调整，保证物流配送路线安排达到最佳状态。

（3）预判发货和预判到达。2013 年，亚马逊的“预判发货”成功申请专利。“预判发货”就是通过对用户购物车、历史消费记录、商品搜索记录、在某商品页面停留时间等用户行为进行分析，对其购买行为进行预测，在用户下单前发货，以缩短物流配送时间，提升物流效率。亚马逊的“预判发货”吸引了很多企业模仿。

借助大数据分析平台，企业可对购买时间、购买次数、冷冻产品的数量、冷冻产品的品类等消费行为数据进行分析，让消费行为与消费时间建立密切联系，在消费高峰期到来之前将产品送到消费地点附近，以便在消费高峰期到来之际让货物在最短的时间内配送到消费者手中，保证货物数量充足、质量完好。这种物流配送方式非常适合粽子、月饼、汤圆等消费时间比较固定、需要冷藏保鲜的产品使用。

亚马逊的“预判到达”就是利用大数据平台对车辆到达目的地后等待客户平均消耗的时间、目的地货物装卸时间、与客户交接时间等数据进行分析，提前通知客户前往目的地取货，让冷冻产品从“冷藏车”尽快转移到“冷柜”，缩短等待时间（车等人或者人等车的时间），节约双方的时间成本。

如果客户发出“延迟收货”的请求，配送方就可将这部分货物列入下一批货物配送名单，以减少目的地库存。另外，如果在配送途中遇到意外情况，如暴雨、台风等恶劣天气或者交通事故，车辆就可以利用大数据平台将这些情况通知配送方及收货方，提醒他们最新的到货、收货时间。在大数据时代，冷链物流行业的变革不只是技术变革，还包括思维模式及商业模式的变革。为此，冷链配送企业要做好准备，摒弃传统的思维模式，学习、形成大数据思维，紧抓大数据带来的机遇，积极应对随之而来的挑战，做好车辆管理，优化配送线路，做好预判发货，以切实提升冷链配送效率，保证冷冻、冷藏产品的质量。

12.3.3 基于大数据的冷链可视化监控

冷链物流智慧化离不开 5G、物联网、区块链、人工智能、大数据、云计算等技术的支持，同时，数字化的冷链物流也是保障冷链商品从生产、运输到销售全过程安全的重要保障，有利于对冷链商品生产、加工、包装、装卸、运输、仓储、城配、陈列、到家等环节进行智慧化管理。

传统的冷链追溯系统只能追溯到生产企业，无法追溯到产品生产流通的各个节点。冷链物流系统实现数字化之后，可以对冷链产品生产与流通的各个环节进行追溯，让整个过程做到可视化、透明化。那么，数字化的冷链物流系统如何做到这一点呢？

1. 移动化

数字化的冷链系统需要配备移动式设备对运输途中车厢内的温度进行实时监控，同时监测设备也要配备 GPS 模块，利用 GPS 和 GIS 技术确定车辆位置，对车辆进行合理调度。另外，由于冷链运输车辆在不同的场景中各点温度不均匀、不一致，需要进行多点监控。例如，出风口位置的温度可能比较低，靠近车门位置的温度可能比较高，需要实时监控，根据产品状态对温度进行调整。

2. 标签化

标签化指的是为从车间到运输、仓储、销售整个过程的商品贴加标签，标签信息要全面，要涵盖产品代码、产地管理、农户编码及流通环节管理等众多内容，对产品在整个生命周期内的安全情况进行监管与追溯。

3. 多功能化

数字化冷链系统要配备预警系统，在运输开始前先设定温度、湿度指标。如果在产品运输过程中，车厢内的温度、湿度超出预设指标，系统就会自动发出预警。运输结束后，相关人员也可以对运输过程中车厢的温度曲线进行分析，找到温度、湿度明显低于预设指标的时间点，找到对应的地点，判断当时的环境，从而探究导致温、湿度变化的主要原因。

此外，数字化冷链系统还可以利用软、硬件系统与设备对环境温度进行智能化控制，利用控制类的标签设备对制冷系统进行控制，通过后台对冷库的温度进行实时分析，在需要制冷时远程控制制冷机完成制冷。

冷链物流企业通过硬件系统采集获得的大数据以及业务沉淀得来的大数据，可以利用算法与数学建模进行深度分析与挖掘，包括路径优化、智能调度、智能配载等，也可以进行数理统计与数据挖掘，包括用户画像、数据征信、供应链需求预测等，从而拓展数据应用思路，扩大数据应用范围，包括优化运输路径、对企业进行精准画像、对运力进行分层调配、对车辆进行智能调度、对供应链需求进行预测、对公路货运与交通情况进行宏观分析、开展数据征信与物流互联网金融等，进一步提高冷链物流的智慧化水平。

12.3.4 大数据、云计算与冷链物流信息化

农产品电商的快速发展对农产品冷链物流提出了较高的要求，但由于冷链物流信息化建设严重落后，给冷链物流企业发展造成了一定的制约。为了提升冷链物流的信息化水平，物

流企业需要对大数据、云计算等新一代互联网技术与传统的 RFID、GPS、通信网络进行集成应用。

农产品冷链物流企业信息化指的是冷链物流企业利用现代信息技术对冷链运输全过程产生的信息进行采集、交换、传输与处理，对农产品的流动过程进行有效控制，不断提高企业的竞争力，最终实现效益最大化。

具体来看，大数据与云计算技术在农产品冷链物流信息化中的应用主要表现在以下几个方面。

1. 在生产加工环节的应用

传统农产品生产、加工过程往往比较隐秘，即便出现质量问题、安全问题也不容易被问责。大数据、云计算技术的使用可以提高农产品加工、生产过程的透明度，为农产品溯源管理提供方便。企业可以利用大数据云计算技术对所购原材料添加电子标签代码，并将代码录入专门的数据库，对农产品的整个生产加工过程进行监控，对农产品的生长状态、加工操作程序、操作人员、管理人员等进行实时了解，一旦发现质量问题、安全问题可以准确地确定责任人，并记录在案。另外，企业还可以利用已经掌握的数据对农产品的生产、加工过程进行预测分析，预防食品安全事故发生。

2. 在仓储管理环节的应用

企业可以利用大数据和云计算技术提高仓储自动化管理水平。企业可以在生鲜农产品的托盘与包装上贴加 RFID 标签，在冷库出入口安装智能读取器，自动读取并记录产品的出入库信息，减少人工操作，提高产品的出入库效率。企业可以在冷库安装感应器，对存储货物的数量、状态进行实时感知，对产品库存进行有效控制。总而言之，冷链物流企业通过应用大数据与云计算可以切实提高仓库的自动化管理水平，对仓储条件进行自动调节，提高仓储管理效率，降低仓储管理成本。

3. 在信息共享建设中的应用

冷链物流企业可以利用大数据、云计算等技术与冷链物流各环节的参与者共享信息，让他们相互协作，共同提高运输效率。在大数据、云计算的作用下，信息传输速度、计算速度大幅提升，信息失真情况得以有效缓解，使得冷链物流各环节的参与企业可以对农产品冷链物流各个环节产生的信息进行全面挖掘，全面提高冷链物流服务的质量。

综上所述，在农产品冷链物流过程中，大数据和云计算技术发挥着重要作用，为农产品冷链物流管理信息化提供了强有力的技术支持，极大地提高了农产品的质量，让农产品安全变得更加可控。

随着现代冷链物流理念与相关技术不断革新，冷链物流的基础设施建设不断加强，冷链物流的信息标准持续完善，我国农产品冷链物流在存储、配送等环节产生的信息将变得更加集中、统一，进而推动我国农产品冷链物流实现更好的发展。

知识链接

我国冷链运输损耗高，智能化能够实现监督和预警

相比于国际水平，我国冷链物流处于发展初期，生鲜运输损耗严重。我国综合冷链应用率仅为 19%，果蔬、肉类、水产品冷链流通率分别为 5%、15%和 23%。发达国家蔬菜、水果冷链流通率超过 95%，肉禽冷链流通率接近 100%。落后的冷链物流造成严重浪费，据统计，我国果蔬、肉类、水产品腐损率分别为 20%～30%、12%、15%，发达国家为 5%左右。若通过冷链物流使腐损率达到发达国家水准，果蔬、肉类和水产品供给将分别增长 19%～36%、8%、12%。

智能化是我国冷链物流一大短板，冷链物流处于领先地位的加拿大的成功关键因素之一是建有农产品信息系统，包括仓库管理系统、电子数据交换、运输管理系统全球定位和质量安全可追溯系统等，其实现了信息化、自动化和智能化，物流、商流和信息流三流合一，提高了物流效率、降低了损耗。

（资料来源：联冠汇通官网，作者根据联冠汇通官网相关资料改整理。）

阅读案例

物流科技助阵，为冷链行业降本增效

整个冷链物流行业目前整体还处于洗牌期和整合期，虽然在近两年消费升级和相关政策推动下，冷链物流行业进入了一个快速发展的快车道阶段，但目前行业集中度不高仍处于比较分散状态。中物联数据显示，百强企业市场份额一直稳定在 12%左右；冷链行业的粗放式发展导致整个行业标准化程度较低；大数据、信息化技术等先进设备在冷链行业中应用落后，部分传统企业还依靠表单作业和手工作业；冷链物流行业整体处于小散乱的状态，专业人才相对缺乏。

而且冷链物流行业虽有万亿级市场却依旧不温不火，除以上痛点外，成本导向和标准化程度低导致中国冷链流通率处于 20%～30%的低水平，而欧美一些国家和日本等发达国家易腐食品的冷藏运输率已超过 90%，冷链流通率约为 95%～98%，某些肉禽等产品的冷链流通率达到 100%。

所以在冷链物流行业中降低损耗和成本、提升流通率就显得尤为重要，其中制约冷链和生鲜供应链发展最大的挑战就是损耗与成本问题，京东集团副总裁郑瑞祥认为可以从以下几个方面改善：第一，优化供应链模式和流程，降低损耗和成本；第二，通过技术和大数据应用，提升效率；第三，在生鲜交互过程中，流程标准化和产品标准化很重要，这也是降低生鲜损耗成本的关键要素；第四，从成本角度来讲，共生理念很重要。“京东无界零售的战略是以开放、共生、互生、再生理念开展产业布局的，所以京东冷链依靠此背景构建了冷链社会化平台，通过该平台连接行业资源，降低全流程供应链中的交付成本。”郑瑞祥补充道。

同时，2018 年是物流科技落地的重要节点，各大电商物流、快递企业纷纷启动云仓、无人机、无人配送车等物流科技来提高行业运作效率。在冷链物流行业中运用物流科技来实现降本增效同样重要。京东冷链运用物联网技术对冷链运力车辆全程安装了 GPS 导航系统和温度传感器来采集位置、温度等，做到全程数据的可视化和透明化；运用人工智能设备、大数据、算法、AGV 等提升仓库智能分拣效率，使用 AGV 代替人工降低冷库零下 18 度作业环境对人体带来的伤害，除此之外，再加上算法、技术等实现智能补货、拣货等操作程序，提升仓库交货率。

此外，物流技术在场景应用过程中也会面临冷链物流产品的大小不一、分散等问题。郑瑞祥表示，根据业务模式的不同实行分区作业，B2B 的生鲜库和 B2C 的生鲜库是两个不同的物理场景，所以根据不同的业务场景采取不同的技术设备。

（资料来源：搜狐网，作者根据搜狐网相关资料整理。）

思考题：1. 本案中所说的冷链物流新科技主要指哪些？

2. 冷链物流新科技产生的实际效果体现在哪些方面？

本章小结

智慧冷链物流其本质即是货物从供应者向需求者的智能移动过程，通过对物流赋能实现人与物、物与物之间物流信息交互，是高层次、高端化的新型物流形态。冷链物流不仅是一种供应链活动，还可以将冷链技术应用于生产、储藏、运输、销售、消费等环节，保证运输商品质量。智慧冷链物流主要体现在运输智慧化、仓储智慧化、配送智慧化、包装智慧化、系统支持功能智慧化、装卸智慧化、数据处理智慧化方面。国内冷链物流模式主要包括仓储型模式、运输型模式、配送型模式、综合型模式、供应链型模式、电商型模式、平台型模式。

大数据在冷链物流中的应用价值主要体现在实现冷链信息实时共享、实现产品质量安全追溯、降低冷链物流运输成本上。

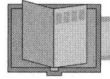

复习思考题

1．谈谈你对冷链物流的理解。

2．简述智慧物流系统包含的关键系统。

3．结合实际谈谈冷链物流的发展模式。

4．谈谈对智慧冷链的七大主流模式的理解。

5．简述物联网技术介入的冷链物流流程。

6．简述大数据在冷链物流中的应用价值，冷链物流配送中的应用及冷链可视化监控的特点。

7．简述大数据与云计算技术在农产品冷链物流信息化中的应用。

实训项目

1. 课内实训

运用供应链思想，说明智慧化冷链物流模式的运作原理，并提出降低物流成本、提高资金利用效率的一体化方案。

2. 课外实训

个人或小组利用业余时间尝试设计全程冷链构架创业方案，对学校周边的全程冷链单位进行调查，自行拟定创业方案，利用微信公众号、QQ 群、网络社区、专业网站等媒介，建立全程冷链物流信息交流平台，并撰写详细的运营方案。

参 考 文 献

[1] 欧伟强，钟晓燕，电子商务物流管理[M]. 2 版. 北京：电子工业出版社，2022.
[2] 朱庆华. 绿色供应链治理与价值创造[M]. 北京：机械工业出版社，2021.
[3] 刘军，申悦，王程安. 智能仓储环境监控[M]. 北京：机械工业出版社，2021.
[4] 王猛，魏学将，张庆英. 智慧物流装备与应用[M]. 北京：机械工业出版社，2021.
[5] 齐二石，方庆琯，霍艳芳. 物流工程[M]. 2 版. 北京：机械工业出版社，2021.
[6] 刘乙. 仓储与配送实务[M]. 北京：中国财富出版社，2021.
[7] 张相斌，林萍，张冲. 供应链管理设计、运作与改进[M]. 北京：人民邮电出版社，2021.
[8] 唐隆基，潘永刚. 数字化供应链转型升级路线与价值再造实践[M]. 北京：人民邮电出版社，2021.
[9] 李文锋，杨林，丁汉，等. 面向智慧物流的人机服务隐式互操作[M]. 武汉：华中科技大学出版社，2023.
[10] 李建萍，王燕凌. 供应链运营实务[M]. 北京：电子工业出版社，2021.
[11] 约翰•曼纳斯•贝尔，肯•莱. 物流与供应链创新手册[M]. 张瀚文，译. 北京：人民邮电出版社，2021.
[12] 刘伟华. 智慧物流生态链系统形成机理与组织模式[M]. 北京：中国财富出版社，2021.
[13] 陈栋. 物流与供应链管理智慧化发展探索[M]. 长春：吉林科学技术出版社，2021.
[14] 缪兴锋，别文群. 数字供应链管理实务[M]. 北京：中国轻工业出版社，2021.
[15] 朱耿. 数字化技术支撑下电商与物流协同发展研究[M]. 北京：中国财政经济出版社，2022.
[16] 刘伟华，李波. 智慧供应链管理[M]. 北京：中国财富出版社，2022.
[17] 陶经辉. 物流系统规划与运作[M]. 北京：企业管理出版社，2022.
[18] 谢如鹤，王国利，甘卫华，等. 冷链物流概论[M]. 北京：中国财富出版社，2022.
[19] 陈璇，韩雪. 跨境电商物流[M]. 北京：机械工业出版社，2022.
[20] 邱伏生. 智能工厂物流构建：规划、运营与转型升级[M]. 北京：机械工业出版社，2022.
[21] 张如云，宋志刚，卢亚丽，等. 国际物流[M]. 北京：机械工业出版社，2022.
[22] 曲建科. 物流市场营销[M]. 4 版. 北京：电子工业出版社，2022.
[23] 易华，李伊松. 物流成本管理[M]. 4 版. 北京：机械工业出版社，2022.
[24] 施云. 智慧供应链架构：从商业到技术[M]. 北京：机械工业出版社，2022.
[25] 陶经辉. 物流系统规划与运作[M]. 北京：企业管理出版社，2022.
[26] 薛威. 仓储作业管理[M]. 4 版. 北京：高等教育出版社，2022.
[27] 罗静. 实战供应链：业务梳理系统设计与项目实战[M]. 北京：电子工业出版社，2022.
[28] 何建佳，李军祥，何胜学，等. 智慧物流与供应链管理[M]. 北京：清华大学出版社，2022.
[29] 范珍，管亚风，谢佳佳，等. 智能仓储与配送[M]. 北京：电子工业出版社，2022.
[30] 廖利军. 中国式供应链管理:大国博弈时代的供应链战略与运营[M]. 北京：电子工业出版社，2022.
[31] 段伟常. 区块链技术与电子商务应用[M]. 北京：电子工业出版社，2022.
[32] 之江实验室. 探路智慧物流[M]. 北京：中国科学技术出版社，2022.
[33] 王化晶. 仓储可视化管理：管人、管事、管货、管账日用细则[M]. 北京：中国经济出版社，2022.
[34] 龚光富，李家映. 智慧物流：数字经济驱动物流行业转型升级[M]. 北京：中国友谊出版公司，2022.
[35] 赵先德，唐方方. 区块链赋能供应链[M]. 北京：中国人民大学出版社，2022.
[36] 沈平，王丹. 制造业数字化转型与供应链协同创新[M]. 北京：人民邮电出版社，2022.
[37] 邹碧攀. 智能机器人物流系统的运行策略优化研究[M]. 武汉：武汉大学出版社，2022.

[38] 龚雅玲. 互联网+驱动物流业创新发展的传导路径及其效应研究[M]. 北京：经济管理出版社，2022.
[39] 操露，李冰冰，李言. 智慧仓储实务：规划、建设与运营[M]. 北京：机械工业出版社，2023.
[40] 尹可挺. 区块链技术与应用丛书：发现中国区块链创新应用[M]. 北京：电子工业出版社，2023.
[41] 弗布克. 供应链精细化运营管理全案：制度·流程·方案·办法·细则·规范[M]. 北京：电子工业出版社，2023.
[42] 张树山. 物流信息技术与应用[M]. 北京：国防工业出版社，2023.
[43] 袁建东. 供应链三部曲之二供应链交付战法[M]. 北京：机械工业出版社，2023.
[44] 宫迅伟，刘婷婷，邓恒进. 供应链 2035 智能时代供应链管理[M]. 北京：机械工业出版社，2023.
[45] 孙华林，赵丹. 跨境电商物流与供应链管理[M]. 北京：电子工业出版社，2023.
[46] 郭晓，许刚. 云计算供应链安全：从多核芯到信创云[M]. 北京：电子工业出版社，2023.
[47] 孟庆永，苏兆河，俞锋. 供应链管理：预测、规划与优化[M]. 北京：人民邮电出版社，2023.
[48] 王能民，何奇东，张萌. 供应链管理[M]. 北京：机械工业出版社，2023.
[49] 黄音. 物流大数据分析与挖掘[M]. 北京：电子工业出版社，2023.
[50] 王芳. 大数据时代的智慧物流与管理[M]. 北京：北京工业大学出版社，2023.
[51] 张广胜. 物流服务供应链风险协调机制：基于供给运作与需求的全过程视域[M]. 北京：经济管理出版社，2023.
[52] 吴晓志，魏来. 突发事件下供应链应急管理研究[M]. 青岛：中国海洋大学出版社，2023.
[53] 杨玉香. 环境规制下供应链网络运营决策与优化[M]. 北京：经济科学出版社，2023.
[54] 王奕婷. 供应链中生产与运输活动的协同规划研究：基于合作博弈方法[M]. 北京：经济管理出版社，2023.
[55] 刘常宝. 数字化供应链管理[M]. 北京：清华大学出版社，2023.
[56] 冉文学，刘志学. 物流自动化系统[M]. 武汉：华中科技大学出版社，2023.
[57] 顾巧论. 双渠道回收的再制造供应链优化策略[M]. 成都：西南财经大学出版社，2023.
[58] 房艳君. 基于经济网络的绿色供应链网络结构及博弈均衡分析[M]. 北京：中国财政经济出版社，2023.
[59] 黄磊. 产业市场情境下的供应商 B2B 品牌导向研究[M]. 北京：经济管理出版社，2023.
[60] 陆榕，徐亚文，姚和平，等. 企业数字化生产运营管理[M]. 北京：人民邮电出版社，2023.
[61] 孙佳庆，孙倩雯. 仓储与配送管理（第 2 版）[M]. 北京：中国人民大学出版社，2021.
[62] 王露，徐银，幸飞宇. 后疫情时代果蔬无接触配送模式研究[J]. 现代商业，2022，653（28）：28-31.
[63] 席晓燕，付奎. 基于一站式后勤管理平台“智慧配送”模式的探讨[J]. 运输经理世界，2020，595（03）：29-31.
[64] 王瑜，成峰. 药品配送冷藏箱制冷技术现状及关键技术[J]. 科学技术与工程，2021，21（11）：4289-4299.
[65] 李梓，郑芳，容铎，等. 国美智慧供应链的构建及运行[J]. 财务与会计，2021，No. 633（09）：20-23.
[66] 张赠富. 我国跨境电商海外仓综合服务能力统计测度——基于 TOPSIS 方法[J]. 商业经济研究，2021，No. 832（21）：103-106.
[67] 宋迎迎，陶雯雯. 青岛西海岸新区建海外仓联盟助力国产好货“走出去”[N]. 科技日报，2023-03-24（007）.
[68] 蓝庆新，童家琛. 我国外贸新业态新模式可持续发展研究[J]. 国际经济合作，2022，416（02）：50-57.
[69] 李玉涛. 海外仓的储运关系协调与运输政策价值挖掘[J]. 宏观经济研究，2023，291（02）：118-127.